JN245706

詳解
働き方改革関連法

労働開発研究会

発刊によせて

この度、第一東京弁護士会労働法制委員会において、同委員会発行の著作としては9冊目となる「詳解　働き方改革関連法」の発刊に至ったことは、同委員会の精力的活動の成果であると喜びに堪えません。

当会の労働法制委員会は、その活動の一環として労働関係法令等の研究調査活動を活発に行ってきており、各部会における検討や議論の中から毎年重要なテーマや今日的な課題を選んで夏季合宿において集中的な研究討論を行い、その成果を折り込んで著作として刊行する活動を行ってきています。

今回同委員会が著作として採り上げましたテーマは、平成30年6月に成立した「働き方改革を推進するための関係法律の整備に関する法律」です。同法の成立を巡っては、内閣総理大臣自らが働き方改革実現会議において労使と意見交換を行い、平成29年3月には主要労使団体の代表が、「時間外労働の上限規制等に関する労使合意」をするに至り、この合意が法改正にも反映されました。平成29年3月28日の第10回働き方改革実現会議において「働き方改革実行計画」が決定され、内閣総理大臣は平成30年の第196回通常国会を「働き方改革国会」と位置づけ、働き方改革実行計画に沿う形で改正法が成立しました。

これにより、労働基準法、労働安全衛生法、労働契約法・パートタイム労働法・労働者派遣法等が改正され、平成31年4月から順次施行を迎えます。主な改正内容は、長時間労働是正のための労働時間の上限規制、年次有給休暇の5日付与義務、高度プロフェッショナル制度の創設、産業医・産業保健機能の強化、雇用形態にかかわらない公正な待遇の確保としての不合理な待遇差を解消するための規定の整備など、多岐にわたるものです。

特に労働時間の上限規制は、この度の法改正に関連し、多くの企業が対応に追われているところでありますが、企業の経済活動や労働者の働き方に大きな影響を与えるものであり、遵守が必定のものです。

今回、このような働き方改革関連法の理論と実務上の問題について、当会の労働法制委員会の調査研究の成果として本書が発刊されましたことは、誠に時宜にかなっており、わが国の労使関係の方々にとって、本書が有効に活用されることを期待するものです。

2019（令和元）年6月

第一東京弁護士会
会長　佐藤順哉

目　次

略　語　表

1．判例等の引用例

最判平28.2.19：最高裁平成28年2月19日第二小法廷判決

2．法令の略称

労契法：労働契約法

労基法：労働基準法

労基則：労働基準法施行規則

安衛法：労働安全衛生法

安衛則：労働安全衛生規則

パート法：短時間労働者の雇用管理の改善等に関する法律

パート・有期法：短時間労働者及び有期雇用労働者の雇用管理の改善等に関する法律

派遣法：労働者派遣事業の適正な運営の確保及び派遣労働者の保護等に関する法律

3．通達等

基発0907第1号：

平成30年9月7日　働き方改革を推進するための関係法律の整備に関する法律による改正後の労働基準法の施行について

基発1228第15号：

平成30年12月28日 働き方改革を推進するための関係法律の整備に関する法律による改正後の労働基準法関係の解釈等について

基発1228第16号：

平成30年12月28日 働き方改革を推進するための関係法律の整備に関する法律による改正後の労働安全衛生法及びじん肺法関係の解釈等について

基発0130第1号：

平成31年1月30日 短時間労働者及び有期雇用労働者の雇用管理の改善等に関する法律の施行について

ガイドライン：

厚生労働省告示第430号 短時間・有期雇用労働者及び派遣労働者に対する不合理な待遇の禁止等に関する指針

巻　頭　言

働き方改革関連法の目指す方向は

第一東京弁護士会労働法制委員会
委員長　安西 愈

1. 働き方改革は「勤労は美徳」の「モーレツ社員」の否定へ

「働き方改革を推進するための関係法律の整備に関する法律」（平成30年7月6日、平成30年法律第71号）（以下「本法という。」）が公布され、いよいよ施行されることとなりました。この法律は、別図のとおり主要な８つの法律を含む36の法律を1つの法律をもって改正したものです。

働き方改革を推進するための関係法律の整備に関する法律（法律第71号平成30年７月６日公布）

〔以下8本の主要法律のその他法の改正〕
①労働基準法の一部改正　（第1条）
②じん肺法の　〃　（第2条）
③雇用対策法の　〃　（第3条）
④労働安全衛生法の　〃　（第4条）
⑤労働者派遣法の　〃　（第5条）
⑥労働時間設定改善法の〃　（第6条）
⑦パート労働法の　〃　（第7条）
⑧労働契約法の　〃　（第8条）
⑨附則
・各法律改正の施行期日
・各法律改正についての経過措置
・今後5年間目処の改正等の検討事項

【法改正の目的】
改正法の目的は、労働者がそれぞれの事情に応じた多様な働き方を選択できる社会を実現する働き方改革を推進するため、長時間労働の是正、多様で柔軟な働き方の実現、雇用形態にかかわらない公正な待遇の確保等のための措置を講ずるものである。（施行通達。平30.7.6基発第0706第1号）

ところで、この法律の名称にもあるように、中心となる「働き方改革」ですが、これは、“何を改革するのか”“何を改め変えるのか”ということです。それは、「日本の働き方」を変えるということです。

平成29年3月28日に発表された働き方改革実現会議の提言によれば、それは「働く人の視点に立った働き方改革」として、その意義は、「日本経済再生に向けて、最大のチャレンジは働き方改革である。『働き方』は『暮らし方』そのものであり、働き方改革は、日本の企業文化、日本人のライフスタイル、日本の働くということに対する考え方そのものに手を付けていく改革である。」とされています。まさに日本人の働くということに対する考え方そのものを変えていくことであり、それは日本の企業文化や個人のライフスタイルまで変えていこうとするものであるといえます。

我が国は、近代社会形成のはじまった明治以降おいて、世界の先進諸国の仲間入りするにあたっては、その立地において島国であり、石炭、石油、鉄鉱をはじめとする産業基盤をなす資源の乏しい国であって、資源としては人の働きを中心とする労働力や技術等いわゆる「人材」のみでありました。そこで、伝統的に「勤労こそは、美徳である」との二宮尊徳に代表される考え方が強く、これこそ国民の生きる途であるとされてきたと思われます。内村鑑三の言葉として、労働について「働けよ。働けよ。希望は労働の中にのみ存す。働かずして、祈禱も無益なり。労働に伴わざる策略は煙のごときものなり。」（「内村鑑三信仰著作全集20」149頁、2005年教文館）といわれており、労働の徳や勤労の貴さを説いておられますが、これらは従来の日本人の労働に対する考え方を表しているのではなかろうかと思われます。

ところが、最近における我が国の少子高齢化のスピードは極めて早く、労働力人口は1998年（平成10年）の6793万人をピークとして、2010年（平成22年）には6590万人と203万人が減少し、さらに2030年には5584万人と1010万人も減少するということは統計的にみて明らかとなっています。そこで、これに対応する持続的な経済の維持発展対策の必要が急務となりました。このため、平成28年6月2日、安倍内閣は「経済財政運営と改革の基本方針2016（骨太の方針）」）を定め、さらに「ニッポン一億総活躍プラン」、「日本再興戦略2016」、「規制改革実施計画」等を閣議決定しました。そして少子高齢化による労働力減少対策として一億総活躍プランによる「一億総活躍社会は、女性も男性も、お年寄りも若者も、一度失敗を経験した方も、障害や難病のある方も、家庭で、職場で、地域で、あらゆる場で、誰もが活躍できる、いわば全員参加型の社会」を目指す方向を示しました。それは、「長時間労働は、仕事と子育てなどの家庭生活の両立を困難にし、少子化の原因や、女性のキャリア形成を阻む原因、男性の家庭参画を阻む原因となっている。長時間労働の是正は、労働の質を高めることにより、多様なライフスタイルを可能にし、ひいては生産性の向上につながる。今こそ、長時間労働の是正に向けて背中を押していくことが重要である。」とされました。さらに、同一労働同一賃金の実現など非正規雇用労働者の待遇改善、長時間労働是正に取り組み、多様な働き方の選択肢を広げることとともに非正規雇用労働者の正社員転換等を推進することとなりました。そして、翌年の平成29年3月28日に定められた安倍総理が議長となっている働き方改革実現会議の定めた「働き方改革実現計画」においては、「仕事と子育てや介護を無理なく両立させるためには、長時間労働を是正しなければならない。働く方の健康の確保を図ることを大前提に、それに加え、マンアワー当たりの生産性を上げつつ、ワーク・ライフ・バランスを改善し、女性や高齢者が働きやすい社会に変えていく。長時間労働の是正については、いわゆる36協定でも超えることができない、罰則付きの時間外労働の限度を具体的に定める法改正が不可欠である。」「長時間労働は、構造的な問題であり、企業文化や取引慣行を見直すことも必要である。『自分の若いころは、安月給で無定量・無際限に働いたものだ。』と考える方も多数いるかもしれないが、かつての『モーレツ社員』という考え方自体が否定される日本にしていく。労使が先頭に立って、働き方の根本にある長時間労働の文化を変えることが強く期待される。」として、今回の立法で定める「働き方改革」の推進の方向に大きく舵が切られました。まさにかつての「勤労は美徳」という文化から今日に続く「モーレツ社員」という働き方の否定ということが、今回の「働き方改革関連法」の目指す方向であるといえます。

2. 労基法の改正案からスタートして働き方改革推進法へ

今回成立した働き方改革関連法は、当初は労働基準法の一部改正案として、労政審の建議・答申を経て、内閣提出法の「労働基準法の一部を改正する法律」として平成27年4月3日に国会へ提出されました。当初の施行期日としては、一部を除き平成28年4月1日とされていました。しかし本法案は、与野党対決法案となり、高度プロフェッショナル制の制定や企画型裁量労働の拡大といった問題で審議が難航し、継続審議となり、翌年の通常国会でも継続審議となってしまい、その後平成29年の国会解散により廃案といった事態となりました。この間において、我が国の少子高齢化の急進という将来の経済社会に大きな影響を与える事態への対応が急務となりました。そこで我が国の持続的な経済社会の発展のため、1億総活躍社会を展望し、「働き方改革推進法」という方向にその内容を大幅に広げる必要が叫ばれてきました。このため、「働き方改革実現会議」の提言を受けて労政審を経て、本法案が平成30年の通常国会に提出され、さまざまな議論を経て同年6月29日に成立に至ったもので、実にスタートから3年以上の紆余曲折を経たものです。

当初の労基法改正の契機となったものは、平成26年4月22日に開催された政府の経済諮問会議・産業競争力会議合同会議で、「子育てや介護など様々な事情や、多様なニーズに合わせて、労働時間規制の多様化を図る必要があるとして、健康管理を図りながら、創造性を発揮できるように、時間ではなく成果で評価される働き方にふさわしい、新たな労働時間制度の仕組みの検討を関係閣僚に要請した。」ことからでした。その後同会議では、「個人と企業の成長のための新たな働き方～多様で柔軟性ある労働時間制度・透明性ある雇用関係の実現に向けて～」とした提言が民間議員の意見を踏まえて取りまとめられました。その内容は、「『働き過ぎ』防止の総合対策」として「働き方改革」を進めるにあたっては、働き過ぎ防止に真剣に取り組むことが改革の前提となる。同時に、無駄な業務の削減をはじめ、時間当たり生産性を高めるための効率的な業務運営を確立し、創造的な成果を実現していくことが期待されるとの考えから、「新たな労働時間制度の創設」が提唱されました。そして同時に、労働時間の上限規制についてAタイプの労働時間上限要件規制型、Bタイプとして高収入・ハイパフォーマー型が提唱されました。また、既存制度の見直しとして、企画型裁量労働制、フレックスタイム制の拡充などの見直し（在宅勤務のニーズを踏まえた特例措置の検討）をすべきであるとされました。この考え方はその後、次第に拡大され、平成28年8月3日の第3次安倍内閣第2次改造内閣発足の安倍首相の記者会見で「（一億総活躍実現の）最大のチャレンジは、『働き方改革』であります。長時間労働を是正します。同一労働同一賃金を実現し、『非正規』という言葉をこの国から一掃します。最低賃金の引き上げ、高齢者への就労機会の提供など、課題は山積みしています。」との方針から、新たに働き方改革担当大臣が設けられ、「一億総活躍プラン」と併せて『働き方改革実現会議』が設けられたものです。そして、働き方改革実行計画が、平成29年3月28日に取りまとめられ、「働く人の視点に立った働き方改革の意義」を明らかにした上で、①「同一労働同一賃金など非正規雇用の処遇改善」②「賃金引上げと労働生産性向上」③「罰則付時間外労働の上限規制の導入など長時間労働の是正」④「柔軟な働き方がしやすい環境整備」⑤「女性・若者の人材育成など活躍しやすい環境整備」⑥「病気の治療と仕事の両立」⑦「子育て・介護等と仕事の両立・障害者の就労」⑧「雇用吸収力、付加価値の高い産業への転職・再就職支援」⑨「誰にでもチャンスのある教育環境の整備」⑩「高齢者の就業促進」⑪「外国人材の受入れ」について、それぞれ具体的に提言が行われました。その間において特筆すべきことは安倍首相が平成29年1月の193回通常国会の施政方針演説の中で、働き方改革を一気に進め、実行計画を決定し、改革を加速すること、同一労働同一賃金を実現し、昇給の扱いが違う、通勤などの各種手当が支給されない、福利厚生や研修において扱いが異なるなど、不合理な待遇差を個別具体的に是正するため、詳細なガイドライン案を策定し、今後、その根拠となる法改正について、早期の国会提出を目指し、立法作業を進めます等と述べた後、電通のいわゆる過労自殺事件について言及し、「1年余り前、入社1年目の女性が、長時間労働による過酷な状況の中、自ら命を絶ちました。ご冥福を改めてお祈りするとともに、2度と悲劇を繰り返さないとの強い決意で、長時間労働の是正に取り組みます。いわゆる36

協定でも超えることができない、罰則付きの時間外労働の限度を定める法改正に向けて、作業を加速します。」と具体的事例をあげて長時間労働の是正に言及したことです。そして、「働き方改革を推進するための関係法律の整備に関する法律」の国会提出がなされ、国会審議の途中での企画型裁量労働の撤回などの問題等がありながら、成立に至ったものです。

このように、当初の労基法改正案は、難航の末に廃案となり、同法の改正内容を含む広範囲の改革を目指し「働き方改革推進関連法」として立法化されるに至ったという経過をたどりました。本法の施行を考えるにあたってはこのような働き方をめぐる議論の経過を踏まえることが極めて重要と思われます。

3. 労働者も休暇・休養の取得義務があるとの観念を

今回の働き方改革推進関連法の内容は、大きく分けると次のような3つの区分となります。

第1は、「長時間労働の是正、ワーク・ライフ・バランスの実現、多様で柔軟な働き方の実現等関連」法の改正であります。この(1)長時間労働の是正等に関しては、以下の改正がなされています。①時間外労働の上限規制の導入。これは、時間外労働の上限について、月45時間、年360時間を原則とし、臨時的な特別な事情がある場合でも年720時間とし、絶対的規制として単月100時間未満(休日労働含む)、複数月平均80時間(休日労働含む)を設定するものです。②中小企業における月60時間超の時間外労働に対する割増賃金率の引き上げ。③年5日間の年次有給休暇の使用者の時季指定義務の導入。④勤務間インターバル制度導入の努力義務化。これは、労働時間等設定改善特別法の改正により、事業主は、前日の終業時刻と翌日の始業時刻との間に一定時間の休息の確保に努めなければならないこととするものです。

また、(2)多様で柔軟な働き方の実現に関しては、以下の改正がなされています。⑤フレックスタイム制の清算期間の見直し。これは清算期間を3カ月とし、より柔軟な働き方を可能にするものです。⑥特定高度専門業務・成果型労働制(高度プロフェッショナル制度）の創設。これは、一定要件を満たす労働者について、労基法の労働時間、休憩、休日及び深夜の割増賃金に関する規定の適用を除外し、労働時間ではなく成果で評価される、自律的で創造的な働き方を希望する者がメリハリのある働き方をして、その意欲や能力を十分に発揮できるようにするための選択肢を設けるものです。

第2は、「長時間労働等に伴う健康障害の防止、健康管理対策等の措置関連」の法改正です。すなわち、働き方改革関連法として産業医・産業保健機能の強化についての労働安全衛生法令の改正が行われました。本法においては、長時間労働やメンタルヘルス不調などにより、健康リスクが高い状況にある労働者を見逃さないため、産業医による面接指導や健康相談等が確実に実施されるようにし、産業保健機能を強化するなど、労働者の健康確保のために以下のような改正がなされました。①医師による面接指導の要件の改正。②労働時間の状況の把握義務の導入。③産業医・産業保健機能の強化。④心身の健康情報の適正な管理。

第3は、「雇用形態にかかわらない公正な待遇の確保」のための改正です。そのため、不合理な待遇差を解消するための規定の整備（パートタイム労働法、労働契約法、労働者派遣法の改正）を行い、短時間・有期雇用労働者に関する同一企業内における正規雇用労働者との不合理な待遇の禁止に関し、個々の待遇ごとに、当該待遇の性質・目的に照らして適切と認められる事情を考慮して判断されるべき旨を明確化し、併せて有期雇用労働者の均等待遇規定を整備。派遣労働者については、①派遣先の労働者との均等・均衡待遇。又は②一定の要件を満たす労使協定による待遇のいずれかを確保することを義務化。そして、これらの事項に関するガイドラインの根拠規定を整備するものです。また、労働者に対する待遇に関する説明義務の強化をするとともに、行政による履行確保措置及び裁判外紛争解決手続（行政ADR）を整備しました。これらは事業主、使用者側の法的義務化として「働き方改革」を推進し、実現しようとするものです。

しかしながら、労使関係の一方の当事者である労働者側においても、自らも「働き方改革」の推進が求められており、むしろ休暇を取得し、休養を確保し、健康で高年齢になっても働き続けられるように自らを管理することは労働者自身の義務でもあると考えられます。このような考え方にたって、労働者も休暇、休息を取得し、長時間労働を防止し、自己保健を確保することによってこそ働き方改革の実現が図られるものと思われます。前記しました内村鑑三も働けということのみを言っているわけではありません。すなわち、「西洋のことわざに『善く遊ぶ者は善く働く』という言(こと)があります。そして西洋人は全体にこの言にしたがってその生涯を送ります。」「西洋人が遊戯休息のために費やす時間はずいぶんと多くあります。そして彼らの仕事に能率の挙がるはこれがためであるといわれます。それゆえに西洋人は、遊びを遊びと思わず義務と思います。これに対して、遊ばずして常に働くを一種の罪悪と認めます。彼らはのべつに働くことを、『ろうそくをその両端より燃やす』と称して、恐ろしいことであると思います。遊んで精力を蓄積して、しかして後に働く。彼らはこれを、成功を収むるための、必要にして欠くべからざる法則であると信じます。」「遊ぶことは善きことであります。しかり、善きこと以上に義務である、遊ばずして大事をなし遂ぐることはできないとは、西洋人同様、今や日本人の間にありても金科玉条として信奉せらるるに至りました。」(前掲書154 ～ 5頁)

まさに、「働き方改革」というのは、このように生産性向上のためには休暇、休息が必要であるという人間生活の本質を実現しようとするものといえ、むしろ休暇、休息、休養は労働者自身もこれを義務とする観念をもつべきと思われます。

今回の改正法は、従来の日本の働き方、日本人の文化や考え方の改革を求めるものであり、上記したような多方面において多くの新たな法改正が行われています。今後はこの「働き方改革」を日本の労働や企業文化としても根付かせなければなりません。

本書は、今回のこのような70年振りと言われる労基法の大改革をはじめとする大幅な法改正について、「働き方改革関連法」への実務的対応に関して専門的な弁護士が分かりやすく実務に即して解説したものです。本書が日本の働き方改革のために労使の関係者のお役に立つことを切に願うものです。

第 **1** 章

フレックスタイム制の見直し

1. 改正点の概説及び改正の趣旨

フレックスタイム制とは、労使協定の定める一定の期間（清算期間）について一定時間労働することを条件に、始業・終業時刻の決定を個々の労働者に委ねる労働時間制度をいい、企業では、本社、研究・開発部門、管理部門に導入する例が多くみられます。

この度の労基法改正における改正点は以下のとおりです。

ア	清算期間の１カ月から３カ月への延長（改正労基法32条の３第１項）
イ	１カ月ごとの法定労働時間（１週平均50時間）の新設（改正労基法32条の３第２項）
ウ	行政官庁への労使協定の届出（改正労基法32条の３第４項）
エ	労使協定届出義務違反に対する罰則（改正労基法120条第１号）
オ	清算期間途中で退職等した労働者に対する割増賃金の支払（労基法32条の3の2）
カ	完全週休2日制の場合の法定労働時間の例外（労基法32条の３第３項）

重要な改正点は、アからウとなります。

もともと、フレックスタイム制は、労働者に毎日の出勤退勤時間を総労働時間の範囲で自由に決めることを認め、各人の仕事と生活の調和を図りながら、柔軟に働くことができるようにした制度ですが、改正法では、清算期間を1カ月から3カ月に延長することで、より一層柔軟に働くことを可能としています（上記ア）。つまり、労働者は最長3カ月の間で、忙しい時期は集中的に働き、忙しくない時期は短時間で働くことを自ら選択することができることとなります。これにより、労働者は、子育てや介護、自己啓発など様々な生活上のニーズと仕事の調和を図ることができるようになり、例えば、「子供が夏休みの8月は働く時間を短くして、子供との時間を確保し、8月に短くした分、前後の月に長めに働くにようにしたい。」といった働き方も可能となります。

ただし、清算期間が長期間となった場合、総労働時間の枠も増え、忙しい時期に労働時間が集中し、過重労働となる可能性もあることから、これを防止するため、総労働時間の枠に加えて、1カ月ごとの法定労働時間の枠も設定され、これを超えた場合は、割増賃金の支払が必要となるとされています（上記イ）。

また、制度の適正な実施を担保する観点から、1カ月を超える清算期間を定める場合は行政官庁（所轄の労働基準監督署長）にフレックスタイム制に関する労使協定を届け出ることとされており（上記ウ）、これに対する罰則も定められています（上記エ）。

その他、改正法では、清算期間が延長されたことにより、清算期間の途中で退職した者への割増金の支払（上記オ）や、これまで通達で認められていた完全週休2日制の場合の法定労働時間の例外(上記カ）について定められています。

2. 改正の具体的内容

1 清算期間の延長、労使協定の届出、罰則

フレックスタイム制を導入する際には就業規則の定め及び労使協定の締結が必要となります。

労使協定には、以下の事項を定めます（改正労基法32条の3第1項、改正労基則12条の3第1項）。

ア　フレックスタイム制の対象労働者の範囲
イ　清算期間（起算日）
ウ　清算期間における総労働時間
オ　標準となる1日の労働時間（年次有給休暇取得の際に賃金の算定基礎となる労働時間）
エ　コアタイムを定める場合には、その開始及び終了の時刻
オ　フレキシブルタイムに制限を設ける場合は、その開始及び終了の時刻
カ　労使協定（労使委員会の決議、労働時間等設定改善委員会の決議を含むが、労働協約による場合を除く。）の有効期間

■　様式第３号の３

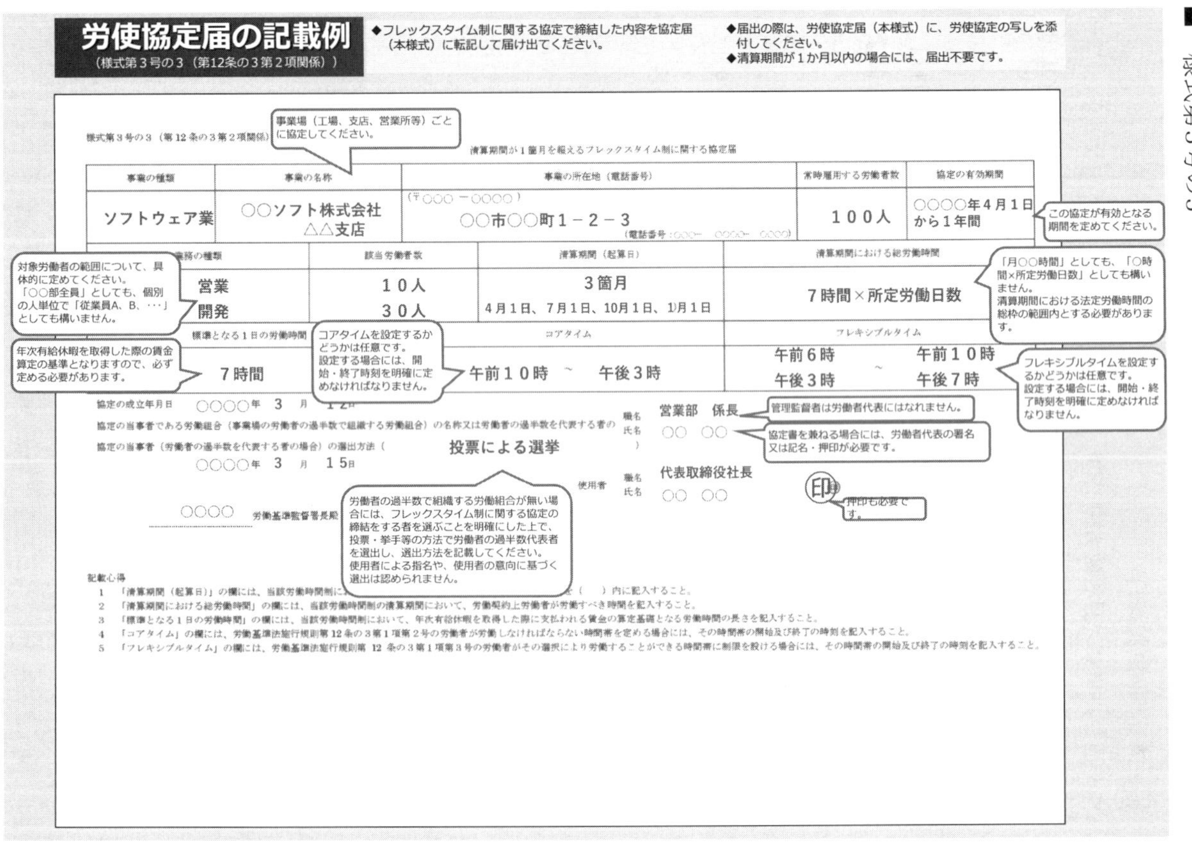

労使協定届の記載例
（様式第３号の３（第12条の３第２項関係））

◆フレックスタイム制に関する協定で締結した内容を協定届（本様式）に転記して届け出てください。
◆届出の際は、労使協定届（本様式）に、労使協定の写しを添付してください。
◆清算期間が１か月以内の場合には、届出不要です。

様式第３号の３（第12条の３第２項関係）

清算期間が１箇月を超えるフレックスタイム制に関する協定届

事業の種類	事業の名称	事業の所在地（電話番号）	常時雇用する労働者数	協定の有効期間
ソフトウェア業	○○ソフト株式会社 △△支店	（〒○○○－○○○○）○○市○○町１－２－３（電話番号：○○○－○○○○－○○○○）	１００人	○○○○年４月１日から１年間

業務の種類	該当労働者数	清算期間（起算日）	清算期間における総労働時間
営業	１０人	３箇月	７時間×所定労働日数
開発	３０人	４月１日、７月１日、10月１日、１月１日	

標準となる１日の労働時間	コアタイム	フレキシブルタイム
７時間	午前１０時 ～ 午後３時	午前６時 ～ 午前１０時 午後３時 ～ 午後７時

協定の成立年月日　○○○○年　３　月　１２日

協定の当事者である労働組合（事業場の労働者の過半数で組織する労働組合）の名称又は労働者の過半数を代表する者の　職名　営業部　係長　氏名　○○　○○

協定の当事者（労働者の過半数を代表する者の場合）の選出方法（　投票による選挙　）

○○○○年　３　月　１５日

使用者　職名　代表取締役社長　氏名　○○　○○　印

○○○○　労働基準監督署長殿

記載心得
1　「清算期間（起算日）」の欄には、当該労働時間制に[illegible]を（　）内に記入すること。
2　「清算期間における総労働時間」の欄には、当該労働時間制の清算期間において、労働契約上労働者が労働すべき時間を記入すること。
3　「標準となる１日の労働時間」の欄には、当該労働時間制において、年次有給休暇を取得した際に支払われる賃金の算定基礎となる労働時間の長さを記入すること。
4　「コアタイム」の欄には、労働基準法施行規則第12条の３第１項第２号の労働者が労働しなければならない時間帯を定める場合には、その時間帯の開始及び終了の時刻を記入すること。
5　「フレキシブルタイム」の欄には、労働基準法施行規則第12条の３第１項第３号の労働者がその選択により労働することができる時間帯に制限を設ける場合には、その時間帯の開始及び終了の時刻を記入すること。

出典：厚生労働省　フレックスタイム制のわかりやすい解説＆導入の手引き　https://www.mhlw.go.jp/content/000476042.pdf

清算期間が1カ月を超える場合は、労使協定に有効期間の定めをするとともに、新労基則様式3号の3により当該労使協定を所轄労働基準監督署長に届け出る必要があります（改正労基法32条の3第4項、新労基則12条の3第2項）。かかる届出義務に違反した使用者に対しては、30万円以下の罰金が課される罰則が適用されます（改正労基法120条）。

2　1カ月ごとの法定労働時間（1週平均50時間）

改正法では、1カ月を超える清算期間を定める場合、その開始の日以後1カ月ごとに区分した各期間について、各期間を平均し、1週間当たりの労働時間が50時間となる法定労働時間の枠を設けることとされています。

具体的な計算方法は次の式によります。

1カ月ごとの法定労働時間の枠
=50 ×（清算期間を1カ月ごとに区分した期間における暦日数 ÷ 7）

例えば、1カ月30日の場合の1カ月ごとの法定労働時間は約214時間となります。

50 × 30日 ÷ 7 = 214.28…

1カ月の暦日数は月によって異なるため、1カ月ごとの法定労働時間も月ごとに異なることとなります。

［1カ月ごとの法定労働時間］

1カ月の暦日数	28日	29日	30日	31日
法定労働時間	200	207.1	214.2	221.4

1カ月ごとの法定労働時間を超えて労働をさせた場合、時間外労働割増賃金（改正労基法37条1項）の支払が必要となります。

3　清算期間途中で退職等した労働者に対する割増賃金の支払

１カ月を超える清算期間を定めた場合、清算期間途中で退職をしたり、フレックスタイム制の適用外となること等により、フレックスタイム制により労働させた期間が清算期間より短くなった労働者に対しては、当該労働させた期間を平均して１週間あたり40時間を超えて労働させた時間について、時間外労働割増賃金（改正労基法37条1項）を支払う必要があります。

4　完全週休２日制の場合の法定労働時間の例外

完全週休２日制（１週間の所定労働日数が５日）を採用している場合に、１日の所定労働時間を８時間とすると、曜日のめぐり次第で、清算期間における法定労働時間の総枠を超える場合が出てきます。

例えば、清算期間が１カ月の場合、１カ月の暦日数が31日で週休日を除いた日数が23日ある月については、１カ月の法定労働時間の総枠は、177.1時間（40時間×31日/ 7）となりますが､所定労働時間は184時間（23日× 8時間）となり、6.9時間（184時間−177.1時間）の時間外労働が生じることとなります。

そこで、完全週休２日制の事業場において、労使協定で定めれば、清算期間における法定労働時間の総枠を、同期間の労働日数に8時間を乗じた計算式とすることができるとされています。

具体的には、次の式で計算した時間数を清算期間における法定労働時間の総枠とすることができます。

清算期間における法定労働時間の総枠＝清算期間における所定労働日数×8時間

上記の例では、23日×8時間=184時間が清算期間における法定労働時間の総枠となります。

3. 実務上の問題

1 時間外労働の取扱い

(1) 法定時間外労働となる時間

フレックスタイム制を採用した場合、清算期間における法定労働時間の総枠内であれば、1週1日の法定労働時間を超えて労働させても法定時間外労働とはなりませんが、総枠を超えて労働させた場合、法定時間外労働として時間外労働割増賃金（改正労基法37条1項）の支払が必要となります。

また、改正法においては、1カ月を超える清算期間を定めた場合、1カ月ごとの法定労働時間の枠を超えて労働した場合も法定時間外労働となり、時間外労働割増賃金の支払が必要となります。

このように、改正法においては、法定時間外労働となる場合が2つあることに留意する必要があります。

［フレックスタイム制における法定時間外労働］

ア 1カ月ごとの法定労働時間の枠を超える労働時間（清算期間が1カ月を超える場合） イ 清算期間における法定労働時間の総枠を超える労働時間

このうち、1カ月ごとの法定労働時間の枠（ア）は、第2の2で説明しました。

清算期間における法定労働時間の総枠（イ）の計算方法は次の式によります。

清算期間における法定労働時間の枠 =週の法定労働時間(40時間または44時間)×清算期間における暦日数÷7)

例えば、清算期間を1カ月30日と定めた場合は、清算期間における法定労働時間の総枠は約171.4時間となります。

1週間の法定労働時間(40時間)×清算期間の歴日数(30日)÷7=171.42…

これも清算期間における暦日数によって、清算期間における法定労働時間の総枠は異なることとなります。

［清算期間における法定労働時間の総枠（週の法定労働時間が40時間の場合）（小数点第２位四捨五入）］

［清算期間＝１カ月］

清算期間の歴日数	28日	29日	30日	31日
総枠	160	165.7	171.4	177.1

［清算期間＝２カ月］

清算期間の歴日数	59日	60日	61日	62日
総枠	337.1	342.8	348.5	354.2

［清算期間＝３カ月］

清算期間の歴日数	89日	90日	91日	92日
総枠	508.5	514.2	520	525.7

なお、「２、４」で説明したとおり、完全週休２日制の場合、労使協定で定めれば清算期間における法定労働時間の総枠を「８時間×所定労働日数」とすることができます。

［（例）清算期間＝１カ月］

所定労働日数	20日	21日	22日	23日
総枠	160	168	176	184

これらの考え方を踏まえると、具体的な法定時間外労働は次の式により計算されます。

（2）清算期間が１カ月以内の場合の法定時間外労働

改正前と同様、清算期間における実労働時間数のうち、法定労働時間の総枠を超えた時間が法定時間外労働となります。

法定時間外労働
＝清算期間における実労働時間数
　－（週の法定労働時間 × 清算期間における歴日数 ÷ 7）

(3) 清算期間が1カ月を超え3カ月以内の場合の法定時間外労働

次のア及びイを合計した時間が法定時間外労働となります。

ア　1カ月ごとの法定労働時間の枠を超える労働時間（清算期間が1カ月を超える場合）

清算期間を1カ月ごとに区分した期間における実労働時間数
－（50 × 清算期間を1カ月ごとに区分した期間における暦日数 ÷ 7）

イ　清算期間における法定労働時間の総枠を超える労働時間（ただし、アで算定された時間外労働時間を除く）

(4) 60時間を超える時間外労働に対する5割以上の割増賃金の支払義務

法定時間外労働が1カ月について60時間を超えた場合、超えた分の時間外労働について5割以上の率で計算した割増賃金の支払が必要となります（改正労基法37条1項但書、中小企業については平成33年3月31日まで猶予措置あり。）。

フレックスタイム制を採用した場合も、まず、清算期間が1カ月を超える場合、1カ月ごとの法定労働時間の枠を超える労働時間が月60時間を超えた場合は5割以上の率で計算した割増賃金の支払が必要となります。

また、清算期間における法定労働時間の総枠を超えた月（一般に最終月）は、総枠を超えた労働時間に、当月の1カ月ごとの法定労働時間の枠を超えた労働時間を加えた時間が法定時間外労働となり、これが60時間を超える場合に5割以上の率で計算した割増賃金の支払が必要となります（基発1228第15号・第1・答3）。

［法定時間外労働の例］

［パターン1（清算期間ごとの総労働時間を超える時間外労働がある場合）］

	労働時間	法定時間の枠（１カ月ごと/清算期間）	時間外労働時間	うち５割増となる時間
１カ月目（30日）	280	214.2	65.8	5.8
２カ月目（31日）	100	221.4	0	0
３カ月目（29日）	260	207.1	60 (52.9+7.1)	0
総労働時間(90日)	640	514.2	7.1	

※　３カ月目の時間外労働の算定

ア　640時間（３カ月の労働時間の合計）－514.2時間（３カ月90日の場合の法定時間の枠）－（65.8時間＋0時間＋52.9時間）（３カ月の1カ月ごとの時間外労働の合計）＝7.1時間

イ　7.1時間+52.9時間（３カ月目の1カ月ごとの時間外労働）=60時間

［パターン2（清算期間ごとの総労働時間を超える時間外労働がない場合）］

	労働時間	法定時間の枠（１カ月ごと/清算期間）	時間外労働時間	うち５割増となる時間
１カ月目（30日）	280	214.2	65.8	5.8
２カ月目（31日）	100	221.4	0	0
３カ月目（29日）	130	207.1	0	0
総労働時間(90日)	510	514.2	0	

［図　パターンⅠ］

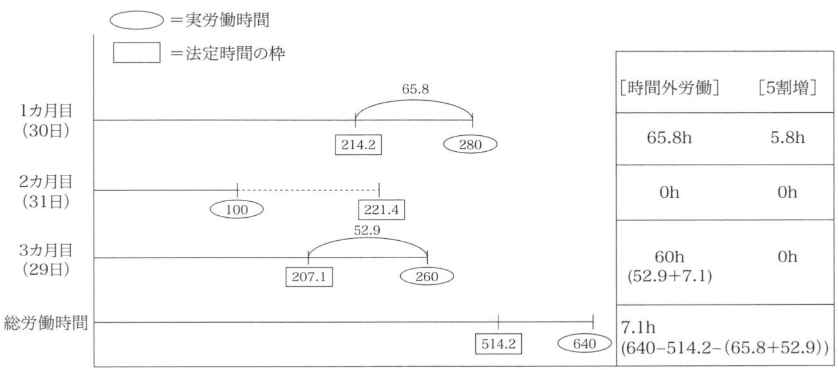

(5) 実務上の所定労働時間の設定

清算期間における総労働時間は、同期間における法定労働時間の範囲内で自由に定めることができますが、例えば清算期間を1カ月とした場合、同期間における法定労働時間は月の日数によって異なり、また、1時間未満の端数が出てくることもあり、計算が煩雑となります。

そこで、改正前から、清算期間における総労働時間を1カ月28日の場合にも適法となるよう160時間と定めたり、所定労働時間×所定労働日数と定めたりすることがありました。

また、時間外割増賃金の支払についても、法定労働時間を超えた場合に支払うのではなく、算定の便宜上、法定労働時間内で定めた、清算期間の総労働時間を超えた場合に時間外割増賃金を支払うことがありました。

改正法下においても、算定の便宜上、同様の対応を取ることが考えられます。

［労使協定例］

（総労働時間） 第●条 清算期間における総労働時間は、1日８時間に清算期間中の所定労働日数を乗じて得られた時間数とする。※1
（時間外労働の取扱い） 第●条 会社は、次の各号の一に該当する労働時間について、賃金規則の定めるところに従い、時間外割増賃金を支給する。 一　清算期間の開始から１カ月ごとに区分したときの労働時間が200時間を超えた場合の超過時間　※2 二　清算期間中の実労働時間が総労働時間を超えた場合の超過時間（ただし、前号の時間を除く）

※1　算定の便宜上、総労働時間を所定労働時間×所定労働日数としています。
※2　算定の便宜上、１カ月ごとの労働時間の枠を200時間と固定しています（「2.」の「2」参照）。

2　時間外労働に関する労使協定（三六協定）の定め方

（1）改正前の三六協定

改正前の三六協定は、様式９号により所轄の労働基準監督署長に届け出をすることとされていました（労基則17条１項）が、フレックスタイム制を採用した場合、１日の延長時間について協定する必要はなく、清算期間を通算しての延長時間及び1年間の延長時間の協定をすれば足りるとされていました（昭和63年1月1日基発1号、平成11年３月31日基発168号）。

（2）改正後の三六協定（１カ月を超える清算期間を定めた場合）

改正法においても、同様に様式９号により所轄の労働基準監督署長に届け出をするとされており（改正労基則16条１項）、また、１日の延長時間について協定する必要はなく、1カ月及び1年の延長時間について定めればよいとされています（基発1228第15号・第1・答2　三六協定の記載例については、以下の様式第9号及び第9号の2記載例参照）。

■　様式第９号

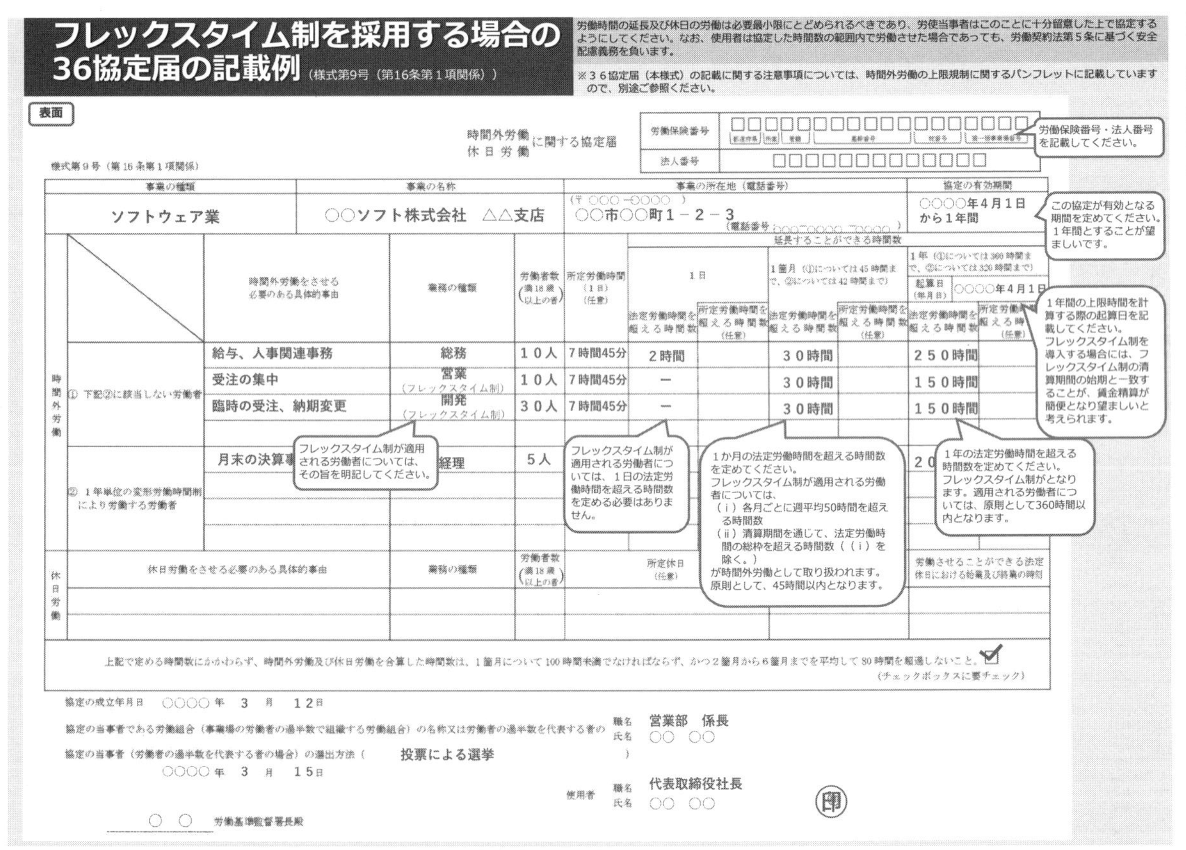

フレックスタイム制を採用する場合の36協定届の記載例（様式第9号（第16条第１項関係））

労働時間の延長及び休日の労働は必要最小限にとどめられるべきであり、労使当事者はこのことに十分留意した上で協定するようにしてください。なお、使用者は協定した時間数の範囲内で労働させた場合であっても、労働契約法第５条に基づく安全配慮義務を負います。

※３６協定届（本様式）の記載に関する注意事項については、時間外労働の上限規制に関するパンフレットに記載していますので、別途ご参照ください。

表面

様式第９号（第16条第１項関係）

時間外労働・休日労働に関する協定届

労働保険番号　□□□□□□□□□□□□□□□□□□
法人番号　□□□□□□□□□□□□□

事業の種類	事業の名称	事業の所在地（電話番号）	協定の有効期間
ソフトウェア業	○○ソフト株式会社　△△支店	（〒○○○－○○○○）○○市○○町１－２－３（電話番号：○○○－○○○○－○○○○）	○○○○年４月１日から１年間

	時間外労働をさせる必要のある具体的事由	業務の種類	労働者数（満18歳以上の者）	所定労働時間（１日）（任意）	延長することができる時間数　１日　法定労働時間を超える時間数	１日　所定労働時間を超える時間数（任意）	１箇月（①については45時間まで、②については42時間まで）法定労働時間を超える時間数	１箇月　所定労働時間を超える時間数（任意）	１年（①については360時間まで、②については320時間まで）起算日（年月日）○○○○年４月１日　法定労働時間を超える時間数	１年　所定労働時間を超える時間数（任意）
時間外労働　① 下記②に該当しない労働者	給与、人事関連事務	総務	１０人	７時間45分	２時間		３０時間		２５０時間	
	受注の集中	営業（フレックスタイム制）	１０人	７時間45分	―		３０時間		１５０時間	
	臨時の受注、納期変更	開発（フレックスタイム制）	３０人	７時間45分	―		３０時間		１５０時間	
② １年単位の変形労働時間制により労働する労働者	月末の決算事務	経理	５人						２０[illegible]	

休日労働	休日労働をさせる必要のある具体的事由	業務の種類	労働者数（満18歳以上の者）	所定休日（任意）	労働させることができる法定休日の日数	労働させることができる法定休日における始業及び終業の時刻

上記で定める時間数にかかわらず、時間外労働及び休日労働を合算した時間数は、１箇月について100時間未満でなければならず、かつ２箇月から６箇月までを平均して80時間を超過しないこと。☑
（チェックボックスに要チェック）

協定の成立年月日　○○○○年　３月　12日

協定の当事者である労働組合（事業場の労働者の過半数で組織する労働組合）の名称又は労働者の過半数を代表する者の　職名　営業部　係長　氏名　○○　○○

協定の当事者（労働者の過半数を代表する者の場合）の選出方法（　投票による選挙　）

○○○○年　３月　15日

使用者　職名　代表取締役社長　氏名　○○　○○　㊞

○　○　労働基準監督署長殿

出典：厚生労働省　フレックスタイム制のわかりやすい解説＆導入の手引き　https://www.mhlw.go.jp/content/000476042.pdf

■ 様式第９号の２

限度時間を超える場合（特別条項）の３６協定届の記載例（様式第９号の２（第16条第１項関係））

臨時的な特別の事情がなければ、限度時間（月45時間又は42時間・年360時間又は320時間）を超えることはできません。限度時間を超えて労働させる必要がある場合でも、時間外労働は限度時間にできる限り近づけるように努めてください。

※臨時的に限度時間を超えて労働させる場合には、様式第９号の２の協定届の届出が必要です。
※様式第９号の２は、協定届は２枚必要です。１枚目の記載については、前ページの記載例を参照ください。

2枚目表面

様式第９号の２（第16条第１項関係）

時間外労働・休日労働に関する協定届（特別条項）

臨時的に限度時間を超えて労働させることができる場合	業務の種類	労働者数（満18歳以上の者）	1日（任意）延長することができる時間数 法定労働時間を超える時間数	1日（任意）延長することができる時間数 所定労働時間を超える時間数（任意）	1箇月（時間外労働及び休日労働を合算した時間数。100時間未満に限る。）限度時間を超えて労働させることができる回数（6回以内に限る。）	1箇月 延長することができる時間数及び休日労働の時間数 法定労働時間を超える時間数と休日労働の時間数を合算した時間数	1箇月 所定労働時間を超える時間数と休日労働の時間数を合算した時間数（任意）	1箇月 限度時間を超えた労働に係る割増賃金率	1年（時間外労働のみの時間数。720時間以内に限る。）起算日（年月日）○○○○年４月１日 延長することができる時間数 法定労働時間を超える時間数	1年 所定労働時間を超える時間数（任意）	1年 限度時間を超えた労働に係る割増賃金率
株主総会対応、IR関連対応	総務	１０人	６時間		６回	９０時間		３５％	７００時間		３５％
製品トラブル・大規模クレーム対応・急な仕様変更	営業（フレックスタイム制）	１０人	―		６回	９０時間		３５％	６００時間		３５％
製品トラブル・大規模クレーム対応・急な仕様変更	開発（フレックスタイム制）	３０人	―		６回	８０時間		３５％	５００時間		３５％
四半期決算事務	経理	５人	６時間		６回	８０時間		３５％	５００時間		３５％

限度時間を超えて労働させる場合における手続：労働者代表者に対する事前申し入れ

限度時間を超えて労働させる労働者に対する健康及び福祉を確保するための措置：（該当する番号）①、③、⑩　（具体的内容）対象労働者への医師による面接指導の実施　、対象労働者に１１時間の勤務間インターバルを設定、職場での時短対策会議の開催

上記で定める時間数にかかわらず、時間外労働及び休日労働を合算した時間数は、１箇月について 100 時間未満でなければならず、かつ２箇月から６箇月までを平均して 80 時間を超過しないこと。☑
（チェックボックスに要チェック）

協定の成立年月日　○○○○年　３月　12日

協定の当事者である労働組合（事業場の労働者の過半数で組織する労働組合）の名称又は労働者の過半数を代表する者の　職名 営業部　係長　氏名 ○○　○○

協定の当事者（労働者の過半数を代表する者の場合）の選出方法（　投票による選挙　）

○○○○年　３月　15日

使用者　職名 代表取締役社長　氏名 ○○　○○　㊞

○○ 労働基準監督署長殿

1年間の上限時間を計算する際の起算日を記載してください。その1年間においては協定の有効期間にかかわらず、起算日は同一の日である必要があります。

事由は一時的又は突発的に時間外労働を行わせる必要のあるものに限り、できる限り具体的に定めなければなりません。「業務の都合上必要なとき」「業務上やむを得ないとき」など恒常的な長時間労働を招くおそれがあるものは認められません。

業務の範囲を細分化し、明確に定めてください。

月の時間外労働の限度時間（月45時間又は42時間）を超えて労働させる回数を定めてください。年6回以内に限ります。

限度時間（月45時間又は42時間）を超えて労働させる場合の、1か月の**時間外労働と休日労働の合計の時間数**を定めてください。**月100時間未満**に限ります。なお、この時間数を満たしていても、**2～6か月平均で月80時間**を超えてはいけません。

限度時間を超えて時間外労働をさせる場合の割増賃金率を定めてください。この場合、法定の割増率（25%）を超える割増率となるよう努めてください。

限度時間（年360時間又は320時間）を超えて労働させる1年の**時間外労働（休日労働は含みません）の時間数**を定めてください。**年720時間以内**に限ります。

限度時間を超えて時間外労働をさせる場合の割増賃金率を定めてください。この場合、法定の割増率（25%）を超える割増率となるよう努めてください。

限度時間を超えて労働させる場合にとる手続を定めてください。

管理監督者は労働者代表にはなれません。

協定書を兼ねる場合には、労働者代表の署名又は記名・押印が必要です。

時間外労働と法定休日労働を合計した時間数は、月100時間未満、2～6か月平均80時間以内でなければいけません。これを労使で確認の上、必ずチェックを入れてください。チェックボックスにチェックがない場合には、有効な協定届とはなりません。

労働者の過半数で組織する労働組合が無い場合には、３６協定の締結をする者を選ぶことを明確にした上で、投票・挙手等の方法で労働者の過半数代表者を選出し、選出方法を記載してください。
使用者による指名や、使用者の意向に基づく選出は認められません。

押印も必要です。

3　フレックスタイム制のもとでの時間外労働の上限規制の考え方

フレックスタイム制のもとでも、以下の時間外労働の上限規制が及ぶことに注意する必要があります。なお、ここでいう「時間外労働」は法定時間外労働を、「休日労働」は法定休日労働を指します。また、フレックスタイム制における法定時間外労働の算定の仕方の詳細は、前記1を参照してください。

原則	時間外労働の上限 （限度時間）	月45時間以内 年360時間以内
特別条項 （限度時間を超えることができる場合）	特別条項の回数	年6回以内
	年間の時間外労働の上限	年720時間以内
時間外労働と休日労働の合計	単月100時間未満 ２～６カ月平均80時間以内	

清算期間が１カ月を超える場合で見ると、具体的には、最終月以外の月については、「①当月の１カ月ごとの時間外労働（週平均50時間を超える時間）」が時間外労働の時間に該当し、上記上限規制の範囲内である必要があります。また、最終月については、「②当月の１カ月ごとの時間外労働（週平均50時間を超える時間）」に「③清算期間の総枠を超える時間外労働（ただし、①及び②の時間を除く）」を加えた時間が時間外労働の時間に該当し、上記上限規制の範囲内である必要があります（基発1228第15号・第１・答４）。

特別条項を適用する場合は、その回数（年６回以内）にも注意が必要です。

また、休日労働がなされた場合は、清算期間における総労働時間や時間外労働とは別個のものとして扱われますから、休日労働時間数と、既述のとおりに算出した時間外労働時間数とを合計して、単月100時間未満及び２～６カ月平均80時間未満の規制の範囲内である必要があります。特に、後者については連続した月での平均時間を規制するものであり、清算期間をまたがって問題になりうることに留意が必要です。

4　労働時間の把握、通知

清算期間が1カ月を超える場合は、対象労働者が自らの各月の時間外労働時間数を把握しにくくなることが懸念されるため、使用者は、対象労働者の各月の労働時間数の実績を対象労働者に通知等することが望ましいとされています（基発0907第1号）。

また、1週当たり40時間を超える労働時間が1月当たり80時間を超えた場合、労働者に対して、当該超過時間に関する情報を通知する必要があります（改正安衛則52条の2第3項。詳細は第7章を参照。）。

4.　労働時間の貸借制

改正法においては清算期間が延長され、総労働時間の枠が大きくなっているため、清算期間における実労働時間が総労働時間を大幅に下回ることが考えられます。

その場合にも特に規定が無ければ、使用者は、通常の賃金を支払う必要がありますが、労使協定に規定を設けることにより次のア又はイの対応を取ることが可能となります（ただし、就業規則上、労使協定によりフレックスタイム制を適用する旨の定めがあることが前提です）。

> ア　不足時間分について賃金控除を行う。
> イ　不足時間分について、次の清算期間に繰り越す。

ただし、イの労働時間の繰り越しについては、繰り越した結果、次の清算期間における法定労働時間の総枠を超えないように行う必要があります。

他方、清算期間において、実労働時間が総労働時間を上回った場合は、同清算期間内に時間外労働割増賃金を支払う必要があるため（賃金全額払いの原則）、超過時間分を次の清算期間に繰り越すことはできません。

［労使協定例］

<table>
<tr><td>（不足時間の取扱い）
第●条
　清算期間中の実労働時間が総労働時間に不足したときは、不足時間を次の清算期間にその法定労働時間の範囲内で繰り越すものとする。</td></tr>
<tr><td>（不足時間の取扱い）
第●条
　清算期間中の実労働時間が総労働時間に不足したときは、不足時間分の賃金を控除する。</td></tr>
</table>

（藤原宇基）

第2章

時間外労働等の上限規制

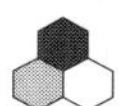

1. 概要及び趣旨

労働時間の上限は、法定労働時間（週40時間、1日8時間（労基法32条））を原則としつつ、労基法36条所定の時間外及び休日の労働に係る協定（以下、「36協定」といいます。）を締結することにより、例外的にこれを延長することが認められています（なお、ここでの「時間外労働」は法定時間外労働を、「休日労働」は法定休日労働を指します。以下同様です。）。

36協定によって延長することが可能な労働時間の上限は、法改正前は限度の基準を定めた厚生労働省の告示[1]（以下、「限度基準告示」といいます。）によって定められていたものの、これはあくまで労働基準監督署等の行政官庁が行政指導を行う際の目安に過ぎず、法律上は労働時間の絶対的な上限は存在しませんでした。

しかし、長時間労働が社会的問題になる中、法改正の議論においても、労働時間の上限規制に関する制度は大きく舵を切り、この度、日本の労働法史上初めて、36協定において労使が合意した場合であっても、上回ることのできない上限が設定されることになりました（2.参照）。

事業者は、平成31年4月1日の改正労基法施行を受け、36協定の具体的な

1) 労働基準法第三十六条第一項の協定で定める労働時間の延長の限度等に関する基準（平成10年12月28日労働省告示第154号）

運用の変更（３.参照）に十分留意しつつこれに早急に対応する必要があります。

なお、下表に掲げる中小事業主は、2020年４月1日まで適用が猶予されます（この他の適用除外及び適用猶予については、第３章を参照。）。

また、中小事業主については、月60時間超の時間外労働に係る割増賃金率を25%以上ではなく50%以上に引き上げる労基法37条１項但書の適用が猶予されていましたが（旧労基法138条）、改正法下では、平成35年４月1日から適用されることとなりますので、併せて注意が必要です。

中小事業主（①又は②の事業主（整備法附則3条1項））	
①資本金額又は出資総額	３億円以下（小売業又はサービス業の場合は5000万円以下、卸売業の場合は1億円以下）
②常時使用する労働者数	300人以下の事業主(小売業の場合は50人以下、サービス業又は卸売業の場合は100人以下)

2. 改正労基法下の上限規制

1 上限規制の基本的枠組み

（1）概要

改正法下の労働時間の上限規制のイメージは、下図のとおりです。今回の改正により一部罰則付きの上限規制が新設されたほか、法定休日労働の位置付けが法文上明確化され、時間外労働と休日労働の合計時間に係る上限規制が新たに導入されています。

したがって、今後は、時間外労働と休日労働を合算した時間にも注意しつつ、各上限規制に抵触しないよう労働時間を管理していくことが求められることとなります。

以下では、限度基準告示に定められている基準の法定化（改正労基法36条４項）及び絶対的上限の新設(改正労基法36条５項、６項）について解説します。

〈図1〉上限規制のイメージ

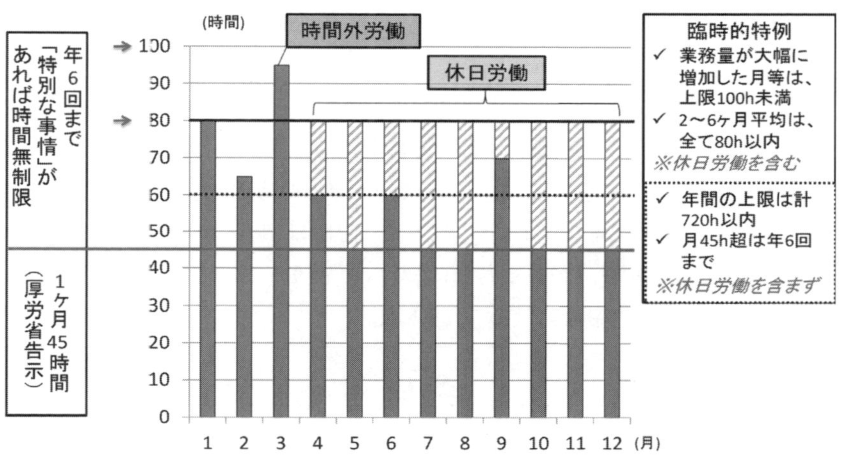

（2）限度基準の法定化

まず、36協定を締結することにより延長することができる労働時間につき、これまで限度基準告示に示されていた1か月45時間、1年間360時間という原則的な上限が、「限度時間」として法定されました（改正労基法36条4項）。また、変形労働時間制で対象期間3か月超と定める場合は、1か月42時間かつ1年間320時間が上限（限度時間）となります（同項括弧書）[2)]。なお、これらの時間には、休日労働は含みません。

したがって、仮に上記限度時間を超過した時間を上限とする36協定を締結した場合、当該36協定は改正労基法36条4項に違反し、全体として違法で無効なものとなるため、その状態で法定労働時間を超えた時間外労働を行わせた場合は違法となり、罰則の対象となります（労基法119条1号、32条）。

また、規定内容自体は適法である36協定においても、いわゆる特別条項を追

2) 36協定の対象期間1年間の中に、対象期間3か月超の対象期間の1年単位の変形労働時間制の対象期間の一部が含まれている場合も、限度時間は1か月42時間かつ1年間320時間となります（基発1228第15号・第2・答3）。

加的に定めてこれを適用することなく、上記限度時間を超えて時間外労働を行わせた場合には、36協定によって免罰効果[3)]を得られる範囲を超えてしまっているため、違法となり、罰則の対象となります（労基法119条1号、32条）。

(3) 特別事情がある場合においても上回ることができない絶対的上限の新設

これまで36協定においては、いわゆる特別条項を追加的に定めておけば、臨時的な特別事情がある場合には、月45時間、年360時間を超えることが認められていましたが、限度基準告示においてもその上限は定められていませんでした。しかしこの度、特別事情がある場合においても超えることができない絶対的な上限が、下表のとおり新たに定められました。

絶対的な上限	内容
①年間の上限 （新36条５項）	休日労働を除き、720時間以内 （下記ア（イ））
②1か月の上限 （新36条５項、6項２号）	休日労働を含め、100時間未満 （下記ア（ア）及びイ（エ））
③連続月の平均の上限 （新36条6項３号）	休日労働を含め、連続月（２～６か月）[4)]の平均80時間以内（下記イ（オ））

以上の新しい絶対的上限については、以下のとおり36協定の締結単位である事業場単位の上限規制のルール（下記ア（なお、上記(2)の月45時間、年360時間の規制もこれに含まれます。））と、個々の労働者単位の上限規制のルール（下記イ）として捉えることができ、改めてその概要を整理すると下表のとおりです。

3) 労基法36条には、36協定に定める範囲で時間外労働や休日労働をさせても違法とはならないという、免罰効果があります。

4) 当該月とその直前の月を加えた２か月、３か月、４か月、５か月、６か月のどの期間の平均においても、80時間以内でなければならないとされています。

ア．事業場ごとの36協定の規定内容に係る絶対的上限
（ア）１か月につき100時間未満を上限として、時間外労働及び休日労働をさせることのできる時間を36協定に定めることができる （イ）１年間につき720時間以内を上限として、時間外労働をさせることができる時間を36協定に定めることができる （ウ）36協定に特別条項を適用することができる月数につき、6回以内を上限として定めなければならない
イ．個々の労働者ごとの労働時間に係る絶対的上限
（エ）１か月について時間外労働及び休日労働をさせた時間は100時間未満でなければならない （オ）対象期間の初日から１か月ごとに区分した各期間について、当該各期間の直前１か月、２か月、３か月、４か月及び５か月の期間を加えたそれぞれの期間における時間外労働及び休日労働をさせた時間の１か月当たりの平均が80時間を超えないものとしなければならない

以下、ア、イそれぞれについて解説します。

ア．事業場ごとの36協定の規定内容に係る絶対的上限

改正労基法36条５項第一文は、まず、「通常予見することができない業務量の大幅な増加等に伴い臨時的に･･･限度時間を超えて労働させる必要がある場合」において、

（ア）1か月につき「100時間未満の範囲」を上限として、時間外労働及び休日労働を「させることのできる時間」

並びに

（イ）1年間につき「720時間を越えない範囲」を上限として、時間外労働を「させることができる時間」

を36協定に定めることができると規定しています。

なお、(ア)、(イ) の各時間には、限度時間内で延長した時間(時間外労働時間)も含まれます。

また、同項第２文では、１か月の限度時間45時間を超えることができる回数、すなわち

（ウ）特別条項を適用することができる回数の上限が６回以内であることが必要

と定められています。

したがって、仮に上記（ア)、（イ）又は（ウ）の上限を超過する内容の36協定を締結した場合、当該36協定は改正労基法36条５項に違反し、全体として違法で無効なものとなるため、その状態で法定労働時間を超えた時間外労働や休日労働を1分でも行わせた場合は違法となり、罰則の対象となります（労基法119条1号、32条)。

また、規定内容自体は上限を超過していない適法な36協定においても、上記（ア)、（イ）又は（ウ）の上限を超えて時間外労働を行わせた場合には、36協定によって免罰効果を得られる範囲を超えてしまっているため、違法となり、罰則の対象となります（労基法119条1号、32条)。

イ．個々の労働者ごとの労働時間に係る絶対的上限

上記アとは別に、改正労基法36条６項２号及び３号では、36協定により時間外労働又は休日労働をさせる場合について絶対的上限を定め、別途罰則も新設しています。

まず、同項２号では、

（エ）１か月について時間外労働及び休日労働を「させた時間」は「100時間未満」でなければならない

としています。

また、同項３号では、

> （オ）「対象期間の初日から一箇月ごとに区分した各期間」について、当該各期間の直前1か月、2か月、3か月、4か月及び5か月の期間を加えたそれぞれの期間における時間外労働及び休日労働を「させた時間」の1か月当たりの平均が「八十時間を超えない」ものとしなければならない

としています。

なお、当該規定は、複数の36協定の対象期間をまたぐ場合にも適用されるとされており、例えば対象期間の初めの1か月についても、当該月のみならず、その前の、別の対象期間に含まれる月の時間についても算入して平均時間を算出する必要がある点には留意が必要です[5)]。

〈図2〉前の協定期間算入の例[6)]

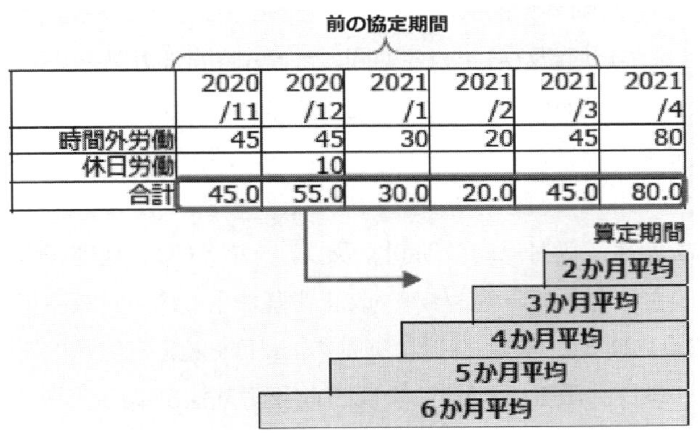

	2020/11	2020/12	2021/1	2021/2	2021/3	2021/4
時間外労働	45	45	30	20	45	80
休日労働		10				
合計	45.0	55.0	30.0	20.0	45.0	80.0

そして、これらの新しい絶対的上限については、労基法32条違反とは別に罰則（6か月以下の懲役又は30万円以下の罰金）が科されることとされています（改正労基法119条1号、36条6項）。

なお、上記各規制は、特別条項による延長の場面を想定した上記アの規制と

---

5) ただし、改正労基法36条6項3号の適用がない期間（同法施行前の期間や経過措置の期間）の労働時間は、算定対象とならないとされています（基発1228第15号・第2・答8）。

6) 出典：「時間外労働の上限規制　わかりやすい解説」（厚生労働省 https://www.mhlw.go.jp/content/000463185.pdf）

は独立した別個のものであるため、特別条項を適用しない月、あるいは36協定において特別条項を設けない場合7)であっても、適用される点に留意が必要です。すなわち、例えば、時間外労働は1か月当たり45時間であっても、休日労働が55時間行われた場合には、単月100時間未満の規制に反し違法となるということです。

3. 上限規制に付随する枠組み

（1）36協定の必要的記載事項（改正労基法36条２項５号、改正労基則16条、17条）

36協定に記載すべき事項は従来、旧労基則16条1項8)や限度基準告示に規定されていましたが、その内容が概ね改正労基法36条2項に法定化されました。

具体的には、①時間外労働又は休日労働をさせることができる労働者の範囲、②対象期間、③時間外労働又は休日労働をさせることができる場合、④対象期間における1日、1か月及び1年の各期間における時間外労働をさせることができる時間数又は休日労働をさせることのできる休日の日数、⑤その他厚労省令で定める事項です。

このうち、④に関して、従来は、延長することができる時間数等については、「一日」、「一日を超え三箇月以内の期間」及び「一年」（旧労基則16条１項、限度基準告示２条）とされていましたが、改正労基法下では、月及び年単位の原則的上限が法定されたことを踏まえ9)、従前の「一日を超え三箇月以内の期間」については「一箇月」に限るものとされました(改正労基法36条2項４号)。したがって、これまで２か月や３か月単位の記載をしていた場合には、記載内容を改める

7)　後述のとおり、特別条項を含まない36協定の様式においても、上記規制に反していないことを記載することが要請されています（改正労基則17条1項３号)。

8)　旧労基則16条1項

> 使用者は、法第三十六条第一項の協定をする場合には、時間外又は休日の労働をさせる必要のある具体的事由、業務の種類、労働者の数並びに一日及び一日を超える一定の期間についての延長することができる時間又は労働させることができる休日について、協定しなければならない。

9)　基発0907第１号

必要がありますので留意が必要です[10]。

また、⑤厚生労働省令で定める事項は以下のとおりです(改正労基則17条1項)。

改正労基則17条1項各号の内容	
全ての36協定に共通する記載事項	
1号	36協定（労働協約による場合を除く。）の有効期間の定め
2号	対象期間（改正労基法36条2項2号）における一年（同項4号）の起算日
3号	1か月の上限100時間未満、連続月の平均の上限80時間以内という要件（同条6項2号及び3号）を満たすこと
特別条項を定める場合の36協定の記載事項	
4号	限度時間（同条3項）を超えて労働させることができる場合
5号	限度時間を超えて労働させる労働者に対する健康及び福祉を確保するための措置
6号	限度時間を超えた労働に係る割増賃金の率[11]
7号	限度時間を超えて労働させる場合における手続

これらも、概ね限度基準告示等の厚生労働省告示において示されていた内容を規定したものですが、その内容が後述のとおり36協定の様式上明確化されたこと、5号に健康及び福祉を確保するための措置（以下、「健康福祉確保措置」といいます。）の記載をすべき点（(2)において後述する指針8条参照）が定められたことには留意が必要です（なお、上記健康福祉確保措置の実施状況は記録し、有効期間中及び同期間満了後3年間の保存することが義務付けられました(改正労基則17条2項))。

なお、1号の36協定の「有効期間」とは、下表のとおり、「対象期間」（改正

10) なお、1日、1か月及び1年単位の記載に加えて、これ以外の期間についても延長時間を定めることは可能ですが、これを定めた場合は、当該期間に係る延長期間を超えて労働させた場合も違法となるとされています（基発1228第15号・第2・答2）。
11) 1か月及び1年のそれぞれについて定めなければならないとされています。(基発0907第1号)。

労基法36条２項２号）[12)]とは異なるものであり（基発1228第15号・第２・答１）、仮に36協定において１年を超える有効期間を定めた場合には、当該有効期間の範囲内において、起算日から１年ごとに区分した各期間が対象期間となります。

したがって、例えば有効期間を３年間とした場合、対象期間は１年間に限られていますので（改正労基法36条2項２号）、3回分となる対象期間につき、同内容の協定を継続することも考えられますが、36協定は定期的に見直すべきとの観点から、実務的には有効期間は１年間としておくことが望ましいといえます。

対象期間	・労基法36条の規定により労働時間を延長し、又は休日に労働させることができる期間 ・１年間に限るものであり（改正労基法36条２項２号）、36協定において起算日を定めることによって期間が特定される
有効期間	・36協定が効力を有する期間であり理論上は１年間よりも長い有効期間の定めでもよいが、実務的には１年間とすることが望ましい ・対象期間が１年間に限られることから、最も短い場合でも原則として１年間

また、７号の「限度時間を超えて労働させる場合における手続」とは、労使当事者が合意した協議、通告その他の手続とされており、かかる手続は、１か月ごとに限度時間を超えて労働させることができる具体的事由が生じたときには、必ず行わなければならず、これを経ることなく、限度時間を超えて労働時間を延長することは、違法とされる点には留意が必要です。なお、実際に当該手続がとられ、限度時間を延長する際には、とられた手続の時期、内容、相手方等を書面等で明らかにしておく必要があるとされています（以上につき、基発0907第1号）。

（2）36協定に関する指針

以上で述べてきた労基法及び施行規則の改正に加え、改正労基法36条７項

12）　改正労基法36条2項２号において、36協定の対象期間は「一年間に限る」ものとされており、事業完了や業務終了までの期間が1年未満である場合であっても、対象期間は１年間とする必要があるとされています（基発0907第１号）。

に基づき、36協定で定める労働時間の延長及び休日の労働について留意すべき事項等について、新たに指針（「労働基準法第三十六条第一項の協定で定める労働時間の延長及び休日の労働について留意すべき事項等に関する指針」。以下、本章において単に「指針」といいます。）が定められました。その内容については、法的拘束力はなく、これに適合しない36協定が直ちに無効となるものではないものの、後述する同協定の様式の記載心得にもその内容が盛り込まれており、指針に適合しない36協定は、労働基準監督署等の行政官庁による「助言及び指導」（改正労基法36条９項）の対象となるとされています（基発1228第15号・第２・答9））[13]。

なお、指針において、健康福祉確保措置（改正労基則17条５号）について、労使当事者は、下表記載のもののうちから協定することが望ましいことに留意しなければならないとされています（指針8条）。

指針８条の内容	
1号	労働時間が一定時間を超えた労働者に対する医師による面接指導
2号	１か月当たりの深夜労働の回数制限[14]
3号	終業始業間で一定時間以上の継続した休息時間[15]の確保
4号	労働者の勤務状況及びその健康状態に応じた、代償休日又は特別な休暇の付与
5号	労働者の勤務状況及びその健康状態に応じた、健康診断の実施
6号	年次有給休暇についてまとまった日数連続して取得することを含む取得の促進
7号	心とからだの健康問題についての相談窓口設置
8号	労働者の勤務状況及び健康状態に配慮し、必要に応じた適切な部署への配置転換
9号	産業医等からの助言・指導又は、労働者に対する産業医等による保健指導の実施

13) なお、指針に関する助言及び指導につき、中小事業主（第1参照）については、中小企業における労働時間の動向、人材の確保の状況、取引の実態その他の事情を踏まえて配慮がなされるとされています（整備法附則３条（基発0907第1号）。

4. 実務上の留意点・対応

1 36協定の作成・届出の留意点（様式の改訂）

以上、36協定に関する改正労基法36条、改正労基則17条及び改正労基法36条7項に基づく指針をもとに、36協定の様式が改訂されています[16)]。一般の36協定においても、記載事項がより細かく明確化され、また特別条項を設ける場合とそうでない場合の様式が分けられた点には留意が必要です（改正労基則様式９号及び９号の２）[17)]。

次頁以降に、厚生労働省が公開している様式９号及び９号の２の各記載例[18)]を掲載していますので、その後ろの解説と併せて36協定作成時のご参考としてください。

---

14) 当該深夜労働には、交代制勤務などの場合における所定時間内のものも含まれるとされていますが、このような場合には事業場の実情に合わせ、その他の健康福祉確保措置を講ずることが考えられます。また、回数を含む具体的な取扱いについては、各事業上の業務実態等を踏まえて、必要な内容を労使間で協定すべきとされています。（基発1228第15号・第２・答12）。

15) 「休息時間」とは、使用者の拘束を受けない時間をいうものの、その時間数を含む具体的な取扱いについては、各事業上の業務実態等を踏まえて、必要な内容を労使間で協定すべきとされています（基発1228第15号・第２・答13）。

16) なお、改正労基法36条の適用が猶予又は除外されている場合であっても、同条に適合した36協定を締結することは望ましく、その場合に様式9号又は9号の2を使用して差し支えないとされています（基発1228第15号・第2・答1）。

17) 厚生労働省の下記ホームページにおいてPDF形式又はWORD形式の各様式が入手可能です。
https://www.mhlw.go.jp/stf/seisakunitsuite/bunya/0000148322_00001.html

18) 厚生労働省ホームページ「働き方改革を推進するための関係法律の整備に関する法律」について―各種リーフレット」参照。

■ 様式9号（一般条項）

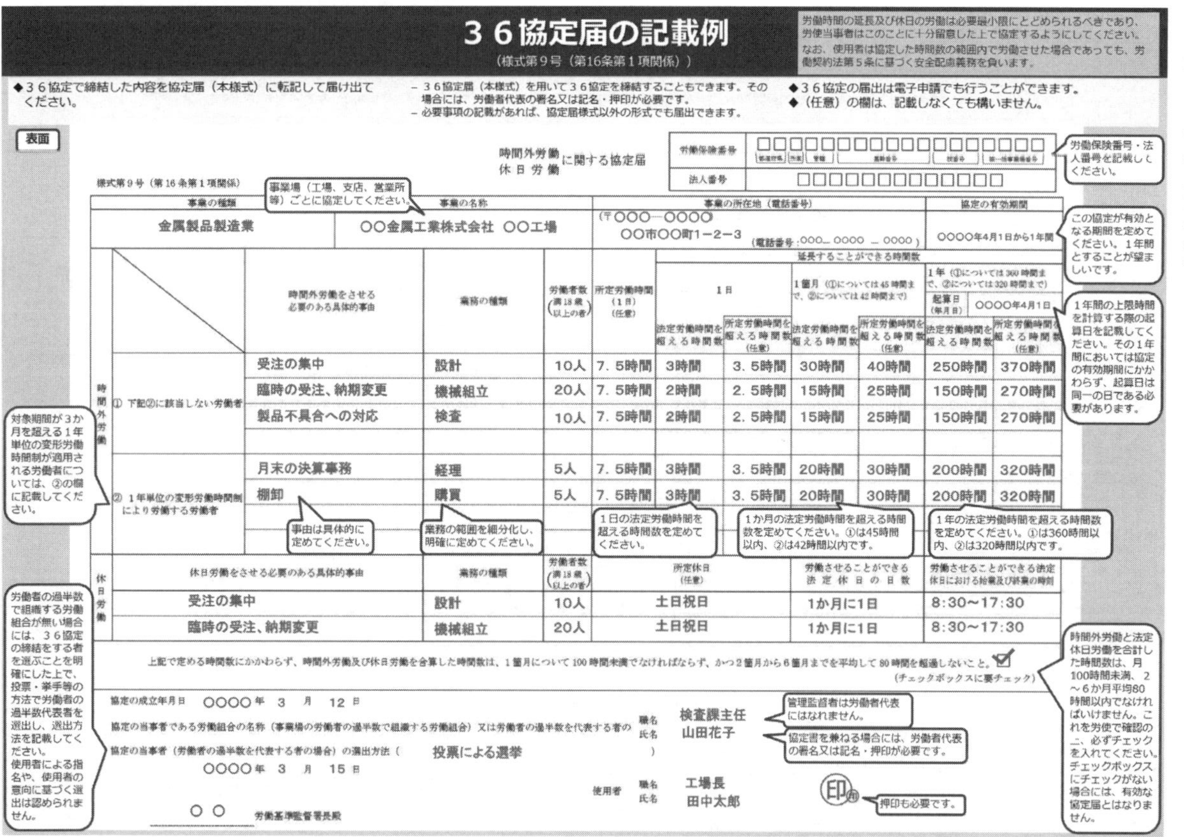

３６協定届の記載例

（様式第９号（第16条第１項関係））

労働時間の延長及び休日の労働は必要最小限にとどめられるべきであり、労使当事者はこのことに十分留意した上で協定するようにしてください。なお、使用者は協定した時間数の範囲内で労働させた場合であっても、労働契約法第５条に基づく安全配慮義務を負います。

◆３６協定で締結した内容を協定届（本様式）に転記して届け出てください。

- ３６協定届（本様式）を用いて３６協定を締結することもできます。その場合には、労働者代表の署名又は記名・押印が必要です。
- 必要事項の記載があれば、協定届様式以外の形式でも届出できます。

◆３６協定の届出は電子申請でも行うことができます。

◆（任意）の欄は、記載しなくても構いません。

表面

様式第９号（第16条第１項関係）

時間外労働
休日労働　に関する協定届

労働保険番号	□□□□□□□□□□□□□□□□□□
法人番号	□□□□□□□□□□□□□

事業の種類	事業の名称	事業の所在地（電話番号）	協定の有効期間
金属製品製造業	○○金属工業株式会社　○○工場	（〒○○○－○○○○）○○市○○町1－2－3（電話番号：○○○－○○○○－○○○○）	○○○○年4月1日から1年間

時間外労働

	時間外労働をさせる必要のある具体的事由	業務の種類	労働者数（満18歳以上の者）	所定労働時間（1日）（任意）	1日 法定労働時間を超える時間数	1日 所定労働時間を超える時間数（任意）	1箇月（①については45時間まで、②については42時間まで） 法定労働時間を超える時間数	1箇月 所定労働時間を超える時間数（任意）	1年（①については360時間まで、②については320時間まで）起算日（年月日）○○○○年4月1日 法定労働時間を超える時間数	1年 所定労働時間を超える時間数（任意）
① 下記②に該当しない労働者	受注の集中	設計	10人	7．5時間	3時間	3．5時間	30時間	40時間	250時間	370時間
	臨時の受注、納期変更	機械組立	20人	7．5時間	2時間	2．5時間	15時間	25時間	150時間	270時間
	製品不具合への対応	検査	10人	7．5時間	2時間	2．5時間	15時間	25時間	150時間	270時間
② 1年単位の変形労働時間制により労働する労働者	月末の決算事務	経理	5人	7．5時間	3時間	3．5時間	20時間	30時間	200時間	320時間
	棚卸	購買	5人	7．5時間	3時間	3．5時間	20時間	30時間	200時間	320時間

休日労働

休日労働をさせる必要のある具体的事由	業務の種類	労働者数（満18歳以上の者）	所定休日（任意）	労働させることができる法定休日の日数	労働させることができる法定休日における始業及び終業の時刻
受注の集中	設計	10人	土日祝日	1か月に1日	8:30～17:30
臨時の受注、納期変更	機械組立	20人	土日祝日	1か月に1日	8:30～17:30

上記で定める時間数にかかわらず、時間外労働及び休日労働を合算した時間数は、1箇月について100時間未満でなければならず、かつ2箇月から6箇月までを平均して80時間を超過しないこと。☑
（チェックボックスに要チェック）

協定の成立年月日　○○○○年　3　月　12　日

協定の当事者である労働組合の名称（事業場の労働者の過半数で組織する労働組合）又は労働者の過半数を代表する者の　職名　検査課主任　氏名　山田花子

協定の当事者（労働者の過半数を代表する者の場合）の選出方法（　投票による選挙　）

○○○○年　3　月　15　日

使用者　職名　工場長　氏名　田中太郎　印

○○　労働基準監督署長殿

出典：https://www.mhlw.go.jp/content/000350328.pdf

■ 様式9号の2（特別条項）（1頁目）

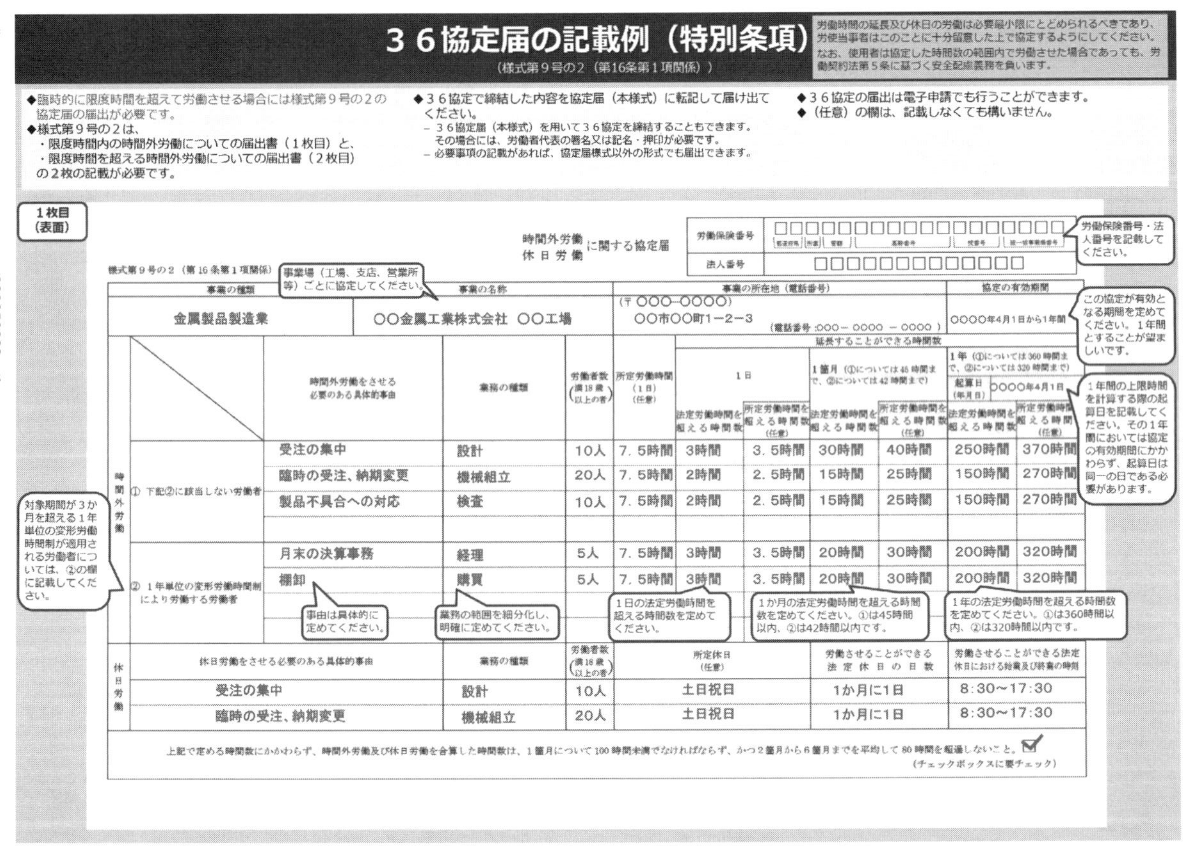

３６協定届の記載例（特別条項）

（様式第９号の２（第16条第１項関係））

労働時間の延長及び休日の労働は必要最小限にとどめられるべきであり、労使当事者はこのことに十分留意した上で協定するようにしてください。なお、使用者は協定した時間数の範囲内で労働させた場合であっても、労働契約法第５条に基づく安全配慮義務を負います。

◆臨時的に限度時間を超えて労働させる場合には様式第９号の２の協定届の届出が必要です。
◆様式第９号の２は、
・限度時間内の時間外労働についての届出書（１枚目）と、
・限度時間を超える時間外労働についての届出書（２枚目）
の２枚の記載が必要です。

◆３６協定で締結した内容を協定届（本様式）に転記して届け出てください。
－ ３６協定届（本様式）を用いて３６協定を締結することもできます。その場合には、労働者代表の署名又は記名・押印が必要です。
－ 必要事項の記載があれば、協定届様式以外の形式でも届出できます。

◆３６協定の届出は電子申請でも行うことができます。
◆（任意）の欄は、記載しなくても構いません。

１枚目（表面）

様式第９号の２（第16条第１項関係）

時間外労働・休日労働に関する協定届

労働保険番号	□□□□□□□□□□□□□□□□□□□□
法人番号	□□□□□□□□□□□□□

事業の種類	事業の名称	事業の所在地（電話番号）	協定の有効期間
金属製品製造業	○○金属工業株式会社 ○○工場	（〒○○○－○○○○）○○市○○町1－2－3（電話番号：○○○－○○○○－○○○○）	○○○○年4月1日から1年間

時間外労働	時間外労働をさせる必要のある具体的事由	業務の種類	労働者数（満18歳以上の者）	所定労働時間（1日）（任意）	1日 法定労働時間を超える時間数	1日 所定労働時間を超える時間数（任意）	1箇月（①については45時間まで、②については42時間まで）法定労働時間を超える時間数	1箇月 所定労働時間を超える時間数（任意）	1年（①については360時間まで、②については320時間まで）起算日（年月日）○○○○年4月1日 法定労働時間を超える時間数	1年 所定労働時間を超える時間数（任意）
① 下記②に該当しない労働者	受注の集中	設計	10人	7．5時間	3時間	3．5時間	30時間	40時間	250時間	370時間
	臨時の受注、納期変更	機械組立	20人	7．5時間	2時間	2．5時間	15時間	25時間	150時間	270時間
	製品不具合への対応	検査	10人	7．5時間	2時間	2．5時間	15時間	25時間	150時間	270時間
② 1年単位の変形労働時間制により労働する労働者	月末の決算事務	経理	5人	7．5時間	3時間	3．5時間	20時間	30時間	200時間	320時間
	棚卸	購買	5人	7．5時間	3時間	3．5時間	20時間	30時間	200時間	320時間

休日労働	休日労働をさせる必要のある具体的事由	業務の種類	労働者数（満18歳以上の者）	所定休日（任意）	労働させることができる法定休日の日数	労働させることができる法定休日における始業及び終業の時刻
	受注の集中	設計	10人	土日祝日	1か月に1日	8:30～17:30
	臨時の受注、納期変更	機械組立	20人	土日祝日	1か月に1日	8:30～17:30

上記で定める時間数にかかわらず、時間外労働及び休日労働を合算した時間数は、１箇月について100時間未満でなければならず、かつ２箇月から６箇月までを平均して80時間を超過しないこと。☑
（チェックボックスに要チェック）

出典：https://www.mhlw.go.jp/content/000350329.pdf

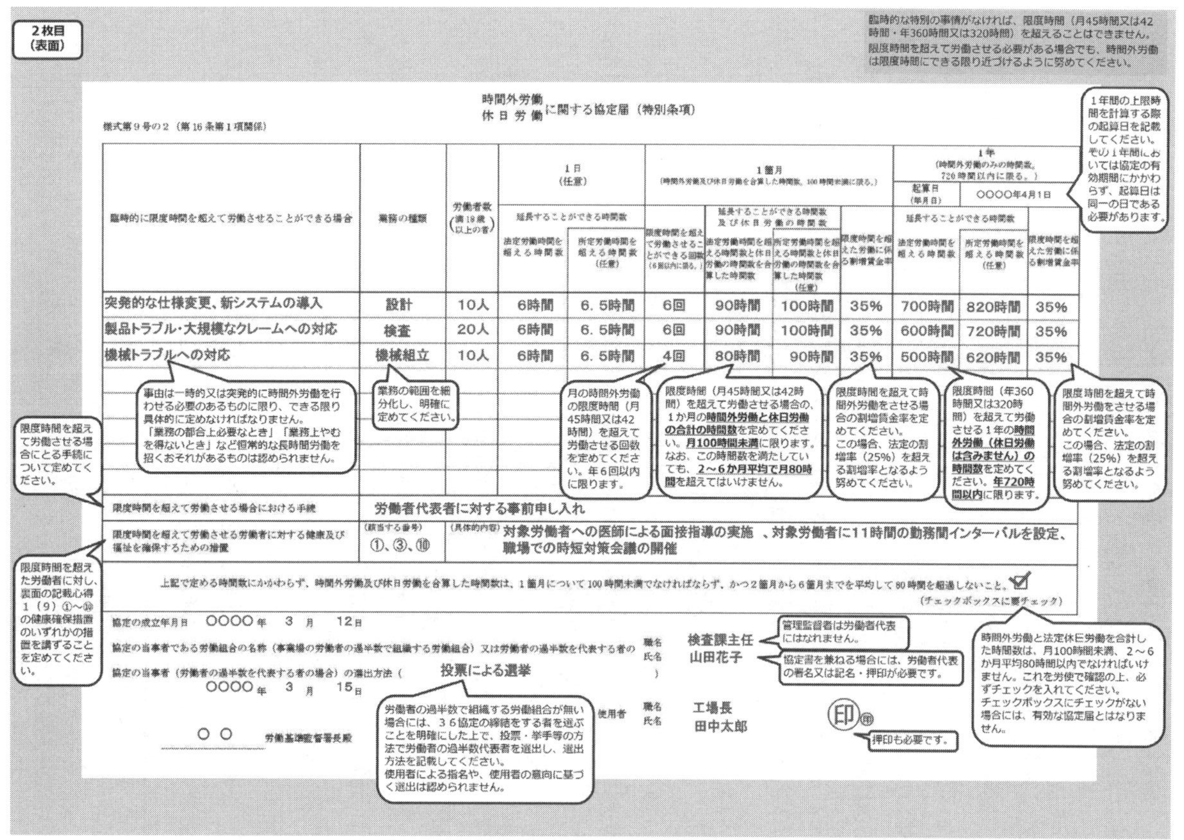

2枚目（表面）

臨時的な特別の事情がなければ、限度時間（月45時間又は42時間・年360時間又は320時間）を超えることはできません。
限度時間を超えて労働させる必要がある場合でも、時間外労働は限度時間にできる限り近づけるように努めてください。

様式第９号の２（第16条第１項関係）

時間外労働 休日労働 に関する協定届（特別条項）

臨時的に限度時間を超えて労働させることができる場合	業務の種類	労働者数（満18歳以上の者）	1日（任意）		1箇月（時間外労働及び休日労働を合算した時間数。100時間未満に限る。）				1年（時間外労働のみの時間数。720時間以内に限る。）起算日（年月日）○○○○年4月1日		
			延長することができる時間数 法定労働時間を超える時間数	延長することができる時間数 所定労働時間を超える時間数（任意）	限度時間を超えて労働させることができる回数（6回以内に限る。）	延長することができる時間数及び休日労働の時間数 法定労働時間を超える時間数と休日労働の時間数を合算した時間数	延長することができる時間数及び休日労働の時間数 所定労働時間を超える時間数と休日労働の時間数を合算した時間数（任意）	限度時間を超えた労働に係る割増賃金率	延長することができる時間数 法定労働時間を超える時間数	延長することができる時間数 所定労働時間を超える時間数（任意）	限度時間を超えた労働に係る割増賃金率
突発的な仕様変更、新システムの導入	設計	10人	6時間	6．5時間	6回	90時間	100時間	35%	700時間	820時間	35%
製品トラブル・大規模なクレームへの対応	検査	20人	6時間	6．5時間	6回	90時間	100時間	35%	600時間	720時間	35%
機械トラブルへの対応	機械組立	10人	6時間	6．5時間	4回	80時間	90時間	35%	500時間	620時間	35%

限度時間を超えて労働させる場合における手続	労働者代表者に対する事前申し入れ	
限度時間を超えて労働させる労働者に対する健康及び福祉を確保するための措置	（該当する番号）①、③、⑩	（具体的内容）対象労働者への医師による面接指導の実施 、対象労働者に11時間の勤務間インターバルを設定、職場での時短対策会議の開催

上記で定める時間数にかかわらず、時間外労働及び休日労働を合算した時間数は、１箇月について100時間未満でなければならず、かつ２箇月から６箇月までを平均して80時間を超過しないこと。☑
（チェックボックスに要チェック）

協定の成立年月日　○○○○年　3月　12日

協定の当事者である労働組合の名称（事業場の労働者の過半数で組織する労働組合）又は労働者の過半数を代表する者の　職名 検査課主任　氏名 山田花子

協定の当事者（労働者の過半数を代表する者の場合）の選出方法（ 投票による選挙 ）

○○○○年　3月　15日

使用者　職名 工場長　氏名 田中太郎　印

○○　労働基準監督署長殿

(1) 様式9号 (一般条項)

特別条項を設けない場合の様式9号においては、今回の改正を受け、記載心得において、各欄の記入に関し、主に以下の点が追加されています。

ア.「業務の種類」

業務の区分を細分化することにより当該業務の範囲を明確にしなければならないとされています (指針４条)。労使当事者は、各事業場における業務の実態に即し、業務の種類を具体的に区分しなければならないとされており (基発0907第１号・第２・11(4))、例えば、行政見解では、各種製造工程において、それぞれ独立した労働時間管理を行っている場合に、これを「製造業務」とまとめたとしても、細分化は不十分であるとされています[19)]。

イ.「延長することができる時間数」

あくまで法定労働時間を超える時間数を記入することとされ、所定労働時間を超える時間数についても協定する場合においては、所定労働時間を超える時間数を任意で併記できることとされています[20)]。

ウ.「労働させることができる法定休日の日数」、「労働させることができる法定休日における始業及び終業の時刻」

記載すべきは、あくまで法定休日に労働させることができる日数や始業及び終業の時刻であることが明確化されました。法定休日については、そもそも特定が曖昧である企業も多いため、その場合には、まず法定休日を特定して把握、管理することが前提として重要となります。

なお、休日労働をさせることができる日数の記載は、１か月当たり何日かを記載せず、１年間当たり何日かを記載するということでも良いと解されます。

---

19) 前掲・出典:「時間外労働の上限規制　わかりやすい解説」 8頁

20) 従来、所定労働時間を基準に定めた時間外労働の限度を協定し届け出る等の例が少なからず見られていたところ、これらの届出は本来適正なものではないとしつつ、労使慣行への影響等を配慮して、当分の間やむを得ないものとして取り扱われていました (昭和63年３月14日基発150号、平成11年３月31日基発168号)。

エ．チェックボックス

単月100時間未満及び連続月平均80時間以内の規制（改正労基法36条６項２号、３号）を遵守させるべく、チェックボックスが設けられ、チェックがない場合には有効な36協定とはならないとされています。

なお、２．１（３）イにおいて既述のとおり、「２箇月から６箇月まで」の連続月は、36協定の対象期間をまたぐケースも含むとされています。

オ．協定の当事者

労働者の過半数で組織する労働組合[21]がない場合の労働者の過半数代表者については、改正労基則６条の２第１項の規定により、従来の①管理監督者（労基法41条第２号）ではなく、かつ②労使協定締結等をする者を選出することを明らかにして実施される投票、挙手等の方法による手続により選出された者であることに加え、③使用者の意向に基づき選出されたものでないこと[22]が必要であるとされています。

過半数を見る上での労働者の範囲は、管理監督者のほか、有期契約労働者やパートタイム労働者、出向者等の当該事業所に所属する全労働者です（昭和46.1.18基収6206号）。また上記②は労働者の過半数が、ある労働者を労働者代表として選任することを支持していることが明確となる、民主的手続を要するということです。上記③はこのことの裏返しであって、例えば会社代表者が特定の労働者を指名するなど、使用者の意向によって選出されていないことを求めるものです。

---

21)　当該労働組合が全労働者の過半数によって組織されているか否かについても、36協定締結時ごとに注意する必要があります。例えば、非正規労働者を多く採用した年において、非組合員が増加し、組合員が全労働者の過半数を下回ってしまっていたといったことのないよう、都度この点を確認することが重要です。

22)　改正労基則６条の２第１項２号において、過半数代表者の要件として「使用者の意向に基づき選出されたものでないこと」が新たに追加されています。これに加えて同条４項には、「使用者は、過半数代表者が法に規定する協定等に関する事務を円滑に遂行することができるよう必要な配慮を行わなければならない」という点が新たに規定されています。これらは、従来の通達の内容やこれに基づく運用を徹底するものとされています（平成27年２月13日労働政策審議会労働条件分科会報告・5(2)）。

これらの要件を満たさない者が、過半数代表として締結した36協定は、無効となり、よって、それにより時間外労働や休日労働をさせることはできないことに留意が必要です。

(2) 様式９号の２(特別条項)

特別条項を設ける場合の様式９号の２においては、様式９号と同様の内容である1頁目に加え、特別条項について記載する２頁目が設けられています。２頁目に関しては、今回の改正を受け、記載心得において主に以下の点が追加されています。

ア.「臨時的に限度時間を超えて労働させることができる場合」

「臨時的に第三項の限度時間を超えて労働させる必要がある場合」(改正労基法36条５項) とは、全体で半年間を超えない一定期間において一時的・突発的に業務量が増える状況等により限度時間を超えて労働させる必要がある場合をいい、「通常予見することができない業務量の大幅な増加」(同項) は、その一例とされています[23)](基発1228第15号・第２・答６)。

したがって、労使当事者は、事業又は業務の態様等に即して自主的に協議したうえで、可能な限り具体的に記入することとされており、例えば、「業務の都合上必要な場合」、「業務上やむを得ない場合」など恒常的な長時間労働を招くおそれがある記載は、認められないとされています(基発0907第1号)。

一方で、前掲の様式９号の２記載例のように、「突発的な仕様変更、新システムの導入」、「製品トラブル・大規模なクレームの対応」、「機械トラブルの対応」といった程度の記載であれば、十分具体的であるとして認められるでしょう。

イ.「起算日」

1頁目の「1年」の起算日と同じ年月日を記入することとされています。

---

23) なお、労基法33条所定の非常災害時等の時間外労働に該当する場合はこれに含まれません(基発1228第15号・第２・答６)。

ウ.「1箇月」における「延長することができる時間数及び休日労働の時間数」

時間外労働及び休日労働の時間数を合算した時間数であって、「起算日」において定める日から1箇月ごとについての延長することができる限度となる時間数を記入することとされています（100時間未満）。

なお、所定労働時間を超える時間数についても協定する場合においては、所定労働時間を超える時間数を任意で併記しても良いとされています。

エ.「1年」における「延長することができる時間数」

法定労働時間を超えて延長することができる時間数を記入することとされ（1年の場合は、「起算日」から1年間について年間720時間以内で記載）、所定労働時間を超える時間数を任意で併記しても良いとされています。

オ.「限度時間を超えた労働に係る割増賃金率」

限度時間を超える時間外労働に係る割増賃金の率を記入することとされています。当該割増賃金の率は、法定割増賃金率を超える率とするよう努めなければならないとされています（基発0907第1号）。

カ.「限度時間を超えて労働させる場合における手続」

協定の当事者間の手続として、「協議」、「通告」等具体的な内容を記入することとされています。

キ.「限度時間を超えて労働させる労働者に対する健康及び福祉を確保するための措置」

健康福祉確保措置を協定するに当たっては、指針8条各号に対応した①乃至⑨の番号又は、「その他」である⑩を選択して記入したうえで、その具体的内容を記入することとされており、指針8条各号に列挙された措置のうちから選択することが望ましいとされています（指針8条参照）。

このように、健康福祉確保措置は、指針8条各号に列挙された措置を全て実施しなければならないといったものではなく、いかなる措置を選択し、実施するかは、企業ごとの判断に委ねられています。

また、健康福祉確保措置を36協定に記入したうえで、これを実効的なものとするためには、現場の管理職を含む労働者にその内容や趣旨を十分に説明し、その実施に労使双方で継続的に取り組むことが重要です。

2　36協定に係る経過措置

改正法は、平成31年４月１日に施行されますが、経過措置により、平成31年3月31日を含む期間を定めている36協定については、その協定の初日から１年間は有効とされており（整備法附則2条）、実際に適用がされるのは、平成31年４月１日以後の期間のみを定めた36協定となります。

3　上限規制を遵守するための留意点

（1）前提となる実労働時間の適正把握

２．１（３）において既述のとおり、改正法では、事業場ごとの36協定の規定内容に係る絶対的上限が定められ（改正労基法36条５項）、これに加えて、個々の労働者ごとの労働時間に係る絶対的上限が設定されています（同条６項）。したがって、これらの様々な上限規制を遵守していくためには、大前提として、労働者の実労働時間を正確に把握することが今後益々重要となります。

実労働時間を適正に把握するための方策については、「労働時間の適正な把握のために事業者が講ずべき措置に関するガイドライン」（平成29年1月29日基発0120第３号、以下「適正把握ガイドライン」といいます。）の内容が参考となります。

使用者が労働者の労働日ごとの始業及び終業時刻を確認し、記録する方法として、適正把握ガイドラインで挙げられているものは右頁表のとおりです。

---

24)　労基法上の「労働時間」とは、「労働者が使用者の指揮命令下に置かれている時間」をいい、その該当如何は、「労働者が使用者の指揮命令下に置かれたものと評価することができるか否かにより客観的に定まる」とされていますので（三菱重工長崎造船所事件・最判平12.3.9労判778号11頁）、客観的記録は、基礎となるとしても直ちに労働時間を導くものとはならない点には留意が必要です。

25)　使用者は、労働者が自己申告できる時間外労働の時間数に上限を設け、上限を超える

始業及び終業時刻の確認及び記録の方法	
原則（①又は②のいずれか）	
①	使用者が自ら現認して確認・記録
②	タイムカード、ICカード、パソコンの使用時間の記録等の客観的記録を基礎として確認・記録[24] ※客観的記録を基本情報としつつ、必要に応じ、使用者の残業命令書及びこれに対する報告書等の記録と突合することにより、当該情報が労働実態を適切に反映しているか否か適宜確認することが必要
例外（①又は②による方法をとることができない場合）	
③	自己申告制 ※適正な自己申告制とするために以下の措置が必要 ・労働者や労働時間管理者に対する十分な説明 ・把握した労働時間と客観的記録とを照合するなどの実態調査 ・調査により、実労働時間との間に乖離があった場合の補正 ・実労働時間が申告した時間を超える場合の理由等の報告の確認 ・適正な申告を阻害する要因の確認と解消[25]

以上の内容を踏まえれば、労働時間を適正に把握するためには、可能な限り客観的記録に基づいた労働時間管理をすることが望ましいといえます[26]。そして、仮に自己申告制をとる場合でも、適正な申告を妨げることのないよう留意し、申告された時間とメール送信時間などの客観的記録と照合するなどして、実労働時間との間に乖離が生じないよう、適宜確認していくことが必要となります。

申告を認めない等、労働者による労働時間の適正な申告を阻害する措置を講じてはならないとされています。また、時間外労働時間の削減のための社内通達や時間外労働手当の定額払等労働時間に係る事業場の措置が、労働者の労働時間の適正な申告を阻害する要因となっていないかについて確認するとともに、当該要因となっている場合においては、改善のための措置を講ずることとされています（適正把握ガイドライン4オ）。

26）改正安衛法により、使用者には、高度プロフェッショナル制度の適用対象者を除いた全労働者について、その労働時間の状況把握をする義務も課せられることとなりましたので、この点でも客観的な労働時間の状況把握は重要となります（安衛法上の労働時間の状況把握義務については、第7章を参照。）。

その点では、適正把握ガイドライン４オでも指摘されているとおり、36協定により延長することができる時間数を超えて労働しているにもかかわらず、記録上は超えていないかのように糊塗されることのないよう、まず労働時間管理者や労働者に対し、労働時間の適正把握のために講ずる措置について周知徹底していく必要があります。

（２）時間外労働及び休日労働に係る明確なルールの設定

上記の労働時間把握の前提として、時間外労働や休日労働を行う際のルールを明確に定めておく必要があります。

すなわち、労働者が時間外労働や休日労働を行うに当たり、例えば、所属長からの指示がある場合にのみ認めるとしたり、所属長の許可を得なければ行ってはならないとしたりすることにより、時間外労働や休日労働の原則禁止や事前承認制を徹底するということが考えられます。すなわち、単にルールとして定めるだけでは不十分で、その確実な運用が重要であり、実態として事前承認はなされておらず、事後的に時間外労働等がなされたことを確認し、承認するにとどまるといったルーズな運用は避けねばなりません。上限規制を遵守する上では、労働者各自の当月の実労働時間を把握しながら、労働契約の原則どおり、使用者の指示に基づき時間外労働や休日労働をさせることが肝要です。労働者各自の判断で時間外労働や休日労働を行っても、通常は事後承認され続けていたという実態があるために、結果として上限規制に違反してしまったという事態は避けねばなりません。事後的な承認のみの管理ではそうした事態が生じるリスクがあることに留意すべきです。

なお、今回の法改正で事後的な承認による管理自体が絶対に許されなくなったかというとそうではなく、例えば翌日に業務内容を含めて確認するなど厳格な運用を行うのであれば事後承認であっても問題ないケースもあるでしょう。

また、休日労働に関し、そもそも法定休日が曖昧であるという場合には、まずこれを特定して把握、管理するということが重要であるという点は、４．１（1）ウにおいて既述のとおりです。

これに加え、指示や許可を受ける際には、労働者が予定時間数を事前に提示させ、その後所属長等が実際に行われた労働時間数を確認するといったルールの明確化も有り得るところです。

このように明確なルールを設定したうえで、労働者に対して周知し、当該ルールに則った運用をしていくことにより、把握する時間と実労働時間の乖離を減らし、労働時間の適正に把握することが可能となります。

(3) 上限規制に対応した労働時間管理

以上のとおり、正確に労働時間を把握することのできる体制を整えることを前提に、法改正に伴う新しい上限規制のもとでは、特に以下の点に留意して労働時間管理を行う必要があります。

ア. 個々の労働者の労働時間管理

今回、個々の労働者ごとに、罰則付きで単月100時間未満及び連続月平均80時間以内の規制が導入されましたので、これらの絶対的上限を超えないよう、月次の集計時のみならず、随時個々の労働者の時間外労働及び休日労働の推移を管理する必要があるといえます。

この際、2.1(1)において既述のとおり、時間外労働と休日労働のそれぞれの時間数や日数を把握しておくにとどまらず、これらの合計時間も把握しておく必要があることには特に注意が必要です。

また、特に法定休日が特定の曜日に固定されていない企業においては、所定労働日以外の労働について、法定休日労働となる場合のほか、週40時間の法定時間外労働となる場合(労基法32条1項)に留意し、法定休日を含む、休日の定めや運用を今一度整理したうえで、休日の労働時間について管理していく必要があります。時間外労働と休日労働とは明確に区別して管理、把握する必要がありますから、その便宜と確実性からいえば、法定休日を固定することも検討すべきでしょう。

さらに、各月のみならず、6か月までの連続月の平均時間が上限を超えないようにしなければならないため、常に所定の連続月の平均時間が容易に確認できるような仕組み、さらには、この点をシステム上で管理し、都度確認をせずとも自動的に通知やアラートがなされるような仕組みを導入することが望ましいといえます。

なお、個人単位の上限規制に関しては、異なる事業場間でも労働時間が通算されるとの行政解釈が示されています（基発1228第15号・第２・答７）。すなわち、例えば、同一企業内の他の事業場に転勤となった場合には、労基法38条１項に基づき労働時間を通算して適用する必要があるとされています。

この行政解釈によれば、個人単位の上限規制である単月100時間未満及び連続月平均80時間以内の規制に関しては、転勤前の労働時間も把握し、転勤後の労働時間と合計してこれらの上限を超えないよう注意して管理する必要があります[27)]。

イ．特別条項の運用

個々の労働者の労働時間管理を前提に、事業場単位の上限規制の遵守を行う必要があり、このうち特別条項の運用には留意が必要となります。

まず、原則的上限である限度時間を超えるおそれのある労働者がいる場合に、事業場として特別条項を適用し、時間外労働等をさせるか否かについて、年６回という上限に照らして検討する必要があります。

また、特別条項を適用する場合には、都度、協定の当事者との間で事前に定めた協議や通告といった手続を、時間外労働が限度時間を超えてしまう前に適切に履践する必要があることから、これを円滑に行うことができるよう、手続に係る書面や連絡方法につき予め準備し、確認しておくことが望ましいといえます。

そして、仮に、限度時間を超えるおそれがある労働者がいるものの、年６回の制限との関係で特別条項の適用ができない場合には、適宜時間外労働や休日労働を禁止するなどの措置をとる必要があります（詳細は後述「ウ.」を参照）。

当該措置は、個人単位の絶対的上限に抵触するおそれがある労働者との関係

---

27)　他方、事業場単位の上限規制である限度時間月45時間及び年360時間並びに年720時間以内の規制については、行政解釈上は対象期間中に転勤した個人について通算して適用する必要はないとされています（基発1228第１５号・第2・答7）。

でも同様ですが、これらの段になって円滑な対応をとることができるよう、また使用者の本意に反した時間外労働等が行われることのないよう、日頃から労働者に対しても、各上限規制の趣旨や具体的内容につき十分説明し、理解を促すことが必要といえます。

ウ．残業禁止命令

既にある労働者の時間外労働及び休日労働が、1か月で99時間に達している、または連続月の平均が80時間に差しかかっている、あるいは、1年間で特別条項を6回適用してしまった状態で45時間近い時間外労働が既に行われているなど、これ以上1分たりとも残業させられない状況となっている場合には、明確に残業禁止命令を出さなければなりません。

そもそも、自由に時間外労働や休日労働を行う権利が労働者に認められているわけではありませんが、労働者自身の判断でこれらを行っていた場合であっても、黙示的な業務命令があったとして、上限規制の対象とされるおそれもあります。したがって、黙示的な業務命令があったとされるような状態を明確に打ち消すべく、メールや書面の交付など、客観的記録に残る形で明示的に残業禁止命令を発することが重要です。

そして、残業禁止命令を実効的なものとするために、例えば、一定の時間内に業務が終わらないことが見込まれる場合に、予め他の労働者に当該業務を引き継ぐことを明示しておく、秘密裡に持ち帰り残業などを行うことのないよう強く指示したうえで、監督を徹底するなどの対応をすることが望ましいといえます。

エ．労働時間の削減

上限規制を遵守するためには、労働時間の管理や残業禁止命令に加え、無用な労働時間を削減したり、人員配置を見直して業務負担の平坦化を図ったりするなどして、労働時間を削減するための根本的な取組みをしていくことも有用といえます。

したがって、例えば、現在1か月80時間を超える長時間労働が断続的に発生している企業においては、上限規制に対して、企業としていかなる目標や方針のもとで対応を進めるかを検討し、その具体的な方策について労働者や労働時間管理者にも周知したうえで、実践していくことが重要となります。

（大野孟彬）

第3章

上限規制の適用除外・適用猶予

1. 改正内容の概説及び趣旨

1 上限規制の適用除外

新たな技術、商品又は役務の研究開発に係る業務については、専門的、科学的な知識、技術を有する者が従事する新たな技術、商品又は役務の研究開発に係る業務の特殊性が存在することから、時間外労働の上限規制を適用除外することとされました（基発0907第1号）。

2 上限規制の適用猶予

以下に掲げる事業及び業務については、その性格から直ちに労働時間の上限規制を適用することになじまないため、時間外労働の上限規制を適用猶予することとされました（基発0907第1号）。

- 工作物の建設その他これに関連する事業として厚労省令で定める事業（以下「工作物の建設等の事業」といいます。）
- 自動車の運転の業務
- 医業に従事する医師
- 鹿児島県及び沖縄県における砂糖を製造する事業

2. 改正内容の解説

1 新たな技術、商品又は役務の研究開発に係る業務

（1）定義

時間外労働の上限規制の適用が除外される新たな技術、商品又は役務の研究開発に係る業務とは、専門的、科学的な知識、技術を有する者が従事する新技術、新商品等の研究開発の業務をいい（基発0907第１号）、既存の商品やサービスにとどまるものや、商品を専ら製造する業務などはここに含まれません（基発1228第15号・第２・答14）。

（2）適用除外の内容

新たな技術、商品又は役務の研究開発に係る業務については、改正労基法36条３項及び４項（限度時間）並びに改正労基法36条５項及び改正労基法36条６項２号・３号（絶対的上限）は適用されません（改正労基法36条11項）。

本業務に従事する労働者に時間外・休日労働を行わせる場合の36協定の様式は、改正労基則様式第９号の３によります（改正労基則16条２項）（様式は後掲56頁）。

2 工作物の建設等の事業

（1）定義

時間外労働の上限規制の適用が猶予される工作物の建設等の事業とは、以下に掲げる事業をいいます（改正労基則69条1項1ないし３号）。

・労基法別表第1第３号に掲げる事業[1)]

・事業場の所属する企業の主たる事業が労基法別表第1第３号に掲げる事業である事業場における事業[2)]

1）土木、建築その他工作物の建設、改造、保存、修理、変更、破壊、解体又はその準備の事業をいいます。

2）建設業に属する事業の本店、支店等であって、労基法別表第1第３号に該当しないものをいいます（基発0907第1号）。つまり、建設業に属する事業における営業・総務・経理等の従業員についても、上限規制の適用猶予の対象となります。

・工作物の建設の事業に関連する警備の事業（当該事業において労働者に交通誘導警備の業務を行わせる場合に限ります。）[3)]

（2）適用猶予の内容

ア　平成36年3月31日まで

平成36年3月31日（同日及びその翌日を含む期間を定めている36協定に関しては、当該協定に定める期間の初日から起算して1年を経過する日）までの間、改正労基法36条3項及び4項（限度時間）並びに改正労基法36条5項及び改正労基法36条6項2号・3号（絶対的上限）は適用されません（改正労基法139条2項）。

この間、36協定においては、1日、1日を超え3か月以内の範囲で労使当事者が定める期間、及び1年についての延長時間を協定することとなります（同項）。かかる36協定の様式は、改正労基則様式第9号の4によります（改正労基則70条1項）（様式は後掲58頁）。

イ　平成36年4月1日以降

平成36年4月1日以降は、災害時における復旧及び復興の事業を除き、工作物の建設等の事業について労働時間の上限規制が全面的に適用されます。

ただし、災害時における復旧及び復興の事業については、平成36年4月1日以降も、当分の間、改正労基法36条5項のうち月100時間未満の規制及び36条6項2号・3号は適用されず（改正労基法139条1項）、特別条項において定める1か月の時間外及び休日労働時間数は、労使当事者間において、事業場の実情に応じた時間数を協定することとなります（基発0907第1号）。かかる36協定の様式については、厚労省より改めて周知されることになります。

3）建設現場における交通誘導警備の業務を主たる業務とする労働者が対象となります（基発1228第15号・第2・答15）。

3　自動車の運転の業務

(1) 定義

時間外労働の上限規制の適用が猶予される自動車の運転の業務とは、以下に掲げる業務をいいます（改正労基則69条２項）。

- 一般乗用旅客自動車運送事業（道路運送法３条1号ハの一般乗用旅客自動車運送事業をいいます。）の業務（例：ハイヤー・タクシーの運転の業務）
- 貨物自動車運送事業（貨物自動車運送事業法２条1項に規定する貨物自動車運送事業をいいます。）の業務（例：トラックの運転の業務）
- 一般乗合旅客自動車運送事業（道路運送法３条1号イに規定する一般乗合旅客自動車運送事業をいいます。）の業務（例：乗合バスの運転の業務）
- 一般貸切旅客自動車運送事業（道路運送法３条1号ロに規定する一般貸切旅客自動車運送事業をいいます。）の業務（例：貸切バスの運転の業務）
- その他四輪以上の自動車の運転の業務

以上のような時間外労働の上限規制の適用が猶予される自動車の運転の業務とは、自動者運転者の労働時間等の改善のための基準（平成元年労働省告示第７号）１条の「自動車の運転に主として従事する者」と範囲を同じくするものです（基発1228第15号・第２・答16）。

「自動車の運転に主として従事する者」に該当するかどうかは、原則として、労働契約上の主として従事する業務の内容によって判断されます。すなわち、物品又は人を運搬するために自動車を運転することが労働契約上の主として従事する業務となっている者は原則として「自動車の運転に主として従事する者」に該当します。他方、自動車の運転が労働契約上の主として従事する業務でない者、例えば、事業場外において物品等の販売や役務の提供、取引契約の締結･勧誘等を行うための手段として自動車を運転する者は原則として「自動車の運転に主として従事する者」に該当しません。

ただし、労働契約の内容と異なる実態がある場合には、例外的に、その実態に沿って判断されます。すなわち、労働契約上、主として自動車の運転に従事することとなっている者であっても、実態として、主として自動車の運転に従事することがなければ「自動車の運転に主として従事する者」に該当しません。他方、物品又は人を運搬するために自動車を運転することが労働契約上の主として従事する業務となっていない者についても、実態として物品又は人を運搬するために自動車を運転する時間が現に労働時間の半分を超えており、かつ、当該業務に従事する時間が年間総労働時間の半分を超えることが見込まれる場合には、「自動車の運転に主として従事する者」に該当します（以上、基発1228第15号・第2・答16）[4]。

（2）適用猶予の内容

ア　平成36年3月31日まで

平成36年3月31日（同日及びその翌日を含む期間を定めている36協定に関しては、当該協定に定める期間の初日から起算して1年を経過する日）までの間、改正労基法36条3項及び4項（限度時間）並びに改正労基法36条5項及び改正労基法36条6項2号・3号（絶対的上限）は適用されません（改正労基法141条2項）。

この間、36協定においては、1日、1日を超え3箇月以内の範囲で労使当事者が定める期間、及び1年についての延長時間を協定することとなります（同項）。かかる36協定の様式については、改正労基則様式第9号の4によります（改正労基則70条）（様式は後掲58頁）。

イ　平成36年4月1日以降

平成36年4月1日以降は、当分の間、36協定に特別条項を設ける場合の要件が1年で最長960時間となり、改正労基法36条6項2号及び3号は適用されず（改正労基法141条1項）、特別条項において定める時間外及び休日労働時間数は、労使当事者間において、1か月については事業場の実情に応じた時間数

4)　なお、以上のとおり時間外労働の上限規制の適用が猶予されるのは、「自動車の運転に主として従事する者」に限られます。したがって、改正労基則69条2項に規定されている事業であっても、その事業の営業・総務・経理等の従業員は適用猶予の対象にはなりません。この点が工作物の建設等の事業と異なりますので、注意が必要です。

を、１年については960時間を超えない範囲内の時間数を、それぞれ協定することとなります（基発0907第１号）。かかる36協定の様式については、厚労省より改めて周知されることになります。

4 医業に従事する医師

(1) 定義

平成36年３月31日までの間、時間外労働の上限規制の適用が猶予される医業に従事する医師は、労働者として使用され、医行為（当該行為を行うに当たり、医師の医学的判断及び技術をもってするのでなければ人体に危害を及ぼし、又は危害を及ぼすおそれのある行為をいいます。）を行う医師をいいます（改正労基法141条４項、基発1228第15号・第２・答17）[5)]。

平成36年４月１日以降、厚労省令に基づく規制が適用される医業に従事する医師の範囲については、有識者による検討結果等を踏まえながら、今後厚労省令で定めることとされています（改正労基法141条1項、基発0907第１号）[6)]。

---

5) 平成36年３月31日までの間時間外労働の上限規制の適用が猶予される「医業に従事する医師」の範囲は広く、治療行為は行わずに診察行為のみを行う医師もこれに含まれます。たとえば、疾患を有する患者の治療を直接の目的としない血液センター等の勤務医や、診療業務の特殊性が該当しないと考えられる産業医や健診センターの医師も、診察行為を行うため、「医業に従事する医師」に含まれます。これに対し、医師の資格は有していても、診察行為すら行わない者（行政機関の従事者等）については、「医業に従事する医師」に該当せず、平成36年３月31日までの適用猶予なく一般の労働者に適用される時間外労働の上限が適用されます（厚労省「医師の働き方改革に関する検討会」の平成31年３月28日付け報告書（以下「医師の働き方改革検討会報告書」といいます。）19頁参照）。

6) 平成36年４月1日以降厚労省令に基づく規制が適用される「医業に従事する医師（医療提供体制の確保に必要な者として厚生労働省令で定める者に限る。）」の範囲については、医師の働き方改革検討会報告書において、「医業に従事する医師であっても、疾患を有する患者の治療を直接の目的としない血液センター等の勤務医や、診療業務の特殊性が該当しないと考えられる産業医や健診センターの医師については、医師の時間外労働の上限規制において特例を設ける趣旨を踏まえ、一般則の適用となる。」（19頁脚注18）との考え方が示されています。つまり、これらの医師については平成36年3月31日までは、上限規制の適用猶予を受けますが、同年４月からは特例を受けることなく、一般則が適用されるという方針で厚労省令が策定されることとなります。

（2）適用猶予の内容

ア　平成36年3月31日まで

平成36年3月31日（同日及びその翌日を含む期間を定めている36協定に関しては当該協定に定める期間の初日から起算して1年を経過する日）までの間、改正労基法36条3項及び4項（限度時間）並びに改正労基法36条5項及び改正労基法36条6項2号・3号（絶対的上限）は適用されず（改正労基法141条4項）、36協定においては、1日、1日を超え3箇月以内の範囲で労使当事者が定める期間、及び1年についての延長時間を協定することとなります（同項）。かかる36協定の様式については、改正労基則様式第9号の4によります（改正労基則70条）（様式は後掲58頁）。

イ　平成36年4月1日以降

平成36年4月1日以降は、当分の間、以下のとおりとなります[7)]。

36協定で定める時間外労働の原則的上限については、改正労基法第36条第3項及び第4項によらず、別途厚労省令で定めることとされています（改正労基法141条1項）。

7）平成36年4月1日以降適用される厚労省令に基づく時間外労働の上限について、医師の働き方改革検討会報告書においては、医療機関で患者に対する診療に従事する勤務医の時間外労働の上限水準（（A）水準）、地域での医療提供体制を確保するための経過措置として暫定的な特例水準（（B）水準）、一定の期間集中的に技能向上のための診療を必要とする医師向けの水準（（C）水準）に分ける考え方が示されています。その上で、36協定の締結により延長できる労働時間の上限（医師の働き方改革検討会報告書では「医師限度時間」と定義されています）は、いずれの水準についても原則として労基法36条4項に基づく限度時間（月45時間・年360時間）と同じ水準とし、これに対し、臨時的な必要がある場合でも上回ることのできない絶対的な上限は、（A）水準については月100時間未満・年960時間以内（いずれも休日労働含む）、（B）水準及び（C）水準については月100時間未満・年1860時間以内（いずれも休日労働含む）（ただし、（C）水準については、適正な上限時間数について不断に検証を行う。）、とされています（10～19頁参照）。また、追加的健康確保措置として、（A）水準が適用される医師を雇用する医療機関の管理者には、当該医師に対する連続勤務時間制限・勤務間インターバル等（以下「追加的健康確保措置①」といいます。）の努力義務、及び医師による面接指導・その結果を踏まえた就業上の措置等（以下「追加的健康確保措置②」といいます。）の義務を課し、（B）水準及び（C）水準が適用される医師を雇用する医療機関の管理者には、当該医師に対する追加的健康確保措置①の義務、及び追加的健康確保措置②の義務を誤すとの考え方が示されており（19～26頁）、これらの追加的健康確保措置は医療法の改正によって義務付けられることとなります。

また、36協定に特別条項を設ける場合の協定事項や時間外及び休日労働時間数の上限については、改正労基法36条５項及び改正労基法36条６項２号・３号によらず、別途厚労省令で定めることとされています（改正労基法141条1項ないし3項）。

労働時間を延長して労働させることができる時間を協定するに当たっては、対象期間における時間数を協定する必要があり、1日、1箇月及び1年の区分は設けないものとされています（改正労基法141条1項）。かかる36協定の様式については、厚労省より改めて周知されることになります。

5　鹿児島県及び沖縄県における砂糖を製造する事業

（1）定義

時間外労働の上限規制の適用が猶予されるのは、鹿児島県及び沖縄県における砂糖を製造する事業です（改正労基法142条）。

なお、限度基準告示では、適用除外の事業について、「鹿児島県及び沖縄県における砂糖製造業（砂糖精製業を除く。）」と規定されていましたが、改正労基法には、明文上、砂糖精製業を除く旨の文言がありません。しかしながら、限度基準告示で適用除外とされていた事業から、今回の法改正に伴い適用猶予となる対象業務の範囲を広げる趣旨ではなく、よって砂糖精製業は適用猶予の対象業務にはならないと考えられます。

（2）適用猶予の内容

ア　平成36年3月31日まで

平成36年3月31日（同日及びその翌日を含む期間を定めている36協定に関しては、当該協定に定める期間の初日から起算して1年を経過する日）までの間、改正労働法36条５項のうち月100時間未満の規制及び36条６項２号・３号は適用されず（改正労基法142条）、この間の36協定の様式は、改正労基則様式第９号の４によります（改正労基則70条）（様式は後掲58頁）。

イ　平成36年4月1日以降

平成36年４月１日以降は、時間外労働の上限規制が全面的に適用されます。

6　まとめ

以上に述べた改正労基法による各業務の適用除外及び適用猶予の概要をまとめると、以下の表のとおりです（条文番号は改正労基法）。

時間外労働の上限規制	36条3項及び4項（限度時間）	36条5項（絶対的上限）	36条6項2号及び3号（絶対的上限）
上限規制の内容（一般則）	月45時間/年360時間（36条4項） ※変形労働時間制の場合（対象期間3か月超と定める場合に限る）月42時間/年320時間（36条4項）	月100時間未満（休日労働含む）/年720時間以内/月45(42)時間を上回る回数は、年6回まで	月100時間未満（休日労働含む）（36条6項2号）/連続月平均80時間以内（休日労働含む）（36条6項3号）
新たな技術、商品又は役務の研究開発に係る業務	適用しない（36条11項）	適用しない（36条11項）	適用しない（36条11項）
工作物の建設の事業	平成36年3月31日までの間、適用しない（139条2項）	平成36年3月31日までの間、適用しない（139条2項） ⇒その後、適用するが、災害時における復旧及び復興の事業については、月100時間未満（休日労働含む）の上限のみ、適用しない（139条1項）	平成36年3月31日までの間、適用しない（139条2項） ⇒その後も、災害時における復旧及び復興の事業に限り、当分の間、適用しない（139条1項）
自動車の運転の業務	平成36年3月31日までの間、適用しない（140条2項）	平成36年3月31日までの間、適用しない（140条2項） ⇒その後、当分の間、年960時間（140条1項）	平成36年3月31日までの間、適用しない（140条2項） ⇒その後も、当分の間、適用しない（140条1項）
自動車の運転の業務	平成36年3月31日までの間、適用しない（140条2項）	平成36年3月31日までの間、適用しない（140条2項） ⇒その後、当分の間、年960時間（140条1項）	平成36年3月31日までの間、適用しない（140条2項） ⇒その後も、当分の間、適用しない（140条1項）
医業に従事する医師	平成36年3月31日までの間、適用しない（141条4項） ⇒その後、当分の間、上限は厚労省令で定める（141条1項）	平成36年3月31日までの間、適用しない（141条4項） ⇒その後、当分の間、上限は厚労省令で定める（141条1項及び2項）	平成36年3月31日までの間、適用しない（141条4項） ⇒その後、当分の間、上限は厚労省令で定める（141条1項及び3項）
鹿児島県及び沖縄県における砂糖を製造する事業	適用する	平成36年3月31日までの間、月100時間未満（休日労働）の上限のみ適用しない	平成36年3月31日までの間、適用しない（142条）

3. 実務上の留意点・対応

1 36協定の様式

実務上の留意点として、時間外労働の上限規制が適用除外・適用猶予となる事業・業務（以下「適用除外・猶予業務等」といいます。）については、使用すべき36協定の様式が、上限規制が全面的に適用される業務（以下「一般則適用業務」といいます。）と異なる点が挙げられます。

具体的には、上限規制が適用除外となる業務については改正労基則様式第９号の３によります。

また、上限規制が適用猶予となる事業・業務については、改正労基則様式第９号の４によります（平成36年３月31日までの間に限ります。）[8)]。

改正労基則様式第９号の3及び同第９号の４の各様式は、次頁以下に掲げるとおりです。

なお、一般則適用業務と適用除外・猶予業務等が混在する事業場の36協定は、基本的には、改正労基則様式第９号又は第９号の２と改正労基則様式第９号の３又は第９号の４を別々に作成する必要があります。もっとも、改正労基則に定める様式は、必要な事項が記載できるよう定められたものであり、必要な事項が記載されている限り、異なる様式を使用することも可能です。したがって、必要な事項が紛れなく記載されていれば、一般則適用業務と適用除外・猶予業務等を併せて一つの様式で届け出ることも可能です（以上、改正労基法に関するＱ＆Ａ・２－38)。

また、工作物の建設の事業において、新たな技術、商品又は役務の研究開発に係る業務を行う労働者がいる場合は、当該労働者を含めて、改正労基則様式第９号の４により36協定を届け出れば足り、改正労基則様式第９号の３を届け出る必要はありません。ただし、新たな技術、商品又は役務の研究開発に係る業務を行う労働者については、労基法第36条第1項の協定で定める労働時

---

8) 上限規制が適用猶予となる事業・業務についての猶予期間中の様式には、改正労基則様式第９号の4のほか、同第９号の５（時間外労働のみなし労働時間に係る協定の内容を36協定に付記して届出する場合)、同第９号の6（労使委員会の決議を届出する場合)、同第９号の7（労働時間等設定改善委員会の決議を届出する場合）があり、いずれも従前のものを踏まえた様式となっています。なお、従前の様式を流用することも可能です。

間の延長及び休日の労働について留意すべき事項等に関する指針（平成30年厚労省告示第323号）９条３項において、１か月について45時間又は1年について360時間（対象期間が３か月を超える1年単位の変形労働時間制により労働させる場合は、１か月について42時間又は1年について320時間）を超えて労働させる労働者に対する健康及び福祉を確保するための措置を定めるように努めなければならないとされていることに留意してください（以上、改正労基法に関するＱ＆Ａ・２－39)。

■様式第9号の3

様式第９号の３（第16条第２項関係）

時間外労働
休 日 労 働 に関する協定届

労働保険番号	都道府県 所掌 管轄 基幹番号 枝番号 被一括事業場番号
法人番号	

事業の種類	事業の名称	事業の所在地（電話番号）	協定の有効期間
		（〒　　－　　） （電話番号：　　－　　－　　）	

		時間外労働をさせる必要のある具体的事由	業務の種類	労働者数（満18歳以上の者）	所定労働時間（1日）（任意）	延長することができる時間数 1日 法定労働時間を超える時間数	1日 所定労働時間を超える時間数（任意）	1箇月 法定労働時間を超える時間数	1箇月 所定労働時間を超える時間数（任意）	1年（起算日（年月日）） 法定労働時間を超える時間数	1年 所定労働時間を超える時間数（任意）
時間外労働	① 下記②に該当しない労働者										
	② １年単位の変形労働時間制により労働する労働者										

	休日労働をさせる必要のある具体的事由	業務の種類	労働者数（満18歳以上の者）	所定休日（任意）	労働させることができる法定休日の日数	労働させることができる法定休日における始業及び終業の時刻
休日労働						

労働基準法第36条第４項で定める時間を超えて労働させる労働者に対する健康及び福祉を確保するための措置	（該当する番号）	（具体的内容）

協定の成立年月日　　年　　月　　日

協定の当事者である労働組合（事業場の労働者の過半数で組織する労働組合）の名称又は労働者の過半数を代表する者の　職名
氏名

協定の当事者（労働者の過半数を代表する者の場合）の選出方法（　　　　）

年　　月　　日

使用者　職名
氏名　　㊞

＿＿＿＿＿＿労働基準監督署長殿

様式第９号の３（第16条第２項関係）（裏面）

（記載心得）

1　「業務の種類」の欄には、時間外労働又は休日労働をさせる必要のある業務を具体的に記入し、労働基準法第36条第６項第１号の健康上特に有害な業務について協定をした場合には、当該業務を他の業務と区別して記入すること。なお、業務の種類を記入するに当たつては、業務の区分を細分化することにより当該業務の範囲を明確にしなければならないことに留意すること。

2　「労働者数（満18歳以上の者）」の欄には、時間外労働又は休日労働をさせることができる労働者の数を記入すること。

3　「延長することができる時間数」の欄の記入に当たつては、次のとおりとすること。時間数は労働基準法第32条から第32条の５まで又は第40条の規定により労働させることができる最長の労働時間（以下「法定労働時間」という。）を超える時間数を記入すること。

（１）「１日」の欄には、法定労働時間を超えて延長することができる時間数であつて、１日についての延長することができる限度となる時間数を記入すること。なお、所定労働時間を超える時間数についても協定する場合においては、所定労働時間を超える時間数を併せて記入することができる。

（２）「１箇月」の欄には、法定労働時間を超えて延長することができる時間数であつて、「１年」の欄に記入する「起算日」において定める日から１箇月ごとについての延長することができる限度となる時間数を記入すること。なお、所定労働時間を超える時間数についても協定する場合においては、所定労働時間を超える時間数を併せて記入することができる。

（３）「１年」の欄には、法定労働時間を超えて延長することができる時間数であつて、「起算日」において定める日から１年についての延長することができる限度となる時間数を記入すること。なお、所定労働時間を超える時間数についても協定する場合においては、所定労働時間を超える時間数を併せて記入することができる。

4　②の欄は、労働基準法第32条の４の規定による労働時間により労働する労働者（対象期間が３箇月を超える１年単位の変形労働時間制により労働する者に限る。）について記入すること。

5　「労働させることができる法定休日の日数」の欄には、労働基準法第35条の規定による休日（１週１休又は４週４休であることに留意すること。）に労働させることができる日数を記入すること。

6　「労働させることができる法定休日における始業及び終業の時刻」の欄には、労働基準法第35条の規定による休日であつて労働させることができる日の始業及び終業の時刻を記入すること。

7　「労働基準法第36条第４項で定める時間を超えて労働させる労働者に対する健康及び福祉を確保するための措置」の欄には、労働基準法第36条第７項の指針の規定により健康及び福祉を確保するための措置を定める場合においては、以下の番号を「（該当する番号）」に選択して記入した上で、その具体的内容を「（具体的内容）」に記入すること。

①　労働時間が一定時間を超えた労働者に医師による面接指導を実施すること。

②　労働基準法第37条第４項に規定する時刻の間において労働させる回数を１箇月について一定回数以内とすること。

③　終業から始業までに一定時間以上の継続した休息時間を確保すること。

④　労働者の勤務状況及びその健康状態に応じて、代償休日又は特別な休暇を付与すること。

⑤　労働者の勤務状況及びその健康状態に応じて、健康診断を実施すること。

⑥　年次有給休暇についてまとまつた日数連続して取得することを含めてその取得を促進すること。

⑦　心とからだの健康問題についての相談窓口を設置すること。

⑧　労働者の勤務状況及びその健康状態に配慮し、必要な場合には適切な部署に配置転換をすること。

⑨　必要に応じて、産業医等による助言・指導を受け、又は労働者に産業医等による保健指導を受けさせること。

⑩　その他

8　協定については、労働者の過半数で組織する労働組合がある場合はその労働組合と、労働者の過半数で組織する労働組合がない場合は労働者の過半数を代表する者と協定すること。なお、労働者の過半数を代表する者は、労働基準法施行規則第６条の２第１項の規定により、労働基準法第41条第２号に規定する監督又は管理の地位にある者でなく、かつ同法に規定する協定等をする者を選出することを明らかにして実施される投票、挙手等の方法による手続により選出された者であつて、使用者の意向に基づき選出されたものでないこと。これらの要件を満たさない場合には、有効な協定とはならないことに留意すること。

9　本様式で記入部分が足りない場合は同一様式を使用すること。この場合、必要のある事項のみ記入することで差し支えない。

（備考）

1　労働基準法施行規則第24条の２第４項の規定により、労働基準法第38条の２第２項の協定（事業場外で従事する業務の遂行に通常必要とされる時間を協定する場合の当該協定）の内容を本様式に付記して届け出る場合においては、事業場外労働の対象業務については他の業務とは区別し、事業場外労働の対象業務である旨を括弧書きした上で、「所定労働時間」の欄には当該業務の遂行に通常必要とされる時間を括弧書きすること。また、「協定の有効期間」の欄には事業場外労働に関する協定の有効期間を括弧書きすること。

2　労働基準法第38条の４第５項の規定により、労使委員会が設置されている事業場において、本様式を労使委員会の決議として届け出る場合においては、委員の５分の４以上の多数による議決により行われたものである旨、委員会の委員数、委員の氏名を記入した用紙を別途提出することとし、本様式中「協定」とあるのは「労使委員会の決議」と、「協定の当事者である労働組合」とあるのは「委員会の委員の半数について任期を定めて指名した労働組合」と、「協定の当事者（労働者の過半数を代表する者の場合）の選出方法」とあるのは「委員会の委員の半数について任期を定めて指名した者（労働者の過半数を代表する者の場合）の選出方法」と読み替えるものとする。なお、委員の氏名を記入するに当たつては、任期を定めて指名された委員とその他の委員とで区別することとし、任期を定めて指名された委員の氏名を記入するに当たつては、同条第２項第１号の規定により、労働者の過半数で組織する労働組合がある場合においてはその労働組合、労働者の過半数で組織する労働組合がない場合においては労働者の過半数を代表する者に任期を定めて指名された委員の氏名を記入することに留意すること。

3　労働時間等の設定の改善に関する特別措置法第７条の規定により、労働時間等設定改善委員会が設置されている事業場において、本様式を労働時間等設定改善委員会の決議として届け出る場合においては、委員の５分の４以上の多数による議決により行われたものである旨、委員会の委員数、委員の氏名を記入した用紙を別途提出することとし、本様式中「協定」とあるのは「労働時間等設定改善委員会の決議」と、「協定の当事者である労働組合」とあるのは「委員会の委員の半数の推薦者である労働組合」と、「協定の当事者（労働者の過半数を代表する者の場合）の選出方法」とあるのは「委員会の委員の半数の推薦者（労働者の過半数を代表する者の場合）の選出方法」と読み替えるものとする。なお、委員の氏名を記入するに当たつては、推薦に基づき指名された委員とその他の委員とで区別することとし、推薦に基づき指名された委員の氏名を記入するに当たつては、同条第１号の規定により、労働者の過半数で組織する労働組合がある場合においてはその労働組合、労働者の過半数で組織する労働組合がない場合においては労働者の過半数を代表する者の推薦に基づき指名された委員の氏名を記入することに留意すること。

■様式第９号の４

様式第９号の４（第70条関係）

時間外労働
休日労働　に関する協定届

事業の種類	事業の名称	事業の所在地（電話番号）

	時間外労働をさせる必要のある具体的事由	業務の種類	労働者数（満18歳以上の者）	所定労働時間	延長することができる時間数		期間
					1日	1日を超える一定の期間（起算日）	
①　下記②に該当しない労働者							
②　1年単位の変形労働時間制により労働する労働者							

休日労働をさせる必要のある具体的事由	業務の種類	労働者数（満18歳以上の者）	所定休日	労働させることができる休日並びに始業及び終業の時刻	期間

協定の成立年月日　　　年　　月　　日

協定の当事者である労働組合（事業場の労働者の過半数で組織する労働組合）の名称又は労働者の過半数を代表する者の　職名
氏名

協定の当事者（労働者の過半数を代表する者の場合）の選出方法（　　　　　　　　　　）

年　　月　　日

使用者　職名
氏名　　　　　　　　㊞

＿＿＿＿＿＿労働基準監督署長殿

様式第９号の４（第70条関係）（裏面）

記載心得

1　「業務の種類」の欄には、時間外労働又は休日労働をさせる必要のある業務を具体的に記入し、労働基準法第36条第６項第１号の健康上特に有害な業務について協定をした場合には、当該業務を他の業務と区別して記入すること。なお、業務の種類を記入するに当たつては、業務の区分を細分化することにより当該業務の範囲を明確にしなければならないことに留意すること。

2　「労働者数（満18歳以上の者）」の欄には、時間外労働又は休日労働をさせることができる労働者の数について記入すること。

3　「延長することができる時間数」の欄の記入に当たつては、次のとおりとすること。
（1）「１日」の欄には、労働基準法第32条から第32条の５まで又は第40条の規定により労働させることができる最長の労働時間（以下「法定労働時間」という。）を超えて延長することができる時間数であつて、１日についての延長することができる限度となる時間数を記入すること。
（2）「１日を超える一定の期間（起算日）」の欄には、法定労働時間を超えて延長することができる時間数であつて、労働基準法第36条第１項の協定で定められた１日を超え３箇月以内の期間及び１年間についての延長することができる時間の限度に関して、その上欄に当該協定で定められた全ての期間を記入し、当該期間の起算日を括弧書きし、その下欄に、当該期間に応じ、それぞれ当該期間についての延長することができる限度となる時間数を記入すること。

4　②の欄は、労働基準法第32条の４の規定による労働時間により労働する労働者（対象期間が３箇月を超える１年単位の変形労働時間制により労働する者に限る。）について記入すること。なお、延長することができる時間の上限は①の欄の労働者よりも短い（１箇月42時間、１年320時間）ことに留意すること。

5　「労働させることができる休日並びに始業及び終業の時刻」の欄には、労働基準法第35条の規定による休日（１週１休又は４週４休であることに留意すること。）であつて労働させることができる日並びに当該休日の労働の始業及び終業の時刻を記入すること。

6　「期間」の欄には、時間外労働又は休日労働をさせることができる日の属する期間を記入すること。

7　協定については、労働者の過半数で組織する労働組合がある場合はその労働組合と、労働者の過半数で組織する労働組合がない場合は労働者の過半数を代表する者と協定すること。なお、労働者の過半数を代表する者は、労働基準法施行規則第６条の２第１項の規定により、労働基準法第41条第２号に規定する監督又は管理の地位にある者でなく、かつ同法に規定する協定等をする者を選出することを明らかにして実施される投票、挙手等の方法による手続により選出された者であつて、使用者の意向に基づき選出されたものでないこと。これらの要件を満たさない場合には、有効な協定とはならないことに留意すること。

なお、適用除外・猶予業務等であっても、上限規制に適合した36協定を締結することが望ましく、この場合において、改正労基則様式第９号又は第９号の２を使用することは差し支えないとされています（基発1228第15号・第２・答10）。

2　一般則適用業務と適用除外・猶予業務等との間で転換した場合

（1）業務転換の場合

同一の36協定[9)]によって時間外労働を行わせる場合は、対象期間の途中で業務を転換した場合においても、対象期間の起算日からの当該労働者の時間外労働の総計を当該36協定で定める延長時間の範囲内としなければならないとされています。

したがって、たとえば適用除外・猶予業務等から一般則適用業務に転換した場合、36協定における一般則適用業務の延長時間（最大１年720時間）から、適用除外・猶予業務等において行った時間外労働時間数を差し引いた時間数まで時間外労働を行わせることができます。よって、適用除外・猶予業務等において既に年720時間を超える時間外労働を行っていた場合は、一般則適用業務への転換後に時間外労働を行わせることはできません。

なお、改正労基法36条6項２号及び３号は、36協定の内容にかかわらず、一般則適用業務に従事する期間における実労働時間についてのみ適用されるものです（以上、基発1228第15号・第２・答19）。

（2）出向の場合

出向先において出向元とは別の36協定の適用を受けることとなる場合は、出向元と出向先との間において特段の取決めがない限り、出向元における時間外労働の実績にかかわらず、出向先の36協定で定める範囲内で時間外・休日労働を行わせることができます（基発1228第15号・第２・答19）。なお、出向前後とも一般則適用業務である場合の実労働時間については、改正労基法36条６項

---

9)　同一事業場における同一の対象期間を定める36協定を意味します。

２号及び３号の要件を満たす必要があり、労基法38条１項により出向の前後で通算されるとの行政解釈が示されています（基発1228第15号・第２・答19）。

3　労働者派遣事業の場合

労働者派遣事業を営む事業主が、工作物の建設等の事業、自動車の運転の業務、医業に従事する医師、鹿児島県及び沖縄県における砂糖を製造する事業に労働者を派遣する場合、上限規制の適用猶予の規定（改正労基法139条ないし142条）は適用されるのかという問題があります。

この点、改正労働者派遣法44条２項前段の規定により、派遣中の労働者の派遣就業に係る労基法36条１項及び６項の規定は派遣先の使用者にのみ適用され、改正労働者派遣法44条２項後段の規定により、36協定の締結・届出は派遣元の使用者が行うこととなります。つまり、派遣労働者は、派遣先の事業にのみ使用されるものとみなされるので、実際に派遣労働者に時間外労働や休日労働をさせるに当たっての規制である労基法36条１項及び６項は派遣先の使用者にのみ及びます。これに対し、労働時間や休日労働の枠組みの設定自体は派遣元の使用者が36協定の締結・届出や就業規則の定めにより行うこととなっており、派遣先の使用者は、派遣元の当該36協定で定める範囲内で、派遣労働者に時間外労働及び休日労働をさせることができます。

そして、上記労働者派遣法の規定があることから、上限規制の適用猶予の規定は派遣先の事業又は業務について適用され、また、そのことを前提に、派遣元の使用者は、上限規制が適用猶予となる事業・業務に派遣労働者を派遣する場合には、当該事業・業務の内容を踏まえて36協定を締結する必要があります（以上、基発1228第15号・第２・答18参照）[10)]。具体的には、派遣元の使

10)　なお、事業場の規模（中小企業法所定の中小企業に該当するか否か）により改正労基法36条の適用開始日が異なるため、労働者派遣事業に関しては、派遣元又は派遣先のいずれの事業場の規模について判断すればよいかという問題もあります。この点、事業場の規模についても、労働者派遣法44条２項前段の規定により、派遣先の事業場の規模によって判断することとなります。したがって、派遣元が行う時間外・休日労働協定の届出様式については、派遣先の企業規模や事業内容、業務内容に応じて適切なものを使用することとなります（基発1228第15号・第2・答18）。

用者は、上限規制が適用猶予となる事業・業務に派遣される派遣労働者については、改正労基則様式第９号の４（前掲58頁）による36協定の締結･届出をし、また当該36協定における「時間外労働をさせる必要のある具体的事由」や「業務の種類」等は、派遣先の事業又は業務に即した内容を定めることとなります。

（山本光洋）

第**4**章

年次有給休暇に関する新制度

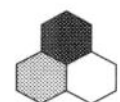

1.　新制度の概説及び趣旨

1　新制度の概説

年次有給休暇（以下「年休」といいます。）は、従来、労働者が自ら時季指定権を行使するか（労基法39条5項本文）、または労使協定を前提とする計画年休（労基法39条6項）によって取得されていました。

この度の労基法改正においては、このような年休の取得に関し、年間10日以上の年休を付与される労働者に対して、基準日から1年以内に5日の年休を時季を定めることにより取得させることが使用者に義務付けられました（改正労基法39条7項本文）。

また、時季指定義務の履行に関して、労働者に対する意見聴取が義務が付けられ（改正労基則24条の6）、かつ労働者の年休の取得状況（時季、日数及び基準日）について、年次有給休暇管理簿を作成・保管して管理することが義務付けられました（改正労基則24条の7）。

2　趣旨

今日では、長時間労働を行っている労働者ほど、年休の取得率が低い傾向にあります[1)]。

そこで、この度の労基法改正においては、労働者の健康を確保できるワークライフバランスを実現しながら企業全体の生産性を向上させるため、新たに使用者に時季指定義務や年次有給休暇管理簿の作成・保管義務を定める等、年５日以上の年休の取得が確実に進む仕組みを導入しました。

2. 時季指定義務等の新設

1 時季指定義務

使用者は、年間10労働日以上の年休を付与する労働者に対して、基準日から１年以内の期間に５日分の年休を時季を定めることにより与えなければなりません(以下当該義務を「時季指定義務」といいます。)(改正労基法39条７項本文)。

ここでいう基準日とは、継続勤務した期間を６ヶ月経過日から１年ごとに区分した各期間(最後に１年未満の期間を生じたときは、当該期間)の初日のことをいいます。

また、使用者が時季指定義務を怠った場合、30万円以下の罰金に処される可能性があります(改正労基法120条１号)。

2 時季指定義務の免除

使用者が、労働者による時季指定又は計画年休により労働者に年休を取得させた場合には、５日を限度として、取得させた当該年休の日数分の時季指定義務が免除されます(改正労基法39条８項)。

---

1) いわゆる正社員の約16%が年次有給休暇を1日も取得しておらず、正社員の約45.7%は年次有給休暇の取得が5日以内というデータがあります(「年次有給休暇の取得に関する調査」独立行政法人労働政策研究・研修機構・2012年、24頁参照)。

さらに、週労働時間が60時間以上の労働者においては、29.4%が年次有給休暇を1日も取得しておらず、60.9%が年次有給休暇の取得が5日以内というデータもあります(同上同頁参照)。

3　前倒し付与の特例

（1）基準日より前の日から年休を付与する場合

労働者の入社時から年休を付与する場合等、基準日よりも前の日から10労働日以上の年休を付与する場合には、使用者は、当該年休のうち５日について、当該付与する日（「第一基準日」）から１年以内の期間に時季を指定する義務を負います（改正労基則24条の５第１項）。

例　4月1日入社時に10日付与する場合

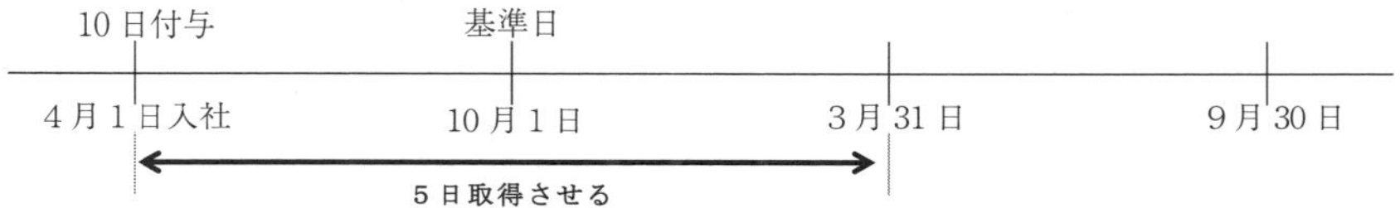

（2）時季指定義務の期間が重複した場合

労働者が入社した年の10月１日に年休を付与し、翌年には4月１日に年休を付与する場合等、年休を付与した日から１年以内に新たに年休を付与する場合には、使用者が時季指定義務を負う期間は重複します。

この場合、使用者は、原則として、下記の例のとおり、１年目の付与日（平成30年10月１日）から１年間の間に５日、２年目の付与日（平成31年４月１日=「第二基準日」）から１年間の間に５日の時季指定義務を負います。

そして、平成31年４月１日から同年10月１日までの期間は、使用者の時季指定義務が重複する結果、時季指定義務の履行管理が複雑になります。

そこで、このように時季指定義務の期間が重複する場合には、使用者は、１年目の付与日を始期とし、２年目の付与日から1年が経過する日を終期として（当該期間を「履行期間」といいます。）、当該履行期間の長さに応じた日数分（始期から終期までの期間の月数を12で除した数に５を乗じた日数）を当該履行期間中に時季指定することによって、時季指定義務を果たすことが可能となっています（改正労基則24条の５第２項）。

例　4月1日入社、初年度10月1日付与、翌年度4月1日付与の場合

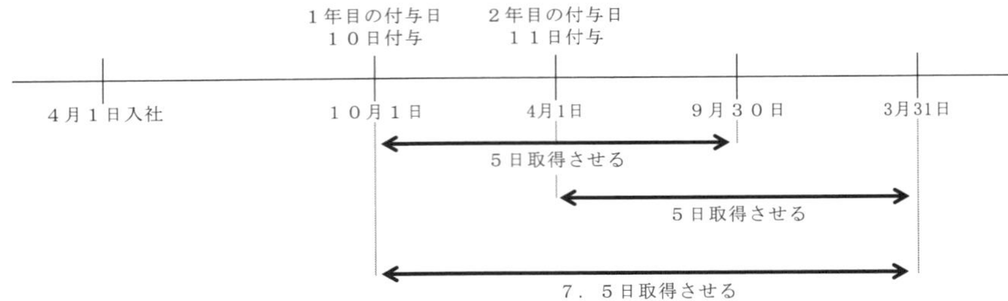

また、始期から終期までの期間の月数に端数が生じた場合には、原則として以下の端数処理を行うこととされておりますが、この方法によらずに、当該月数について1か月未満の端数をすべて1か月に切り上げ、かつ、使用者が時季指定すべき日数について1日未満の端数をすべて1日に切り上げることも可能です（平成30年基発1228第15号「働き方改革を推進するための関係法律の整備に関する法律による改正後の労働基準法関係の解釈について」の第3の答9）。

【端数処理の方法】

(i)基準日から翌月の応答日の前日までを1か月と考え、月数及び端数となる日数を算出する。ただし、基準日の翌月に応答日がない場合は、翌月の末日をもって1か月とする。

(ii)当該端数となる日数を、最終月の暦日数で除し、上記（i）で算出した月数を加える。

(iii)上記(ii)で算出した月数を12で除した数に5を乗じた日数について時季指定する。なお、当該日数に1日未満の端数が生じている場合は、これを1日に切り上げる。

例　第一基準日が10月22日、第二基準日が翌年4月1日の場合

(i)10月22日から11月21日までを1か月とすると、翌々年3月31日までの月数及び端数は17か月と10日（翌々年3月22日から3月31日まで）と算出されます。

(ii)上記(i)の端数10日について、最終月（翌々年3月22日から4月21日まで）の暦日数31日で除し、17か月を加えると、17.32…か月となります。

(iii)17.32…か月を12で除し、5を乗じると、時季指定すべき年休の日数は、7.21…日となり、労働者に意見聴取した結果、半日単位の取得を希望した場合には7.5日、希望しない場合には8日について時季指定を行います。

(3) 第一基準日から1年経過後又は履行期間経過後の時季指定義務の期間

使用者が基準日よりも前の日から10労働日以上の年休を付与する場合、当該付与日（第一基準日）から1年が経過した後は、当該経過した日から1年間毎に年5日の時季指定義務が発生します（改正労基則24条の5第3項）。

また、使用者が年休を付与した日から1年以内に新たに年休を付与する場合、1年目の付与日を始期とし、2年目の付与日から1年が経過する日を終期とする履行期間が経過した後は、当該経過した日から1年間毎に年5日の時季指定義務が発生します（同条同項）。

例　第一基準日から1年が経過した日の場合

例　履行期間が経過した日の場合

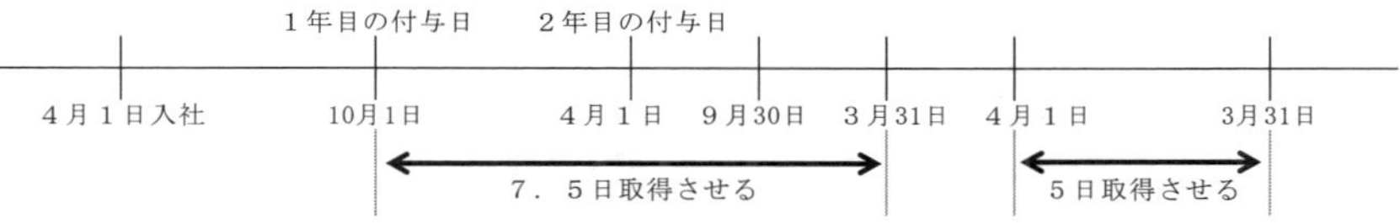

(4) 年休を分割して基準日より前の日から付与する場合

使用者が年休を分割して基準日よりも前の日から付与する場合（当該付与日を「特定日」といいます。改正労基則24条の5第4項前段）、付与した日数が10労働日に達した日（当該特定日は第一基準日とみなされます。労基則24条の5第4項前段）から1年間の間に5日の時季指定義務が生じます。

そして、分割して付与した年休の日数が10労働日に達した日以前に、労働者による時季指定又は計画年休によって労働者に対して年休を取得させていた場合には、当該取得日数分は使用者の時季指定義務から免除されます（改正労基則24条の５第４項）。

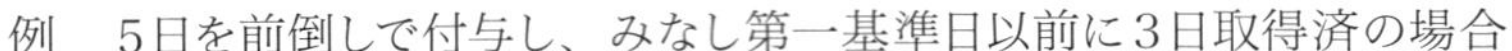
例　５日を前倒しで付与し、みなし第一基準日以前に３日取得済の場合

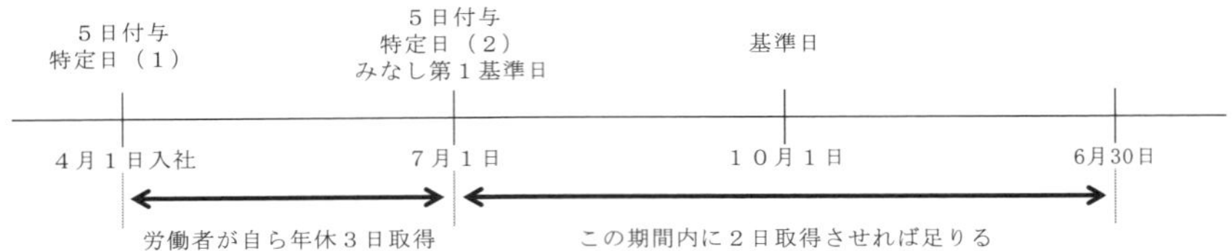

4　労働者からの意見聴取

使用者が労働者に対して時季指定義務の履行として時季を指定して年休を取得させる場合には、あらかじめ、使用者は、労働者に対し、時季指定義務の履行であることを明示した上で、その時季について労働者の意見を聴かなければなりません（改正労基則24条の６第1項）。

意見聴取の結果、使用者の希望する時季指定日と労働者の意見とが異なっていた場合、使用者は、労働者の意見を尊重するよう努めなければなりませんが、労働者の意見に拘束されるものではありません（改正労基則24条の６第２項）。

それゆえ、使用者が年休の時季を指定する際に、あらかじめ確認した労働者の意見と異なる日を指定したとしても時季指定義務の履行として有効となります。

5　年次有給休暇管理簿の作成・保管

使用者は、労働者に対して年休を取得させたときは、その時季、日数、及び基準日（第一基準日及び第二基準日を含みます。）を労働者ごとに明らかにした書類（以下「年次有給休暇管理簿」といいます。）を作成し、当該有給休暇を取得させた期間中及び当該期間満了後３年間これを保管しなければなりません（改正労基則24条の７）。

そして、年次有給休暇管理簿に記載すべき「日数」とは、労働者が自ら請求し取得した年休、使用者が時季を指定し取得した年休又は計画的付与により取得した年休にかかわらず、実際に労働者が年休を取得した日数（半日単位で取得した回数及び時間単位で取得した時間数を含む。）を記載する必要があります（前掲基発1228第15号第３答13）。

年次有給休暇管理簿は、既存の労働者名簿又は賃金台帳にあわせて作成することができます（改正労基則55条の２）。

6　経過措置

年休に係る改正労基法の施行期日は平成31年４月１日となっています（働き方改革推進法・附則第１条本文）。

使用者が労働者ごとに雇入れの日から起算した基準日に年休を付与している場合、平成31年４月１日後の最初の基準日の前日までの間は、改正労基法39条７項等の年休に係る改正労基法の適用を受けません。

また、使用者が４月１日以外に年休の一斉付与を行う場合、平成31年４月１日後の最初の一斉付与日（基準日）の前日までの間は、年休に係る改正労基法の適用を受けません。

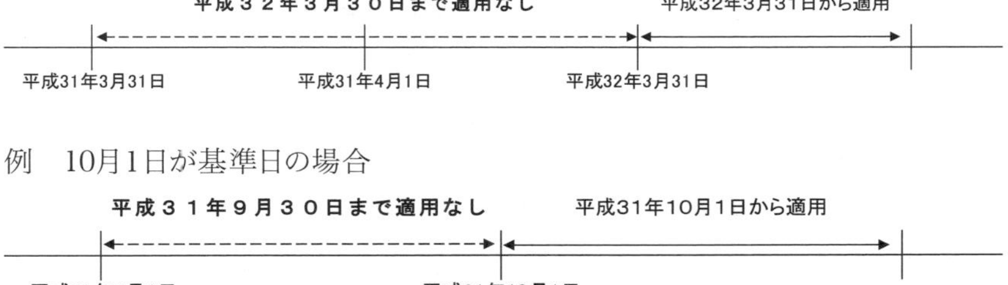

3. 実務上の対応

1 半日単位での取得の取り扱い

(1) 時季指定を半日単位や時間単位で行うことはできるのかが問題となります。

(2) 年次有給休暇は労働者の心身の疲労回復を目的とするため、日単位での取得が原則です。

しかし、年休の取得促進の観点から、改正労基則24条の６第１項の規定により労働者の意見を聴いた際に、半日単位の年休の取得の希望があった場合においては、使用者が年休の時季指定を半日単位で行うことは問題ありません（前掲基発1228第15号第３答３）。

そして、労働者が半日単位での年休を取得した場合には、当該日数を0.5日分として取扱い、使用者の時季指定義務は、5日を限度として当該日数分免除されます（平成30年９月７日基発0907第１号「働き方改革を推進するための関係法律の整備に関する法律による改正後の労働基準法の施行について」の第３の(3))。

一方、使用者による時季指定を時間単位年休で行うことは認められません（前掲基発1228第15号第３答３)。

2 時季指定の対象となる労働者の範囲

(1) 時季指定の対象となる労働者には、労基法39条３項の比例付与の対象となる労働者であって、前年度の繰り越し分の年休と当年度付与分の年休とを合算して初めて10労働日以上となる労働者も含まれるのか、また管理監督者や有期契約労働者も含まれるのかが問題となります。

(2) 労基法39条７項の「有給休暇の日数が十労働日以上である労働者」とは、基準日に付与される年休の日数が十労働日以上である労働者を指します。

そのため、同条３項の比例付与の対象となる労働者であって、当該年度の基準日に付与される年休の日数が10労働日未満の労働者については、仮に前年度の繰り越し分の年休を合算して10労働日以上となったとしても、「有給休暇の日数が十労働日以上である労働者」には含まれません（前掲基発1228第15号第３答２)。

そして、「有給休暇の日数が十労働日以上である労働者」には、管理監督者及び有期契約労働者も含まれます。

3　時季指定のタイミング

使用者による時季指定はいつ行うべきなのかが問題となります。

使用者による時季指定は、必ずしも基準日からの1年間の期首である必要はなく、労働者の意見聴取を行ったうえで、当該期間中いつでも行うことができます（前掲基発1228第15号第３答１)。例としては、基準日から半年程度が経過したタイミングで、年休の取得が５日未満となっている労働者に対して、使用者から時季指定をするといった取り扱いも可能です。

4　特別休暇の取り扱い

事業場が独自に設けている法定の年休と異なる特別休暇を労働者が取得した場合、当該日数分については、使用者の時季指定義務の履行として認められるかが問題となります。

法定の年休とは別に設けられた特別休暇を労働者が取得した日数分については、使用者の時季指定義務の履行とは認められません。

ただし、例えば労基法115条の時効が経過した後においても、取得の事由及び時季を限定せず、法定の年休を引き続き取得可能としている場合のように、法定の年休日数を上乗せするものとして付与するものを除きます（前掲基発1228第15号第３答12)。

5　繰り越し年休の取り扱い

使用者が時季指定義務の履行として労働者に対し時季を指定して年休を取得させる際に、当該労働者が繰り越し年休[2)]を有している場合、当該繰り越し年休のうち５日についての時季指定により、使用者の時季指定義務の履行となるか

2) 「年休権は労基法上の2年間の時効（労基法115条）に服する」（菅野和夫『労働法〔第11版 補正版〕』弘文堂・2017年、544頁）と解されるため、労働者としては、先に時効期間が経過する繰り越し年休からの時季指定を希望すると考えられます。

が問題となります。

この点については、年休の労基法上の付与日（労基法39条２項本文）と基準日（改正労基法39条７項）が重なっていること、及び前倒し付与の特例が「基準日より前の日から」付与する場合を例外として定めていることから（改正労基法39条７項ただし書）、労基法上、基準日に年休が付与されることが前提となっていると考えられます。

もっとも、改正労基法39条７項は、使用者による時季指定の対象となる年休について、労基法39条「第1項から第３項までの規定による有給休暇…の日数のうち5日」としか定めておらず、基準日に新たに付与された年休に限定していません。

そこで、使用者による時季指定義務の対象となる年休には、基準日に新たに付与される年休のみならず、繰り越し年休までが含まれると考えられます。

それゆえ、使用者が時季指定義務の履行として労働者に対し時季を指定して年休を取得させる際に、当該労働者が有する繰り越し年休のうち５日について時季指定した場合であっても、時季指定義務を履行したことになると考えられます（前掲基発1228第15号第３答４参照）。

6　指定日に労働者が出勤してきた場合の対応

使用者が時季指定義務の履行として労働者に対し年休の時季を指定したにもかかわらず、労働者が当該時季指定日に出社して業務を行った場合、当該時季指定は時季指定義務の履行として有効となるかが問題となります。

使用者が時季指定をしたにもかかわらず、労働者がこれに従わず、自らの判断で出勤し、使用者がその労働を受領した場合には、労働者が年休を取得したことにはならないため、当該時季指定は、時季指定義務の履行にはならないと考えられます。

それゆえ、使用者としては、時季指定義務の履行として労働者に対し年休の時季を指定した場合、時季指定日に当該労働者が出社しないように管理を徹底したり、出社しても業務を行えないようにタイムシートを預かったり、パソコンのアクセス権を制限したりする等、当該労働者からの労務の提供を受けないように十分に注意することが重要です。

7　就業規則上の取り扱い

使用者は、年休の時季指定に関する事項について、就業規則に記載する必要があるかが問題となります。

この点については、休暇に関する事項が就業規則の絶対的必要記載事項にあたるため（労基法89条1号）、使用者が労働者に対して時季指定を行う場合には、以下の規定例のように時季指定の対象となる労働者の範囲及び時季指定の方法等について、就業規則に記載する必要があります（前掲基発1228第15号第3答14）。

（規定例）第○条

1項から4項（略）

5　第○項又は第○項の年次有給休暇が10日以上与えられた労働者に対しては、第○項の規定にかかわらず、付与日から1年以内に、当該労働者の有する年次有給休暇日数のうち5日について、会社が労働者の意見を聴取し、その意見を尊重した上で、あらかじめ時季を指定して取得させる。ただし、労働者が第○項または第○項条の規定による年次有給休暇を取得した場合においては、当該取得した日数分を5日から控除するものとする。

（鈴木佑脩）

第5章

特定高度専門業務・成果型労働制（高度プロフェッショナル制度）

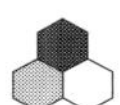

1．制度の概要及び趣旨

特定高度専門業務・成果型労働制（以下「高度プロフェッショナル制度」といいます。）は、高度の専門的知識等を有し、職務の範囲が明確で一定の年収要件を満たす労働者を対象として、改正労基法第41条の2第1項の委員会（以下「労使委員会」といいます。）の決議及び労働者本人の同意を前提として、年間104日以上の休日確保措置や、対象業務に従事する対象労働者の健康管理を行うために当該対象労働者が事業場内にいた時間（労使委員会が休憩時間その他対象労働者が労働していない時間を除くことを決議したときは、当該決議に係る時間を除いた時間）と事業場外において労働した時間との合計の時間（以下「健康管理時間」といいます。）の状況に応じた健康及び福祉を確保するための措置（以下「健康・福祉確保措置」といいます。）等を講ずることにより、労基法に定められた労働時間、休憩、休日及び深夜の割増賃金に関する規定を適用しない制度です[1)]。

この制度は、時間ではなく成果で評価される働き方を希望する労働者のニーズに応え、その意欲や能力を十分に発揮できるようにするため、労基法に定め

1）　平成31年3月25日厚生労働省労働基準局長通達（働き方改革を推進するための関係法律の整備に関する法律による改正後の労働基準及び労働安全衛生法の施行について（新労基法第41条の2及び新安衛法第66条の8の4関係））

られた労働時間、休憩、休日及び深夜割増賃金に関する規定の適用を除外した労働時間制度の新たな選択肢として制定されました。すなわち、高度プロフェッショナル制度の趣旨は、労働時間と成果との関連性が高くない労働者を労働時間の拘束から解放することにより、一層の能力発揮と生産性の向上を図ることにあるといえます。

もっとも、3で詳述するとおり、高度プロフェッショナル制度の要件は厳格であり、その適用範囲はかなり限定されています。また、労働時間、休憩、休日、深夜割増賃金に関する規定の適用が除外されても、使用者は健康管理時間という形で労働者の労働時間を管理し、その状況に応じた健康・福祉確保措置を講じる義務があります。したがって、高度プロフェッショナル制度における使用者の負担は大きく、それによって労働者も自己の裁量に基づくメリハリのある労働が制限される可能性があるといえます。そのため、高度プロフェッショナル制度を使用者が取り入れることで当該制度の趣旨が十分に活かされるのかという点が懸念されるところです。

2. 法的効果

1　労働時間、休憩、休日及び深夜の割増賃金に関する規定の適用が除外

高度プロフェッショナル制度が適用された対象労働者には、労基法第４章で定める労働時間、休憩、休日及び深夜の割増賃金に関する規定の適用が除外されます。

2　他の制度との比較

今回の労基法の改正以前から既に労働時間等に関する規制の一部が適用されない「監督若しくは管理の地位にある者」（以下「管理監督者」といいます。改正労基法第41条２号）や、職務遂行に当たって大幅な裁量が委ねられている業務に従事している労働者に対して「みなし労働時間」に基づき労働時間を計算する「裁量労働制」（改正労基法第38条の3及び第38条の4）などの制度が存在しています。

【各制度との比較】

管理監督者は、法定労働時間、休憩、休日、時間外割増賃金及び休日割増

	通常の労働時間制度	管理監督者	裁量労働制	高度プロフェッショナル制度
法定労働時間	○	×	○	×
休憩	○	×	○	×
休日	○	×	○	×
時間外割増賃金	○	×	○ （みなし労働時間が法定労働時間を超える場合：36協定を締結・届出）	×
休日割増賃金	○	×	○	×
深夜割増賃金	○	○	○	×

○…適用あり　×…適用なし

賃金の規定については適用除外とされていますが、深夜割増賃金の規定については適用されています。また、裁量労働制が適用される労働者は、みなし労働時間が法定労働時間を超える場合には、その超える部分については時間外割増賃金の規定が適用されますし、休日及び深夜労働に対する割増賃金の規定も適用されます。そのため、使用者は、管理監督者に対しては深夜割増賃金を支払わなければなりませんし、裁量労働制が適用されている労働者に対しては休憩、休日を設けるだけでなく、時間外労働や休日労働があれば時間外割増賃金や休日割増賃金を支払わなければなりません。

これらに対して、高度プロフェッショナル制度は、それらの全ての適用が除外されています。この点については、法案成立段階で「残業代ゼロ法案」などと批判されていました。しかし、労働時間と成果との関連性が高くない働き方について、労働時間の拘束から解放し、働いたことによる成果に対して使用者が賃金を支払うという構造は、その働き方の本質を捉えたものといえ、また、成果で評価される働き方を希望する労働者のニーズにも適うものとして、高度プロフェッショナル制度は有益な制度と考えられます。

一方、使用者は、残業代を支払う義務はなくなりますが、対象労働者の健康を確保する義務が強く求められます。３で述べるとおり、高度プロフェッショナル制度の導入には厳しい要件が課されており、これを具備していなかった場合には当該制度は無効となり、使用者は、その時点から割増賃金を支払う義務が生じるという点には留意が必要です[2)]。

3. 適用要件

以下では、高度プロフェッショナル制度を適用するための要件についてみていきます。簡潔に述べると、労使委員会において10項目の決議（①対象業務、②対象労働者の範囲、③健康管理時間の把握、④休日確保措置、⑤選択的措置、⑥健康・福祉確保措置、⑦本人同意の撤回に関する手続、⑧苦情処理措置、⑨不利益取り扱いの禁止、⑩その他の決議事項）をし、当該決議内容を行政官庁へ届け出た後、本制度の適用につき対象労働者の同意を得た上で、実際に対象労働者を対象業務に就かせることにより、本制度は適用されます。

なお、平成31年３月25日厚労省告示第88号「労働基準法第41条の２第１項の規定により同行第１号の業務に従事する労働者の適正な労働条件の確保を図るための指針」（以下、単に「指針」といいます）において、高度プロフェッショナル制度の適用を受ける対象労働者の適正な労働条件の確保を図るため、労使委員会の各決議事項について具体的に明らかにする必要があると認められる事項や使用者及び対象労働者等並びに労使委員会の委員が留意すべき事項等が示されているので、実務上重要と思われる部分についても「実務上の留意点・指針の内容」の項目でできる限り触れていきたいと思います。

本制度導入の流れは次のとおりです（厚労省「高度プロフェッショナル制度わかりやすい解説」３頁から引用）。

2) 高度プロフェッショナル制度の実施後に要件を充たさなくなった場合、その時点から本制度の適用は無効となり、労基法第４章の労働時間、休憩、休日及び深夜割増賃金に関する規定が適用されることになります。

Point 2 高度プロフェッショナル制度の導入の流れ

ステップ１　労使委員会を設置する

○　労使委員会の要件

- 労働者代表委員が半数を占めていること
- 委員会の議事録が作成され、保存されるとともに、事業場の労働者に周知が図られていること　　等

ステップ２　労使委員会で決議をする

○　決議の要件

- 委員の５分の４以上の多数による決議

○　決議すべき事項

1. 対象業務
2. 対象労働者の範囲
3. 対象労働者の健康管理時間を把握すること及びその把握方法
4. 対象労働者に年間104日以上、かつ、４週間を通じ４日以上の休日を与えること
5. 対象労働者の選択的措置
6. 対象労働者の健康管理時間の状況に応じた健康・福祉確保措置
7. 対象労働者の同意の撤回に関する手続
8. 対象労働者の苦情処理措置を実施すること及びその具体的内容
9. 同意をしなかった労働者に不利益な取扱いをしてはならないこと
10. その他厚生労働省令で定める事項（決議の有効期間等）

（使用者による届出）
決議 → 所轄の労働基準監督署長

ステップ３　決議を労働基準監督署長に届け出る

ステップ４　対象労働者の同意を書面で得る

○　使用者は、次の①～③の内容を明らかにした書面に労働者の署名を受けることにより、労働者の同意を得なければなりません。

①同意をした場合には労働基準法第４章の規定が適用されないこととなる旨

> ⚠ 高度プロフェッショナル制度の対象労働者には、労働基準法に定められた労働時間、休憩、休日及び深夜の割増賃金に関する規定が適用されません。

②同意の対象となる期間
③同意の対象となる期間中に支払われると見込まれる賃金の額

ステップ５　対象労働者を対象業務に就かせる

○　運用の過程で必要なこと

1. 対象労働者の健康管理時間を把握すること
2. 対象労働者に休日を与えること
3. 対象労働者の選択的措置及び健康・福祉確保措置を実施すること
4. 対象労働者の苦情処理措置を実施すること
5. 同意をしなかった労働者に不利益な取扱いをしないこと　等

> ⚠ 対象労働者は、同意の対象となる期間中に同意を撤回できます。

定期報告 → 所轄の労働基準監督署長

（使用者による報告）
ステップ２の決議から６か月以内ごとに❶❷❸の状況を所轄の労働基準監督署長に報告する

ステップ６　決議の有効期間の満了（継続する場合は２へ）

3

出典：厚生労働省　https://www.mhlw.go.jp/content/000497436.pdf

1　要件1…労使委員会による10項目の決議

Ⅰ．労使委員会の決議

(1) 内容

ア　5分の4以上の多数による議決

高度プロフェッショナル制度を事業場に導入するに当たっては、労使委員会[3)]がその委員の5分の4以上の多数による議決により、後述する（２）の①から⑩までの事項に関する決議をする必要があります（改正労基法第41条の２第１項本文）。

イ　委員の構成

労使委員会の委員は、使用者及び当該事業場の労働者を代表する者（改正労基法第41条の２第１項本文括弧書）であり、その委員の半数は、当該事業場の労働者の過半数で組織する労働組合（以下「過半数労働組合」といいます。）、又はそのような組合がない場合には労働者の過半数を代表する者（以下「過半数代表者」といいます。）によって任期を定めて指名されなければなりませんが（改正労基法第41条の２第３項において準用する改正労基法第38条の４第２項１号）、管理監督者は、労働者側の代表委員にはなれません（改正労基則第34条の２の３において準用する改正労基則第24条の２の４第１項）。

ウ　議事録の作成・保存

使用者は、労使委員会が開催された場合、その都度議事録を作成し、保存するとともに、労働者へ周知[4)]する必要があります（改正労基法第41条の２第３項において準用する改正労基法第38条の４第２項２号）。

議事録は、当該労使委員会の開催の日から起算して３年間保存しなければな

---

3)　労使委員会とは、賃金、労働時間その他の当該事業場における労働条件に関する事項を調査審議し、事業主に対し当該事項について意見を述べることを目的とする委員会をいいます（改正労基法第41条の２第１項本文）。

4)　議事録の周知の方法は、次の①から③に掲げるいずれかの方法によって行わなければなりません（改正労基則第34条の２の３により準用される第24条の２の４第３項）。

① 常時各作業場の見やすい場所へ掲示し、又は備え付けること

② 書面を労働者に交付すること

③ 磁気テープ、磁気ディスクその他これらに準ずるものに記録し、かつ、各作業場に労働者が当該記録の内容を常時確認できる機器を設置すること

りません（改正労基則第34条の2の3において準用する改正労基則第24条の2の4第2項）。

エ　運営規程の作成

使用者は、労使委員会の円滑かつ適正な運営のため、労使委員会の同意を得て、労使委員会の招集、定足数、議事その他労使委員会の運営について必要な事項に関する規程を定めなければならず、その作成又は変更には労使委員会の同意を得なければなりません（改正労基則第34条の2の3において準用する改正労基則第24条の2の4第4項、同5項）。また、使用者は、労働者が労使委員会の委員であること、労使委員会の委員になろうとしたこと又は労使委員会の委員として正当な行為をしたことを理由として不利益な取り扱いを「しないように」しなければなりません（改正労基則第34条の2の3において準用する改正労基則第24条の2の4第6項）。

（2）実務上の留意点・指針の内容

労使委員会を円滑かつ適正に運営していくに当たっては、その設置段階から十分な準備をしておく必要があります。この点について、指針第（4の1）では、対象事業場の使用者及び過半数代表者又は過半数労働組合は、労使委員会が設置されるに先立ち、設置に係る日程、手順、使用者による一定の便宜の供与がなされる場合にあってはその在り方等について十分に協議して定めておくこと、その際、委員の半数について指名の手続きを経なければならないことに鑑み、これらの手続きを適切に実施できるようにする観点から話し合いがなされること、特に、過半数労働組合がない場合において、使用者は、過半数代表者が必要な手続きを円滑に実施できるよう十分に協議し、必要な配慮を行うことが適当であるとされています。

また、指針（前掲の第4の1）で、委員を指名する過半数代表者が適正に選出されていない場合や管理監督者が委員に指名されている場合は、当該労使委員会による決議は無効となること、労使委員会が過半数決議であることから、労使を代表する委員がそれぞれ1名の計2名のみで構成されている場合は、労使委員会の決議とは認められないことが指摘されており、これらの点には十分な注意が必要です。

以下、ご参考までに、運営規程で規定すべき事項及び運営規程例をご紹介します（厚労省「高度プロフェッショナル制度　わかりやすい解説」5頁、6頁から引用）。

運営規程で規定すべき項目
1　労使委員会の招集に関する事項
①　定例として予定されている委員会の開催に関すること ②　必要に応じて開催される委員会の開催に関すること
2　労使委員会の定足数に関する事項
①　全委員にかかる定足数 ②　労使各側を代表する委員ごとに一定割合又は一定数以上の出席を必要とすること
3　労使委員会の議事に関する事項
①　議長の選出に関すること ②　決議の方法に関すること
4　その他労使委員会の運営について必要な事項
①　使用者が労使委員会に対し開示すべき情報の範囲、開示手続及び開示が行われる労使委員会の開催時期 ②　労働組合や、労働条件に関する事項を調査審議する労使協議機関がある場合には、それらと協議の上、労使委員会の調査審議事項の範囲についての定め
5　労使委員会が労使協定に代えて決議を行うことができる規定の範囲についての定め

運営規程例

第１条　本会は、○○株式会社△△事業場労使委員会と称する。
第２条　労使委員会は、○○株式会社△△事業場に設置するものとする。
第３条　労使委員会で調査審議する事項は以下のとおりである。
　１　高度プロフェッショナル制度に関すること
　２　フレックスタイム制に関すること
　３　○○○に関すること
②　前項の調査審議する事項を変更する場合は、当委員会に属する委員で協議の上、変更するものとする。
③　労使委員会による調査審議は、労働組合の有する団体交渉権を制約するものではない。
④　第１項第２号及び第３号に掲げる事項については、労使委員会が労使協定に代えて決議を行うこととする。
⑤　労使委員会が労使協定に代えて決議を行う範囲を変更する場合は、当委員会と労働組合と協議の上、変更するものとする。
第４条　労使委員会の委員は、次の10名の者により構成するものとする。
　１　使用者が指名する者　５名
　２　○○株式会社労働組合によって指名された者（この者の任期は１年間とし、管理監督者以外の者から指名する）５名
②　使用者が指名した委員が欠けた場合には、使用者は速やかに委員を補充しなければならない。
③　労働組合の指名を受けた者が欠けた場合には、労働組合は速やかに委員を補充すべく所定の手続を実施しなければならない。
④　前項に基づき選任された委員は、欠けた委員の残りの任期を引き継ぐこととなる。
第５条　労使委員会の開催は、次のとおりとする。
　１　毎年３月、６月、９月、12月
　２　労使委員会の委員の半数以上の要請があったとき
第６条　労使委員会は、委員の８名以上、かつ、労働組合の指名を受けた者の４名以上の出席がなければ成立せず、決議を行うことができない。
第７条　労使委員会の議事の進行に当たり議長を置くものとし、次の者とする。
　１　３月、６月の労使委員会では、使用者が指名した者
　２　９月、12月の労使委員会では、労働組合の指名を受けた者の代表者
　３　第５条第２号の場合には、出席した委員に互選された者
第８条　労使委員会の議事は、第３条第１号及び第２号に係る決議については出席した委員の５分の４以上の多数による決議で決定する。ただし、第３条第３号に関する事項については、出席委員の過半数の賛否で決定し、可否同数の時は議長が裁定する。
第９条　前条の決議は、書面により行い、出席委員全員の記名、押印を行うものとする。
第10条　労使委員会の議事録については、人事部担当者が議事録を作成し、労使委員会に出席した委員２名（うち労働組合の指名を受けた１名）が署名するものとする。
②　前項の議事録は、人事部で委員会開催後（決議の有効期間満了後）３年間保存するものとする。また、議事録の作成の都度、速やかに、その内容を社内システムの「掲示板」に掲示することにより、労働者に周知するものとする。
第11条　使用者は、労使委員会において、次の情報を開示しなければならない。
　１　高度プロフェッショナル制度の対象労働者に適用される評価制度、賃金制度、対象業務の具体的内容
　２　健康管理時間の状況、休日確保措置、選択的措置、健康・福祉確保措置及び苦情処理措置の実施状況、労使委員会の開催状況
　３　３月及び９月の労使委員会においては、所轄労働基準監督署長への報告内容
②　使用者は、前項第２号のうち、健康管理時間の状況及び休日確保措置の実施状況について、対象労働者全体の平均値のほか、その分布表を作成するなどして、対象労働者の個別の状況を明らかにしなければならない。
③　使用者は、第１項第２号のうち、苦情処理措置の実施状況について、苦情の内容、その処理の状況を開示するに当たっては、対象労働者のプライバシーの保護に配慮しなければならない。
第12条　使用者は、労働者が労使委員会の委員であること、労使委員会の委員になろうとしたこと、労使委員会の委員として正当な行為をしたことを理由として不利益な取扱いをしてはならない。

Ⅱ．決議事項

(1)　対象業務（改正労基法第41条の２第1項1号）

ア　内容

高度プロフェッショナル制度の対象業務は、「高度の専門的知識等を必要とし、その性質上従事した時間と従事して得た成果との関連性が通常高くないと認められるものとして厚生労働省令で定める業務のうち、労働者に就かせることとする業務」です。

「厚生労働省令で定める業務」は、次の①から⑤に掲げる業務のうち、当該業務に従事する時間に関し使用者から具体的な指示（著しく短い期限の設定その他の実質的に当該業務に従事する時間に関する指示と認められるものを含みます。）を受けて行うもの以外の業務とされています（改正労基則第34条の２第３項1号～５号）。

①　金融工学等の知識を用いて行う金融商品の開発業務

②　資産運用（指図を含む。以下この号において同じ。）の業務又は有価証券の売買その他の取引の業務のうち、投資判断に基づく資産運用の業務、投資判断に基づく資産運用として行う有価証券の売買その他の取引の業務又は投資判断に基づき自己の計算において行う有価証券の売買その他の取引業務

③　有価証券市場における相場等の動向又は有価証券の価値等の分析、評価又はこれに基づく投資に関する助言の業務

④　顧客の事業の運営に関する重要な事項についての調査又は分析及びこれに基づく当該事項に関する考案又は助言の業務

⑤　新たな技術、商品又は役務の研究開発の業務

イ　実務上の留意点・指針の内容

(ア)　対象業務該当性は慎重に判断

高度プロフェッショナル制度を運用していくに当たって、対象労働者に就かせることとする業務の対象業務該当性は対象労働者との紛争において主要な争点となることが予想されます。後記４でご説明するとおり、例えば、健康確保措置等の措置の場合、それらが講じられなくなった時点から本制度は無効となります

が、対象業務にそもそも該当していなかったとなれば、本制度適用当初から無効となるため、その時点からの割増賃金等の支払義務が課せられることになります。そのため、対象業務に当たるか否かは本制度の適用に当たって慎重に判断する必要があります。

（イ）対象業務の要件

対象業務は、ⓐ上記①から⑤に掲げる業務のいずれかの業務であって、ⓑ業務に従事する時間に関し使用者から具体的な指示を受けて行うものでない業務です。

ⅰ　要件ⓐ

指針（第3の1）では、要件ⓐの①から⑤の業務の内容を説明し、対象業務となり得る業務の例と対象業務となり得ない業務の例を示しています。ご参考までに下記に整理したものを示します。

【対象業務となり得る業務とそうでない業務の例】

<table>
<tr><td colspan="2">①　金融工学等の知識を用いて行う金融商品の開発業務
⇒金融取引のリスクを減らしてより効率的に利益を得るため、金融工学のほか、統計学、数学、経済学等の知識をもって確率モデル等の作成、更新を行い、これによるシュミレーションの実施、その結果の検証等の技法を駆使した新たな金融商品の開発業務であり、ここでいう「金融商品」とは、金融派生商品（金や原油等の原資産、株式や債券等の原証券の変化に依存してその値が変化する証券）及び同様の手法を用いた預貯金等をいいます。</td></tr>
<tr><td>対象業務となり得る業務の例</td><td>対象業務となり得ない業務の例</td></tr>
<tr><td>・資産運用会社における新興国企業の株式を中心とする富裕層向け商品（ファンド）の開発の業務</td><td>・金融商品の販売、提供又は運用に関する企画立案又は構築の業務
・保険商品または共済の開発に際してアクチュアリーが通常行う業務
・商品名の変更や既存の商品の組み合わせのみをもって行う金融商品の開発の業務
・もっぱらデータの入力または整理を行う業務</td></tr>
<tr><td colspan="2">②　資産運用（指図を含む。以下この②において同じ。）の業務又は有価証券の売買その他の取引の業務のうち、投資判断に基づく資産運用の業務、投資判断に基づく資産運用として行う有価証券の売買その他の取引の業務又は投資判断に基づき自己の計算において行う有価証券の売買その他の取引の業務
⇒金融知識等を活用した自らの投資判断に基づく資産運用の業務又は有価証券の売買その他の取引業務をいいます。</td></tr>
</table>

対象業務となり得る業務の例	対象業務となり得ない業務の例
・資産運用会社等における投資判断に基づく資産運用の業務（いわゆるファンドマネージャーの業務） ・資産運用会社等における投資判断に基づく資産運用として行う有価証券の売買その他の取引の業務（いわゆるトレーダーの業務） ・証券会社等における投資判断に基づき自己の計算において行う有価証券の売買そのほかの取引の業務（いわゆるディーラーの業務）	・有価証券の売買そのほかの取引の業務のうち、投資判断を伴わない顧客からの注文の取次の業務 ・ファンドマネージャー、トレーダー、ディーラーの指示を受けて行う業務 ・金融機関における窓口業務 ・個人顧客に対する預金、保険、投資信託等の販売・勧誘の業務 ・市場が開いている時間は市場に張り付くよう使用者から指示され、実際に張り付いていなければならない業務 ・使用者から指示された取引額・取引量を処理するためには取引を継続し続けなければならない業務 ・金融以外の事業を営む会社における自社資産の管理、運用の業務

③　有価証券市場における相場等の動向又は有価証券の価値等の分析、評価又はこれに基づく投資に関する助言の業務

⇒有価証券等に関する高度の専門知識と分析技術を応用して分析し、当該分析の結果を踏まえて評価を行い、これら自らの分析又は評価結果に基づいて運用担当者等に対し有価証券の投資に関する助言を行う業務であり、「有価証券市場における相場等の動向」とは、株式相場、債券相場の動向のほかこれらに影響を与える経済等の動向をいい、「有価証券の価値等」とは、有価証券に投資することによって将来得られる利益である値上がり益、利子、配当等の経済的価値及び有価証券の価値の基盤となる企業の事業活動をいいます。

対象業務となり得る業務の例	対象業務となり得ない業務の例
・特定の業界の中長期的な企業価値予測について調査分析を行い、その結果に基づき、推奨銘柄について投資判断に資するレポートを作成する業務	・一定の時間を設定して行う相談業務 ・もっぱら分析のためのデータ入力又は整理を行う業務

④　顧客の事業の運営に関する重要な事項についての調査又は分析及びこれに基づく当該事項に関する考案又は助言の業務

⇒企業の事業運営についての調査又は分析を行い、企業に対して事業・業務の再編、人事等社内制度の改革など経営戦略に直結する業務改革案等を提案し、その実現に向けてアドバイスや支援をしていく業務であり、ここでいう「調査又は分析」とは、顧客の事業の運営に関する重要な事項について行うものであり、顧客から調査又は分析を行うために必要な内部情報の提供を受けたうえで、例えば経営状態、経営環境、財務状態、事業運営上の問題点、生産効率、製品や原材料に係る市場の動向等について行う調査又は分析をいいます。

<table>
<tr><td>対象業務となり得る業務の例</td><td>対象業務となり得ない業務の例</td></tr>
<tr><td>・コンサルティング会社において行う顧客の海外事業展開に関する戦略企画の考案の業務</td><td>・調査又は分析のみを行う業務
・調査又は分析を行わず、助言のみを行う業務
・専ら時間配分を顧客の都合に合わせざるを得ない相談業務
・個人顧客を対象とする助言の業務
・商品・サービスの営業・販売として行う業務
・上席の指示やシフトに拘束され、働く時間帯の選択や時間配分に裁量が認められない形態でチームのメンバーとして行う業務
・サプライヤーが代理店に対して行う助言又は指導の業務</td></tr>
<tr><td colspan="2">⑤　新たな技術、商品または役務の研究開発の業務
⇒新たな技術を導入して行う管理方法の構築、新素材や新型モデル・サービスの研究開発等の業務をいい、専門的、科学的な知識、技術を有する者によって、新たな知見を得ること又は技術的改善を通じて新たな価値を生み出すことを目的として行われるものをいいます。</td></tr>
<tr><td>対象業務となり得る業務の例</td><td>対象業務となり得る業務の例</td></tr>
<tr><td>・メーカーにおいて行う要素技術の研究の業務
・製薬企業において行う新薬の上市に向けた承認申請のための候補物質の探索や合成、絞り込みの業務
・特許等の取得につながり得る研究開発の業務</td><td>・作業工程、作業手順等の日々のスケジュールが使用者からの指示により定められ、そのスケジュールに従わなければならない業務
・既存の商品やサービスにとどまり、技術的改善を伴わない業務
・既存の技術等の単なる組み合わせにとどまり、新たな価値を生み出すものではない業務
・他社のシステムの単なる導入にとどまり、導入にあたり自らの研究開発による技術的改善を伴わない業務
・専門的、科学的な知識、技術がなくても行い得る既存の生産工程の維持・改善の業務
・完成品の検査や品質管理を行う業務
・研究開発に関する権利取得にかかる事務のみを行う業務
・生産工程に従事する者に対する既知の技術の指導の業務
・上席の研究員の指示に基づく実験材料の調達や実験準備の業務</td></tr>
</table>

なお、上記は、あくまで例を示したものに過ぎない点にご留意ください。指針も、対象業務となり得る業務の例に該当しないものは対象業務として決議し得ないとするものではないとしていますし、対象業務となり得ない業務の例については、これに該当しないものは対象業務として決議し得るとするものでもないとしています。

ⅱ　要件ⓑ

指針（第3の1）は、「具体的な指示」とは対象労働者から対象業務に従事する時間に関する裁量を失わせるような指示のことをいうとしています。そして、対象業務は働く時間帯の選択や時間配分について自らが決定できる広範な裁量が対象労働者に認められている業務でなければならず、実質的に業務に従事する時間に関する指示と認められる指示についても、「具体的な指示」に含まれるとして、次の①から④に掲げるような指示を「具体的な指示」として想定しています。

①　出勤時間の指定等始業・終業時間や深夜・休日労働等労働時間に関する業務命令や指示

②　対象労働者の働く時間帯の選択や時間配分に関する裁量を失わせるような成果・業務量の要求や納期・期限の設定

③　特定の日時を指定して会議に出席することを一方的に義務付けること

④　作業工程、作業手順等の日々のスケジュールに関する指示

なお、これら①から④に例示される「具体的な指示」に該当しないものについては、使用者は、対象労働者に対し、必要な指示をすることができます。したがって、使用者が対象労働者に対し業務の開始時に当該業務の目的、目標、期限等の基本的事項について所要の変更の指示をすることや、中途において経過の報告を受けつつこれらの基本的事項について所要の変更の指示をすることは特に問題となりません。

そのため、使用者は、対象労働者の上司に対し、どのような指示が可能でどのような指示ができないのかについて事前に管理者教育を行っておく必要があります。

（ウ）労使委員会で決議する際の注意点

指針（第3の1）は、対象業務について労使委員会で決議するに当たり、対象業務が上記要件ⓐ及びⓑのいずれにも該当するものであること、決議に係る業務の具体的な範囲及びその業務が要件ⓐの業務のいずれに該当するかを明らかにすることが必要であるとしています。

なお、対象業務は、部署が所掌する業務全体ではなく、対象労働者に従事させることとする業務ですので、例えば、部署の名称が「研究開発部」であったとしても労働時間と成果との関連性が高い業務は含まれません。仮に労働時間

と成果との関連性が高い業務まで対象労働者が従事するような状況になってしまいますと、能力発揮に支障が生じてしまったり生産性が低下してしまい本制度の目的を達することができなくなってしまいます。また、そもそも対象業務該当性が否定され、高度プロフェッショナル制度適用当初から無効となってしまう可能性もあります。そのため、労使委員会の決議に当たり、業務の具体的な範囲を明らかにしておくことは重要といえるでしょう。

(2) 対象労働者の範囲（改正労基法第41条の2第1項2号）

ア　内容

対象労働者は、①使用者との間の書面その他の厚生労働省令で定める方法による合意に基づき職務が明確に定められており、かつ、②労働契約により使用者から支払われると見込まれる賃金の額を1年間当たりの賃金の額に換算した額が厚生労働省令で定める額以上の者に限られます。

まず、①についてみると、使用者との間の合意に基づき職務が明確に定められていることが必要です。「合意」の方法は、使用者が次のⅰからⅲに掲げる事項を明らかにした書面に対象労働者の署名を受け、当該書面の交付を受ける方法[5)]とすることとされています（改正労基則第34条の2第4項）。

ⅰ　業務の内容

ⅱ　責任の程度

ⅲ　職務において求められる成果その他の職務を遂行するに当たって求められる水準

次に②の年収要件ですが、「基準年間平均給与額」は、厚生労働省において作成する毎月勤労統計における毎月きまって支給する給与の額の1月分から12月分までの各月分の合計額とされています（改正労基則第34条の2第5項）。また、「厚生労働省令で定める額」については、1,075万円とされました（改正労基則第34条の2第6項）[6)]。

5)　対象労働者が希望した場合は、当該書面に記載すべき事項を記録した電磁的記録の提供を受ける方法で合意することになります（改正労基則第34条の2第4項括弧書き）。

6)　なお、「厚生労働省令で定める額」は、労働契約により使用者から支払われると見込まれる賃金の額を1年間当たりの賃金の額に換算した額が基準年間平均給与額の3倍の額を相当程度上回る水準とされているため、厚生労働省による毎月勤労統計調査に誤りがない限りは、これにより年収要件の切り下げにある程度の限界が示されているといえます。

イ　実務上の留意点・指針の内容

（ア）職務が明確の定められていること

指針（第3の2）は、「職務が明確に定められている」とは、当該対象労働者の業務の内容、責任の程度及び職務において求められる成果その他の職務を遂行するに当たって求められる水準（以下「職務の内容」といいます。）が具体的に定められており、当該対象労働者の職務の内容とそれ以外の職務の内容との区別が客観的になされていることをいうとしています。これは、成果を上げるべき高度に専門的な業務とそうでない業務を明確に区別することにより、対象労働者に残業代を支払わないで一般的な業務まで従事させるといった高度プロフェッショナル制度の悪用を防止するという観点から重要といえます。そのため指針は、業務の内容が抽象的にしか定められておらず、使用者によって恣意的に業務を追加し得るような場合は、職務が明確に定められているとはいえないとしています。

以下、ご参考までに「職務の内容に関する合意書面のイメージ」をご紹介します（厚労省「高度プロフェッショナル制度　わかりやすい解説」11頁から引用）。

（イ）労働契約により使用者から支払われると見込まれる賃金の額

指針は、「労働契約により使用者から支払われると見込まれる賃金の額」には、個別の労働契約又は就業規則等において、名称の如何にかかわらず、あらかじめ具体的な額をもって支払われることが約束され、支払われることが確実に見込まれる賃金はすべて含まれるとしています。

そのため指針は、労働者の勤務成績、成果等に応じて支払われる賞与や業績給等、その支給があらかじめ確定されていないものは含まれないとしています。ただし、賞与や業績給でもいわゆる最低保証額が定められ、その最低保証額については支払われることが確実に見込まれる場合には、その最低保証額は含まれるとしています。また、一定の具体的な額をもって支払うことが約束されている手当は含まれますが、支給額が減少し得る手当は含まれないとしています。

職務の内容に関する合意書面のイメージ

合意書面には、「業務の内容」「責任の程度」「職務において求められる成果その他の職務を遂行するに当たって求められる水準」を必ず記載する必要がありますが、その様式について法令の定めはなく、任意の様式で作成しても差し支えありません。

職務記述書

〇〇　〇〇（対象労働者）　殿

事業場名称・所在地　〇〇アセットマネジメント（株）
東京都千代田区霞が関〇〇

使用者職氏名　代表取締役　〇〇　〇〇

期間：2019 年 10 月 1 日から 2020 年 9 月 30 日まで

任意記載事項です。

業務の概要	新興国企業の株式を中心とする富裕層向け新商品（ファンド）の開発
業務の内容	1　〇〇、〇〇等新興国の〇〇関連分野を中心とした企業の株式・債券の価格動向分析 (1)　・・・・・・・・ (2)　・・・・・・・・ 2　〇〇理論を用いた収益性検証モデルの構築、同モデルを用いた収益性検証 (1)　・・・・・・・・ (2)　・・・・・・・・ 3　分析・検証の結果に基づく富裕層向け新商品（ファンド）の開発 ・・・・・・・・ 4　・・・・・・・・
責任の程度（職位等）	職位：シニアリーダー
職務において求められる成果その他の職務を遂行するに当たって求められる水準	自社商品〇〇よりも高い利回り・安定性のものを開発すること
職務の遂行に必要な能力	株式を中心とするファンドの商品開発経験 金融工学に関する知識・経験 英語力

必須記載事項です。

・対象労働者の職務の内容とそれ以外の職務の内容との区別が客観的になされている必要があります。
・業務の内容が抽象的に定められており、使用者の一方的な指示により業務を追加することができるものは認められません。
・職務を定めるに当たり、働き方の裁量を失わせるような業務量や成果を求めるものは認められません。

職務を遂行するに当たって求められる水準は、客観的なものとすることが望ましいです。

任意記載事項です。

上記使用者及び〇〇　〇〇（対象労働者）は、本職務記述書の内容について合意します。

一般に企業において用いられるいわゆる「職務記述書」には、本イメージに記載している事項のほか、「職務の目的」「社内外の関係者」といった事項が記載されることもありますが、これらを併せて記載しても差し支えありません。

2019年10月1日
対象労働者氏名　〇〇　〇〇

労働者の署名が必要です（記名押印は認められません）。
なお、使用者職氏名を労働者の署名と併記しても差し支えありません。

11

(3) 健康管理時間の把握（改正労基法第41条の2第1項3号）

ア　内容

健康管理時間とは、①対象業務に従事する対象労働者の健康管理を行うために当該対象労働者が事業場内にいた時間（労使委員会が厚生労働省令で定める労働時間以外の時間を除くこととしたときは、当該決議に係る時間を除いた時間）と、②事業場外において労働した時間との合計時間をいいます。労使委員会の決議では、この健康管理時間を把握するための方法とその方法に従って使用者が健康管理時間を把握する措置を講ずることを定めます。

①の対象労働者が事業場内にいた時間については、労使委員会が健康管理時間から休憩時間やその他対象労働者が労働していない時間を除くことを決議で定めたときは、その決議で除くこととした時間を除いた時間が当該対象労働者の事業場内にいた時間となります（改正労基則第34条の2第7項）。

健康管理時間を把握する方法は、タイムカードによる記録、パーソナルコンピュータ等の電子計算機の使用時間の記録等の客観的な方法によるものとされていますが、②の対象労働者が事業場外にいた時間については、やむを得ない理由があるときは、自己申告によることができるとされています（改正労基則第34条の2第8項）。

イ　実務上の留意点・指針の内容

健康管理時間を把握する目的は、対象労働者の労働時間の状況を把握することにより適切な健康管理を実施することで働きすぎ等による健康被害を防止することにありますから、対象労働者の健康状態についても併せて把握することがより目的に適うものといえます。そのため、指針（第3の3）は、使用者は、対象労働者の健康管理時間の状況を把握する際、対象労働者からの健康状態についての申告、健康状態についての上司による定期的なヒアリング等に基づき、対象労働者の健康状態を把握することが望ましいとしています。

また、指針は、健康管理時間を把握する方法について、当該事業場の実態に応じて適切なものを具体的に明らかにするとともに、当該方法は次の①から④のいずれにも該当するものとすることが必要であるとしています。

① 「事業場内にいた時間」を把握する方法が、タイムカードによる記録、パーソナルコンピュータ等の電子計算機の使用時間の記録等の客観的な方法であること

ここでいう「客観的な方法」については、例えば、次に掲げるものを基礎とした出退勤時刻又は入退室時刻の記録が該当するとされています。

i　タイムレコーダーによるタイムカードへの打刻記録

ii　パーソナルコンピュータ内の勤怠管理システムへのログイン・ログアウト記録

iii　ICカードによる出退勤時刻又は事業場への入退場時刻の記録

② 「事業場外において労働した時間」を把握する方法が、①と同様に客観的な方法であること

もっとも、事業場外において労働した時間を把握することは現実的には困難な場合が多いのが現状ですので、既に述べた通り、「やむを得ない理由があるとき」には、対象労働者の自己申告により把握することが可能です。

指針は、ここでいう「やむを得ない理由があるとき」については、対象労働者による自己申告によりその事業場外において労働した時間を把握せざるを得ない理由として具体的に示されている必要があり、例えば、次のiからiiiに掲げるものが考えられるとしています。

i　顧客先に直行直帰し、勤怠管理システムへのログイン・ログアウト等もできないこと

ii　事業場外において、資料の閲覧等パーソナルコンピュータを使用しない作業を行うなど、勤怠管理システムへのログイン・ログアウト等もできないこと

iii　海外出張等勤怠管理システムへのログイン・ログアウト等が常時できない状況にあること

③ 「事業場内にいた時間」から「厚生労働省令で定める労働時間以外の時間」を除くことを決議する場合には、除くこととする時間の内容や性質を具体的に明らかにするとともに、当該除くこととする時間を把握する方法が、①と同様に客観的な方法であること

指針は、この「除くこととする時間」について、手持ち時間を含めることや一定時間数を一律に除くことは認められないとしています。

④　健康管理時間を把握するに当たっては、対象労働者ごとに、日々の健康管理時間の始期及び終期並びにそれに基づく健康管理時間の時間数が記録されており、安全衛生法第66条の８の４第１項の規定による医師の面接指導[7]を適切に実施するため、使用者は、少なくとも1ヶ月当たりの健康管理時間の時間数の合計を把握すること

指針は、事業場外において労働した時間の把握方法を対象労働者による自己申告とした場合、それにより複数の日についてまとめて把握する場合であっても、日々及び1ヶ月当たりの健康管理時間は明らかにされなければならないとしています。

(4) 休日確保措置（改正労基法第41条の２第１項４号）

ア　内容

使用者は、対象業務に従事する対象労働者に対し、１年間を通じて104日、かつ、４週間を通じて4日以上の休日を労使委員会の決議及び就業規則その他これに準ずるもので定めるところにより与えなければなりません[8]。

イ　実務上の留意点・指針の内容

指針（第3の4）は、休日確保措置について、労使委員会の決議で具体的に明らかにする事項として、当該休日の取得手続きの具体的内容、当該休日を対象労働者に与えることができないことが確定した時点から本制度の法律上の効果は生じないこと及び休日確保措置の起算日は本制度の適用開始日であることをあげています。

また、指針は、対象労働者が確実に休日を取得するために、あらかじめ年間

---

7)　当該医師の面接指導とは、対象労働者の１週間当たりの健康管理時間が40時間を超えた場合におけるその超えた時間について１月当たり100時間を超えるものに対し、使用者に罰則付きで義務付けられている面接指導です（改正安衛法第66条の８の４第1項、同第120条第1項、改正安衛則第52条の7の４第1項）。

8)　この措置はもともと選択的措置の1つとして制定される予定でしたが、仮にこの制度を選択した場合、例えば、104日の休日を週2日のペースで割り振ると、1日13時間の労働をすれば、時間外労働に相当する時間が月平均100時間を超える計算となり、過労死ラインを超えることになります。おそらく、そのような問題のために、法案成立段階では、選択的措置ではなく義務的措置として修正されたものと思われます。

の休日の取得予定を決定し、使用者に通知すること及び休日の取得の状況を使用者に明らかにすることが望ましいとしています。もっとも、このような措置を講じたとしても対象労働者が実際に休日を取得しなかったために本制度の適用期間内で指定の休日数を与えることが出来なくなってしまい、本制度の法律上の効果が生じなくなってしまうことが懸念されます。そのため、年次有給休暇の付与・取得に関するルールを参考に、確実に休日を付与できる仕組みを準備しておくことが肝要であると考えられます。

（5）選択的措置（改正労基法第41条の２第１項５号）

ア　内容

使用者は、（4）休日確保措置に加えて、対象労働者に対し、次の①から④に掲げる事項のいずれかの措置を労使委員会の決議及び就業規則その他のこれに準じるもので定めるところにより講じなければなりません。

①　勤務間インターバルの導入と深夜業の回数制限

これは対象労働者ごとに始業から24時間を経過するまでに少なくとも11時間以上の継続した休息時間を確保させ（いわゆる「勤務間インターバル」・改正労基則第34条の２第９項）、かつ、深夜労働（午後10時から午前５時までの時刻における労働のことをいいます（改正労基法第37条第４項）。）の回数を月に４回以内とする措置です（改正労基則第34条の２第10項）。

②　健康管理時間の範囲制限

対象労働者の１週間当たりの健康管理時間が40時間を超えた場合、その超えた時間について、１ヶ月について100時間を超えない範囲内とするか３ヶ月について240時間を超えない範囲内とする措置です（改正労基則第34条の２第11項）。

③　連休の付与

１年に１回以上の継続した２週間について、連休を与える措置です。ただし、対象労働者が請求した場合は、１年に２回以上の継続した１週間について、連休を与えることになります。

なお、当該措置における連休期間の中に使用者が年次有給休暇を与えた日がある場合は、その有給休暇を与えた日は、当該措置における連休の付与日からは除かれることになる点には注意が必要です。

④　健康診断の実施

これは対象労働者の1週間当たりの健康管理時間が40時間を超えた場合に、その超えた時間が1ヶ月当たり80時間を超えたか、又は対象労働者からの申出があったことを要件として、当該対象労働者に臨時の健康診断を実施する措置です。

この健康診断は、毎年事業者に実施が義務付けられている定期健康診断（改正安衛則第44条第1項）の検査項目のうち､既往歴及び業務歴の調査(同1号)、自覚症状及び他覚症状の有無の検査（同２号)、身長、体重、及び腹囲の検査(同３号)、血圧の検査（同５号)、血中脂質検査（同８号)、血糖検査（同９号)、尿検査（同10号)、心電図検査（同11号）を含むものでなければなりません。

イ　実務上の留意点・指針の内容

指針（第３の５）は、労使委員会の決議に際して、これらの選択的措置のうちいずれの措置をどのように講ずるかを具体的に明らかにすることが必要であるとしています。

また、対象労働者や対象業務の性質等に応じて適切な措置を選択することが本制度の利便性の向上や目的の達成に資すると思われます。指針もこれらの措置のうちいずれの措置を講ずるかについて対象となり得る労働者の意見を聴くことや、事業場に複数の対象業務が存在する場合、委員は当該対象業務の性質等に応じて対象業務ごとに選択的措置を決議することが望ましいとしています。

さらに、選択的措置として健康診断の実施を決議した場合について、指針は、使用者は、これを対象労働者に確実に受けさせるようにするとともに、健康診断の結果の記録、健康診断の結果に基づく当該対象労働者の健康を保持するために必要な措置に関する医師の意見の聴取、当該医師の意見を勘案した適切な措置等を講ずることが必要であるとしています。

（6）健康・福祉確保措置（改正労基法第41条の2第1項6号）

ア　内容

対象業務に従事する対象労働者の健康管理時間の状況に応じた当該対象労働者の健康及び福祉を確保するための措置であって、対象労働者に対する有給休暇（改正労基法第39条の規定による有給休暇は除きます。）の付与、健康診断の実施、その他、次の①から⑥に掲げる措置（改正労基則第34条の2第14項）のうち労使委員会の決議で定める措置を使用者が講ずる必要があります。

① 上記⑤に掲げるいずれかの措置であって、⑤の決議等で定めるところにより使用者が講ずることとした措置以外の措置

② 健康管理時間が一定時間を超える対象労働者に対し、医師による面接指導を行うこと[9)]

③ 対象労働者の勤務状況及びその健康状態に応じて、代償休日又は特別な休暇を付与すること

④ 対象労働者の心とからだの健康問題についての相談窓口を設置する措置

⑤ 対象労働者の勤務状況及びその健康状態に配慮し、必要な場合には適切な部署に配置転換をすること

⑥ 産業医等による助言若しくは指導を受け、又は対象労働者に産業医等による保健指導を受けさせること

イ　実務上の留意点・指針の内容

指針（第3の6）は、健康・福祉確保措置について、上記の措置のうちいずれの措置をどのように講ずるかを具体的に明らかにすることが必要であるとしています。

また、高度プロフェッショナル制度が労働生産性の向上を目的としていることからすれば、対象労働者の健康管理時間や健康状態等からして労働生産性の向上に繋がっていなければ、本制度の採否について再検討する必要があると考えられます。指針も、委員は、把握した対象労働者の健康管理時間及びその

9)　この医師による面接指導は、問診その他の方法により心身の状況を把握し、これに応じて面接により必要な指導を行うことをいい、労働安全衛生法第66条の8の4第1項に規定されている面接指導（前掲注18参照。）とは異なる点に留意が必要です。

健康状態に応じて、対象労働者への本制度の適用について必要な見直しを行うことを決議で定めることが望ましいとし、例えば、健康管理時間が一定時間を超えた労働者については本制度を適用しないこととすることなどが考えられるとしています。

（7）本人同意の撤回に関する手続（改正労基法第41条の２第１項７号）

ア　内容

高度プロフェッショナル制度の適用に同意した対象労働者がこの制度から離脱するための手続きをあらかじめ労使委員会の決議で定めておかなければなりません。

イ　実務上の留意点・指針の内容

対象労働者としては、高度プロフェッショナル制度から離脱（本人同意の撤回）するためにはどのような手続きを踏めばよいのか、仮に離脱した場合に不利益な取り扱いはされないか、本制度の有効期間中に離脱する場合、いつの時点から適用されなくなるのかについて、本制度の適用を受ける段階から知っておきたいと思うことは当然です。そのため、指針では、労使委員会において決議するに当たってあらかじめ撤回の申出先となる部署及び担当者、撤回の申出の方法等その具体的内容を明らかにすることが必要であること、使用者は、本人同意を撤回した場合の配置及び処遇について、本人同意を撤回した対象労働者をそのことを理由に不利益に取り扱ってはならないこと、本人同意の撤回を申し出た対象労働者については、その時点から高度プロフェッショナル制度の法律上の効果は生じないことを具体的に明らかにしておく必要があるとしています。

また、本人同意の撤回の時点から本制度の法律上の効果は生じなくなるため、その後の対象労働者の配置や処遇がどうなるかについて本制度の適用に関し、本人同意を得る段階で対象労働者と協議して決定しておくことも望ましいといえます。

(8) 苦情処理に関する措置（改正労基法第41条の2第1項8号）

ア　内容

対象業務に従事する対象労働者からの苦情の処理に関する措置を労使委員会の決議で定める必要があります。

イ　実務上の留意点・指針の内容

指針（第3の8）は、労使委員会の決議に際し、対象業務に従事する対象労働者の苦情処理措置について、苦情の申出先となる部署及び担当者、取り扱う苦情の範囲、処理の手順、方法等その具体的内容を明らかにすることが必要であるとしています。そのためには、苦情を申し出やすい体制が必要ですので、指針では、労使委員会において、苦情処理措置について決議するに当たり、委員は、使用者や人事担当者以外の者を申出先となる担当者とすること等の工夫により、対象労働者が苦情を申し出やすい仕組みとすることが適当であるとしています。

苦情の内容については、高度プロフェッショナル制度の実施に関する苦情だけでなく、対象労働者に適用される評価制度及びこれに対応する賃金制度等本制度に付随する事項に関する苦情も含むものとすることが望ましいとされています。

(9) 不利益取り扱いの禁止（改正労基法第41条の2第1項9号）

ア　内容

使用者は、高度プロフェッショナル制度の適用について同意をしなかった対象労働者に対して解雇その他不利益な取り扱いをしてはなりません。

イ　実務上の留意点・指針の内容

高度プロフェッショナル制度は、労働時間ではなく成果で評価される働き方を希望する労働者の意欲や能力を十分に発揮できるようにするためのものですから、不利益な扱いを背景に本制度への同意を強制したとしても当該目的を達することなどできません。そのため、労使委員会で不同意労働者に対する不利益取り扱いを禁止する旨を決議するだけでなく、本制度の適用について対象労働者と交渉する際にこの点はあらかじめ説明しておくことが適当であるといえます。

(10) その他の決議事項（改正労基法第41条の２第１項10号）

ア　内容

上記①から⑨までの事項のほか、次の①から④に掲げる事項を労使委員会の決議で定める必要があります（改正労基則第34条の２第15項）。

① 労使委員会の決議の有効期間の定め及び当該決議は再度労使委員会において決議しない限り更新されないこと

② 労使委員会の開催頻度及び開催時期

③ 常時50人未満の労働者を使用する事業場である場合には、労働者の健康管理等を行うのに必要な知識を有する医師を選任すること

④ 使用者は、次のⅰからⅷまでに掲げる事項に関する対象労働者ごとの記録及びⅸに掲げる事項に関する記録を上記①の有効期間中及び当該有効期間の満了後３年間保存すること

　ⅰ　本人同意及びその撤回

　ⅱ　対象労働者との合意に基づき定められた職務の範囲

　ⅲ　対象労働者に支払われると見込まれる賃金の額

　ⅳ　健康管理時間の状況

　ⅴ　休日確保措置の実施状況

　ⅵ　選択的措置の実施状況

　ⅶ　健康・福祉確保措置の実施状況

　ⅷ　苦情処理措置の実施状況

　ⅸ　上記③の医師の選任

イ　実務上の留意点・指針の内容

高度プロフェッショナル制度が効果的に機能しているか等、本制度の継続の必要性については、定期的に検討することが使用者にとっても対象労働者にとっても望ましいといえます。そのため、指針（第３の10）においても、本制度の有効期間は1年とすることが望ましいとしています。

また、後述するとおり、本制度の実施後は、６ヶ月以内ごとに所轄労働基準監督署長に実施状況を報告する義務があるため、その報告内容に関して労使委員会において調査審議し、必要に応じて見直しをする観点から、指針では、少

なくとも6ヶ月に1回は当該報告を行う時期に労使委員会を開催することが必要であるとしています。

さらに、労使委員会の決議を行った後に決議時点で予見し得なかった事情等が判明する可能性もあり、これに対応するために、指針では、委員の半数以上から決議の変更等のための労使委員会の開催の申出があった場合は、本制度の有効期間の中途であっても決議の変更等のための調査審議を行うものとすることを決議において定めることが適当であるとしています。

２　要件２…決議事項の行政官庁への届出（改正労基法第41条の２第１項本文）

（1）　内容

使用者は、上記要件1の労使委員会により決議した内容を所定の様式（様式第14号の2）により、所轄労働基準監督署長に届け出なければなりません（改正労基則第34条の２第1項）。

（2）　実務上の留意点・指針の内容

労使委員会の決議の内容を届け出たとしても、適正な決議を経ていなければ高度プロフェッショナル制度の効力は生じませんし、使用者が決議で定めた③から⑤の措置を講じていなくても同様に効力は生じない点には留意が必要です。

高度プロフェッショナル制度に関する労使委員会の決議例について、ご参考までに厚労省が提示したものをご紹介します（「高度プロフェッショナル制度　わかりやすい解説」16頁）。

3　決議を労働基準監督署長に届け出る

＊　労使委員会の決議は、所定の様式により所轄の労働基準監督署長に届け出る必要があります。
＊　使用者が決議を届け出なければ、高度プロフェッショナル制度を導入することはできません。

決　議　例

○○株式会社△△事業場労使委員会は、高度プロフェッショナル制度につき次のとおり決議する。

（対象業務）

第１条　高度プロフェッショナル制度（以下「制度」という。）の対象となる業務は、次のとおりとする。ただし、これらの業務に従事する時間に関し使用者から具体的な指示を受けて行うものは除く。

(1) 商品開発部において新たな投資信託商品等を開発する業務（労働基準法施行規則第34条の２第３項第１号に該当）

(2) 運用部においてファンドマネージャーとして投資信託商品等を運用する業務（労働基準法施行規則第34条の２第３項第２号に該当）

（対象労働者）

第２条　制度を適用する労働者は、前条で定める業務に常態として従事する者のうち、次のいずれにも該当する者とする。（就業規則第○条で定める管理監督者を除く。）

(1) 入社して７年目以上で、かつ、当社○○規程第○条で定める職位がシニア・マネージャー以上である者

(2) １年間に支払われることが確実に見込まれる賃金の額が1,200万円以上である者

（対象労働者の事前の同意等）

第３条　対象労働者を対象業務に従事させ、制度を適用するに当たっては、使用者は、事前に本人の同意（以下「本人同意」という。）を得なければならない。本人同意を得るに当たっては、使用者は、あらかじめ次に掲げる事項を書面で明示するものとし、その際、労働者が本人同意をするか否かの判断に当たっての十分な時間的余裕を確保するものとする。

(1) 制度の概要

(2) 本決議の内容

(3) 本人同意をした場合に適用される評価制度及びこれに対応する賃金制度

(4) 本人同意をしなかった場合の配置及び処遇並びに本人同意をしなかったことに対する不利益取扱いは行ってはならないものであること。

(5) 本人同意の撤回ができること及び本人同意の撤回に対する不利益取扱いは行ってはならないものであること

２　本人同意を得るに当たっては、次に掲げる事項を明らかにした書面に労働者の署名を受け、当該書面の交付を受ける方法（当該労働者が希望した場合にあっては、当該書面をスキャナで読み込みpdf化した電子データの提供を電子メールで受ける方法）によるものとする。

(1) 本人同意をした場合には制度が適用されることとなる旨

(2) 本人同意の対象となる期間

(3) (2)の期間中に支払われることが確実に見込まれる賃金の額

３　前項(2)の本人同意の対象となる期間は、１年未満の期間の定めのある労働契約を締結している労働者については当該労働契約の期間、期間の定めのない労働契約又は１年以上の期間の定めのある労働契約を締結している労働者については長くとも１年間とし、当該期間が終了するごとに、必要に応じ労働者に適用される評価制度及び賃金制度等について見直しを行った上で、改めて本人同意を得なければならない。これらの見直しを行う場合には、使用者は、労使委員会に対し事前にその内容について説明するものとする。

４　使用者は、本人同意を得る前にあらかじめ、又は本人同意を得る際に併せて、職務の内容について労働者との間で合意をしなければならない。

５　前項の合意をするに当たっては、使用者が、次に掲げる事項を明らかにした書面に労働者の署名を受け、当該書面の交付を受ける方法（当該労働者が希望した場合にあっては、当該書面をスキャナで読み込みpdf化した電子データの提供を電子メールで受ける方法）によるものとする。

(1) 業務の内容

(2) 責任の程度

(3) 職務において求められる成果その他の職務を遂行するに当たって求められる水準

６　使用者は、労働者を制度の対象とすることで、その賃金の額が対象となる前の賃金の額（割増賃金として支払われていた額を含む。）から減ることにならないようにしなければならない。

（不同意者の取扱い）

第４条　使用者は、本人同意をしなかった者に対して、同意をしなかったことを理由として、処遇等で、本人に不利益な取扱いをしてはならない。

（健康管理時間から除く時間）

第５条　本事業場における健康管理時間から除くこととする時間として本決議で定める労働時間以外の時間は、休憩時間とする。

（健康管理時間の把握・記録）

第６条　所属長は、対象労働者ごとに、日々の健康管理時間の始期及び終期並びにそれに基づく健康管理時間数を把握し、これを記録しなければならない。また、所属長は、対象労働者ごとに、１か月当たりの健康管理時間数の合計を把握し、これを記録しなければならない。

２　健康管理時間のうち事業場内にいた時間（前条の健康管理時間から除くこととする時間を含む。）については、当社勤怠管理システムへのログイン・ログアウト記録により把握しなければならない。

３　健康管理時間のうち事業場外において労働した時間については、当社勤怠管理システムへのログイン・ログアウト記録により把握しなければならない。ただし、当該方法によることができないやむを得ない理由がある場合として次に掲げる場合は、対象労働者の自己申告により把握することができる。

(1) 顧客先に直行直帰し、当社勤怠管理システムへのログイン・ログアウト等もできないこと。

(2) 事業場外において、資料の閲覧等パーソナルコンピュータを使用しない作業を行うなど、勤怠管理システムへのログイン・ログアウト等もできないこと。

(3) 海外出張等勤怠管理システムへのログイン・ログアウト等が常時できない状況にあること。

（健康管理時間の開示）

第７条　使用者は、対象労働者が希望する場合にいつでも健康管理時間の開示を受けられよう、自己の健康管理時間を確認できる機能を当社勤怠管理システムに備えることとし、対象労働者は、必要に応じ、当社勤怠管理システムにログインすることにより自らの健康管理時間を確認するものとする。

（健康状態の把握）

第８条　対象労働者の健康状態を把握するため、第６条に規定する健康管理時間の把握及び記録のほか、対象労働者及び所属長は、次の措置を講ずるものとする。

(1) 対象労働者は、２か月に１回、自己の健康状態について所定の「自己診断カード」に記入の上、所属長に提出する。

(2) 所属長は、(1)の自己診断カードを受領後、速やかに、対象労働者ごとに健康状態等についてヒアリングを行う。

(3) 所属長は、健康管理時間の状況及び(2)のヒアリングの結果を取りまとめ、産業医に提出するとともに、対象労働者の健康状態等について産業医の意見を聴く。

(4) 使用者は、医師の意見を勘案した適切な措置等を講ずるものとする。

（休日）

第９条　１年間を通じ104日以上、かつ、４週間を通じ４日以上の休日については、対象労働者は、あらかじめ年間の休日の取得予定を当社勤怠管理システムに入力し、使用者に通知するものとする。また、対象労働者は、休日の取得予定を変更する場合、遅滞なく当社勤怠管理システムに入力するものとし、当社勤怠管理システムを確認することにより、休日の取得状況を把握しなければならない。

２　使用者は、前項により把握した対象労働者の休日の取得の状況が、同項の休日の取得予定と乖離しているときは、速やかに対象労働者と協議し、休日が適切に取得されるよう必要な措置を講ずるものとする。

（選択的措置）

第10条　使用者は、労働基準法第41条の２第１項第５号に規定する措置（以下「選択的措置」という。）として、次に掲げる業務の区分ごとに、それぞれに定める措置を講じなければならない。

(1) 第１条(1)に掲げる業務　１週間当たりの健康管理時間が40時間を超えた場合におけるその超えた時間が80時間を超えた対象労働者及び申出を行った対象労働者に対し、次に掲げる項目についての健康診断を実施すること。

① 既往歴及び業務歴の調査
② 自覚症状及び他覚症状の有無の検査
③ 身長、体重及び腹囲の検査
④ 血圧の測定
⑤ 血中脂質検査
⑥ 血糖検査
⑦ 尿検査
⑧ 心電図検査
⑨ 対象労働者の勤務の状況、疲労の蓄積の状況その他対象労働者の心身の状況の確認

(2) 第１条(2)に掲げる業務　当該業務に就く全ての対象労働者について、始業から24時間を経過するまでに11時間以上の継続した休息時間を確保し、かつ、午後10時から午前５時までの間において労働させる回数を１か月につき４回以内とすること。

２　使用者は、前項(1)に掲げる健康診断については、１週間当たりの健康管理時間が40時間を超えた場合におけるその超えた時間が80時間を超えた対象労働者については１か月の健康管理時間を集計したときから、及び申出を行った対象労働者については申出を行ったときから１か月以内に実施するものとする。なお、当該健康診断については、確実に受けさせるようにするとともに、健康診断の結果の記録、健康診断の結果に基づく当該対象労働者の健康を保持するために必要な措置に関する医師の意見の聴取、当該医師の意見を勘案した適切な措置等を講ずるものとする。

（健康・福祉確保措置）

第11条　使用者は、労働基準法第41条の２第１項第６号に規定する措置として、次に掲げる全ての措置を講ずるものとする。

(1) 希望した対象労働者について、１週間当たりの健康管理時間が40時間超えた場合におけるその超えた時間が１か月について100時間かつ３か月について240時間を超えない範囲内とすること。

(2) １週間当たりの健康管理時間が40時間超えた場合におけるその超えた時間が６か月について600時間を超えた対象労働者については、高度プロフェッショナル制度を適用しないこととすること。

(3) 精神・身体両面の健康についての相談室を○○に設置すること。

（同意の撤回）

第12条　対象労働者の同意の撤回は、次の手続に従い、行うものとする。

(1) 同意の撤回の申出先は次のとおりとする。

① 場　所　○○総務部人事課
② 担当者　○○○○

(2) 会社所定の撤回申出書に必要事項を記載の上、申し出ることとする。

２　対象労働者が同意を撤回した場合には、撤回前の部署において、同職種の労働者に適用される人事制度及び賃金制度を基準に決定するものとする。

３　前項の決定は、使用者が意図的に制度の要件を満たさなかった場合等、本人同意の撤回に当たらない場合には適用しないものとする。

（苦情の処理）

第13条　高度プロフェッショナル制度の対象労働者から苦情等の申出があった場合は、次の手続に従い、対応するものとする。

(1) 高プロ相談室を次のとおり開設する。

① 場　所　○○総務部コンプライアンス課
② 相談員　○○○○
③ 開設日時　毎週水・金曜日　12時～13時と17時～19時

(2) 取り扱う苦情の範囲を次のとおりとする。

① 高度プロフェッショナル制度の運用に関する事項
② 高度プロフェッショナル制度に関する評価制度、賃金制度、その他の処遇に関する事項

(3) 相談者の秘密を厳守し、プライバシーの保護に努めること。

（開催頻度及び開催時期）

第14条　労使委員会の開催は、次のとおりとする。

(1) 所轄労働基準監督署に高度プロフェッショナル制度に関する報告を行うとき
○年３月、９月

(2) 労使委員会の委員の半数以上の要請があったとき

（医師の選任）

第15条　使用者は、高度プロフェッショナル制度の対象労働者の健康管理を行うために、必要な知識を有する医師を選任しなければならない。

（記録の保存）

第16条　使用者は、同意及びその撤回、職務の内容、支払われると見込まれる賃金の額、健康管理時間の状況、休日確保措置、選択的措置、健康・福祉確保措置及び苦情処理措置の実施状況に関する対象労働者ごとの記録と医師の選任に関する記録を決議の有効期間の始期から有効期間満了後３年間を経過する時まで保存することとする。

（決議の変更）

第17条　決議をした時点では予見することができない事情の変化が生じ、委員の半数以上から労使委員会の開催の申出があった場合には、有効期間中の途中であっても、決議した内容を変更する等のための労使委員会を開催するものとする。

（評価制度、賃金制度の変更）

第18条　使用者は、高度プロフェッショナル制度の対象労働者に適用される評価制度、これに対する賃金制度を変更する場合、事前にその内容について委員に対し説明をするものとする。

（労使委員会への情報開示）

第19条　使用者は、労使委員会に次の情報を開示するものとする。

(1) 高度プロフェッショナル制度の対象労働者に適用される評価制度、賃金制度、対象業務の具体的内容

(2) 健康管理時間の状況、休日確保措置、選択的措置、健康・福祉確保措置及び苦情処理措置の実施状況、労使委員会の開催状況

(3) 所轄労働基準監督署長への報告内容

（決議の有効期間）

第20条　決議の有効期間については、○年○月○日から１年間とする。

２　決議については、再度決議しない限り更新されないものとする。

○年○月○日
○○株式会社△△事業場労使委員会

委員　○○○○　印　　○○○○　印
　　　○○○○　印　　○○○○　印
　　　○○○○　印　　○○○○　印
　　　○○○○　印　　○○○○　印

３　要件３…対象労働者本人の同意（改正労基法第41条の２第１項本文）

（1）　内容

使用者は、上記要件２の届出をした後、対象労働者に高度プロフェッショナル制度を適用するために、労使委員会の決議に従い、対象労働者本人の同意を得なければなりません。

対象労働者から同意を得る方法は、次の①から③に掲げる事項を明らかにした書面に対象労働者の署名を受け、当該書面の交付を受ける方法によるとされています（改正労基則第34条の２第２項）。なお、当該対象労働者が希望した場合には、当該書面に記載すべき事項を記録した電磁的記録の提供を受ける方法によって、対象労働者から同意を得ることになります。

①　対象労働者が高度プロフェッショナル制度の適用について同意した場合には、労働基準法第4章で定められている労働時間、休憩、休日及び深夜の割増賃金に関する規定が適用されないこととなること

②　高度プロフェッショナル制度適用についての同意の対象となる期間

③　②の期間中に使用者から支払われると見込まれる賃金の額

（2）　実務上の留意点・指針の内容

まず、指針（第２の３）は、上記②の本人同意の対象となる期間は、1年未満の期間の定めのある労働契約を締結している労働者については当該労働契約の期間、期間の定めのない労働契約又は1年以上の期間の定めのある労働契約を締結している労働者については長くとも1年間とし、当該期間が終了するごとに、必要に応じて対象労働者に適用される評価制度及びこれに対応する賃金制度等について見直しを行った上で、改めて本人同意を得ることが必要であるとしています。

また、高度プロフェッショナル制度に限った問題ではないのが、制度の適用を受ける本人の同意の有効性です。同意をする本人が同意内容について正確に理解せずに同意をしてしまった場合は、後々その有効性について紛争に発展する可能性があります。それを防ぐためにも、使用者は、対象労働者に対して本制度について十分な説明を尽くす必要があります。指針（第２の２）も、次の①

から⑤に掲げる事項について、使用者はあらかじめ書面で明示することが適当であるとしています。

① 高度プロフェッショナル制度の概要
② 当該事業場における決議の内容
③ 本人同意をした場合に適用される評価制度及びこれに対応する賃金制度
④ 本人同意をしなかった場合の配置及び処遇並びに本人同意をしなかったことに対する不利益取り扱いは行ってはならないものであること
⑤ 本人同意の撤回ができること及び本人同意の撤回に対する不利益取扱いは行ってはならないものであること

本人の同意を書面で得る場合の手続の流れ及び同意書面のイメージについてご参考までに厚労省が提示したものをご紹介します（「高度プロフェッショナル制度　わかりやすい解説」18頁、19頁）。

4　要件４…対象労働者を対象業務に就かせること（改正労基法第41条の２第１項本文）

使用者は、上記要件３で同意した対象労働者を実際に対象業務に就かせる必要があります。

4　対象労働者の同意を書面で得る

- 対象労働者に高度プロフェッショナル制度を適用するためには、使用者は、決議に従い、対象労働者本人の同意を得なければなりません。
- 同意をしなかった労働者に対して、使用者は解雇その他不利益な取扱いをしてはなりません。
- 同意を得る手順は以下のとおりです。

STEP 1　労働者本人の同意を得る時期、方法等の手続を決議で明らかにする。

STEP 2　労働者本人にあらかじめ以下の事項を書面で明示する。

①高度プロフェッショナル制度の概要
②労使委員会の決議の内容
③同意した場合に適用される賃金制度、評価制度
④同意をしなかった場合の配置及び処遇並びに同意をしなかったことに対する不利益取扱いは行ってはならないこと
⑤同意の撤回ができること及び同意の撤回に対する不利益取扱いは行ってはならないこと

（※）対象労働者が同意をするか否かの判断をするための十分な時間的余裕を確保

STEP 3　労働者本人に以下の事項を書面で明示する。

①同意をした場合には労働基準法第４章の規定が適用されないこととなる旨

> ⚠ 高度プロフェッショナル制度の対象労働者には、労働基準法に定められた労働時間、休憩、休日及び深夜の割増賃金に関する規定が適用されません。

②同意の対象となる期間
③同意の対象となる期間中に支払われると見込まれる賃金の額

STEP 4　上記Step３の書面に労働者の署名（※）を受ける。

（※）労働者が希望した場合には、署名した書面をPDFで読み込んで電子メールで送付することも可能です。

⚠ 労働者本人の同意を得るに当たっての留意事項

・１年未満の期間の定めのある労働契約の労働者については労働契約の更新ごとに、無期又は１年以上の期間の定めのある労働契約の労働者については１年ごとに、必要に応じ評価制度、賃金制度等の見直しを行った上で、改めて労働者本人の同意を得ることが適当であること。
・高度プロフェッショナル制度を適用する期間を１か月未満とすることは認められないこと。
・高度プロフェッショナル制度の対象となることで、賃金額が高度プロフェッショナル制度の対象となる前の賃金額から減らないようにする必要があること。
・使用者から一方的に労働者本人の同意を解除することはできないこと。

18

本人同意を得るに当たって労働者に明示する書面のイメージ

2019年○月○日

○○　○○（対象労働者氏名）　殿

○○株式会社　○○　○○（使用者職氏名）

高度プロフェッショナル制度に関する説明書

高度プロフェッショナル制度の適用を受けることに関する同意（以下「本人同意」といいます。）をするか否かの判断に当たっては、下記の事項を十分に理解した上で判断を行っていただきますようお願いします。

記

（注）別添１として、厚生労働省作成のリーフレットを添付。

1　高度プロフェッショナル制度の概要は、別添１のリーフレットのとおりです。

2　高度プロフェッショナル制度に関し○○株式会社△△事業場労使委員会が決議で定めた内容は、別添２のとおりです。

（注）別添２として、決議を添付。

3　本人同意をした場合には、次の評価制度及び賃金制度が適用されることになります。
⑴　評価制度
・・・・・・・・・
⑵　賃金制度
・・・・・・・・・

4　労働者は、本人同意をしなかった場合に、配置及び処遇並びに本人同意をしなかったことについて不利益取扱いを使用者から受けることはありません。

5　労働者は、本人同意をした場合であっても、その後これを撤回することができます。また、労働者は、本人同意を撤回した場合に、そのことについて不利益取扱いを使用者から受けることはありません。

以上

19

4.　制度導入後の対応

1　実施状況の報告（改正労基法第41条の2の第２項）

使用者は、労使委員会による決議が行われた日から起算して６ヶ月以内ごとに、所定の様式（様式第14号の３）により、健康管理時間、休日確保措置、選択的措置及び健康・福祉確保措置の各実施状況について所轄労働基準監督署長に報告しなければなりません（改正労基則第34条の２の２第１項、同２項）。

報告書のイメージについて、ご参考までに厚労省が提示したものをご紹介します（「高度プロフェッショナル制度　わかりやすい解説」22頁）。

2　労使委員会で決議した事項を講じること（改正労基法第41条の２第１項但書）

使用者は、高度プロフェッショナル制度が適用された後も労使委員会で決議した③健康管理時間の把握措置、④休日確保措置及び⑤選択的措置を実際に講じていかなければなりません。これらのうち、一つでも使用者が講じていない場合は、その時点から本制度は無効となってしまいますので、注意が必要です。

3　医師による面接指導

高度プロフェッショナル制度における健康・福祉確保措置に加え、当然のことながら、対象者について、労働安全衛生法に定められた、医師による面接指導や産業医に対する健康管理等に必要な情報提供が必要となりますので、これらについては第７章の解説をご参照ください。

（熊谷博幸）

高度プロフェッショナル制度に関する報告の記入例

様式第14号の3（第34条の2の2第1項関係）

労働保険番号	□□□□□□□□□□□□□□□□□□ 都道府県／所掌／管轄／基幹番号／枝番号／被一括事業場番号
法人番号	□□□□□□□□□□□□□

高度プロフェッショナル制度に関する報告

報告期間	2019年4月から2019年9月まで

事業の種類	事業の名称	事業の所在地（電話番号）	常時使用する労働者数（制度の適用労働者数）
医薬品製造業	○○製薬株式会社	（〒 ○○○ － ○○○○ ） 東京都千代田区○○ － ○○ － ○○ （電話番号： ○○ － ○○○○ － ○○○○ ）	500人 （ 9人 ）

業務の種類及びその分類	労働者の範囲	同意した労働者数（同意を撤回した労働者数）	労働者の健康管理時間の状況（健康管理時間の把握方法）	労働者の休日の取得状況	選択的措置の実施状況	労働者の健康及び福祉を確保するための措置の実施状況
ワクチン開発部門における新薬の研究開発の業務 （⑤）	ワクチン開発部門における研究開発職（職位：プロジェクトリーダー以上）で個別の職務記述書による合意に基づき職務が明確に定められた者であって、支払われると見込まれる賃金の額が1,100万円以上の者	10人 （ 1人 ）	最長の者 230.0時間　平均 180.2時間 （会社が貸与するパソコン内の勤怠管理システムへのログイン・ログアウトの記録） 決議した時間を除いた場合☑	6か月間で60日 4週間を通じ4日以上の休日の確保 ☑	① （対象者全員について、勤務間インターバル11時間を確保するとともに、深夜労働は月2回以内であった。）	③ （8月に対象労働者2名が決議で定める要件に該当したため、翌月にそれぞれ1日の特別休暇を取得させた。）
（　）		（　）	最長の者　平均 （　） 決議した時間を除いた場合□	4週間を通じ4日以上の休日の確保 □	（　）	（　）
（　）		（　）	最長の者　平均 （　） 決議した時間を除いた場合□	4週間を通じ4日以上の休日の確保 □	（　）	（　）
（　）		（　）	最長の者　平均 （　） 決議した時間を除いた場合□	4週間を通じ4日以上の休日の確保 □	（　）	（　）

○○○○年 ○月 ○日

使用者　職名 代表取締役
　　　　氏名 ○○ ○○　印

○○ 労働基準監督署長殿

報告期間中に1箇月当たりの健康管理時間が最長であった労働者の1箇月当たりの時間数を記載してください。

報告期間末日における制度が適用されている労働者数を記載してください。

決議した対象業務を具体的に記載してください。

決議した対象労働者の範囲を具体的に記載してください。

決議で定めた休憩時間等を除いた場合にチェックしてください。

報告期間中の対象労働者全員の1箇月当たりの健康管理時間数の平均値を記載してください。

報告期間中に対象業務に従事した期間が最も長い労働者について記載してください。

実施した措置について具体的に記載してください。

実施した措置について具体的に記載してください。

第6章

産業医・産業保健機能の強化

1．働き方改革実行計画の内容

職場における労働者の安全と健康の確保と快適な職場環境の形成の促進を目的として、労働安全衛生法（以下「安衛法」といいます。）が制定されています。しかし安衛法は、昭和47年に制定されたものであるため、制定当時と比べ、産業構造や経営環境が大きく変わり、産業医・産業保健機能に求められる役割や事業者が取り組むべき労働者の健康確保の在り方も変化してきています。すなわち、近年においては、工場等における職業性の疾病の防止対策に加え、事務的業務に従事する方を含めた過労死等防止対策、メンタルヘルス対策、治療と仕事の両立支援対策などが新たな課題となってきています。

このような課題に対応するために、平成29年3月28日に安倍内閣総理大臣を議長とする働き方改革実現会議において決定された「働き方改革実行計画」においては、「労働者の健康確保のための産業医・産業保健機能の強化」を行うことが定められました。その内容は、「①治療と仕事の両立支援に当たっての産業医の役割の重要性に鑑み、治療と仕事の両立支援に係る産業医の能力向上や相談支援機能の強化など産業医・産業保健機能の強化を図る。②また、過重な長時間労働やメンタル不調などにより過労死等のリスクが高い状況にある労働者を見逃さないため、産業医による面接指導や健康相談等が確実に実施されるようにし、企業における労働者の健康管理を強化する。③産業医の独立性や中立性を高めるなど産業医の在り方を見直し、産業医等が医学専門的な立場から働く方一人ひとりの健康確保のためにより一層効果的な活動を行いやすい環境を整備する。④これにより、働く人々が健康の不安なく、働くモチベーションを高め、最大限に能力を向上・発揮することを促進する。」というものです。

2. 産業医・産業保健機能の強化のための安衛法の改正の概要

上記のように働き方改革実行計画において、労働者の健康確保のために、産業医・産業保健機能の強化を行うことが定められたことを受けて、平成30年6月29日に「働き方改革を推進するための関係法律の整備に関する法律」が成立し、安衛法が改正され、産業医・産業保健機能が強化されました。

具体的には、①事業者における労働者の健康確保対策を強化するために、ｉ　長時間労働者等への就業上の措置に対して産業医がより適確に関与するための方策、ii　健康情報の事業場内での取扱ルールの明確化と適正化の推進、iii　労働者が産業医・産業医保健スタッフに直接健康相談ができる環境整備等が、②産業医がより一層効果的な活動を行いやすい環境を整備するために、ｉ　産業医の独立性・中立性を強化するための方策、ii　産業医がより効果的に活動するために必要な情報が提供される仕組みの整備、iii　産業医が衛生委員会等に積極的に提案できることその他産業医の権限の明確化などが定められました。

3. 事業者における労働者の健康確保対策の強化

1　長時間労働者等への就業上の措置に対して産業医がより適確に関与するための方策

(1) 就業上の措置の内容の把握

①趣旨

安衛法において、事業者は、定期健康診断等の結果（異常な所見が認められた場合)(安衛法66条の4)・長時間労働者への面接指導の結果(安衛法66条の8第4項)・心理的な負担の程度を把握するための検査を受けた労働者に対する面接指導の結果(安衛法66条の10第5項)に基づき、労働者の健康を保持するために必要な措置について、産業医に対し、意見を聴くことが求められ、産業医の意見を勘案し、必要に応じて、就業場所の変更・作業の転換・労働時間の短縮・深夜業務の回数の減少などの就業上の措置を講ずることが求められています(安衛法66条の5、第1項安衛法66条の8第5項、安衛法66条の10第6項)。

このように安衛法においては、産業医は、事業者が長時間労働者等に対し、就業上の措置を講ずるに先立ち、当該労働者の健康を確保するために必要な措置について、意見を述べるという関与にとどまっていました。

しかし、長時間労働者等への就業上の措置に対し、産業医がより適確に関与するためは、就業上の措置の内容を産業医が適切に把握することが必要です。

そこで、改正法は、産業医の選任が義務づけられている事業場においては、事業者が異常等の所見のあった労働者に対して、産業医等からの意見を勘案して就業上の措置を行った場合はその内容を、行わなかった場合は行わなかった旨とその理由を産業医に情報提供しなければならないこととしました。

②改正法の内容

産業医を選任した事業者は、産業医から意見聴取を行った後、遅滞なく、産業医に対し、長時間労働者等への就業上の措置[1)]により講じた措置又は講じようとする措置の内容に関する情報、又はこれらの措置を講じていない場合には、その旨及びその理由を提供しなければならないこととなりました(改正安衛法第13条第4項、改正安衛則第14条の2第1項1号及び第2項1号)。

また保健師等の安衛法13条の2に規定する者(以下「保健師等」といいます。)に対し、労働者の健康管理等の全部又は一部を行わせる事業者は、保健師等に対し、上記の情報を提供するように努めなければならないこととなりました(改

1) 改正安衛法66条の5第1項・改正安衛法66条の8第5項(改正安衛法66条の8の2第2項及び66条8の4第2項において準用される場合を含む)・安衛法66条の10第6項

正安衛法第13条の２第２項、改正安衛則第15条の２第３項）。

③実務上の留意点

これまでにも事業者は、長時間労働者等に対し、就業上の措置を実施するにあたっては、産業医に意見を聴取することが求められていました。これに加えて、上記のように改正法においては、事業者は、産業医に対し、長時間労働者等に対し講じた就業上の措置の内容等についての情報提供を行うことが義務づけられたことから、産業医は、長時間労働者等に対する就業上の措置の実施の前後に関与することになりました。このようにして、労働者の健康確保が十分に図られることが期待されます。

（2）産業医が勧告しようとするときの事業者に対する意見の求めと、産業医から勧告を受けたときの対応

①趣旨

旧安衛法においても、産業医は、労働者の健康を確保するために必要があると認められるときに、労働者の健康管理等について必要な勧告を行うことができましたが、事業者は、単に、産業医からなされた勧告を尊重しなければならないと規定しているにとどまっていました（旧安衛法13条３項及び４項）。

しかし産業医の勧告の実効性を確保するためには、まず、その勧告の内容が当該事業場の実情等を十分に考慮したものであることが必要です。その上で、産業医の勧告がその趣旨も含めて事業者に十分に理解され、かつ、企業内で適切に共有され、労働者の健康管理等のために有効に機能するようにしていくことが重要となります。

そこで、改正法は、産業医が勧告を行う場合にあっては、事前にその内容を示し、事業者から意見を求めることとしました。その上で、産業医から勧告を受けた事業者は、産業医からの勧告内容等を記録し、保存するとともに、衛生委員会等に報告しなければならないこととしました。

②改正法の内容

まず、産業医は、事業者に対し、労働者の健康管理等について勧告しようとするときは、あらかじめ、勧告の内容について、事業者の意見を求めなくてはな

らないこととなりました（改正安衛則第14条の３第１項）。

また、事業者は、産業医から勧告を受けたときは、その勧告の内容と、その勧告を踏まえて講じた措置の内容、措置を講じない場合にあっては、その旨及びその理由を記録し、これを３年間保存しなければならないこととなりました（改正安衛則14条の３第２項）。

さらに、事業者は、産業医から勧告を受けた後、遅滞なく、その勧告の内容と、その勧告を踏まえて講じた措置又は講じようとする措置の内容を、措置を講じない場合にあっては、その旨及びその理由を衛生委員会又は安全衛生委員会（以下「衛生委員会等」といいます。）に報告しなければならないこととなりました（改正安衛法13条６項、改正安衛則14条の３第３項及び第４項）。

③実務上の留意点

改正法により、産業医は、労働者の健康管理等について事業者に対し、勧告を行うに先立ち、事業者の意見を求めることとされ、また事業者は、産業医からの勧告の内容と勧告を踏まえて講じた措置の内容等についての記録化と衛生委員会等への報告が義務づけられました。こうして労働者の健康管理等については、事業者・産業医・衛生委員会等の連携が強化されることとなりました。また事業者は意見を求められた場合には、職場の実態を踏まえた意見をだすことができ、これらのことにより、職場の実態等に応じた労働者の健康管理等が行われることが期待されます。

3　健康情報の事業場内での取扱ルールの明確化と適正化の推進

（1）趣旨

事業者は、安衛法の義務や安全配慮義務を履行するため、労働者の心身の状態に関する情報を取得し、取り扱うことがありますが、こうした労働者の心身の状態に関する情報については、労働者にとって機微な情報も含まれています。

そのため、労働者が雇用管理において自身にとって不利益な取扱いにつながる不安なく安心して産業医等による健康相談等を受けられるようにするとともに、事業者が必要な情報を取得して労働者の健康確保措置を十全に行えるようにするためには、労働者の心身の状態に関する情報が適切に取扱われることが必要です。

そこで、改正法は、事業者は、労働者の心身の状態に関する情報を収集·保管·使用するにあたっては、労働者の健康確保に必要な範囲内で行うこととするとともに、労働者の心身の状態に関する情報を適切に管理するための必要な措置を講じなくてはならないこととし、事業者が講ずべき措置に関する指針を公表することとしました。

(2) 改正法の内容

事業者は、安衛法に基づく措置の実施に関し、労働者の心身の状態に関する情報を収集し、保管し、又は使用するに当たっては、労働者の健康の確保に必要な範囲内で労働者の心身の状態に関する情報を収集し、その収集の目的の範囲内でこれを保管し、及び使用しなければならず(ただし、本人の同意がある場合その他正当な事由がある場合を除きます。)、労働者の心身の状態に関する情報を適切に管理するための必要な措置を講じなければならないことが規定されました(改正安衛法第104条1項及び2項)。

また併せて事業者が講ずべき措置に関する指針(「労働者の心身の状態に関する情報の適正な取扱いのために事業者が講ずべき措置に関する指針」(平成30年9月7日労働者の心身の状態に関する情報の適正な取扱い指針公示第1号)(以下「指針」といいます。)が公表されました。

(3) 指針の内容

①基本的な考え方

事業者が、安衛法に基づき実施する健康診断等の健康を確保するための措置(以下「健康確保措置」といいます。)や任意に行う労働者の健康管理活動を通じて得た労働者の心身の状態に関する情報(以下「心身の状態の情報」[2)]といいます。)については、そのほとんどが個人情報の保護に関する法律2条3項

2) 心身の状態の情報:安衛法66条第1項に基づく健康診断等の健康確保措置や任意に行う労働者の健康管理活動を通じて得た情報のことをいいます。

に規定する「要配慮個人情報」に該当する機微な情報です。そのため、事業場において、労働者が雇用管理において自身にとって不利益な取扱いを受けるという不安を抱くことなく、安心して産業医等による健康相談等を受けられるようにするとともに、事業者が必要な心身の状態の情報を収集して、労働者の健康確保措置を十全に行えるようにするためには、関係法令に則った上で、心身の状態の情報が適切に取り扱われることが必要となります。そのためには、事業者が、事業場における心身の状態の情報の適正な取扱いのための規程（以下「取扱規程」という。）を策定することにより取扱いを明確化することが適切です。

こうした考えの下、指針は、①心身の状態の情報の取扱いに関する原則を明らかにしつつ、②事業者が策定すべき取扱規程の内容、策定の方法、運用等について定めるとともに、③取扱規程については、健康確保措置に必要な心身の状態の情報の範囲が労働者の業務内容等によって異なり、また、事業場の状況に応じて適切に運用されることが重要であることから、指針に示す原則を踏まえて、事業場ごとに衛生委員会等を活用して労使関与の下で、その内容を検討して定め、その運用を図る必要があることを指摘しています。

併せて、指針は、指針に示す内容は、事業場における心身の状態の情報の取扱いに関する原則であり、事業者は、当該事業場の状況に応じて、心身の状態の情報が適切に取り扱われるようその趣旨を踏まえつつ、指針に示す内容とは異なる取扱いを行うことも可能としています。もっとも、その場合でも、労働者に、事業場における心身の状態の情報を取り扱う方法及び当該取扱いを採用する理由を説明した上で行う必要があるとしています。

以下、順に、指針の内容を説明していきます。

②労働者の心身の状態の情報を取り扱う目的

事業者が心身の状態の情報を取り扱う目的は、安衛法に基づき実施する健康診断等の健康を確保するための措置（健康確保措置）の実施や事業者が負う民事上の安全配慮義務を履行することにあります。労働者の心身の状態の情報は、個人情報保護法上の「要配慮個人情報」にあたるものが多いことから、個人情報保護の観点から、事業者は、上記の目的に必要な限りで、労働者の心身の状態に関する情報の収集を行うものとし、かつ収集した労働者の心身の状態の情報も上記目的に沿って利用・管理する必要があります。

②取扱規程を定める目的について

また指針は、事業者に対し、心身の状態の情報の適正な取扱いのための規程を定めることを求めています。心身の状態の情報が、労働者の健康確保措置の実施や事業者が負う民事上の安全配慮義務の履行の目的の範囲内で適正に使用され、事業者による労働者の健康確保措置が十全に行われるようにするためです。

③取扱規程で定めるべき事項

そのうえで、指針は、取扱規程に定めるべき事項については、以下のものをあげています。

i 心身の状態の情報を取り扱う目的及び取扱方法

ii 心身の状態の情報を取り扱う者及びその権限並びに取り扱う心身の状態の情報の範囲

＊ 個々の事業場における心身の状態の情報を取り扱う目的や取り扱う体制等の状況に応じて、部署や職種ごとに、その権限及び取り扱う心身の状態の情報の範囲等を定めることが適切です。

iii 心身の状態の情報を取り扱う目的等の通知方法及び本人同意の取得方法

iv 心身の状態の情報の適正管理の方法

v 心身の状態の情報の開示、訂正等（追加及び削除を含みます。以下同じ。）及び使用停止等（消去及び第三者への提供の停止を含みます。以下同じ。）の方法

vi 心身の状態の情報の第三者提供の方法

vii 事業承継、組織変更に伴う心身の状態の情報の引継ぎに関する事項

viii 心身の状態の情報の取扱いに関する苦情の処理

ix 取扱規程の労働者への周知の方法

④取扱規程の策定の方法

取扱規程は、事業場における心身の状態の情報の適正な取扱いを定めるものですが、健康確保措置に必要な心身の状態の情報の範囲は労働者の業務内容等によって異なりますし、また事業場によっても状況は異なります。そこで指針は、取扱規程の策定に当たっては、衛生委員会等を活用して労使関与の下で検討し、策定したものを労働者と共有することが必要であるとしています。

そのため、取扱規程を検討又は策定する単位については、企業及び事業場の実情を踏まえ、事業場単位とすることが多くなると思われますが、企業単位とすることも可能です。労使間の協議や事業場の実状などを踏まえ、取扱規程の締結単位を決めることとなります。

また取扱規程の労使共有の方法については、例えば、就業規則やその他の社内規程等により定め、当該文書を常時作業場の見やすい場所に掲示し、又は備え付ける、イントラネットに掲載を行う等の方法により周知することが考えられます。

なお、指針は、衛生委員会等を設置する義務がない常時50人未満の労働者を使用する事業場（以下「小規模事業場」といいます。）においても、事業者は、必要に応じて安衛則第23条の2に定める関係労働者の意見を聴く機会を活用すること等の方法により、労働者の意見を聴いた上で取扱規程を策定し、取扱規程を労働者と共有することを求めています。

⑤取扱規程の運用

さらに取扱規程を策定しても、実際に規程に沿って運用されていなければ意味がありません。そこで、指針は、取扱規程について、心身の状態の情報を取り扱う者等の関係者に教育し、その運用が適切に行われるようにするとともに、適宜、その運用状況を確認し、取扱規程の見直し等の措置を行うことが必要であるとしています。また取扱規程の運用が適切に行われていないことが明らかになった場合は、労働者にその旨を説明するとともに、再発防止に取り組むことも必要となります。

⑥心身の状態の情報の適切な取扱いのための体制の整備

また心身の状態の情報を適切に取扱うためには、情報を適切に管理するための組織面、技術面等での措置を講じることも必要となります。

例えば、健康診断の結果などの記録については、事業場の状況に応じて、情報を加工するなどの対応をすることが考えられますが、情報の加工[3)]については、主に、医療職種[4)]を配置している事業場で実施することが相当と考えられます。また事業者の責任の下で、健康診断を実施した医療機関等と連携して加工や保存を行う場合でも、取扱規程においてその取扱いを定めた上で、健康確保措置を講じるために必要な心身の状態の情報は、事業者等[5)]が把握し得る状態に置く等の対応が必要となります。

⑦心身の状態の情報の収集に際しての本人の同意取得

心身の状態の情報のほとんどは、個人情報保護法上の「要配慮個人情報」（個人情報保護法２条３項）に当たります。そのため、労働者の同意を得て取得することが原則となります。もっとも、ⅰ　安衛法及びその他の法令に基づく場合や、ⅱ　労働者の生命、身体の保護のために必要がある場合であって、本人の同意を得ることが困難であるとき等には、必ずしも労働者の同意は必要ではありません（個人情報保護法17条２項）。しかし、指針によれば、労働者の同意を得ずに取得できる場合（下記⑨の表の①及び②の情報）であっても、取り扱う

3)　心身の状態の情報の加工：心身の状態の情報の他者への提供に当たり、提供する情報の内容を健康診断の結果等の記録自体ではなく、所見の有無や検査結果を踏まえた就業上の措置に係る医師の意見に置き換えるなど、心身の状態の情報の取扱いの目的の達成に必要な範囲内で使用されるように変換することをいいます。

4)　医療職種：医師、保健師等、法律において、業務上知り得た人の秘密について守秘義務規定が設けられている職種をいいます。

5)　事業者等：安衛法に定める事業者（法人企業であれば当該法人、個人企業であれば事業経営主を指します。）に加え、事業者が行う労働者の健康確保措置の実施や事業者が負う民事上の安全配慮義務の履行のために、心身の状態の情報を取り扱う人事に関して直接の権限を持つ監督的地位にある者、産業保健業務従事者及び管理監督者等を含みます。なお、③ⅱにおける「心身の状態の情報を取り扱う者及びその権限並びに取り扱う心身の状態の本文情報の範囲」とは、これらの者ごとの権限等を指します。

目的及び取扱方法等について、労働者に周知すること、また健康診断の結果など要保護性の高い情報（下記⑨の表の②の情報）については、取り扱う目的及び取扱方法等について労働者の十分な理解を得ることが望ましく、取扱規程に定めた上で、例えば、健康診断の事業者等からの受診案内等にあらかじめ記載する等の方法により労働者に通知することが考えられると指摘しています。

⑧労働者に対する不利益な取扱いの防止

心身の状態の情報は、労働者にとって機微な情報であり、要保護性の高いものといえます。そこで、指針は、事業者は、心身の状態の情報の取扱いに労働者が同意しないことを理由として、又は、労働者の健康確保措置及び民事上の安全配慮義務の履行に必要な範囲を超えて、労働者に対して不利益な取扱いを行ってはならないとしています。

例えば、以下に掲げる不利益な取扱いを行うことは、一般的に合理的なものとはいえず、事業者は、原則としてこれを行ってはならないとしています。

i　心身の状態の情報に基づく就業上の措置の実施に当たり、例えば、健康診断後に医師の意見を聴取する等の安衛法上求められる適切な手順に従わないなど、不利益な取扱いを行うこと。

ii　心身の状態の情報に基づく就業上の措置の実施に当たり、措置の内容・程度が聴取した医師の意見と著しく異なる等、医師の意見を勘案し必要と認められる範囲内となっていないもの又は労働者の実情が考慮されていないもの等の安衛法において求められる要件を満たさない内容の不利益な取扱いを行うこと。

iii　心身の状態の情報の取扱いに労働者が同意しないことや心身の状態の情報の内容を理由として、以下の措置を行うこと。

(a)　解雇すること

(b)　期間を定めて雇用される者について契約の更新をしないこと

(c)　退職勧奨を行うこと

(d)　不当な動機・目的をもってなされたと判断されるような配置転換又は職位（役職）の変更を命じること

(e)　その他労働契約法等の労働関係法令に違反する措置を講じること

また上記ⅰ～ⅲにそのままあてはまらなくとも、実質的に上記ⅰ～ⅲにあたる場合には、その不利益な取扱いについても、行ってはなりません。

なお、指針は、上記のように心身の状態の内容を理由として、解雇等してはならないとしていますが、例えば、心身の状態の内容が職務に堪えられないというものであった場合には、解雇等の措置を講ずることは可能と考えます。

⑨労働者の心身の状態の情報の取扱いの原則（情報の性質による分類）について

事業者が、健康確保措置を実施するため、あるいは安全配慮義務を履行するために、取扱う労働者の心身の状態の情報には、様々なものが考えられますが、指針は、心身の状態の情報の取扱いの原則について、安衛法及び心身の状態の情報の取扱いに関する規定がある関係法令の整理を踏まえ、右頁の表のとおり分類しています。

※右頁の表の②の心身の状態の情報について、安衛法に基づき行われた健康診断の結果のうち、特定健康診査及び特定保健指導の実施に関する基準（平成19年厚生労働省令第157号）２条各号に掲げる項目については、高齢者の医療の確保に関する法律27条３項の規定により、事業者は保険者の求めに応じて健康診断の結果を提供しなければならないこととされているため、労働者本人の同意を得ずに事業者から保険者に提供できます。

※右頁の表の③の心身の状態の情報については、「あらかじめ労働者本人の同意を得ることが必要」となりますが、個人情報の保護に関する法律17条２項各号に該当する場合は、あらかじめ労働者本人の同意は不要です。また、労働者本人が自発的に事業者に提出した心身の状態の情報については、「あらかじめ労働者本人の同意」を得たものと解されます。その情報について事業者等が医療機関等に直接問い合わせる場合には、別途、労働者本人の同意を得る必要があります。

心身の状態の情報の分類	左欄の分類に該当する心身の状態の情報の例	心身の状態の情報の取扱いの原則
①安衛法に基づき事業者が直接取り扱うこととされており、安衛法に定める義務を履行するために、事業者が必ず取り扱わなければならない心身の状態の情報	(a)健康診断の受診・未受診の情報 (b)長時間労働者による面接指導の申出の有無 (c)ストレスチェックの結果、高ストレスと判定された者による面接指導の申出の有無 (d)健康診断の事後措置について医師から聴取した意見 (e)長時間労働者に対する面接指導の事後措置について医師から聴取した意見 (f)ストレスチェックの結果、高ストレスと判定された者に対する面接指導の事後措置について医師から聴取した意見	全ての情報をその取扱いの目的の達成に必要な範囲を踏まえて、事業者等が取り扱う必要がある。 ただし、それらに付随する健康診断の結果等の心身の状態の情報については、②の取扱いの原則に従って取り扱う必要がある。
②安衛法に基づき事業者が労働者本人の同意を得ずに収集することが可能であるが、事業場ごとの取扱規程により事業者等の内部における適正な取扱いを定めて運用することが適当である心身の状態の情報	(a)健康診断の結果（法定の項目） (b)健康診断の再検査の結果（法定の項目と同一のものに限る。） (c)長時間労働者に対する面接指導の結果 (d)ストレスチェックの結果、高ストレスと判定された者に対する面接指導の結果	事業者等は、当該情報の取扱いの目的の達成に必要な範囲を踏まえて、取り扱うことが適切である。そのため、事業場の状況に応じて、 ・情報を取り扱う者を制限する ・情報を加工する等、事業者等の内部における適切な取扱いを取扱規程に定め、また、当該取扱いの目的及び方法等について労働者が十分に認識できるよう、丁寧な説明を行う等の当該取扱いに対する労働者の納得性を高める措置を講じた上で、取扱規程を運用する必要がある。
③安衛法において事業者が直接取り扱うことについて規定されていないため、あらかじめ労働者本人の同意を得ることが必要であり、事業場ごとの取扱規程により事業者等の内部における適正な取扱いを定めて運用することが必要である心身の状態の情報	(a)健康診断の結果(法定外項目) (b)保健指導の結果 (c)健康診断の再検査の結果（法定の項目と同一のものを除く。） (d)健康診断の精密検査の結果 (e)健康相談の結果 (f)がん検診の結果 (g)職場復帰のための面接指導の結果 (h)治療と仕事の両立支援等のための医師の意見書 (i)通院状況等疾病管理のための情報	個人情報の保護に関する法律に基づく適切な取扱いを確保するため、事業場ごとの取扱規程に則った対応を講じる必要がある。

なお、小規模事業場においては、産業保健業務従事者[6]の配置が不十分である等、上記の原則に基づいた十分な措置を講じるための体制を整備することが困難な場合もあることが想定されます。指針は、そうした小規模事業場においても、事業場の体制に応じて合理的な措置を講じることが必要であると指摘しています。具体的には、事業場ごとに心身の状態の情報の取扱いの目的の達成に必要な範囲で取扱規程を定めるとともに、特に、上記の表の②にあたる心身の状態の情報の取扱いについては、衛生推進者を選任している場合は、衛生推進者に取り扱わせる方法や、取扱規程に基づき適切に取り扱うことを条件に、取り扱う心身の状態の情報を制限せずに事業者自らが直接取り扱う方法等が考えられると指摘しています。

⑩心身の状態の適正管理[7]のための規程

心身の状態の情報の適正管理のために事業者が講ずべき措置としては、次のものがあります。

i　心身の状態の情報を必要な範囲において正確・最新に保つための措置

ii　心身の状態の情報の漏えい、減失、改ざん等の防止のための措置（心身の状態の情報の取扱いに係る組織的体制の整備、正当な権限を有しない者からのアクセス防止のための措置等）

iii　保管の必要がなくなった心身の状態の情報の適切な消去等

これらの措置は、個人情報の保護に関する法律において規定されているものですが、事業場ごとの実情を考慮して、適切に運用する必要があります。そこで、指針は、心身の状態の情報の適正管理に係る措置については、事業場ごとに取扱規程に定める必要があるとしています。なお、特に心身の状態の情報の適正管理については、企業や事業場ごとの体制、整備等を個別に勘案し、その運用の一部又は全部を本社事業場において一括して行うことも考えられます。

6)　産業保健業務従事者：医療職種や衛生管理者その他の労働者の健康管理に関する業務に従事する者をいいます。

7)　心身の状態の情報の適正管理：心身の状態の情報の「保管」のうち、事業者等が取り扱う心身の状態の情報の適正な管理に当たって事業者が講ずる措置をいいます。

⑪心身の状態の情報の開示等

労働者が有する、本人に関する心身の状態の情報の開示や必要な訂正等、使用停止等を事業者に請求する権利についても、ほとんどの心身の状態の情報が、機密性が高い情報であることを踏まえ、指針は、適切に対応する必要があることを指摘しています。

⑫小規模事業場における留意事項

小規模事業場においては、取り扱う心身の状態の情報の数量及び心身の状態の情報を取り扱う労働者数が一定程度にとどまります。そこで、指針は、小規模事業場においては、「個人情報の保護に関する法律についてのガイドライン(通則編)」(平成28年個人情報保護委員会告示第6号)の「8　(別添)講ずべき安全管理措置の内容」も参照しつつ、心身の状態の情報が適正管理される手法とすることが適当であると指摘しています。

(4)実務上の留意点

事業者は、安衛法に基づく健康確保措置の実施又は安全配慮義務の履行にあたり、労働者の心身の状態の情報を取り扱う必要があります。しかし心身の状態の情報は、機微な情報であるため、その取扱いは慎重に行う必要があります。このようなことから、事業者は、指針を参照しながら、事業場の実態等に応じて、労使の関与の下、取扱規程を定める等して、労働者の心身の状態の情報を適切に取扱うことが求められることに留意が必要です。

なお、取扱規定の策定については、厚生労働省のHP上(https://www.mhlw.go.jp/stf/seisakunitsuite/bunya/0000148322_00001.html)に、策定の手引(「事業場における労働者の健康情報等の取扱規程を策定するための手引き」)が公表されています。

4　労働者が産業医・産業保健スタッフに直接健康相談ができる環境整備等

(1) 労働者からの健康相談に適切に対応するために必要な体制の整備等

①趣旨

過重な長時間労働やメンタルヘルス不調などにより過労死等のリスクが高い状況にある労働者を見逃さないためには、労働者が産業医・産業保健スタッフに直接健康相談できる仕組みなど、労働者が安心して健康相談を受けられる体制が整備されていることが必要となります。

そこで、改正法は、産業医等がより一層効果的な活動を行いやすい環境を整備することにより、産業医等が産業医学の専門的立場から、労働者の健康管理等を適切に実施できるよう、事業者に対し、産業医等が労働者からの健康相談に応じ、適切に対応するために必要な体制を整備することに努めることを求めることとしました。

②改正法の内容

事業者は、産業医又は保健師等が、労働者からの健康相談に応じ、適切に対応するために必要な体制の整備その他の必要な措置を講ずるように努めなければならないこととなりました（改正安衛法13条の3）。

なお、労働者からの健康相談に応じ、適切に対応するために必要な体制の整備等については、改正安衛法101条２項及び３項の措置（後記（２））のほか、保健指導・面接指導・健康相談等を行う際には、プライバシーを確保できる場所で実施できるように、配慮するとともに、その結果については、心身の状態の情報に関する指針（前記３（３））に基づき事業場ごとに策定された取扱規程により、適切に取り扱うことなどが考えられます（基発1228第16号・第１・答８）。

(2) 産業医等の業務の内容等の周知

①趣旨

過重な長時間労働やメンタル不調などにより過労死等のリスクが高い状況にある労働者を見逃さないためには、産業医による面接指導や健康相談等が確実に実施されるようにすることが求められます。

そこで、改正法は、事業者に対し、産業医等への健康相談の利用方法、産業医の役割などについて、周知することを義務づけました。

②改正法の内容

産業医を選任した事業場においては、その事業場における産業医の業務の具体的な内容、産業医に対する健康相談の申出の方法及び産業医による労働者の心身の状態に関する情報の取扱いの方法を、以下のアからウまでの方法により、労働者に周知しなければならないこととなりました（改正安衛法101条２項、改正安衛則98条の２第１項及び第２項）。

ア　常時各作業場の見やすい場所に掲示し、又は備え付けること。

イ　書面を労働者に交付すること。

ウ　磁気テープ、磁気ディスクその他これらに準ずる物に記録し、かつ、各作業場に労働者が当該記録の内容を常時確認できる機器を設置すること。ウの方法については、事業場内のイントラネットでの電子掲示板への掲載なども含まれること。

なお、労働者に周知する内容のうち「事業場における産業医の業務の具体的な内容」とは、産業医が事業場において遂行している業務のこといい、当該業務の内容については、新安衛則第14条第1項に規定する職務と対比できるようにしておくと分かりやすいので、そのようにしておくことが適当です（基発1228第16号・第1・答9）。

また、保健師等に労働者の健康管理等の全部又は一部を行わせる事業者も、上記の方法による周知を行うよう努めなければならないこととなりました（改正安衛法101条３項）。

（3）実務上の留意点

長時間労働やメンタルヘルス不調により体調を崩した労働者を早期に発見し、適切な治療を受けさせることは、労働者の症状の増悪や過労死等の事態を防ぐための有効な対応といえます。体調を崩した労働者の早期発見のためのツールの一つが産業医等による健康相談といえます。このようなことを意識しながら、事業者には、労働者が産業医等による健康相談を安心して利用できるよう体制を整備することが求められます。

4. 産業医がより一層効果的な活動を行いやすい環境の整備

1 産業医の独立性、中立性を強化するための方策

(1) 産業医の独立性・中立性の強化

①趣旨

産業医の機能を強化するためには、産業医が産業医学の専門的立場から、適切に職務を行うことが必要となります。

そこで、改正法は、産業医は、産業医学に関する知識に基づいて、誠実にその職務を行わなければならないことを法令に明示しました。

②改正法の内容

産業医は、労働者の健康管理等を行うのに必要な医学に関する知識に基づいて、誠実にその職務を行わなければならないことが明確化されました(改正安衛法13条3項)。

(2) 産業医の知識・能力の維持向上

①趣旨

また産業医の機能を強化するためには、産業医自身に産業医学に関する知識·能力が備わっていることが必要です。

そこで、改正法は、産業医に対し、労働者の健康管理等の職務(安衛法13条1項及び改正安衛則14条1項各号に掲げる事項に係る職務。以下、同じ)を遂行するに当たって必要な医学に関する知識及び能力の向上に努めることを求めることとしました。

②改正法の内容

産業医は、労働者の健康管理等の職務を行うに当たって必要な医学に関する知識及び能力の維持向上に努めなければならないことが明確化されました(改正安衛則14条7項)。

(3) 産業医の辞任又は解任時の衛生委員会等への報告

①趣旨

産業医の機能を強化するためには、産業医の身分の安定性を担保し、職務の遂行の独立性・中立性を高める必要があります。

そこで、改正法は、産業医が辞任したとき又は産業医を解任したとき(以下辞任または解任を「離任」といいます。)に、事業者はその旨及びその理由を衛生委員会等に報告することとし、産業医の離任について、衛生委員会等にも情報を共有させることとしました。

②改正法の内容

事業者は、産業医が辞任したとき又は産業医を解任したときは、遅滞なく、その旨及びその理由を衛生委員会等に報告しなければならないこととなりました(改正安衛則13条4項)。なお、「遅滞なく」とは、おおむね1月以内のことをいいます(基発0907第2号)。

また、産業医から一身上の都合により、辞任したい旨の申出があった場合、辞任理由が産業医自身の健康上の問題であるなど、当該産業医にとって機微な内容のものであるときは、産業医の意向を確認した上で、「一身上の都合により」、「契約期間満了により」などと報告することでも構いません(基発1228第16号・第1・答4)。

(4) 実務上の留意点

上記に述べたとおり、改正法は、産業医の機能を強化するために、産業医に対しては、職務遂行に当たっての必要な医学に関する知識と能力の向上や専門的知識に基づいて誠実に職務を行うことを求めています。これらの規定に反した場合、産業医は、職務懈怠に当たるとされたり、解任されることもありうることとなります。

その一方で、改正法は、事業者に対しては、産業医が離任した場合に離任の事実とその理由を衛生委員会等に報告することを義務づけました。このことにより、産業医の離任の事実とその理由が労使間で共有されることとなるため、事業者が恣意的な理由により産業医を解任するといったことが防止されることとなります。

こうした事業者と産業医間の適度な緊張関係の下、産業医制度が適切に機能することが期待されます。

2　産業医がより効果的に活動するために必要な情報が提供される仕組みの整備

(1) 趣旨

産業医又は保健師等が産業医学の専門的立場から労働者の健康の確保のためにより一層効果的な活動を行いやすい環境を整備するためには、事業者から、産業医等が労働者の健康管理等を適切に行うために必要な情報が提供されることが適当です。

そこで、改正法は、事業者に対し、産業医や保健師等が労働者の健康管理等を行うために必要な情報を提供することを義務づけました。

なお、現行法においても、事業者は、産業医から、健康診断の結果についての意見聴取を行う上で必要となる労働者の業務に関する情報を求められたとき（安衛則51条の2第3項）や、休憩時間を除き1週間当たり40時間を超えて労働させた場合におけるその超えた時間の算定を行ったとき（安衛則52条の2第3項）に、情報提供することが求められていましたが、改正法においては、産業医に対する情報提供の仕組みを法律に格上げするとともに、提供する情報の内容も拡充しました。

(2) 改正法の内容

産業医を選任した事業者は、産業医に対し、労働者の労働時間に関する情報その他の産業医が労働者の健康管理等を適切に行うために必要な情報として、以下の①から③までの情報を、次の時期に提供しなければならないこととなりました（改正安衛法13条4項及び改正安衛則14条の2）。

なお、事業者から産業医への情報提供の方法については、書面の交付により行うことが望ましいですが、その他、磁気テープ、磁気ディスクその他これらに準ずる物に記録して提供する方法や電子メールにより提供する方法等も考えられます。いずれにしろ、具体的な情報提供の方法については、事業場ごとにあらかじめ事業者と産業医で事前に決めておき、また産業医等に提供した情報については、記録・保存しておくことが望まれます（基発0907第２号、基発1228第16号・第１・答７）。

①就業上の措置の内容等

ア　提供する情報

既に講じた健康診断実施後の措置（安衛法66条の５第１項）、長時間労働者に対する面接指導実施後の措置（改正安衛法66条の８第５項［安衛法66条の８の２第２項及び66条８の４第２項において準用される場合を含む］）、労働者の心理的な負担の程度を把握するための検査の結果に基づく面接指導実施後の措置（安衛法66条の10第６項）又は講じようとするこれらの措置の内容に関する情報、これらの措置を講じない場合にあっては、その旨及びその理由

イ　提供する時期

健康診断の結果についての医師等からの意見聴取、面接指導の結果についての医師からの意見聴取又は労働者の心理的な負担の程度を把握するための検査の結果に基づく面接指導の結果についての医師からの意見聴取を行った後、遅滞なく提供

なお「遅滞なく」とは、おおむね1月以内のことをいいます（基発0907第2号）。

②労働時間に関する情報

ア　提供する情報

休憩時間を除き１週間当たり40時間を超えて労働させた場合又は１週間当たりの健康管理時間（改正労基法第41条の２第１項３号）が40時間を超えた場合における、その超えた時間が1月当たり80時間を超えた労働者の氏名及び当該労働者に係る当該超えた時間に関する情報

なお1月当たり80時間を超えた労働者がいない場合においては、該当者がいないという情報を産業医に情報提供する必要があることに留意が必要です（基発1228第16号・第１・答５）。

イ　提供する時期

１週間当たり40時間を超えた労働時間の算定を行った後、速やかに提供

なお、「速やかに」とは、概ね2週間以内のことをいいます（基発0907第2号）。

③労働者の業務に関する情報

ア　提供する情報

労働者の業務に関する情報（但し①及び②を除く）であって産業医が労働者の健康管理等を適切に行うために必要と認めるもの

なお、「労働者の業務に関する情報であって産業医が労働者の健康管理等を適切に行うために必要と認めるもの」には、①労働者の作業環境、②労働時間、③作業態様、④作業負荷の状況、⑤深夜業等の回数・時間数などのうち、産業医が労働者の健康管理等を適切に行うために必要と認めるものが含まれます。いずれにしろ「必要と認めるもの」については、事業場ごとに、あらかじめ、事業者と産業医とで相談しておくことが望ましく、また、事業者は、健康管理との関連性が不明なものについて、産業医等から情報提供の求めがあった場合には、産業医等に説明を求め、個別に確認することが望まれます（基発1228第16号・第１・答６）。

イ　提供時期

産業医から当該情報の提供を求められた後、速やかに提供

なお、「速やかに」とは、概ね2週間以内のことをいいます（基発0907第２号）。

また改正法は、保健師等に労働者の健康管理等の全部又は一部を行わせる事業者については、保健師等に対して、産業医に対し提供を求められる情報について、各情報の上記区分に応じ情報提供するように努めなければならないこととしました（改正安衛法13条の２第２項、改正安衛則15条の２第３項）。

(3) 実務上の留意点

産業医が労働者の健康管理等の職務を適切に遂行し産業医制度が機能するためには、職務遂行に関連する情報が提供されていることが求められます。このような産業医制度が機能するための事業者の義務は、安衛法上の義務であるとともに、安全配慮義務の適切な履行という観点からも、求められるものと考えられます。そのため、例えば、事業者が、産業医に対する情報提供を怠ったために、適切な就業上の措置が講じられなかったというような場合には、安衛法違反とともに、安全配慮義務違反が問題となることに留意が必要です。

3　産業医が衛生委員会等に積極的に提案できることその他産業医の権限の明確化

(1) 産業医による衛生委員会等に対する調査審議の求め

①趣旨

現行法において、産業医は、衛生委員会等の構成員として、同委員会における調査審議に加わることとなっていますが、委員会の招集、議事の決定など運営について必要な事項は、委員会が定めることとされています(安衛則23条1項及び2項)。

しかし労働者の健康管理の観点からは、産業医が、医学専門的な立場から、衛生委員会等の調査審議に加わることだけではなく、積極的に提案できるようにすることが適当です。

そこで、改正法は、産業医が、衛生委員会等において必要な調査審議を求めることができるようにしました。

②改正法の内容

産業医は、衛生委員会等に対して労働者の健康を確保する観点から、必要な調査審議を求めることができることとなりました(改正安衛則23条5項)。

なお、産業医が衛生委員会等に対して調査審議を発議するときは、当該発議の趣旨等を当該産業医から他の委員に説明する必要があることから、当該産業医は、衛生委員会等に出席する必要があることに留意が必要です(基発1228第16号・第１・答12)。

（2）産業医の権限の具体化

①趣旨

産業医のより一層効果的な活動を行いやすい環境の整備の観点からは、産業医が、職務を遂行する上で必要な権限を有していることが必要です。またその権限の中には、現場の労働者等からの情報収集、事業者や作業主任者等に対する意見、危機的緊急事態での現場で作業する労働者等への指示なども含まれることが適当といえます。

そこで、改正法は、産業医の権限を具体化する規定を設けました。

②改正法の内容

まず、事業者は、産業医に対し、労働者の健康管理等の職務をなし得る権限を与えることが義務づけられました(改正安衛則14条の４第１項)。

併せて、事業者が産業医に付与すべき権限には、以下のアからウまでの事項に関する権限が含まれることも明確化しました(改正安衛則14条の４第２項)。

ア　事業者又は総括安全衛生管理者に対して意見を述べること。

イ　労働者の健康管理等を実施するために必要な情報を労働者から収集すること。

ウ　労働者の健康を確保するため緊急の必要がある場合において、労働者に対して必要な措置をとるべきことを指示すること。

③実務上の留意点

通達(基発1228第16号・第１・答１～答３)において、上記②の産業医の権限のうち、上記②イとウに関し、以下の解釈基準が示されています。

まず､「労働者の健康管理等を実施するために必要な情報を労働者から収集すること」(上記②イ)に関し、情報を「収集」する方法には、作業場等を巡視する際などに、対面により労働者から必要な情報を収集する方法のほか、事業者から提供された労働時間に関する情報、労働者の業務に関する情報等を勘案して選定した労働者を対象に、職場や業務の状況に関するアンケート調査を実施するなど、文書により労働者から必要な情報を収集する方法等があるものとされています。

また、こうして産業医が労働者から収集した情報の内容等が当該労働者の同意なしに、事業者、人事担当者、上司等に伝達されることは、適正な情報の取扱い等が阻害されることとなるため、産業医は、「収集」する際に、当該情報の収集対象となった労働者に人事上の評価・処遇等において、事業者が不利益を生じさせないようにしなければならず、また、事業者は、産業医が当該情報を収集する際の当該情報の具体的な取扱い（対象労働者の選定方法、情報の収集方法、情報を取り扱う者の範囲、提供された情報の取扱い等）について、あらかじめ、衛生委員会等において審議し、決定しておくことが望ましいとされています。

さらに、「労働者の健康を確保するため緊急の必要がある場合において、労働者に対して必要な措置をとるべきことを指示すること」（上記②ウ）に関し、「労働者の健康を確保するため緊急の必要がある場合」とは、保護具等を使用せずに、有害な化学物質を取り扱うことにより、労働災害が発生する危険のある場合のほか、熱中症等の徴候があり、健康を確保するため緊急の措置が必要と考えられる場合などが含まれるとされています。

（3）産業医の職務の追加

①趣旨

改正安衛法においては、事業者は、改正労基法36条11項に規定する業務（以下「研究開発業務」といいます。）に従事する労働者と改正労基法41条の２第１項の規定により労働する労働者（以下「高度プロフェッショナル制度に基づき労働する労働者」といいます。）について、面接指導を行わなければならないこととされました（改正安衛法66条の８の２第１項、同66条８の４第１項）。

そこで、改正法は、産業医の職務に、改正安衛法66条の８の２第１項及び同66条８の４第１項に規定する面接指導及びその結果に基づく労働者の健康を保持するための措置に関することを追加しました。

②改正法の内容

産業医の職務として、改正安衛法66条の８の２第１項及び同66条８の４第１項に規定する面接指導及びその結果に基づく労働者の健康を保持するための措置に関することが追加されました（改正安衛則14条１項２号）。

（4）実務上の留意点

改正法は、事業者に対し、産業医が職務遂行する上で必要な権限を与えることを義務付け、付与すべき権限の内容を具体化・明確化しました。これらの権限が適切に行使され、産業医制度が適切に機能するようになることが期待されます。

5. その他

1　安全委員会、衛生委員会等の意見等の記録・保存

（1）趣旨

産業医・産業保健機能の強化を図るための措置の履行確保のためには、産業医の勧告及び衛生委員会から事業者に対する意見やこれらを踏まえた事業者の措置の内容について、事業者が記録し、保存することが適当です。

そこで、改正法は、安全委員会、衛生委員会等の開催の都度、これらの委員会の意見やその意見を踏まえて講じた措置の内容を記録し、これを３年間保存しなければならないこととしました。

（2）改正法の内容

事業者は、安全委員会、衛生委員会等の開催の都度、これらの委員会の意見とその意見を踏まえて講じた措置の内容のほか議事で重要なものを記録し、これを３年間保存しなければならないこととなりました（改正安衛則23条４項）。

なお、安全委員会、衛生委員会等の意見及び当該意見を踏まえて講じた措置の内容等が具体的に記載された議事録であれば、当該議事録を保存することでも構いません（基発1228第16号・第1・答11）。

（緒方彰人）

第7章

面接指導義務・労働時間の状況把握義務

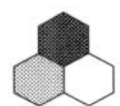

1．医師による面接指導要件の改正

1　医師による面接指導制度の趣旨と改正ポイント

（1）面接指導制度の趣旨と改正の趣旨

面接指導制度は、長時間労働やストレスを背景とする脳血管疾患および虚血性心疾患等やメンタルヘルス不調を未然に防止することを目的として、平成18年4月1日の安衛法改正において導入されたものです。医師が労働者に面接指導をするだけではなく、事業者が就業上の措置を適切に講じることができるよう、事業者に対して医学的な見地から意見を述べることが想定されています。

改正の趣旨は、長時間労働やメンタルヘルス不調により、健康リスクが高い状況にある労働者を見逃さないため、医師による面接指導が確実に実施されるようにし、労働者の健康管理を強化するものとされています。

（2）改正ポイント

通常の労働者（研究開発業務に従事する労働者、高度プロフェッショナル制度の適用者を除く労働者）に対する面接指導の要件である、「休憩時間を除き1週間当たり40時間を超えて労働させた場合におけるその超えた時間」（以下「時間外・休日労働時間」といいます。）が改正前の100時間超から80時間超に厳格化されました。

また、研究開発業務に従事する労働者（以下「研究開発業務従事者」といいます。）に対する面接指導の規定が罰則付きで新設されました。通常の労働者とは異なり、該当者からの申出は不要です。

さらに､高度プロフェッショナル制度の適用者(以下｢高プロ適用者」いいます｡)に対する面接指導の規定が罰則付きで新設されました。通常の労働者とは異なり、該当者からの申出は不要です。

2　通常の労働者

（1）面接指導の要件

時間外・休日労働時間が1月当たり80時間を超え、かつ、疲労の蓄積が認められた者が面接指導を申し出た場合には、事業者はその者に対して、医師による面接指導をしなければなりません（改正安衛法66条の８第1項、改正安衛則52条の２第1項、改正安衛則52条の３第1項)。時間外・休日労働時間数の算定は、毎月1回以上、一定の期日を定めて行なわなければなりません（安衛則52条の２第２項)。

ただし、この期日前1か月以内に面接指導を受けた労働者であって、医師が面接指導を受ける必要がないと認めた場合には、対象から除かれます（安衛則52条の２第1項ただし書)。

「疲労の蓄積」は、通常、他者には認知しにくい自覚症状として現れるものであることから、面接指導の申し出をした労働者については、「疲労の蓄積があると認められる者」として取り扱うものとされています[1)]。

面接指導制度ができた平成18年の通達[2)]では時間外・休日労働時間の計算方法は以下のとおりとされています。

1か月の総労働時間数（労働時間数+延長時間数+休日時間数）
　－(計算期間（1か月間）の総歴日数/ 7）×40

（2）労働時間に関する情報の通知

ア　労働者に対する通知

1)　平成18年2月24日基発第0224003
2)　注1参照

事業者は、時間外・休日労働時間が1月当たり80時間を超えた労働者に対して、当該超えた時間に関する情報（以下「労働時間に関する情報」といいます。）を速やかに（おおむね2週間以内に）通知しなければなりません（改正安衛則52条の２第３項）。

当該通知の際には、労働時間に関する情報のほか、面接指導の実施方法・時期等の案内を併せて行うことが望ましいとされています[3)]。

通知の方法は、書面や電子メールにより通知する方法、給与明細書に記載する方法が考えられます[4)]。

なお、時間外・休日労働時間数が1月当たり80時間を超えていない労働者から労働時間に関する情報について開示を求められた場合には、労働者が自らの労働時間に関する情報を把握し、健康管理を行う動機付けとする観点から、これに応じることが望ましいとされています[5)]。

イ　産業医に対する通知

事業者は産業医に対して、労働時間に関する情報を提供しなければなりません（改正安衛法13条４項、改正安衛則14条の２第1項２号）。

なお、産業医は、時間外・休日労働時間が80時間を超えた労働者に対して、面接指導の申し出をするよう勧奨することができます（安衛則52条の3第４項）。

（3）面接指導等の実施

ア　事業者が実施する面接指導

労働者から申し出があった場合には、「遅滞なく」面接指導を実施しなければなりません（安衛則52条の３第３項）。「遅滞なく」とは、おおむね1か月以内とされています[6)]。

面接指導をする際、医師は労働者に対して、勤務の状況、疲労蓄積の状況のほか心身の状況等を確認します（安衛則52条の4）。

---

3)　平成30年12月28日基発1228第16号
4)　注３参照
5)　注３参照
6)　平成18年２月24日基発0224003号

イ　労働者が事業者の指定した医師による面接指導を希望しない場合の代替方法

労働者は、事業者が実施する面接指導を受けなければなりませんが、事業者の指定した医師による面接指導を希望しない場合には、他の医師が行なう面接指導を受け、その結果を証明する書面を事業者に提出することで代替できます（安衛法66条の８第２項）。

結果を証明する書面には、実施年月日、労働者の氏名、面接指導を行なった医師の氏名、疲労の蓄積状況のほか心身の状況を記載する必要があります（安衛法66条の８第２項ただし書、安衛則52条の５）。

（4）医師からの意見聴取

事業者は、医師から、面接指導の結果に基づいて健康を保持するために必要な措置に関する意見を遅滞なく聴かなければなりません（安衛法66条の８第４項、安衛則52条の７）。

（5）面接指導結果の記録の作成・保存

事業者は、面接指導結果の記録を作成して５年間保存しなければなりません（安衛法66条の８第３項、安衛則52条の６第1項）。

面接指導結果の記録には、労働者の疲労の蓄積の状況その他の心身の状況、聴取した医師の意見等を記載する必要があります（安衛則52条の６第２項）。

（6）事業者が行う措置

事業者は、医師の意見を勘案して、必要があると認めるときは、当該労働者の実情を考慮して、就業場所の変更、作業の転換、労働時間の短縮、深夜業の回数の減少等の措置を講ずるほか、衛生委員会等への報告その他の適切な措置を講じなければなりません（安衛法66条の８第５項）。

3　研究開発業務従事者

（1）面接指導の要件

事業者に医師による面接指導義務が生じる要件は、時間外・休日労働時間が1月あたり100時間を超えた者とされています（改正安衛法66条の８の２第１項、改正安衛則52条の７の２第1項）。

ただし、期日前1か月以内に面接指導を受けた労働者であって、面接指導を受ける必要がないと医師が認めた場合には、対象から除かれます（改正安衛則52条の2第1項ただし書）。

研究開発業務従事者からの申し出は要件ではありません。申し出がなくても面接指導義務が生じますので留意を要します。義務に違反した場合には、50万円以下の罰金が規定されています（改正安衛法120条1号）。

なお、研究開発業務従事者の時間外・休日労働時間が1月当たり100時間を超えていなかったとしても、1月当たり80時間を超えた者が面接指導を申し出た場合には、通常の労働者と同様に法66条の8第1項の面接指導の対象になることに注意が必要です[7]。

（2）準用規定

医師による面接指導後、事業者は、医師の意見を勘案して、必要があると認めるときは、当該労働者の実情を考慮して、就業場所の変更、職務内容の変更、有給休暇（労働基準法第39条の規定による有給休暇を除く）の付与、労働時間の短縮、深夜業の回数の減少等の措置を講ずるほか、衛生委員会等への報告その他の適切な措置を講じなければなりません（改正安衛法66条の8の2第2項、改正安衛法66条の8第5項）。

その他、安衛法66条の8の第2項から第5項が準用されています（改正安衛法66条の8の2第2項）。また、安衛則52条の2第2項、安衛則52条の3第1項、安衛則52条の4～安衛則52条の7が準用されています（改正安衛則52条の7の2第2項）。

（3）改正安衛法の経過規定

研究開発業務従事者に対する医師による面接指導の経過措置は以下のとおりです。

7）　平成30年9月7日基発0907第2号、平成30年12月28日基発1228第16号

研究開発業務従事者に対する医師による面接指導の経過措置

☞ 研究開発業務従事者に対する面接指導について、

- 中小企業（建設業、製糖業を除く。）以外については、2019年３月31日までに締結した改正前の労働基準法第36条（旧第36条）に基づく36協定の有効である１年間は適用が猶予（最大で2020年３月31日まで適用が猶予）
- 中小企業（建設業、製糖業を除く。）については、改正後の労働基準法第36条（新第36条）の適用が１年間猶予されるため、2020年３月31日までに締結した旧第36条に基づく36協定の有効である１年間は適用が猶予（最大で2021年３月31日まで適用が猶予）
- 建設業、製糖業については、新第36条の適用が５年間猶予されるため、2024年３月31日までに締結した旧第36条に基づく36協定の有効である１年間は適用が猶予（最大で2025年３月31日まで適用が猶予）

となります。

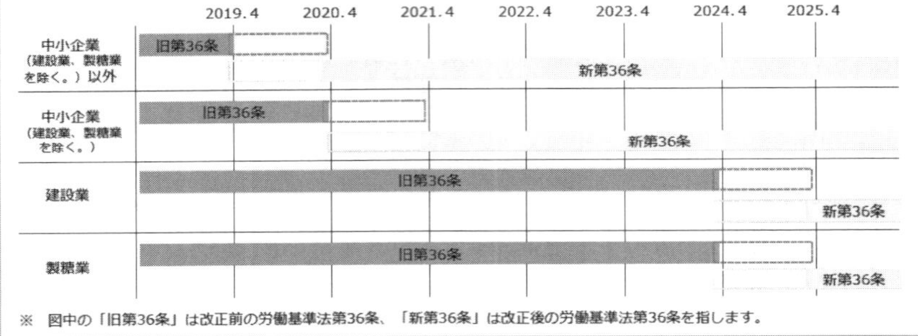

※ 図中の「旧第36条」は改正前の労働基準法第36条、「新第36条」は改正後の労働基準法第36条を指します。

4　高プロ適用者

(1) 面接指導の要件

事業者に医師による面接指導義務が生じる要件は、健康管理時間が1月当たり100時間を超えたものとされています。(改正安衛法66条の８の４第1項、改正安衛則52条の7の４第1項)。

健康管理時間とは、当該労働者が事業場内にいた時間（改正労基法41条の２で規定する委員会が厚労省で定める労働時間以外の時間を除くことを決議したときは、当該決議に係る時間を除いた時間）と事業場外において労働した時間との合計時間をいいます（改正労基法41条の２第1項３号)。

高プロ適用者からの申し出は要件ではありませんので、申し出がなくても面接指導義務が生じる点に留意を要します。義務に違反した場合には、50万円以下の罰金が規定されています（改正安衛法120条1号)。

（2）準用規定

医師による面接指導後、事業者は、医師の意見を勘案して、必要があると認めるときは、当該労働者の実情を考慮して、職務内容の変更、有給休暇（労基法39条の規定による有給休暇を除く。）の付与、健康管理時間を短縮するための配慮等の措置を講ずるほか、衛生委員会等への報告その他の適切な措置を講じなければなりません（改正安衛法66条の８の４第２項、改正安衛法66条の８第５項）。

その他、安衛法66条の８の第２項から第５項が準用されています（改正安衛法66条の８の４第２項）。

5　面接指導義務の対象にならない労働者への必要な措置

面接指導義務の対象にならない労働者であっても、健康への配慮が必要な者については、事業者が必要な措置を講ずるよう努力義務が定められています（改正安衛法66条の９）。

「必要な措置」とは、通常の労働者に対するのと同様の面接指導の実施又はこれに準ずる措置のことを指します（改正安衛則52条の８）。

6　まとめ

各面接指導の要件は以下のとおりです。

	時間外・休日労働時間	申し出の要否	根拠条文（安衛法）
通常の労働者	80時間超	必要	66条の８第1項
研究開発業務従事者	100時間超	不要	66条の８の２第1項
	80時間超	必要	66条の８第1項
高プロ適用者	100時間（健康管理時間）	不要	66条の８の４第1項

2. 安衛法上の労働時間の状況把握義務

1 労基法上の労働時間把握と安衛法上の労働時間の状況把握

(1) 労基法上の労働時間の把握

労基法上、事業者に対して労働時間の把握義務を課した明確な条文はありませんが、賃金台帳に労働者ごとに時間外労働時間を記入しなければならないと定めた労基法108条や労働時間規制（労基法32条～ 35条）および賃金全額払原則（労基法24条）から、事業者は、公法上の義務として労働者の労働時間を把握する義務があると解されています。

厚労省は、割増賃金の支払の観点から、平成13年４月６日付けで「労働時間の適正な把握のために事業者が講ずべき措置に関する基準」（いわゆるヨンロク通達）を発出していました。

しかし、これは明確に使用者向けのものではなかったことから、平成29年１月、厚労省は、使用者向けのものとして「労働時間の適正な把握のために事業者が講ずべき措置に関するガイドライン」（平成29年１月29日基発0120第３号）（以下「ガイドライン」といいます。）を策定して、労働時間の適正な把握のために事業者が講ずべき具体的な措置を明らかにしました。

ガイドラインでは、労基法41条に定める者およびみなし労働時間制が適用される労働者がガイドラインの適用対象外にされていますが、健康確保の観点から、事業者はこれらの者に対して適正な労働時間管理を行う「責務」があるとしています。

後述しますが、労基法上の労働時間の把握と、改正安衛法で設けられた「労働時間の状況の把握」は異なるものです。

(2) 安衛法上の労働時間の状況把握

判例上[8)]、事業者が労働者に対して信義則上の付随義務として安全配慮義務を負っていることは確立しており、平成20年３月以降は、事業者が労働者に対

8) 陸上自衛隊八戸車両整備工場事件･最三小判昭50.2.25民集29巻２号143頁、川義事件･最三小判昭59.4.10民集38巻６号557頁

して、労契法５条[9]に基づく労働契約に伴う当然の義務として、安全配慮義務を負うことが明確になっています。

また、事業者は、職場における労働者の安全と健康の確保（安衛法３条１項）、作業環境の管理（安衛法65条～安衛法65条の２）、作業の管理（安衛法65条の３）、健康診断（安衛法66条）等をしなければならないと定められています。

さらに、脳・心臓疾患に係る労災認定基準においては、週40時間を超える時間外･休日労働が概ね45時間を超えて長くなるほど、業務と発症の関連性が徐々に強まり、発症前１か月間に概ね100時間又は発症前２か月間ないし６か月間にわたって、１か月当たり概ね80時間を超える時間外労働が認められる場合は、業務と発症と関連性が強いと評価できるとされています。

以上から、事業者が全ての労働者に対して安全配慮義務ないし健康管理義務を負っていると解されており、事業者が労働者の健康被害を防止するためには労働者の労働時間の状況を把握する必要があります。

もっとも、従来、安衛法上、事業者に対して労働時間の状況を把握する義務を課した条文はありませんでした。

２　改正安衛法66条の８の３の趣旨と特徴

（1）趣旨

健康リスクが高い状況にある労働者を見逃さないためには、医師による面接指導を確実に行うことが重要ですが、面接指導を行うためには事業者が各労働者の労働時間の状況を把握することが前提として必要となります。

そこで、改正安衛法66条の３において、事業者に労働者（高プロ適用者を除きます。）の労働時間の状況を把握する義務があることが法律上明記されました。

（2）特徴

安衛法上、事業者が管理監督者やみなし労働時間制が適用される労働者に対しても、労働時間の状況を把握する義務を負うことになったことが特徴です。

高プロ適用者については、改正労基法41条の２第１項３号で健康管理時間の

9)　労働契約法５条(労働者の安全への配慮）使用者は、労働契約に伴い、労働者がその生命、身体等の安全を確保しつつ労働することができるよう、必要な配慮をするものとする。

把握が事業者に義務づけられることを理由に安衛法上の把握義務の対象からは除外されています。

3　安衛法上の労働時間の状況の把握方法

事業者は、タイムカード、パーソナルコンピュータ等の電子計算機の使用時間（ログイン時間からログアウトまでの時間）の記録等の客観的な方法その他の適切な方法によって、労働者（高プロ適用者を除きます。）の労働時間の状況を把握しなければなりません（改正安衛法66条の８の３、改正安衛則52条の７の３）。なお、この義務違反に対する罰則規定はありません。

また、事業者は、把握した労働時間の状況の記録を作成した上で、３年間保存するための必要な措置を講じなければなりません（改正安衛則52条の7の3第２項）。

3.　実務上の留意点

1　把握すべき労働時間の状況

（1）把握すべきは「労働時間の状況」であること

改正安衛法66条の８の３が求めているのは、労働者（高プロ適用者を除きます。）の労働時間の状況を把握することです。

「労働時間の状況」という文言からすると、割増賃金支払の観点から把握されるべき労基法上の労働時間とは異なる概念だといえます。

（2）「労働時間の状況」とは

通達上、「労働時間の状況の把握とは、労働者の健康確保措置を適切に実施する観点から、労働者がいかなる時間帯にどの程度の時間、労務を提供しうる状態にあったかを把握するものである[10)]。」とされています[11)]。

10)　平成30年12月28日基発1228第16号

11)「労働時間の状況」という文言は、裁量労働制の導入要件を定めた労基法38条の３第１項４号および同法38条の４第１項４号にも使用されており、後者に関する指針（労働省告示第149号）において労働時間の状況を把握する方法として、「いかなる時間帯にどの程度の時間在社し、労務を提供し得る状態にあったか等を明らかにし得る出退勤時刻又は入退室時刻の記録等によるものであること。」とされています。

労働政策審議会労働条件分科会が策定した平成27年2月13日付けの今後の労働時間法制等の在り方について（報告）[12]の以下の記載からすると、把握すべき労働時間の状況は在社時間等が想定されていると考えられます。

> 面接指導制度の運用に当たり、管理監督者について、自らが要件に該当すると判断し申し出た場合に面接指導を実施することとしている現行の取扱いを、客観的な方法その他適切な方法によって把握した在社時間等に基づいて要件の該当の有無を判断し、面接指導を行うものとすることを通達に記載することが適当である。

通常、在社時間以上に労働時間が発生することは多くありませんので、在社時間を把握していれば、事業者は、長時間在社していることによる健康被害の危険性を把握することができます。

したがって、改正安衛法66条の８の３に基づいて、事業者が把握すべき労働時間の状況は、在社時間等とするのが適切であると考えます。

なお、労働時間管理をしている通常の労働者については、労基法施行規則54条1項５号に掲げる賃金台帳に記入した労働時間数をもって、代替できるとされています[13]。

2　労働時間の状況の把握方法

(1) 平成30年12月28日基発1228第16号

ア　客観的な方法

原則として、タイムカード、パーソナルコンピュータ等の電子計算機の使用時間（ログインからログオフまでの時間）の記録、事業者（事業者から労働時間の状況を管理する権限を委譲された者を含む。）の現認等の客観的な記録により、労働者の労働日ごとの出退勤時刻や入退室時刻の記録等を把握しなければならないとされています。

---

12)　https://www.mhlw.go.jp/file/04-Houdouhappyou-11201250-Roudoukijunkyoku-Roudoujoukenseisakuka/houkoku.pdf

13)　平成30年12月28日基発1228第16号

イ　その他の適切な方法

「その他の適切な方法」（改正安衛則52条の7の3）としては、やむを得ず客観的な方法により把握し難い場合に、労働者の自己申告制による把握が考えられています。

通達上、「やむを得ず客観的な方法により把握し難い場合」の例として、直行又は直帰する場合など、事業者の現認を含め、労働時間の状況を客観的に把握する手段がない場合を挙げています。

ただし、直行又は直帰する場合であっても、事業場外から社内システムにアクセスすることが可能である場合には、直行又は直帰であることのみを理由として自己申告制とすることは認められないとされています。

また、タイムカードによる出退勤時刻や入退室時刻の記録やパーソナルコンピュータの使用時間の記録などのデータを有する場合や事業者の現認により

① 自己申告制の対象となる労働者に対して、労働時間の状況の実態を正しく記録し、適正に自己申告を行うことなどについて十分な説明を行うこと。

② 実際に労働時間の状況を管理する者に対して、自己申告制の適正な運用を含め、講ずべき措置について十分な説明を行うこと。

③ 自己申告により把握した労働時間の状況が実際の労働時間の状況と合致しているか否かについて、必要に応じて実態調査を実施し、所要の労働時間の状況を補正すること。

　特に、入退場記録やパソコンの使用時間の記録など、事業場内にいた時間の分かるデータを有している場合に、労働者からの自己申告により把握した労働時間と当該データで分かった事業場内にいた時間との間に著しい乖離が生じているときには、実態調査を実施し、所要の労働時間の補正をすること。

④ 自己申告した労働時間の状況を超えて事業場内にいる時間又は事業場外において労務を提供し得る状態であった時間について、その理由等を労働者に報告させる場合には、当該報告が適正に行われ

ているかについて確認すること。

その際に、休憩や自主的な研修、教育訓練、学習等であるため労働時間の状況ではないと報告されていても、実際には、事業者の指示により業務に従事しているなど、事業者の指揮命令下に置かれていたと認められる時間については、労働時間の状況として扱わなければならないこと。

⑤ 自己申告制は、労働者による適正な申告を前提として成り立つものである。このため、事業者は、労働者が自己申告できる労働時間の状況に上限を設け、上限を超える申告を認めないなど、労働者による労働時間の状況の適正な申告を阻害する措置を講じてはならないこと。

また、時間外労働時間の削減のための社内通達や時間外労働手当の定額払等労働時間に係る事業場の措置が、労働者の労働時間の状況の適正な申告を阻害する要因となっている場合においては、改善のための措置を講ずること。

さらに、新労基法の定める法定労働時間や時間外労働に関する労使協定（いわゆる36協定）により延長することができる時間数を遵守することは当然であるが、実際には延長することができる時間数を超えて労働しているにもかかわらず、記録上これを守っているようにすることが、実際に労働時間の状況を管理する者や労働者等において、慣習的に行われていないかについても確認すること。

当該労働者の労働時間を把握できる場合にもかかわらず、自己申告による把握のみにより労働時間の状況を把握することは、認められないとされています。

通達では、自己申告制を採用する場合、事業者は、以下の①から⑤までの措置を全て講じる必要があるとされています。

(2) 自己申告により把握する場合に、日々の把握が必要か

通達によると、労働時間の状況を翌労働日までに自己申告させることが適当

であるとされていますが、宿泊を伴う出張など、労働日ごとに自己申告により把握することが困難な場合には、後日一括して自己申告させることとしても差し支えないとされています。

ただし、後日、自己申告をさせる場合であっても、毎月1回以上、一定の期日を定めて時間外・休日労働時間の把握をする必要がある（改正安衛則52条の２第２項及び第３項）ため、これらを遵守できるように自己申告を求めなければならない場合があることは留意する必要があるとされています。

（3）改正安衛法66条の８の３が新設されたことによる影響

平成30年６月28日付け参議院附帯決議には、高プロに関するものではありますが、以下の附帯決議がなされています

> 二十六、高度プロフェッショナル制度適用者やその遺族などからの労災申請があった場合には、労働基準監督署は、当該労働者の労働時間の把握について徹底した調査を行う等、迅速かつ公正な対応を行うこと。

これまでにも使用者が労働時間の管理を行っていなかったことを理由の一つに挙げて安全配慮義務違反を認めた裁判例[14)]はありましたが、改正安衛法施行後は労災などの安全配慮義務に関する紛争の際に、労働時間の状況把握義務ないし健康管理時間の把握義務の履行状況が安全配慮義務違反の有無を判断する際の考慮事由とされる可能性があると言えます。

3　労働者が医師による面接指導に応じない場合

（1）問題の所在

研究開発業務従事者（改正安衛法66条の８の２）と高プロ適用者（改正安衛法66条の８の４）の場合には、同法の義務違反に対して50万円以下の罰金規定（改正安衛法120条１号）がありますので、対象者が面接指導に応じない場合に、事業者に罰則が科せられる可能性があります。

14）山元事件・大阪地判平28.11.25労判1156号50頁、ネットワークインフォメーションセンターほか事件・東京地判平28.3.16労判1141号37頁

(2) 実務上の対策方法

ア　面接指導を受けやすい環境を整えておくこと

労基署が面接指導義務の違反に対してどのような対応をするかは、実際の運用を見なければ分かりませんが、事業者は面接指導義務が生じた労働者に対して、労働者には面接指導を受ける義務があることを説明した上で、当該労働者が面接指導を受けやすい時間、場所を設定する等の環境を整えておくことが重要です。

また、事業者が当該労働者に対して、面接指導を受けるよう説明する際には、口頭による説明のほかに、面接指導の案内を記載した書面を交付したり、電子メールを送信したりすることにより、客観的な資料を残しておくことが有用であると考えます。

イ　労働者が面接指導を拒否する場合

労働者が面接指導を拒否する、または、面接指導を受けなくても構わないと言って面接指導に応じない場合であっても、事業者が面接指導の要件を充たした労働者に対して、医師による面接指導を受けさせる義務があることに変わりありません。

面接指導を受けるよう何度も説得することはもちろんのことですが、それでも労働者が応じないという場合には、業務命令として医師による面接指導を受けるよう命じることが考えられます。

業務命令を出してもなお、労働者がこれに応じないという場合には、厳重注意または業務命令違反として就業規則に基づいて懲戒処分を検討することになります。

（飯島 潤）

第8章

勤務間インターバル制度の普及促進等

1.　労働時間等の設定改善に関する特別措置法

「労働時間等の設定改善に関する特別措置法」（以下、改善法といいます。）は平成18年４月１日から施行されている法律であり、事業主に対しては労働時間等の設定の改善を図るために必要な措置を講ずる努力義務を課し、国に対しては事業主等に対し援助等を行うとともに、必要な施策を総合的かつ効果的に推進する努力義務を課しています。

今般の働き方改革に関連する法改正において、この改善法についても大きく分けて２つの改正がなされました。改正内容としては、「勤務間インターバルの普及促進」・「企業単位での労働時間等の設定改善に係る労使の取組促進」の２つです。

2.　勤務間インターバル制度の普及促進

(1) 概要

勤務間インターバル制度とは、前日の終業時刻と翌日の始業時刻の間に一定時間以上の「休息時間」を設けることで、労働者の生活時間・睡眠時間を確保する制度です。労働者が残業により退社が遅くなってしまったあと、そのまま翌日の始業時刻から勤務しなければならないとすると、休息が不足し疲労の蓄積により健康を損なう恐れが生じます。勤務間インターバル制度は、このような事態が生じないよう、勤務間に一定の休息時間を確保することを制度として定めるものです。厚生労働省は、勤務間インターバル制度に関する特設サイト（https://www.mhlw.go.jp/seisakunitsuite/bunya/koyou_roudou/roudoukijun/jikan/interval/）を開設するなどして、勤務間インターバル制度の普及を図っており、勤務間インターバル制度を導入した中小企業に対して助成金を支給する制度も整備されています。

今般の改正により、勤務間インターバル制度を導入することが事業主の努力義務とされることとなりました。併せて、他の事業主との取引を行うにあたっても、取引相手である事業主の労働時間等の設定改善措置を阻害しないようするべき努力義務が明記されました。

このような改正に至った経緯は次のとおりです。

すなわち、働き方改革実現会議において、労働者側から、全ての労働者を対象とした勤務間インターバル制度の導入を義務付けるべきとの意見が出されました。これに対し、使用者側からは、勤務間インターバル制度を導入している国内企業が極めて少ないという実態があること、日ごとに労働時間を調整しようとすると業務の継続性に支障を来す恐れがあることを指摘し、慎重な検討が必要であるとの意見が出され、最終的に、勤務間インターバル制度の導入は努力義務に留められることとなりました。

（2）条文の改正内容

ア 「労働時間等の設定」の定義（法1条の2第2項）

第1条の2（太字部分を追加） 2　この法律において、「労働時間等の設定」とは、労働時間、休日数、年次有給休暇を与える時季、**深夜業の回数、終業から始業までの時間**その他の労働時間等に関する事項を定めることをいう。

勤務間インターバル制度の導入が努力義務とされることに合わせて、「労働時

間等の設定」の定義のなかに、「深夜業の回数、終業から始業までの時間」が新たに追加されました。

イ　事業主等の責務（法2条1項・4項）

> 第2条（太字部分を追加）
> 　事業主は、その雇用する労働者の労働時間等の設定の改善を図るため、業務の繁閑に応じた労働者の始業及び終業の時刻の設定、**健康及び福祉を確保するために必要な終業から始業までの時間の設定**、年次有給休暇を取得しやすい環境の整備その他の必要な措置を講ずるように努めなければならない。
> 2、3（略）
> 4　事業主は、他の事業主との取引を行う場合において、**著しく短い期限の設定及び発注の内容の頻繁な変更を行わないこと**、当該他の事業主の講ずる労働時間等の設定の改善に関する措置の円滑な実施を阻害することとなる取引条件を付けない**こと**等取引上必要な配慮をするように努めなければならない。

事業主等の責務のなかに「健康及び福祉を確保するために必要な終業から始業までの時間の設定」が追加され、勤務間インターバル制度の導入が努力義務とされることが明記されました。

また、他の事業主との取引において「著しく短い期間の設定及び発注の内容の頻繁な変更を行わないこと」も努力義務とされることとなりました。これにより、取引先の労働者、とりわけ取引上で弱い立場となることが多い中小企業の労働者の長時間労働を間接的に防止することが図られているものといえます。

(3) 改正による実務への影響等

ア　導入の要否・留意点

今般の改正では、勤務間インターバル制度の導入は努力義務にとどまっており、ただちに勤務間インターバル制度を導入しなくても問題はありません。

もっとも、高度プロフェッショナル制度の対象者や、36協定の限度時間を超えて労働させる労働者などに対して健康確保措置を講ずることが義務付けられたところ、健康確保措置のひとつとして勤務間インターバル制度の導入が例示されています。そのため、健康確保措置として勤務間インターバル制度の導入を検討するべき場合もあると考えられます。また、36協定の新様式（特別条項付き）には、限度時間を超えて労働させる労働者に対する健康確保措置を記載する欄が設けられましたが、その欄に勤務間インターバル制度を講ずることを記載した場合には、勤務間インターバル制度を適切に導入しなければ協定違反となる恐れがあります。

勤務間インターバル制度を導入する場合でも、多くの労働者が遅くまで残業し、翌日に始業時刻を過ぎてから出勤するという状況は、通常業務の遂行という観点からみれば不都合が大きいものと思われます。勤務間インターバル制度の運用においては、必要性の低い残業を制限するなどして遅くまでの就業を防止することに主眼を置いた運用とし、インターバル確保のための始業時刻の繰り下げはできるだけ生じないようにすべきであると考えます。

イ　制度設計

勤務間インターバル制度を導入する場合、どのような制度を設けるべきかについては法律上の規定がなく、制度設計は企業の合理的な裁量に委ねられていると考えられます。勤務間インターバル制度の設計においては、制度の対象とする労働者の範囲や、インターバルの時間数、インターバルを確保すると始業時刻を超えてしまう場合の取扱い、勤務間インターバルを確保できなかった場合の対応などを検討することが必要となります。

（ア）　対象者

勤務間インターバル制度の対象者の設定については、全労働者を対象とする設定のほかに、特定の勤務形態の労働者に限定する方式などが考えられます。なお、時間外労働等改善助成金（勤務間インターバル導入コース）において助成金の対象となるには、事業場の過半数の労働者を対象とする制度とする必要があります。

（イ）　勤務間インターバルの時間数

インターバルの時間数について、何時間以上でなければいけないという定めはありません。しかし、休息時間を確保することにより労働者の健康を守るという制度の趣旨からすれば、あまりに短い時間の場合にはインターバル制度を導入したと認められない恐れがあると考えられます。参考として、時間外労働等改善助成金（勤務間インターバル導入コース）の対象となるには最低9時間の勤務間インターバルを導入することが必要とされています。

（ウ）　始業時刻を超えてしまう場合の取扱い

勤務間インターバル制度のもとでは、残業によって終業が遅くなり、インターバルを確保すると翌日の始業時刻を超えてしまう状況が発生することも想定されます。たとえば、インターバル時間が11時間、始業時刻は午前9時と規定されている会社において、前日に午後11時まで勤務した場合、インターバル時間は午前10時までとなり、始業時刻の午前9時を超えてしまうことになります。

この状況に関する制度設計としては、始業時刻のみを繰り下げる方式（終業時刻は変更しない）や、始業時刻及び終業時刻を繰り下げて所定労働時間が変わらないようにする方式が考えられます。

始業時刻のみを繰り下げる場合、その日の労働時間は所定労働時間よりも短くなることになりますが、この場合の賃金支払い方法も問題となります。始業時刻を繰り下げた分については労働したものとみなし、賃金カットをしない方法や、繰り下げた時間の分だけ賃金を控除する方法などが考えられます。いずれの方法を取るにせよ、賃金規程等でルールを定めておくことが必要です。時間外労働に対する割増賃金がいつから発生するかも問題となり得ますから、よく検討を行うべきでしょう。

参考として、厚生労働省が例示する勤務間インターバルの規定例では、休息時間（インターバル時間）と所定労働時間が重複する部分を労働とみなす場合、始業時刻を繰り下げる場合が挙げられています。

参考：厚生労働省の勤務間インターバル就業規則規定例

1　休息時間と翌所定労働時間が重複する部分を労働とみなす場合

(勤務間インターバル)
第○条　いかなる場合も、労働者ごとに1日の勤務終了後、次の勤務の開始までに少なくとも、○時間の継続した休息時間を与える。
２　前項の休息時間の満了時刻が、次の勤務の所定始業時刻以降に及ぶ場合、当該始業時刻から満了時刻までの時間は労働したものとみなす。

2　始業時刻を繰り下げる場合

(勤務間インターバル)
第○条　いかなる場合も、労働者ごとに1日の勤務終了後、次の勤務の開始までに少なくとも、○時間の継続した休息時間を与える。
２　前項の休息時間の満了時刻が、次の勤務の所定始業時刻以降に及ぶ場合、翌日の始業時間は、前項の休息時間の満了時刻まで繰り下げる。

(https://www.mhlw.go.jp/file/06-Seisakujouhou-11200000-Roudoukijunkyoku/0000162467.pdfより抜粋)

（エ）　勤務間インターバルを確保できなかった場合の対応

勤務間インターバル制度を就業規則として定めた場合、インターバル時間を確保せずに勤務したことは就業規則違反にあたりますから、それに対して何らかのペナルティを課すこととするかどうかも制度設計上は問題となります。しかし、勤務間インターバル制度の趣旨が労働者の健康を守ることにあることからすれば、違反に対して直ちにペナルティを課すことは適切ではないと考えられます。違反が生じた場合には、当該労働者から事情を聴取するなどして違反の原因を探り、必要な対応を検討して業務の改善を図るべきであると考えます。厚生労働省の勤務間インターバル特設サイトで紹介されている導入事例においても、勤務間インターバルを確保できなかった労働者に対してペナルティを課している例はありません。

参考までに、勤務間インターバル特設サイトの「導入事例」(https://www.mhlw.go.jp/seisakunitsuite/bunya/koyou_roudou/roudoukijun/jikan/interval/case_study.html) で紹介されている各事例について、制度概要などを整理した表を本章末尾に掲載しておきます。

3. 企業単位での労働時間等の設定改善に係る労使の取組促進

（1）概要

改善法6条は、事業主に対し、労働時間等の設定改善を効果的に実施するために必要な体制を整備する努力義務を課しています。同条では、労働時間等の設定改善を効果的に実施するために必要な体制の例として、使用者と労働者の代表を構成員として労働時間等の設定に関して調査審議を行い、事業主に対して意見を述べることを目的とする委員会（以下、「労働時間等設定改善委員会」といいます。）を設置することが挙げられています。

労働時間等設定改善委員会が一定の要件を満たす場合には、同委員会の決議を労基法上要求される労使協定に代えることができるとされています（労働時間等設定改善法7条）。

（図表）労働時間等設定改善委員会の決議で代替できる労使協定

労使協定の内容	労基法の条文
1か月単位の変形労働時間制の導入要件	32条の2第1項
フレックスタイム制の導入要件	32条の3第1項
1年単位の変形労働時間制の導入要件	32条の4第1項・第2項
1週間単位の非定型的変形労働時間制の導入要件	32条の5第1項
休憩時間の一斉付与の適用除外の導入要件	34条2項但書
時間外及び休日労働の要件	36条1項・2項・5項
時間外割増賃金の代替休暇の付与要件	37条3項
事業場外労働制におけるみなし時間	38条の2第2項
専門業務型裁量労働制の導入要件	38条の3第1項
年次有給休暇の時間単位付与要件	39条4項
年次有給休暇の計画的付与要件	39条6項

※企画業務型裁量労働制（38条の4）、年次有給休暇中の賃金の定め（39条7項但書）は代替不可

今般の改正では、この労働時間等設定改善委員会について2点の改正がなされました。

まず、一定の要件を満たす衛生委員会（安衛法18条）を労働時間等設定改善委員会とみなす規定が削除されました。また、「労働時間等設定改善企業委員会」の決議をもって年次有給休暇の計画的付与等に係る労使協定を代替できる仕組みが新設されました。

（2）改正内容

ア　衛生委員会みなし規定の削除

改正前の改善法７条２項では、「委員の半数が過半数組合あるいは過半数代表の推薦に基づき指名されていること」「衛生委員会の議事について厚生労働省令で定めるところにより議事録が作成・保存されていること」などの要件を満たす衛生委員会について、労働時間等設定改善委員会とみなすことができると定められていました。

しかし、衛生委員会の構成についてみると、議長以外の委員会の半数については過半数組合あるいは労働者の過半数代表による推薦に基づき指名しなければならないとされているほかは、事業者が指名した者が構成員となります（安衛法18条４項、同法17条４項）。議長についても、総括安全衛生管理者やこれに準ずる者のうちから事業者が指名した者とされていますから（安衛法18条２項１号・４号、同法17条３項）、衛生委員会の労使の配分としては、労使同数+議長となり、事業者が労働者側の推薦によらず指名した者が過半数を占めることになります。労働政策審議会において、労働者側の委員から、このような構成となっている衛生委員会を労働時間等設定改善委員会とみなすことができるとする規定を廃止すべきであるとの意見が出て、最終的に衛生委員会みなし規定の削除に至りました。

イ　年次有給休暇の計画的付与等に係る労使協定の代替

今般の改正により、一定の要件を満たす「労働時間等設定改善企業委員会」の決議により、労基法上で要求される年休に関する労使協定を代替できることを定める法7条の2が新設されました。これは、それぞれの事業場単位にとどまらず、企業全体で労働時間等の設定改善について取り組んでいくことを促進するものといえます。

労働時間等設定改善企業委員会による労使協定の代替について、要件と効果をまとめると以下のとおりです。

要件

○「労働時間等設定改善企業委員会」の要件

・全部の事業場を通じて一つの労働時間等設定改善委員会であること

・以下の3つの要件を満たすもの

a　委員の半数が過半数組合あるいは過半数代表の推薦に基づき指名されていること

b　議事録が厚労省令の定めるところにより作成・保存されていること

c　a・bのほか厚労省令で定める要件

○労使協定による定め

過半数組合あるいは過半数代表との書面による協定により、労働時間等設定改善企業委員会に事業場ごとの労働時間等の設定改善について調査審議させ、事業主に意見を述べさせることを定める

○労働時間等設定改善企業委員会で5分の4以上の多数による議決

効果

割増賃金の支払に代えて付与する代替休暇（労基法37条3項）、有給休暇の時間単位付与（同法39条4項）、計画年休（同法39条6項）についての決議を労使協定に代えることができる。

(3) 改正による実務への影響等

一定の要件を満たす衛生委員会を労働時間等設定改善委員会とみなす規定が削除されたため、みなし規定を利用し、衛生委員会の決議によって労使協定を代替していた企業は法改正への対応が必要となります。新たに過半数組合あるいは過半数代表との労使協定を締結することになりますが、労働者の過半数代表の要件については、労基法施行規則６条の２が改正され、「使用者の意向に基づき選出されたものでない」ことが明記されたことに注意が必要です。

また、労働時間等設定改善企業委員会による労使協定の代替については、事業場ごとに締結することが必要であった年次有給休暇に関する労使協定を企業単位で一括して決議することができることになります。今回の改正により年５日間の年次有給休暇の付与義務が使用者に課せられたこととの関連もあり、導入を検討すべき企業もあるものと考えられます。

（参考資料）勤務間インターバル導入事例

	会社名（業種）	制度概要	管理方法など	備考
①	ユニ・チャーム株式会社（卸売・小売）	全社員を対象に、就業規則において最低8時間以上、努力義務として10時間のインターバル時間を規定	勤務表におけるアラーム機能やパソコン画面上にポップアップで警告メッセージを表示	・インターバル時間が確保できない場合、その週のうちに有給休暇を取る等の処置をとる ・勤務表のインフラ改定、制度説明会や研修等のコストが発生
②	株式会社フレッセイ（卸売・小売）	全組合員を対象に、労使協において11時間以上の勤務間インターバルを規定	磁気方式のタイムカードで出社・退社時刻をスキャンし、人事部がチェック	・年末や年始は適用外
③	TBCグループ株式会社（サービス）	全社員を対象に、就業規則及び外部労働組合との労働協約において義務規定として9時間、健康管理指標として11時間以上のインターバルを確保	全店舗につきICカードで出退勤を管理	・守られていない状況が見つかった場合のペナルティは規定しておらず、原因確認のうえ対策をとる ・インターバルが11時間未満となる日が月のうち11日以上となった社員には個別に健康指導を実施する
④	KDDI株式会社（情報通信）	・全非管理職に対し、就業規則においてインターバル時間8時間を規定 ・全社員に対する健康管理指標として、安全衛生管理規程において月のうち11日以上は11時間のインターバルを確保するよう規定	勤怠管理はパソコンのログデータを参考に自己申告させ、インターバル時間はログで確認	・インターバルに限定したペナルティの定めはなく、服務規程全体の一部として処理 ・11時間の健康管理指標については、時間外月45時間などの法令に準拠した基準と併せて運用し、健康のセルフチェックや面談などの対応
⑤	社会福祉法人聖隷福祉事業団総合病院聖隷三方原病院（医療・福祉）	変則交代制勤務に就く看護職員全員に対し、勤務計画表作成基準において最低11時間以上のインターバル時間を規定	タイムカードリーダーやパソコンでの直接入力を利用した勤怠管理システム	・導入には否定的な声もあったが、導入後は違反なし

⑥	AGS 株式会社 (情報通信)	全社員に対し、就業規則及び労使協定において一律で11時間のインターバルを規定	個々人の入力による申請(申請が正当な時間でされているかをパソコンのログで確認) +アラート表示等	・インターバル時間を確保できない場合のペナルティは特になし ・客先の業務終了後にしか行えない作業があるなど、会社だけでの対応に困難があることから、顧客に向けても説明用ペーパーを作成し協力を要請
⑦	株式会社 スナップショット (情報通信)	全社員に対し、就業規則において就業から次の始業までの間に通勤時間を含め11時間のインターバルを規定	通常の勤怠打刻以外は特段管理せず、運用は本人に任せる	・インターバルによって始業が遅くなった場合も定時での退社を認め、給与カットはしない ・違反した場合のペナルティはなく、管理者が長時間労働の状況を適宜把握して対応
⑧	株式会社 スリーハイ (製造業)	全社員に対し、就業規則において９時間のインターバルを規定	インターバルを確保できない場合にはあらかじめ代表取締役に報告	・違反した場合のペナルティはなし ・午前８時30分からの朝礼への全員参加を確保するため、午後11時までの退社を図る
⑨	社会福祉法人 あいの土山 福祉会 エーデル土山 (特別養護老人ホーム)	介護職・事務職・介護士を含めた全員に対し、就業規則において12時間のインターバルを規定	勤務シフトに基づく管理	・入居者の容体急変等によりインターバルが確保できない場合は始業時刻の繰り下げやインターバル休暇や時間単位の有給、休憩時間の追加付与により対応
⑩	株式会社 山陽新聞社 (新聞業)	全組合員に対し、原則として11時間のインターバルを確保(緊急性のある場合や繁忙期は例外)	労働者の自己申告による	・インターバルを確保できなかった場合の罰則はなし ・平成29年４月現在は試験的導入として規則化せず
⑪	株式会社 ユアソフト (システム開発・ITサービス)	全社員に対し、就業規則において11時間のインターバルを規定	コアタイムのないフレックスタイム制との併用	・インターバルを確保できなかった場合の罰則はなく、所属長の判断で柔軟に対応することを就業規則に規定
⑫	株式会社 岩田屋三越 (百貨店業)	全社員に対し、就業規則において11時間のインターバルを規定	「役職者は遅番、それ以外は早番」という勤務シフトの固定化	・インターバルを確保できなかった場合の罰則はなく、翌日は当該従業員が所定内時間で退勤できるように売り場の責任者が調整する

⑬	株式会社 ニトリホール ディングス （小売業）	パートタイム従業員を含む全非管理職に対し、就業規則の補足資料において10時間のインターバルを規定	・出退勤時のタイムカードのログデータによる把握 ・シフト登録時にインターバル時間が10時間未満である場合には警告を表示 ・インターバル時間が短い従業員が発生した場合に、部署の上長宛に警告メールを自動配信	・違反時の罰則はなし・違反発生時には、所属長に理由を明確にさせて人事労務部からのフィードバックにより改善を図る
⑭	株式会社 東邦銀行 （金融業）	全社員に対し、就業規則において11時間のインターバルを規定	・パソコンのログオン・ログアウトの時間で管理 ・コアタイムのないフレックスタイム制との併用	・勤務間インターバルはフレックスタイム制を補足するものとの位置付けであり、インターバルについては社員の自主性に委ねられている
⑮	森永乳業 株式会社 （製造業）	全組合に対し、36協定届において概ね9～10時間（最低8時間）のインターバルを設定（本社では10時間以上）	労働時間は自己申告制で管理し、ICカードリーダーによる出退勤の打刻を義務付けて勤務時間をチェック	・インターバル時間を確保できない場合、事前又事後に会社と労働組合で話し合いその都度対策を行う

（厚生労働省特設サイト「勤務間インターバル制度」の「導入事例集」https://www.mhlw.go.jp/seisakunitsuite/bunya/koyou_roudou/roudoukijun/jikan/interval/case_study.htmlに記載された事例をまとめたもの）

（吉永大樹）

第９章
同一労働同一賃金に関する法改正

Ⅰ.非正規社員の待遇に関する不合理な格差の禁止（パート有期法８条）

1. 「短時間労働者及び有期雇用労働者の雇用管理の改善等に関する法律」の制定

1　法改正の経緯と施行期日

働き方改革関連法により、「短時間労働者の雇用管理の改善等に関する法律」（平成5年6月18日法律第76号。いわゆるパート労働法）が改正され、「短時間労働者及び有期雇用労働者の雇用管理の改善等に関する法律」（以下、「パートタイム・有期雇用労働法」と言います）という法律に生まれ変わりました。

従来のパート労働法の適用対象は、通常の労働者（正社員）よりも所定労働時間が短い労働者（パートタイマー）に限定されていましたが、パートタイム・有期雇用労働法では、パートタイム労働者だけでなく、有期雇用労働者も同法による保護が及ぶ対象に含まれることとなりました。

同法の施行日は、令和２年４月１日（ただし、中小企業における同法の適用は１年先の令和３年４月１日）とされています。

2　立法趣旨と法による保護・政策推進の構造

厚生労働省は、パートタイム・有期雇用労働法について、「企業内における正社員（無期雇用フルタイム労働者）と非正規社員の間の不合理な待遇の差をなくし、どのような雇用形態を選択しても待遇に納得して働き続けることができるようにする（こと）」を立法趣旨に掲げた上で、「施行規則、同一労働同一賃金ガイドライン（短時間・有期契約労働者及び派遣労働者に対する不合理な待遇の禁止等に関する指針）、パートタイム・有期雇用労働指針が施行されます」と、法律本体による規制を行うとともに、法に適合する労務管理のあり方を考える上で参考になるガイドラインや指針を出していく旨アナウンスしています。

日本の非正規労働者は、年々その数を増やし、今や労働市場において全労働者の約４割を占めるまでの存在となっています（下図参照）。かつ、正規労働者と非正規労働者の間には、無視し得ない大きな処遇格差が存在し、これが、我が国の抱える社会問題（例えば少子化や、貧富の差拡大による相対的低所得層の教育機会・教育環境の格差固定化問題）を招く一因となっているとの認識から、非正規社員の処遇改善を図ろうとする立法意図があるとされています。また、非正規労働者がコストの安い労働力であると認識され、教育訓練の機会が十分に与えられていない現状があり、総体的に労働力人口が減少する中で、この点を放置すれば、産業全体の労働生産性を阻害する要因ともなりかねないため、教育訓練の機会付与についても不合理な格差がないようにする趣旨もあるところです。

雇用形態別の就労者数（作図は筆者）

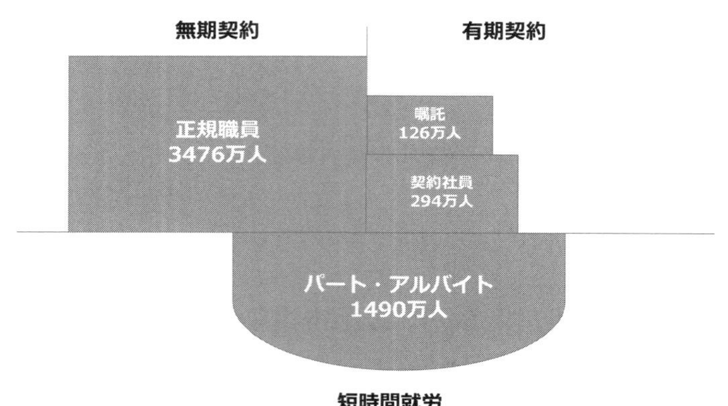

2. パートタイム・有期雇用労働法８条（正規労働者・非正規労働者間における処遇均衡規定）について

1　概説

正規労働者・非正規労働者間における処遇の均衡については、すでに、有期雇用労働者については労働契約法20条に、パートタイム労働者についてはパート労働法８条において法定されていましたが、パートタイム・有期雇用労働法の制定により、これらの規律が一本化されることとなりました（労働契約法の旧20条は削除）。

パートタイム・有期雇用労働法８条の条文は以下の通りです。

> 第８条
>
> 事業主は、その雇用する短時間・有期雇用労働者の基本給、賞与その他の待遇のそれぞれについて、当該待遇に対応する通常の労働者の待遇との間において、当該短時間・有期雇用労働者及び通常の労働者の業務の内容及び当該業務に伴う責任の程度（以下「職務の内容」という。）、当該職務の内容及び配置の変更の範囲その他の事情のうち、当該待遇の性質及び当該待遇を行う目的に照らして適切と認められるものを考慮して、不合理と認められる相違を設けてはならない。

すなわち、①職務内容（業務の内容及び責任の程度）、②職務内容・配置の変更の範囲、③その他の事情の内容を考慮して、通常の労働者（これの意義については185頁、差別的取扱いの禁止（パート有期法９条）を参照）との間での不合理と認められる待遇差が禁止され、法により否認されることを定めています[1)]。

法文上、不合理と認められる相違であるか否かは、「基本給、賞与その他の

---

1)　平成31年1月30日付け基発0130第1号「短時間労働者及び有期雇用労働者の雇用管理の改善等に関する法律の施行について」（以下本稿にて「施行通達」といいます）の「第3」「3」の（2）は、「短時間・有期雇用労働者と通常の労働者との間で待遇の相違があれば直ちに不合理とされるものではなく、当該待遇の相違が法８条に列挙されている要素のうち、当該待遇の性質及び当該待遇を行う目的に照らして適切と認められる事情を考慮して、不合理と認められるかどうかが判断されるものであること。」としています。

待遇のそれぞれについて」判断するものとされていますが、この個々の待遇ごとに行うとされる判断の具体的な方法は必ずしも明らかではありません。そこで法は、次のような定めを設けています。

（指針）
第15条
　厚生労働大臣は、第六条から前条までに定める措置その他の第三条第一項の事業主が講ずべき雇用管理の改善等に関する措置等に関し、その適切かつ有効な実施を図るために必要な指針（以下この節において「指針」という。）を定めるものとする。

　この規定に基づき、平成30年12月28日付けで、「短時間・有期雇用労働者及び派遣労働者に対する不合理な待遇の禁止等に関する指針」（厚生労働省告示第430号、以下本章では「ガイドライン」といいます）が策定されました。
　https://www.mhlw.go.jp/content/11650000/000469932.pdf

２　「ガイドライン」から読み解く「処遇均衡」の考え方

（1）　処遇均衡規定の目的・いわゆる同一労働同一賃金原則との関係

「職種が同じであるならば（経験年数により若干の幅があり得るものの、たとえ使用者が違っても）、同一水準の時給が支払われなくてはならない…」　概ね、このような考え方が、欧州諸国などでみられる「同一労働同一賃金原則」と言われる社会通念、ないしポリシーです。

　この点、日本の労使関係においては、いわゆる終身雇用の考え方が根強く存在し、その影響で年功序列型の賃金制度が広く普及しており、企業内での処遇（賃金格差）は、企業における人事制度構築の問題であり、ひいては契約自由の範疇に属するものであるとされてきました。その社会通念の下、裁判所も、日本では同一労働同一賃金原則は実定法上の根拠に欠け、法規範として存在しているとはいい難いとする判決の言い渡しを繰り返していました（丸子警報器事件・長野地裁上田支部判平8.3.15労判690号21頁、日本郵便逓送事件・大阪地判平14.5.22労判830号22頁）。この状況の中で、労働契約法の平成24年改正により、同20条において有期契約を理由とする不合理な労働条件の禁止が謳われ、また、平成26年改正パート労働法の８条により、パート労働者と通常の労働者の不合理な待遇の相違の禁止という新たな法規制が導入されることとなりました。

この新たな法規制について、「ガイドライン」は、「我が国が目指す同一労働同一賃金は、同一の事業主に雇用される通常の労働者と短時間・有期雇用労働者との間の不合理と認められる待遇の相違及び差別的取り扱いの解消（中略）を目指すものである」と述べ[2)]、また、有力な学説は、「不合理な労働条件の禁止は、同一労働を前提に差別禁止事由を理由とする異別取扱いを禁止する差別禁止アプローチとは異なり、同一労働でなくとも労働条件や待遇の相違が不合理なら救済し、また、同一労働であってもその相違が不合理でなければ同一取扱いを要求しないという、日本独特の政策アプローチといえる」と総括的に述べています（荒木尚志「労働法（第３版）」85頁）。つまり、処遇の均衡、均等のいずれについても、同一企業内における不合理な格差解消を志向する法による介入であることに特徴があるといえます。

（2）　ガイドラインにおける「原則となる考え方」

ガイドラインは、「短時間・有期雇用労働者の待遇のそれぞれについて……不合理と認められる相違を設けてはならない」というパートタイム・有期雇用労働法８条の文言から、基本給、賞与などの賃金項目ごとに不合理な相違の有無をチェックすべしとする立場をとっています。この点、従来の労働契約法20条の解釈・適用を巡り、原則として賃金総額を比較すれば足りるとする立場（主に使用者側が主張していました）と、賃金項目ごとの比較を要するとする立場（主に労働者側が主張していました）での論争がありましたが、今回の立法により、原則として後者の手法によるべきことが明らかになったものといえます。

ただし、最高裁判所は、これまで言い渡した判決（**長澤運輸事件**（※No.8（裁判例のNo.／293頁））・第二小法廷平30.6.1労経速2346号３頁）の中で、労働条件のそれぞれについて個別

2)　前掲施行通達（基発0130第1号）の「第3」「3」の（1）参照

に検討するのが原則との判断を示しつつ、ただし、ある賃金項目の有無及び内容が他の賃金項目の有無及び内容を踏まえて決定されたことも考慮され得ると述べていることに留意する必要があります。実際、同最高裁判決でも、当該事案における能率給、職務給の支給に関し、能率給、職務給だけを比較考慮するのではなく、正社員に支給される基本給・能率給・職務給と、嘱託乗務員に支給される基本給・歩合給を比較した判断を示しており、改正後のパートタイム・有期雇用労働法８条の適用においても、形式的・固定的な「１対１対応」の比較だけではなく、同様の柔軟な判断が求められるといえます。

その前提で、今回のガイドラインが、基本給、賞与その他の労働条件につき示した「原則となる考え方」を紹介します。

① 基本給

ⅰ）基本給であって、労働者の能力又は経験に応じて支給するもの

通常の労働者と同一の能力又は経験を有する短時間・有期雇用労働者には、能力又は経験に応じた部分につき、通常の労働者と同一の基本給を支給しなければならない。また、能力又は経験に一定の相違がある場合においては、その相違に応じた基本給を支給しなければならない。

ⅱ）基本給であって、労働者の業績又は成果に応じて支給するもの

通常の労働者と同一の業績又は成果を有する短時間・有期雇用労働者には、業績又は成果に応じた部分につき、通常の労働者と同一の基本給を支給しなければならない。また、業績又は成果に一定の相違がある場合においては、その相違に応じた基本給を支給しなければならない。

なお、基本給とは別に、労働者の業績又は成果に応じた手当を支給する場合も同様である。

ⅲ）基本給であって、労働者の勤続年数に応じて支給するもの

通常の労働者と同一の勤続年数である短時間・有期雇用労働者には、勤続年数に応じた部分につき、通常の労働者と同一の基本給を支給しなければならない。

また、勤続年数に一定の相違がある場合においては、その相違に応じた基本給を支給しなければならない。

iv）昇給であって、労働者の勤続による能力の向上に応じて行うもの

通常の労働者と同様に勤続により能力が向上した短時間・有期雇用労働者には、勤続による能力の向上に応じた部分につき、通常の労働者と同一の昇給を行わなければならない。また、勤続による能力の向上に一定の相違がある場合においては、その相違に応じた昇給を行わなければならない。

② 賞 与

賞与であって、会社の業績等への労働者の貢献に応じて支給するものについて、通常の労働者と同一の貢献である短時間・有期雇用労働者には、貢献に応じた部分につき、通常の労働者と同一の賞与を支給しなければならない。

また、貢献に一定の相違がある場合においては、その相違に応じた賞与を支給しなければならない。

③ 手 当

i）役職手当

役職手当であって、役職の内容に対して支給するものについて、通常の労働者と同一の内容の役職に就く短時間・有期雇用労働者には、通常の労働者と同一の役職手当を支給しなければならない。また、役職の内容に一定の相違がある場合においては、その相違に応じた役職手当を支給しなければならない。

ii）業務の危険度又は作業環境に応じて支給される特殊作業手当

通常の労働者と同一の危険度又は作業環境の業務に従事する短時間・有期雇用労働者には、通常の労働者と同一の特殊作業手当を支給しなければならない。

iii）交替制勤務等の勤務形態に応じて支給される特殊勤務手当

通常の労働者と同一の勤務形態で業務に従事する短時間・有期雇用労働者には、通常の労働者と同一の特殊勤務手当を支給しなければならない。

iv）精皆勤手当

通常の労働者と業務の内容が同一の短時間・有期雇用労働者には、通常の労働者と同一の精皆勤手当を支給しなければならない。

ⅴ）時間外労働に対して支給される手当

通常の労働者の所定労働時間を超えて、通常の労働者と同一の時間外労働を行った短時間・有期雇用労働者には、通常の労働者の所定労働時間を超えた時間につき、通常の労働者と同一の割増率等で、時間外労働に対して支給される手当を支給しなければならない。

ⅵ）深夜労働又は休日労働に対して支給される手当

通常の労働者と同一の深夜労働又は休日労働を行った短時間・有期雇用労働者には、通常の労働者と同一の割増率等で、深夜労働又は休日労働に対して支給される手当を支給しなければならない。

ⅶ）通勤手当及び出張旅費

短時間・有期雇用労働者にも、通常の労働者と同一の通勤手当及び出張旅費を支給しなければならない。

ⅷ）労働時間の途中に食事のための休憩時間がある労働者に対する食費の負担補助として支給される食事手当

短時間・有期雇用労働者にも、通常の労働者と同一の食事手当を支給しなければならない。

ⅸ）単身赴任手当

通常の労働者と同一の支給要件を満たす短時間・有期雇用労働者には、通常の労働者と同一の単身赴任手当を支給しなければならない。

ⅹ）特定の地域で働く労働者に対する補償として支給される地域手当

通常の労働者と同一の地域で働く短時間・有期雇用労働者には、通常の労働者と同一の地域手当を支給しなければならない。

④　福利厚生

ⅰ）福利厚生施設（給食施設、休憩室及び更衣室）

通常の労働者と同一の事業所で働く短時間・有期雇用労働者には、通常の労働者と同一の福利厚生施設の利用を認めなければならない。

ⅱ）転勤者用社宅

通常の労働者と同一の支給要件（例えば、転勤の有無、扶養家族の有無、住宅の賃貸又は収入の額）を満たす短時間・有期雇用労働者には、通常の労働者と同一の転勤者用社宅の利用を認めなければならない。

iii）慶弔休暇並びに健康診断に伴う勤務免除及び当該健康診断を勤務時間中に受診する場合の当該受診時間に係る給与の保障

短時間・有期雇用労働者にも、通常の労働者と同一の慶弔休暇の付与並びに健康診断に伴う勤務免除及び有給の保障を行わなければならない。

iv）病気休職

短時間労働者（有期雇用労働者である場合を除く。）には、通常の労働者と同一の病気休職の取得を認めなければならない。また、有期雇用労働者にも、労働契約が終了するまでの期間を踏まえて、病気休職の取得を認めなければならない。

v）法定外の有給の休暇その他の法定外の休暇（慶弔休暇を除く。）であって、勤続期間に応じて取得を認めているもの

通常の労働者と同一の勤続期間である短時間・有期雇用労働者には、通常の労働者と同一の法定外の有給の休暇その他の法定外の休暇（慶弔休暇を除く。）を付与しなければならない。なお、期間の定めのある労働契約を更新している場合には、当初の労働契約の開始時から通算して勤続期間を評価することを要する。

⑤　その他

i）教育訓練であって、現在の職務の遂行に必要な技能又は知識を習得するために実施するもの

教育訓練であって、現在の職務の遂行に必要な技能又は知識を習得するために実施するものについて、通常の労働者と職務の内容が同一である短時間・有期雇用労働者には、通常の労働者と同一の教育訓練を実施しなければならない。また、職務の内容に一定の相違がある場合においては、その相違に応じた教育訓練を実施しなければならない。

ii）安全管理に関する措置及び給付

通常の労働者と同一の業務環境に置かれている短時間・有期雇用労働者には、通常の労働者と同一の安全管理に関する措置及び給付をしなければならない。

なお、ガイドラインでは、これらの原則的な考え方に加え、不合理な労働条件相違であると認められる例（問題となる例）と、そうではない例（問題とはならない例）が、各項目において示されています。

そのイメージにつき、厚労省は次のように図示しています。

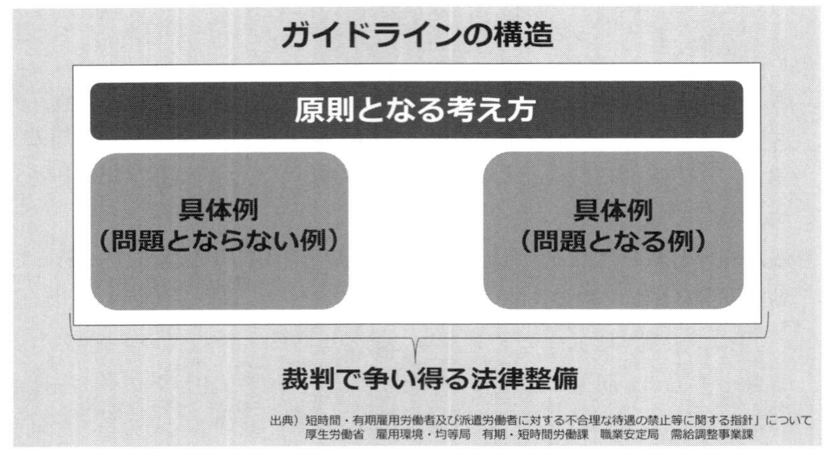

(3)　ガイドラインとどのように向き合うか

前述したように、ガイドラインは、パートタイム・有期雇用労働法15条に基づいて発出された、事業主がパートタイム・有期雇用労働者の雇用管理の改善等に関する措置を講じるに当たり、その適切かつ有効な実施を図るために必要な指針であり、いわば今後の処遇制度構築に当たっての厚労省が推奨する考え方（これを厚労省は「原則的な考え方」と呼んでいます）を示したものであり、公権的な法解釈そのものではありません[3)]。したがって、裁判所において、実際の紛争を判断するに当たって同ガイドラインを参考にすることは考えられますが、実際の判決を行う裁判官はガイドラインの考え方に必ずしも拘束されるものではないことを指摘しておきます。実際の例としても、労働契約法20条に関する解

3)　前掲基発0130第1号も、「ガイドラインは……いかなる待遇の相違が不合理と認められるものであり、いかなる待遇の相違が不合理と認められるものでないのか等の原則となる考え方及び具体例を示したものである」としたうえで、「事業主が、この原則となる考え方に等に反した場合、

釈通達（平成24年８月10日付け基発0810第２号「労働契約法の施行について」（厚生労働省労働基準局長発　都道府県労働局長あて））において、厚労省は「法第20条により、無効とされた労働条件については、基本的には、無期契約労働者と同じ労働条件が認められると解されるものであること。」とする解釈を示していますが、後述するように、裁判所が行った判断の中には、この厚労省の解釈と異なる結果を導いたものも複数存在します。そして、本稿の脚注で度々言及している施行通達では、これらの判決で示された考え方を踏まえて、「短時間・有期雇用労働者と通常の労働者との待遇の相違が法第８条に違反する場合であっても、同条の効力により、当該短時間・有期雇用労働者の待遇が比較の対象である通常の労働者の待遇と同一のものとなるものではないと解されるものであること。ただし、個々の事案に応じて、就業規則の合理的な解釈により、通常の労働者の待遇と同一の待遇が認められる場合もあり得ると考えられるものであること。」（下線筆者）と、従来の解釈内容を変更しています。

したがって、ガイドラインの記載を金科玉条のごとく絶対的なものと考える必要はありません。

3　違反した場合の効果

本条の前身である労働契約法20条の法的効力について、同条に抵触する労働条件は、その部分に限り無効となり、有期契約労働者が、不法行為による損害賠償請求をすることができることについては、判例・学説ともに特に争いのないところです（**ハマキョウレックス差戻審事件**※No.4（290頁）・最高裁判決参照）。

さらに、無効となった部分につき、比較対象となった正社員の労働条件が有期契約労働者の労働条件に置き換わるか（いわゆる補充的効力の有無）、という議論がありますが、**ハマキョウレックス事件最高裁判決**※No.4（290頁）は、労働契約法20条にそうした効力は認められないとしてこの点を明確に否定しています。また、有期契約労働者に適用される就業規則の解釈論として、正社員に適用される就業

当該待遇の相違が不合理と認められる等の可能性がある」と述べるにとどまり、ガイドラインに合致しない待遇の相違があったとしても、そのことを理由に直ちに法違反であり無効になるという見解は述べていません。

規則に定められた労働条件が適用ないし類推適用されるとする主張に関しても、同最高裁判決は、それぞれの就業規則が別個独立のものとして作成されているケースにおいて、正社員就業規則の規定内容が契約社員に適用されることとなるという解釈は、就業規則の合理的な解釈とすることは困難であるとしています。

これらの法的効力に関する最高裁判所の考え方は、パートタイム・有期雇用労働法８条の解釈として、そのまま受け継がれるものと考えます。

なお、労働契約法20条を争点とする裁判例では、同条に違反する労働条件の相違がある場合、その事実発生の理由となった使用者の労働条件設定行為につき、使用者に故意・過失があったか否かを問うことなく、法違反と認められればただちに不法行為責任が発生するかのように説示していますが、この点は異論なしとしません。紙幅の関係で詳細に立ち入ることはできませんが、少なくとも、使用者が労働条件を設定した時点において、不合理な労働条件相違であることを認識し、または認識可能であったと言えるだけの事情、あるいは、是正が容易であったにもかかわらず、長期にわたって放置したなどの帰責事由が必要だと解すべきではないでしょうか（私見を述べた参考文献：「労働契約法20条をめぐる判例と課題〜ハマキョウレックス（差戻審）事件・長澤運輸事件判決からみえるもの〜」（労働判例1147号５頁））。

3. 各待遇（労働条件）ごとの議論（関連する判決の状況）

パートタイム・有期雇用労働法８条で問題となる「待遇」には、基本的に、全ての賃金、教育訓練、福利厚生施設、休憩、休日、休暇、安全衛生、災害補償、解雇等のすべての待遇が含まれます（施行通達・26頁２（6））。

本書発刊までに各労働条件について、どのような裁判例が公刊されているかをご紹介します。各待遇についての制度設計を行う上では、これら裁判例を参考にしつつ、各企業の実情を踏まえた考察を行うことが必要になります（裁判例が紹介されていない項目は、本稿執筆時点で公刊されている裁判例がない状況です）。なお、不合理な労働条件であるとされた例について、筆者個人としてはその判断に首肯できないものも含まれていますが、紙幅の関係でこの点は別稿に譲ります。

1　基本給

非正規労働者の基本給について、正規社員との比較において不合理であるとした例として産業医科大学控訴審が、不合理でないとした例として**メトロコマース控訴審**※No.1(287頁)、**大阪医科薬科大学控訴審**※No.2(288頁)、**日本郵便（佐賀）控訴審**※No.9(293頁)があります。

2　賞与

非正規労働者の賞与について、正規社員との比較において不合理であるとした例として**大阪医科薬科大学控訴審**※No.2(288頁)、**産業医科大学控訴審**※No.6(292頁)（ただし、基本給の格差を不合理とした帰結）が、不合理でないとした例として**メトロコマース控訴審**※No.1(287頁)、**日本郵便（東京）控訴審**※No.5(291頁)、**日本郵便（大阪）控訴審**※No.3(289頁)、**日本郵便（佐賀）控訴審**※No.9(293頁)、**医療法人Ａ会**※No.13(295頁)、**ヤマト運輸**※No.17(297頁)があります。

3　各種手当

＜ガイドラインで示されているもの＞

ア　役職手当（役職の内容に対して支給するもの）

イ　業務の危険度又は作業環境に応じて支給される特殊作業手当

ウ　交替制勤務等の勤務形態に応じて支給される特殊勤務手当

エ　精皆勤手当

【裁判例】　不合理：**長澤運輸上告審**※No.8(293頁)、**ハマキョウレックス上告審**※No.4(290頁)、**井関松山製造所**※No.10(294頁)

オ　時間外労働に対して支給される手当

【裁判例】　不合理：**長澤運輸上告審**※No.8(293頁)（精勤手当が算定基礎に含まれていない点）

メトロコマース控訴審※No.1(287頁)（※割増率の相違についてのもの）

カ　深夜労働又は休日労働に対して支給される手当

【裁判例】　不合理:**日本郵便(大阪)控訴審**※No.3(289頁)（※祝日給のうち年始のもの）

不合理でない:**日本郵便（東京）控訴審**※No.5(291頁)、**日本郵便（佐賀）控訴審**※No.9(293頁)

キ　通勤手当及び出張旅費

【裁判例】　不合理：ハマキョウレックス上告審、九水運輸
※No.4（290頁）　※No.14（296頁）
不合理でない：日本郵便（佐賀）控訴審
※No.9（293頁）

ク　食事手当（食事休憩時間がある労働者に対する食費の負担補助）

【裁判例】　不合理：ハマキョウレックス上告審（給食手当）
※No.4（290頁）

ケ　単身赴任手当

コ　特定の地域で働く労働者に対する補償として支給される地域手当

＜ガイドラインで示されていないもの＞

サ　住宅手当

【裁判例】　不合理:日本郵便（東京）控訴審、日本郵便（大阪）控訴審、
※No.5（291頁）　※No.3（289頁）
メトロコマース控訴審、井関松山製造所
※No.1（287頁）　※No.10（294頁）

シ　家族手当（扶養手当）

【裁判例】　不合理：井関松山製造所
※No.10（294頁）
不合理でない：日本郵便（大阪）控訴審
※No.3（289頁）

ス　退職金

【裁判例】　不合理：メトロコマース控訴審
※No.1（287頁）

セ　その他の手当

【裁判例】　不合理:ハマキョウレックス上告審（無事故手当、作業手当）、
※No.4（290頁）
井関松山ファクトリー（物価手当）
※No.11（294頁）

4　福利厚生

＜ガイドラインで示されているもの＞

・福利厚生施設（給食施設、休憩施設及び更衣室）

・転勤者用社宅

・慶弔休暇・健康診断に伴う勤務免除及び当該健康診断を勤務時間中に受診する場合の当該受診時間に係る給与の保障

・病気休暇・休職

【裁判例】

不合理：**日本郵便（東京）控訴審**※No.5（291頁）・**日本郵便（大阪）控訴審**※No.3（289頁）（有給の病気休暇）、**大阪医科薬科大学控訴審**※No.2（288頁）（私傷病欠勤中の賃金、休職給）

不合理でない：日本郵便（休職）事件（休職）

・法定外の休暇（慶弔休暇を除く。勤続期間に応じて取得を認めているもの）

【裁判例】～特別休暇関係

不合理：**日本郵便（佐賀）控訴審**※No.9（293頁）（特別休暇）

日本郵便（東京）控訴審※No.5（291頁）・**日本郵便（大阪）控訴審**※No.3（289頁）（夏期冬期休暇

大阪医科薬科大学控訴審※No.2（288頁）（夏期特別休暇）

5　その他

＜ガイドラインで示されているもの＞

・教育訓練（現在の職務の遂行に必要な技能又は知識を習得するために実施するもの）

・安全管理に関する措置及び給付

＜ガイドラインで示されていないもの＞

【裁判例】

不合理でない：**大阪医科薬科大学控訴審**※No.2（288頁）

休日（年末年始・創立記念日）の有給、年休日数、医療費補助

不合理：**メトロコマース控訴審**※No.1（287頁）（褒賞）

（峰 隆之）

第9章
同一労働同一賃金に関する法改正

Ⅱ. 差別的取扱いの禁止（パート有期法9条）

1.　改正内容の概説

現行のパート法9条により、短時間労働者については、当該事業所に雇用される通常の労働者と職務の内容（業務の内容及び当該業務に伴う責任の程度）、職務の内容及び配置の変更の範囲が同じ場合、賃金の決定、教育訓練の実施、福利厚生施設の利用その他の待遇について差別的取扱いが禁止され、均等処遇が求められています。しかしながら、有期雇用労働者については、差別的取り扱いを禁止する法文がありませんでした。

今回の改正により、新たにパート有期法（以下、単に「法」ともいう）9条として、短時間労働者に限らず有期雇用労働者についても差別取扱いが禁止されることとなりました。条文は次のとおりです（注意喚起のために下線を引いています）。

パート有期法
9条　事業主は、職務の内容が通常の労働者と同一の短時間・有期雇用労働者（第11条第1項において「職務内容同一短時間・有期雇用労働者」という）であって、当該事業所における慣行その他の事情からみて、当該事業主との雇用関係が終了するまでの全期間において、その職務の内容及び配置が当該通常の労働者の職務の内容及び配置の変更の範囲と同一の範囲で変更されることが見込まれるもの（次条及び同項において、「通常の労働者と同視すべき短時間・有期雇用労働者」という。）については、短時間・有期雇用労働者であることを理由として、基本給、賞与その他の待遇のそれぞれについて、差別的取扱いをしてはならない。

2. 趣旨

前記1の改正がなされた趣旨は次のとおりです。

すなわち、短時間・有期雇用労働者の職務の内容や職務の内容及び配置の変更の範囲（人材活用の仕組み、運用等）といった就業の実態が通常の労働者と同様であるにもかかわらず賃金などの取扱いが異なるなど、短時間・有期雇用労働者の待遇が就業の実態に見合った公正なものとなっていない場合があります。そこで、就業の実態が通常の労働者と同じ短時間・有期雇用労働者については全ての待遇について通常の労働者と同じ取扱いがなされるべきであり、そのような場合の差別的取扱いを禁止したものです（平成31年1月30日基発0130第1号「短時間労働者及び有期雇用労働者の雇用管理の改善等に関する法律の施行について」（以下、単に「施行通達」といいます）第3の４参照）。

3. 法９条違反の判断枠組み

法９条に違反するか否かは、同条の文言から明らかなとおり、（ⅰ）当該事業主との雇用関係が終了するまでの全期間において、通常の労働者と同視すべき短時間・有期雇用労働者か、すなわち、職務の内容が同一で、かつ職務の内容及び配置の変更の範囲の範囲が通常の労働者と同一か（「職務の内容及び配置が当該通常の労働者の職務の内容及び配置の変更の範囲と同一の範囲で変更されることが見込まれる」か）どうか、（ⅱ）基本給、賞与その他の待遇について相違があるか否か、さらに、（ⅲ）その待遇の相違が短時間・有期雇用労働者であることを理由とするか否か、により判断されます。以下、それぞれの要件についてご説明します。

1　当該事業主との雇用関係が終了するまで

当該事業主との雇用関係が終了するまでの全期間において、職務の内容が同一か、また、職務の内容及び配置の変更の範囲が通常の労働者と同一かどうか

まず、「当該事業主との雇用関係が終了するまでの全期間において」とは、施行通達第3の4（7）で、当該短時間・有期雇用労働者が通常の労働者と職務の内容が同一となり、かつ、職務の内容及び配置の変更の範囲（人材活用の仕組み、運用等）が通常の労働者と同一になってから雇用契約関係が終了するまでの間をいいます。つまり、事業主に雇い入れられた後、上記要件を満たすまでの間に通常の労働者と職務内容が異なり、また、職務の内容及び配置の変更の範囲が通常の労働者と異なっていた期間があっても、その期間まで「全期間」に含めるのではなく、同一となった時点から将来に向かって判断するものである、と解されています。

次に、「通常の労働者」とは、社会通念に従い、比較の時点で当該事業主において「通常」と判断される労働者をいい、いわゆる正社員などの正規型の労働者、そのような正規型の労働者がいない場合は事業者と期間の定めのない労働契約を締結しているフルタイム労働者をいいます。そして、通常か否かは、業務の種類ごとに判断されます（施行通達の第1の2（3））。

「職務の内容」とは、「業務の内容」及び「責任の程度」をいいます。施行通達（第1の4（2）ロ）によると、職務の内容が同一かどうかとは、個々の作業までの完全な一致を求めるものではなく、実質的に同一であることを意味し、「業務の内容」が実質的に同一であるか否か、次いで「責任の程度」が著しく異なっていないかを判断するものと解されています。

そして、その判断手順は次のとおりです。

(1)「業務の内容」の実質的同一性の判断

①業務の種類が同一か

「厚生労働省編職業分類」の細分類を目安とし、業務の種類（例えば、「販売職」、「事務職」、「製造工」等）を比較し、この時点で異なっていれば「職務内容」が同一でないと判断されます。

業務の種類が同一であると判断されれば、次にそれぞれの業務について、業務分担表、職務基準等により個々の業務に分割し、その中から「中核的業務」（詳細は後記※参照）を抽出します。そして、抽出したそれぞれの「中核的業務」が同じであれば、「業務内容」が実質的に同一と判断し、明らかに異なっていれば、異なると判断する、ただ、一見して異なる場合でも当該業務に必要とされる知識や技能の水準等も含めて比較して実質的に同一であるかを判断すること、とされています。

※「中核的業務」とは、ある労働者に与えられた職務に伴う個々の業務のうち、当該職務を代表する中核的なものを指し、以下の基準に従って総合的に判断する。

　a　与えられた職務に本質的又は不可欠な要素である業務
　b　その成果が事業に対して大きな影響を与える業務
　c　労働者本人の職務全体に占める時間的割合・頻度が大きい業務

②「責任の程度」が著しく異なっていないか

上記①によって「業務の内容」が実質的に同一であると判断された場合に、両者の職務に伴う「責任の程度」が著しく異なっていないか判断することになり、以下のような事項について比較を行います。

a　授権されている権限の範囲（単独で契約締結可能な金額の範囲、管理する部下の数、決裁権限の範囲等）
b　業務の成果に求められる役割
c　トラブル発生時や臨時・緊急時に求められる対応の程度
d　ノルマ等の成果への期待の程度
e　上記事項の補助的指標として所定外労働の有無及び頻度

以上の判断手順に従い、「業務の内容」及び「責任の程度」が通常の労働者と短時間・有期雇用労働者と同一と判断された場合に、「職務の内容」が同一と判断されます。

③職務の内容及び配置の変更の範囲が通常の労働者と同一か

職務の内容及び配置の変更の範囲が通常の労働者と同一か、すなわち、「職務の内容及び配置が当該通常の労働者の職務の内容及び配置の変更の範囲と同一の範囲で変更されることが見込まれる」かどうかは、施行通達（第1の4（2）ハ）によると次のような判断手順によって判断されます。

まず、配置の変更に関して、転勤の有無が同じかどうかを比較します。この時点で異なれば、「職務の内容及び配置が当該通常の労働者の職務の内容及び配置の変更の範囲と同一の範囲で変更されることが見込まれない」と判断されます。

転勤が双方あると判断された場合には、全国転勤の可能性があるのか、エリア限定なのかといった転勤により移動が予定されている範囲を比較します。

転勤が双方ともない場合、及び双方ともあってその範囲が実質的に同一であると判断された場合には、事業所内における職務の内容の変更の態様について比較します。具体的には、職務の内容の変更の有無を比較し、この時点で異なっていれば「職務の内容及び配置が当該通常の労働者の職務の内容及び配置の変更の範囲と同一の範囲で変更されることが見込まれない」と判断され、同じであれば、職務の内容の変更により経験する可能性のある範囲も比較し、異同を判断することになります。

2　基本給、賞与その他の待遇について相違があるか否か

この基本給、賞与その他の待遇について相違とは、全ての賃金、教育訓練、福利厚生施設、休憩、休日、休暇、安全衛生、災害補償、解雇等の全ての待遇（労働時間及び労働契約の期間を除く。）についての相違を意味します。従いまして、経営上の理由により解雇等の対象者の選定をする際に、通常の労働者と同視すべき短時間・有期雇用労働者については、短時間・有期雇用労働者であることのみを理由に通常の労働者よりも先に解雇することは法9条違反となる（施行通達第3の4（9））ので注意が必要です。

なお、通常の労働者と同視すべき有期雇用労働者を、期間満了を理由に雇止めする場合については、法9条が禁止する待遇の相違に労働契約の期間が含ま

れていないため、法９条には違反しないと解されます。

3　その待遇の相違が短時間・有期雇用労働者であることを理由とするか否か

法９条の「短時間・有期雇用労働者であることを理由として、基本給、賞与その他の待遇のそれぞれについて、差別的取扱いをしてはならない。」の「理由として」の文言について、施行通達等で特に明らかにされていませんが、私見では、その文言に従った解釈として、まさに短時間・有期雇用を理由とする差別取扱いが禁止されていると解釈するのが素直であると考えます。

この点につき、平成27年４月１日改正法施行前の旧パート法８条（現９条）違反が争われた裁判例ではありますが、ニヤクコーポレーション事件（大分地判平25.12.10労判1090号44頁）では正社員との賞与額、週休日の日数、退職金の支給の有無の各相違について、また、京都市立浴場運営財団ほか事件（京都地判平29.9.20労判1167号34頁）では正規職員と退職金支給の有無の相違について、いずれもその相違についての合理的な理由が見当たらないことをもって短時間労働者であることを理由とする差別的取扱いであると認定されていますが、合理的な理由がないことが、短時間労働者であることを理由とする差別には直結しないはずですので、上記の裁判例は、「短時間労働者であることを理由として」の文言から離れた判断のように思われます。

4.　パート有期法９条違反の法的効果及び行政指導等

1　パート有期法９条の法的効果

現行パート労働法の基本的性格が行政上の指導措置を主要な実施手段とする行政法規上の行為規範であるものの、同法９条については「差別的取扱いをしてはならない」という文言及び規制の趣旨に照らし、民事上の効力ある規定と解されています（荒木尚志「労働法第３版（有斐閣）」516頁等）。

そして、同条違反の行為は不法行為の違法性を備え、損害賠償請求の対象となります。この点につき、前掲のニヤクコーポレーション事件判決でも、「パートタイム法８条（注：平成27年４月１日改正法施行前の旧パート法８条（現９条）のこと）１項に違反する差別的取扱いは不法行為を構成するものと認められ、原告は、被告に対し、その損害賠償を請求することができる。」との判断が示されています。

また、パート労働法９条に違反した法律行為は無効と解されています。

このような理は、パート有期法９条に改正されても同様に妥当するものと考えられます。すなわち、パート有期法には民事上の効力が認められ、同条違反の行為は不法行為に該当することもあり、損害賠償請求の対象となりえ、また、同条に違反した法律行為は無効になると解されます。

では、無効となった法律行為について、例えば労働契約上の労働条件が本条によって無効となった後の労働条件がどうなるか、具体的には、補充的効力、すなわち、比較対象となった通常の労働者の労働条件と同じ労働条件となるか、については、パート有期法に、労基法13条のような補充的効力を認める明文規定がないため、認めることはできず、契約の合理的解釈に委ねられると解されます。

なお、この契約の合理的解釈については、労働契約法20条をめぐる**ハマキョウレックス事件**（最高裁二小判平30.6.1労判1179号20頁）及び※No.4（290頁）**長澤運輸事件**（最高裁二小判平30.6.1労判1179号34頁）において、正社員※No.8（293頁）就業規則と有期雇用労働者の就業規則が別個独立のものとして作成されていることから、正社員の就業規則が当該有期雇用労働者に適用されると解することは就業規則の合理的な解釈から困難であるとの解釈が示されており、このような考え方はパート有期法９条の解釈においても参考になると考えます。

2　法９条違反に対する行政指導等

法９条に違反した場合、報告徴収、助言、指導もしくは勧告の対象となります（法18条１項）。

また、事業主が勧告に従わない場合にはその旨の公表が可能とされています（同条２項）。

さらに、前記報告聴取に対し、報告をしない場合、又は虚偽の報告をした者は20万円以下の過料の対象となります（法30条）。

5. 実務上の対応

1 パート有期法9条が適用される待遇の相違か否かの検証の必要

パート有期法9条の適用場面か否か、通常の労働者と同視すべき短時間有期雇用労働者については、待遇差が短時間・有期雇用労働者であることを理由とするものか否かが問題となります。通常の労働者と同視すべき短時間・有期雇用労働者であると認められる、つまり、職務の内容が同一で、かつ職務の内容及び配置の変更の範囲が通常の労働者と同一であると認められるケースは少ないと思われますが、業務の種類、配置の範囲が限られるような企業においては少なからずあると考えられ、そのような場合においては、その待遇差が短時間・有期雇用労働者であることを理由とするものでないか、ないとしてどのような理由によるものか、検証が必要でしょう。

2 定年後再雇用とパート有期法９条

定年後再雇用された短時間･有期雇用労働者において、職務の内容が同一で、かつ職務の内容及び配置の変更の範囲の範囲が通常の労働者と同一であると認められるようなケースにおいても、パート有期法９条が適用されるのでしょうか？

この点につき、「職務の内容が比較対象となる通常の労働者と同一であり、特段職務の内容及び配置の変更の範囲（人材活用の仕組み、運用等）が異ならないのであれば、法第８条の対象となるだけでなく、法第９条の要件にも該当すること。」との行政解釈（施行通達第3の8）が示されています。

このように定年後再雇用における短時間・有期雇用労働者において、法９条が適用される可能性があるとしても、問題は、通常の労働者との待遇の相違が「短時間・有期雇用労働者であることを理由」とするものか否かです[1)]。定年後再雇

1) 前掲の長澤運輸事件最高裁判決において、いずれも労契法20条の適用要件である、有期契約労働者と無期契約労働者との労働条件の相違が「期間の定めがあることにより」生じたか否かについて、前掲のハマキョウレックス事件最高裁の判示を引用し、有期契約労働者と無期契約労働者の労働条件の相違が期間の定めの有無に関連して生じたものと解釈したうえで、期間の定めの有無を理由として労働条件の相違を設けた場合に限定して解釈すべき根拠は乏しい、と判断されていますが、パート有期法9条の場合、条文上「短時間・有期雇用労働者を理由として」と明記されており、この「理由として」は文言解釈上厳格に解釈されるべきであると解されます。

用の場合、長年正社員として雇用した労働者に対して、定年という形で退職金等を支払ったうえで雇用関係を終了し、高年齢者雇用安定法９条により企業に課された雇用確保措置義務の履行として定年後再雇用することになり、その雇用確保において正社員時の待遇を維持できないために待遇の相違を設けているのであって、短時間・有期雇用労働者であることを理由とする待遇の相違ではなく、定年後再雇用を理由とする待遇の相違であると考える余地は十分にあると考えられます。したがいまして、定年後再雇用における法９条の適用に当たり、「短時間・有期雇用労働者であることを理由」とするものか否かについての検討は慎重になされるべきものと考えます。

（三上安雄）

第9章
同一労働同一賃金に関する法改正

Ⅲ．短時間有期雇用労働者の待遇に関する説明義務等

1．待遇に関する説明義務

1　改正内容の概要、趣旨

改正前パート法では、事業主に対し、短時間労働者の雇入時に、雇用管理上の措置の内容（均等待遇、賃金、教育訓練、福利厚生施設の利用について）を、短時間労働者の雇入れ時に説明することを義務付けるとともに（改正前パート法14条1項）、雇用する短時間労働者からの求めに応じて、待遇決定に際しての考慮事項（均等待遇、賃金、教育訓練、福利厚生施設の利用等に関する決定をするに当たり考慮した事項）を説明することを義務付けています(改正前パート法14条2項)。

今回の法改正で、法律の名称が短時間労働者及び有期雇用労働者の雇用管理の改善等に関する法律（以下、本稿では「法」といいます）となりましたが、①説明の対象となる労働者に有期雇用労働者が含まれることになり、また②雇入れ時の説明事項には均衡待遇（法8条）に関して講ずることとしている措置内容が追加され（法14条1項）、さらに③求めがあった際の説明事項に、通常の労働者との間の待遇の相違の内容と理由も含まれることになりました（同条2項）。加えて④説明を求めたことを理由として、解雇その他不利益な取扱いをすることが禁止されています（同条3項）。

以上の改正概要をまとめると次の通りとなります。

【説明義務等改正概要】出典：厚労省資料を一部改編

【改正前→改正後】〇：説明義務の規定あり　×：説明義務の規定なし

	パート	有期
雇用管理上の措置の内容（※）（雇入れ時）	〇 → 〇	× → 〇
待遇決定に際しての考慮事項（求めがあった場合）	〇 → 〇	× → 〇
待遇差の内容・理由（求めがあった場合）	× → 〇	× → 〇
不利益取扱いの禁止	× → 〇	× → 〇

※賃金、福利厚生、教育訓練など

上記のように、事業主の待遇に関する説明義務が強化されていますが、その趣旨は、法の施行通達（基発0130第１号）の第３の10（１）によると、大要、以下の三点に整理できます。すなわち、短時間労働者及び有期雇用労働者（以下「短時間・有期雇用労働者」といいます）に対して、通常の労働者（これの意義については、パート・有期法９条解説185頁を参照）の待遇との相違が生じている理由や事業主が雇用管理の改善等のために講じている措置の内容を明らかにすることを通じて、①待遇についての納得性を高めて待遇に関する不満や不安を解消してその十分な能力発揮へつなげること、②不合理な待遇格差がある場合にはまず労使間の対話による是正につなげること、③待遇の相違に納得できない労働者が、事業主しか有していない情報のために訴えを起こすことができないといった事態を避けることです[1)]。

2.　説明義務等の内容及び方法ー雇い入れ時の説明義務（法１４条１項）について

1　説明の対象事項

1)　なお、法14条の説明義務はあくまで説明をすることにあり、施行通達の第３の10（10）によると、説明により短時間・有期雇用労働者が納得することは、同義務の履行とは無関係とされています。

事業主は、短時間・有期雇用労働者を雇い入れたときは、速やかに法８条〜13条所定事項（ただし、労基法15条１項の厚労省令で定める事項[2)]及び法６条１項所定の特定事項[3)]を除きます）に関し、講ずることとしている措置の内容について、当該労働者に対して説明する義務を負います。

施行通達（第３の10（４））では、あくまで上記各条で求められている措置の範囲内での説明で足りるとされていますが、説明すべき措置の内容は以下のとおりです。

【雇入れ時に説明すべき措置の内容】

法８条関連 （均衡待遇）	雇い入れる短時間・有期雇用労働者の待遇について、通常の労働者の待遇との間で不合理な相違を設けていない旨
法９条関連 （均等待遇）	雇い入れる短時間・有期雇用労働者が通常の労働者と同視すべき短時間・有期雇用労働者の要件に該当する場合、通常労働者との差別的な取扱いをしない旨
法10条関連 （賃金）	短時間・有期雇用労働者の賃金制度が、職務の内容、職務の成果、意欲、能力又は経験その他の就業の実態に関する事項のうち、どの要素を勘案したものとなっているか
法11条関連 （教育訓練）	短時間・有期雇用労働者に対し、どのような教育訓練が実施されているか
法12条関連 （福利厚生施設）	短時間・有期雇用労働者がどのような福利厚生施設を利用できるか ※通常の労働者にも利用させていない場合は説明不要
法13条関連 （通常の労働者への転換）	どのような通常の労働者への転換措置を実施しているか

2)　契約期間、更新基準（有期雇用で更新する場合があるものを締結する場合）、就業場所、業務に関する事項、始業・終業時刻、所定時間外労働の有無、休憩時間、休日、賃金の決定、計算及び支払方法、締め日、支払時期、解雇を含めた退職事由のほか、定めをおいている場合の退職金、賞与、安全衛生、表彰、制裁、休職に関する事項が該当します。これらは労基法15条１項により労働契約締結時の明示が使用者に義務付けられています。

3)　昇給の有無、退職手当の有無、賞与の有無、短時間・有期雇用労働者の雇用管理の改善等に関する事項に係る相談窓口が該当します。これらは、法６条１項により、事業主は短時間・有期雇用労働者を雇い入れたときに、速やかに文書の交付等（電子メールの送信や受信者を特定して情報を伝達する電気通信の方法（SNS）で、労働者が出力により書面を作成できるものを含む）の方法での明示が事業主に義務付けられています。

2　説明方法

事業主が、上記の事項について説明するに当たっての方法についても施行通達（第3の10（3））が言及しています。

まず、雇入れ時[4)]に個々の短時間・有期雇用労働者ごとに説明を行うほか、雇入れ時の説明会等において複数の者らに同時に説明を行うことでも支障がないとされています。

また、説明の際には、就業規則や賃金規程、通常の労働者の待遇の内容のみを記載した資料を活用し、口頭で行うことが基本であるとします。口頭で説明した場合に説明に活用した資料は可能であれば交付することが望ましいとされており、交付が必須だとはされていません。

他方で、説明方法として、説明すべき事項を全て記載した資料で短時間・有期雇用労働者が容易に理解できる内容のものについては当該資料を交付することでも差し支えないとされています。当該資料に待遇内容に関して就業規則の条項を記載し、詳細については別途同規則を閲覧させる方法もあるとされていますが、規則の内容について質問があれば事業主は誠実に対応する必要があるとされています。

3　説明義務等の内容及び方法－求めがあったときの説明義務（法14条２項）について

事業主は、雇い入れ後に、短時間･有期雇用労働者から求めがあったときは、①当該短時間・有期雇用労働者と通常の労働者との間の待遇の相違の内容及び理由並びに②法６条～13条までの規定により措置を講ずべきこととされている事項に関する決定をするに当たり考慮した事項について、当該求めをした労働者に対して説明する義務を負います。

---

4)　施行通達によると、有期雇用労働者については、労働契約の更新も「雇い入れ」に該当するので、更新の都度、法14条1項による説明が必要になるとされています。

(1)　説明の対象事項1－通常労働者との待遇の相違の内容、理由について

通常の労働者との待遇の相違の内容等を説明する前提として、「比較対象となる通常の労働者」をどう選定するかが問題になりますが、この点について施行通達（第3の10（6））は次の通りに述べています。

すなわち、「短時間・有期雇用労働者の職務の内容、職務の内容及び配置の変更の範囲等に最も近い」と事業主が判断する通常の労働者がこれに当たるとします。

事業主が「最も近いと判断」した者が比較対象になるということですが、施行通達は「近い」と判断するに当たり、「職務の内容」や「職務の内容及び配置の変更の範囲」が同一であるか否かを基本とする旨を述べています[5)]（詳細は以下の表を参照。「1」～「5」の順に近いと判断します。短時間・有期雇用労働指針[6)]の第3の2（1）も同旨を述べます）。

【「最も近い」と判断する上で基本とする区分】

（A）：職務の内容（a業務の内容＋b責任の程度）

（B）：職務の内容及び配置の変更の範囲

1	（A）及び（B）が同一である通常の労働者
2	（A）は同一だが、（B）は同一でない通常の労働者
3	（A）のうち、a又はbが同一である通常の労働者
4	（B）が同一である通常の労働者
5	（A）、（B）のいずれも同一でない通常の労働者

また、施行通達は、上記区分に複数の労働者が該当する場合には事業主が更に絞り込むことが考えられるとし、その場合には、基本給の決定等において重要な要素における実態や説明を求めた者と同一の事業所に雇用されるかどう

5)　なお、施行通達は、比較対象として選定した通常の労働者及びその選定理由についても、説明を求めた短時間・有期雇用労働者に説明する必要があるとします。

6)　改正後の平成19年厚労省告示第326号 事業主が講ずべき短時間労働者及び有期雇用労働者の雇用管理の改善等に関する措置等についての指針

か等の観点から判断することが考えられる旨を述べますが、いずれの観点から判断するかは事業主の任意です。

加えて、施行通達は、「通常の労働者」一人あるいは複数の者といった特定の労働者のほか、雇用管理区分や通常の労働者の標準的モデル（新入社員、勤続３年目の一般職など）も例として挙げています。

次に、説明対象事項ですが、待遇の相違の内容及び理由です。施行通達の第３の10（７）によると、「待遇の相違の内容」については、①比較対象とした通常の労働者と説明を求めた短時間・有期雇用労働者との間の待遇に関する基準の相違の有無とともに、②待遇の個別具体的な内容又は③待遇に関する基準の説明が求められます（短時間・有期雇用労働指針第３の２（２）及び（３）も同旨）。つまり、必ずしも比較対象となった通常の労働者の賃金額といった個別具体的な内容（上記②）を説明せずともよく、待遇に関する基準（上記③）を説明すればよいということです。ただし、基準の場合は通常の労働者の待遇水準が把握できることが必要だとされています。

他方で、「待遇の相違の理由」については、施行通達では、法８条の挙げる三要素（職務の内容、職務の内容及び配置の変更の範囲、その他の事情のうち待遇の性質及び待遇を行う目的に照らして適切と認められるもの）に基づき、待遇の決定要素を説明することが求められています。

そして、同通達上、説明内容の具体的な例として、以下が挙げられています。

【待遇の相違内容：個別具体的内容についての説明の例】

比較対象者が一人の場合 →賃金：その金額
比較対象者が複数人である場合 →賃金などの数量的待遇：平均額又は上限・下限 →教育訓練等の数量的ではない待遇：標準的な内容又は最も高い水準・最も低い水準の内容

【待遇の相違内容：待遇に関する基準についての説明の例】

賃金の場合 →賃金規程や等級表等の支給基準 　ただし、比較対象となる通常の労働者の待遇水準を把握できるものである必要があり、「賃金は、各人の能力、経験等を考慮して総合的に決定する」等の説明では不十分だとされている。

【待遇の相違理由についての説明内容の一例】

待遇に関する基準が同一である場合 →同一基準のもとで相違が生じている理由（成果、能力、経験の違いなど）
待遇に関する基準が同一ではない場合 →待遇に関する基準に違いを設けている理由（職務の内容、職務の内容及び配置の変更の範囲の違い、労使交渉の経緯など）及びそれぞれの基準を通常の労働者及び短時間・有期雇用労働者にどのように適用しているか

（2）　説明の対象事項2－法所定措置の決定に当たっての考慮事項について

事業主は、短時間・有期雇用労働者から、法6条～13条により事業主が措置を講ずべきとされる事項に関する決定をするに当たって、考慮した事項の説明を求められた場合、各法条の観点から事業主が実施している各制度等がなぜそのような制度であるのか、又は事業主が実施している各種制度がどのような理由で適用され若しくは適用されないのかについての説明をする必要があります。

例えば、法10条（賃金）については、職務の内容、職務の成果等の要素のうち、どのような要素を勘案しているか、その理由や説明を求めた短時間・有期雇用労働者に対しその要素をどのように勘案しているかの説明が求められると解されます（施行通達の第3の10（8））。

（3）　説明方法

雇入れ後に、求められた時の待遇等についての説明方法は、雇入れ時のものと基本的に同様です（施行通達の第3の10（9）及び短時間・有期雇用労働指針第3の2（4）参照）。

3　不利益取り扱いの禁止

事業主は、短時間・有期雇用労働者が、法14条２項所定の求めをしたことを理由として、当該者に対して解雇その他不利益な取扱いをすることを禁じられています（法14条３項）。

「理由として」とは、短時間・有期雇用労働者が法14条２項所定の求めをしたことと、不利益取扱いとの間に因果関係があることを指します。また、不利益取扱いは解雇のほか、配転[7]、降格、減給、昇給停止、出勤停止、労働契約の更新拒否等が該当します（施行通達の第３の10（12））。

4　実務対応―法14条２項の待遇差及び理由の説明義務について

法改正による説明義務の強化のうちで、特に実務上の影響があるのが法14条２項に基づき、短時間・有期雇用労働者からの求めがあったときの、通常の労働者との待遇差の内容や理由等の説明です。

施行通達が述べている点も踏まえての実務対応上の留意点等を示すと、以下のとおりです。

（1）　比較対象の選定について

比較対象となる通常の労働者の選定について、施行通達は基本的視点を示しつつも、事業主の判断に委ねています（第３の10（６））。よってここでの説明義務を履行する上では、事業主が「短時間・有期雇用労働者の職務の内容、職務の内容及び配置の変更の範囲等に最も近い」と判断したものを比較対象とすることになります[8]。

そして、ここでの説明の中心となるべきは、待遇の相違を生じさせる、待遇に関する制度上の相違やその理由であると解されます。

7)　施行通達では、賃金その他の労働条件や職務内容、職制上の地位、通勤事情、当人の将来に及ぼす影響等の諸般の事情について、配転前後で総合的に比較考慮の上、配転が「不利益な取扱い」に当たるか否かを判断する旨が述べられています。

8)　なお、後に法８条違反等を理由とする裁判となった場合には、最終的に比較対象は裁判所が判断するために、説明義務を履行する際に、事業主が選定したものとは異なるものとの比較がなされる可能性はありますよって、比較対象は、職群なり、施行通達でいうところの雇用管理区分の中から、「短時間・有期雇用労働者の職務の内容、職務の内容及び配置の変更の範囲等に最も近い」と判断した職群や雇用管理区分を選定するのが妥当と考えます。

他方で、仮に明確な職群や雇用管理区分がないならば、職務の内容等が「最も近い」と判断される「通常の労働者の標準的なモデル」を比較対象とすることが考えられます。ただし、そうした明確な区分がない中で、通常の労働者が、多種多様な職務の内容を担い、また職務の内容及び配置の変更も様々であり、なおかつ共通の基準や賃金制度が適用されて待遇が決定されているという場合は、そうした人材活用をされていることが待遇決定の前提になっていることが多いでしょう。そのような場合まで、短時間・有期雇用労働者と単に「業務内容」が同一、類似であるという者を通常の労働者の中から殊更に選んで比較しても、通常の労働者との待遇差の理由を見る上では妥当だとは解されず、通常の労働者全般を比較対象とすべきこともあると考えます。

（2） 説明対象事項について

次に、説明対象事項は、賃金をはじめとする各種待遇についての相違の有無、内容と相違の理由ですが、このうち「相違内容」については施行通達（第3の10（7））によると（1）①待遇に関する基準の有無のほか、（2）②通常の労働者と短時間・有期雇用労働者それぞれの待遇の個別具体的な内容又は（3）③待遇に関する基準が該当します。

②又は③であるので、③を説明するのであれば、通常の労働者の賃金額といった個別具体的な待遇の内容（上記②）についてまで説明することは不要となりますから、基本的には③を明らかにすればよいでしょう。

そして、当該基準が就業規則等に定められているならばそれを提示し説明することとなります。ただし、施行通達はその基準を示すことを通じて、比較対象である通常の労働者の待遇水準が把握できることを求めています。これによれば就業規則等に定められてはいても、抽象的な基準であって待遇水準の把握に通じないものであれば、それを提示し説明しても不十分です。よって、当該把握に足りる範囲で、実際に運用されている基準についての説明が必要になる場合もあると考えます。

また、「相違の理由」についてですが、法８条の挙げる三要素（職務の内容、職務の内容及び配置の変更の範囲、その他の事情のうち待遇の性質及び待遇を行う目的に照らして適切と認められるもの）に基づき説明する必要があります。

現状、通常の労働者と短時間・有期雇用労働者とでは、異なる基準で待遇が決定されていることの方が圧倒的に多いでしょうが、その場合は上記三要素に照らして基準に相違を設けている理由のほか、それぞれの基準をどのように適用しているかの説明をすることとなります。仮に待遇決定についての特段の制度上の基準がないという場合は、上記三要素のうち、どのような要素を、どう考慮して、各待遇を定めているかの説明が必要になると解されます。

他方で、両者で同一の基準を用いている場合でも待遇に相違があるならば、その相違を生じさせている要因についての説明が必要になります。

こうした相違の理由を明確に説明するためには、予め、それぞれの待遇の決定基準や要素を確認、整理しておく必要があります。これに当たっては、通常の労働者と短時間・有期雇用労働者それぞれの職務の内容（業務内容及びこれに伴う責任の程度）や職務の内容及び配置の変更の範囲を明確にした上で、両者の間でそれらにどのような相違があるのか、あるとしてどの程度のものなのかを確認、整理した上で、そうした相違の内容や程度が、賃金をはじめとした待遇へとどう反映されているのかについても、確認、整理することが有益です。

上記のような確認、整理の上で、説明内容を準備することになります。

（3） 説明方法について

説明方法は資料（就業規則や賃金規程、通常の労働者の待遇の内容を記載した書面等）を活用しつつ、口頭によることを基本とすることでよいでしょう（法律上も、施行通達上も資料の交付が必須とはされていません）。

ただし、説明を通じて短時間・有期雇用労働者の納得性を高め待遇についての不満や不安等を解消することや、必要に応じて待遇についての労使間の対話へとつなげるという説明義務の趣旨に鑑みれば、説明をし、理解を求めるに必要な範囲で、通常の労働者の待遇等にも触れた資料の交付は検討すべきと考えます。

（4） その他の留意点について

説明義務強化の趣旨の一つとして、待遇の相違に納得できない労働者が、事業主しか有していない情報のために訴えを起こすことができないといった事態を避けるという旨が施行通達でも述べられていますが、事業主の説明を受けても通常の労働者との待遇差に納得ができないという場合は、当該待遇差が改正法８条違反だとし、訴訟提起がなされる可能性もあります。その場合は、法14条２項に基づき行った説明内容は訴訟でも斟酌され得ますし、訴訟での主張と説明内容とに齟齬が生じてはならないのは当然であり、説明の段階からも留意すべきです。

なお、施行通達（第３の３（５））は、法14条２項に基づく待遇の相違の内容及びその理由に関する説明が労使交渉の前提となりうるもので、その後の労使交渉でも十分な対話なく、紛争に発展することもあると考えられるとします。その上で、不合理な待遇の相違を禁止する法８条の「その他の事情」に労使交渉の経緯が含まれると解されることから、事業主が待遇の相違等について十分な説明をしなかったという事実は、「その他の事情」に含まれ、待遇の相違の不合理性を基礎づける事情として考慮されうると考えられる旨の見解を述べています。

しかしながら、既に契約上合意されている待遇に関し、その決定要素とはなっておらず、また当該待遇の改定に向けられたものでもない事後的な事情が「その他の事情」として考慮されうるのかは検討が必要ですし、法14条２項に基づく説明自体と労使交渉自体とは別個のものであることから、上記見解には疑問を覚えるところです。

ただし、法８条との関係は別として、待遇についての納得性の向上による不満等の解消によって能力発揮へとつなげることや、必要に応じた労使の対話の実施へとつなげるといった説明義務の趣旨にかなうように、事業主としても、十分な説明を実施すべきとはいえます。

3.　行政による助言、指導等や行政ADRの整備

1　助言、指導等

法改正により、短時間・有期雇用労働法では、短時間労働者だけでなく有期雇用労働者についても、その雇用管理の改善等を図るため必要があると認められるときは、厚労大臣から事業主に対し、報告を求め、又は助言、指導若しくは勧告をすることができることとなりました（法18条1項）。

ここでの助言、指導及び勧告は賃金をはじめとする待遇につき、法や短時間・有期雇用労働指針及びガイドラインによって事業主が講ずべき措置について、雇用管理の改善等を図るために必要と認められるときに行われ、均衡待遇（法８条）や説明義務（法14条）も対象となります。ただし、施行通達（第３の14（１）ハ）では、法８条（均衡待遇）については同条違反が明確な場合に限って、助言、指導及び勧告の対象とされています。

助言、指導及び勧告は行政指導であって、それら自体には法的な拘束力はありません。ただし、法６条1項（雇入れ時の労働条件の明示）、９条（均等待遇）、11条1項（教育訓練）、12条（福利厚生施設）、13条（通常の労働者への転換）、14条（説明義務）及び16条（雇用管理の改善等に関する事項に関する相談のための体制整備）については、厚労大臣自らがそれらに違反している事業主に対し勧告をしたものの、それに事業主が従わなかった場合にその旨を公表すること（法18条２項）をもって、行政指導の効果を高め、法の実効性確保が図られています。

なお、法８条（均衡待遇）については、既述のとおり明確な法違反が認められる場合に限り、勧告の対象とすると施行通達が述べますが、法18条２項では、法８条違反に対する勧告に事業主が従わなかった場合は公表対象から除外されています。

2　行政ADRの整備

法改正により、有期雇用労働者についても、事業主との間の紛争について、法所定の紛争解決手続（行政ADR）の対象となりました（法23条ないし法27条。

個別労働関係紛争の解決の促進に関する法律の適用がない)。

上記紛争とは、法6条1項(雇入れ時の労働条件の明示)、8条(均衡待遇)、9条(均等待遇)、11条1項(教育訓練)、12条(福利厚生施設)、13条(通常の労働者への転換)、14条(説明義務)に定める事項にかかる事業主の一定の措置についての紛争を指します。

本手続は、都道府県労働局の管轄で行われ、労働局長から紛争の円満かつ迅速な解決を図るために、当事者に助言、指導及び勧告(具体的な解決案の提示)がなされますが、それを受け入れるかは当事者の判断に委ねられており、法的な強制力はありません。

(荒川正嗣)

第**9**章

同一労働同一賃金に関する法改正

Ⅳ. 労働者派遣法改正（同一労働同一賃金関連）

1.　改正点の概要及び改正趣旨

改正前派遣法においては、30条の3（均衡を考慮した待遇の確保）が規定されていますが、改正前労働契約法20条のような不合理な労働条件の相違を禁止することを明記した均衡待遇規定にまではなっていませんでした。また、改正前パート法9条のような均等待遇規定もありませんでした。

派遣労働者の就業場所は派遣先であり、待遇に関する派遣労働者の納得感を考慮するため、派遣先の労働者との均等（差別的な取扱いをしないこと）及び均衡（不合理な待遇差を禁止すること）が課題とされてきました。

もっとも、派遣労働者については、派遣先における均等や均衡を考慮すると、派遣先が変わるごとに、賃金水準が変わり、派遣労働者の所得が不安定になることが想定されます。また、一般に、賃金水準は大企業であれば高く、小規模な企業であれば低い傾向にありますが、派遣労働者が担う職務の難易度は、同種の業務であっても、大企業ほど高度で小規模の企業ほど容易とは必ずしも言えません。結果として、派遣労働者個人の段階的・体系的なキャリアアップ支援と不整合な事態を招くこともあると考えられました。

そこで、改正派遣法により、派遣労働者の待遇については、選択肢として派遣元における労使協定方式も採用されることとなり、以下のいずれかを確保することが義務付けられました。

①　派遣先均等・均衡方式（改正派遣法30条の3） →派遣先の通常の労働者との均等・均衡待遇
②　労使協定方式（改正派遣法30条の4） →派遣元における一定の要件を満たす労使協定による待遇

これらいずれかの方式を義務付ける改正派遣法によって、派遣労働者についての同一労働同一賃金は、派遣先に雇用される通常の労働者（無期雇用フルタイム労働者）と派遣労働者との間の不合理な待遇差を解消すること等を目指すものです。

その他、派遣労働者に対する労働条件に関する説明義務の強化（改正派遣法31条の2）と、裁判外紛争解決手続（行政ADR）の規定が整備されました（改正派遣法47条の５ないし47条の９）。

2.　改正の具体的内容

1　待遇を決定する際の規定の新設

不合理な待遇差を解消するため、派遣先均等・均衡方式か労使協定方式のいずれかの方式により、派遣労働者の待遇を確保することが義務化されます。

ア　待遇決定方式の概要

①派遣先均等・均衡方式

この方式は、派遣先の通常の労働者との均等・均衡待遇を図るものです。基本給、賞与、手当、福利厚生、教育訓練、安全管理等全ての待遇のそれぞれについて、派遣先の通常の労働者との間に「不合理」な待遇差がないように待遇を決定することが求められます。

派遣先との均等・均衡待遇とする場合、派遣契約締結の流れは次のようになります。

a　派遣先による比較対象労働者の待遇情報の提供
↓
b　派遣元による派遣労働者の待遇の検討・決定
↓
c　派遣料金の交渉（派遣先は派遣料金に関して配慮）
↓
d　派遣元と派遣先による労働者派遣契約の締結

②労使協定方式

この方式は、派遣元において、労働者の過半数で組織する労働組合又は労働者の過半数代表者と一定の要件を満たす労使協定を締結し、当該協定に基づいて派遣労働者の待遇を決定する方式です。労使協定に定める賃金については、職業安定局通知に示される、派遣労働者と同種の業務に同一の地域で従事する一般労働者の平均賃金と同等以上になるように決定するとともに、昇給規程等の賃金改善の仕組を設ける必要があります。また、賃金以外の待遇（教育訓練や福利厚生施設を除く）については、派遣元の通常の労働者（派遣労働者を除く）と比較して不合理な待遇差が生じないようにすることが求められます。労使協定方式によっても、派遣先が行う一部の教育訓練及び福利厚生施設（給食施設、休憩室及び更衣室）の利用については、派遣先の通常の労働者との均等・均衡が求められます。

労使協定方式の場合の派遣契約締結の流れは次のようになります。

a　派遣元における通知で示された最新の統計を確認のうえ、
労使協定の締結、労使協定の周知等
↓
b　派遣先における比較対象労働者の待遇情報の提供
（教育訓練、福利厚生施設）
↓
c　派遣料金の交渉（派遣先は派遣料金に関して配慮）
↓
d　派遣元と派遣先による労働者派遣契約の締結

イ　均等待遇・均衡待遇の考え方と同一労働同一賃金ガイドライン

（ア）均等待遇・均衡待遇の考え方

派遣労働者に関する均等待遇（改正派遣法30条の３第２項）は、待遇決定にあたって、派遣労働者が、派遣先の通常の労働者と同じに取り扱われること、つまり、派遣労働者の待遇が、派遣先の通常の労働者と同じ方式で決定されることを意味します。ただし、同じ取扱いのもとで、能力・経験等の違いにより差が付くことは許容されます。

均衡待遇（改正派遣法30条の３第１項）は、派遣労働者の待遇について、派遣先の通常の労働者の待遇との間に不合理な待遇差がないこと、つまり、①職務の内容、②職務の内容及び配置の変更の範囲、③その他の事情、の違いに応じた範囲内で待遇が決定されることを意味します。

派遣元が、均等待遇・均衡待遇のどちらを求められるかは、派遣労働者と派遣先の通常の労働者との間で、①職務の内容、②職務の内容及び配置の変更の範囲、が同じか否かにより決まります。①と②が同じ場合には、派遣労働者に対する差別的取扱いが禁止され、均等待遇であることが求められます。

それ以外の①あるいは②が異なる場合には、均衡待遇であることが求められ、派遣労働者の待遇は、①と②に加えて③その他の事情の違いを考慮して、派遣先の通常の労働者との間に不合理な待遇差が無いように決定することが求められます。

（イ）同一労働同一賃金ガイドライン

派遣労働者と派遣先の通常の労働者との間に待遇の相違が存在する場合に、いかなる待遇の相違が不合理と認められるものであり、いかなる待遇の相違が不合理と認められるものでないか等の原則となる考え方及び具体例を待遇ごとに示した「短時間・有期雇用労働者及び派遣労働者に対する不合理な待遇の禁止等に関する指針」（いわゆる同一労働同一賃金ガイドライン、以下「ガイドライン」といいます）が2018年12月28日付で公表されています。

ガイドラインは、派遣先に雇用される通常の労働者と派遣労働者との間の不合理と認められる待遇の相違及び差別的取扱いの解消（協定対象派遣労働者にあっては、当該協定対象派遣労働者の待遇が労使協定により決定された事項に沿って運用されていること）を目指すものとし、不合理な待遇差の解消に向けた原則となる考え方や具体例について、基本給、賞与、手当等の個別の待遇ごとに「問題となる例」「問題とならない例」を用いながら解説しています。

派遣先均等・均衡方式の場合と、労使協定方式は別項目で整理されており、以下にその項目を挙げておきます。詳細内容は巻末資料を参照ください。

第４　派遣労働者（※派遣先均等均衡方式）	
1	基本給
2	賞与
3	手当
4	福利厚生
5	その他
第５　協定対象派遣労働者（※労使協定方式）	
1	賃金（基本給、賞与、手当）
2	福利厚生
3	その他

ガイドラインにおいては、基本的な考え方として、ガイドラインに記載のない退職手当等の待遇についても、不合理な待遇差の解消等が求められること、労使による個別具体の事情に応じた話し合いが望まれること、通常の労働者と派遣労働者との間で職務内容等を分離した場合であっても通常の労働者との間の不合理な待遇差の解消が求められること、労使で合意することなく通常の労働者の待遇を引き下げることで派遣先の通常の労働者との均等・均衡を図ることは望ましい対応とはいえないこと、が示されています。

ウ　派遣元から関係者への待遇決定方式の情報提供

派遣元は、派遣労働者の数、派遣先の数、いわゆるマージン率、教育訓練に関する事項等に加えて、次の事項について、関係者（派遣労働者、派遣先等）に情報提供しなければなりません（改正派遣法35条1項）。

①　労使協定を締結しているか否か ②　労使協定を締結している場合には、a労使協定の対象となる派遣労働者の範囲、b労使協定の有効期間の終期

この①と②の事項に関する情報提供にあたっては、インターネットの利用により、広く関係者、特に派遣労働者に必要な情報を提供することが原則となります。

エ　派遣先から派遣元への比較対象労働者の待遇情報の提供

待遇決定方式が、派遣先均等・均衡方式、労使協定方式のいずれの場合も、派遣先は、労働者派遣契約を締結するにあたり、あらかじめ派遣労働者に対し、派遣労働者が従事する業務ごとに、比較対象労働者の賃金等の待遇に関する情報を提供しなければなりません（改正派遣法26条7項）。

そして、派遣元は、派遣先から情報提供がないときは、派遣先との間で労働者派遣契約を締結してはならないこととされました（改正派遣法26条９項）。

（ア）比較対象労働者

派遣先は、次の①から⑥の優先順位により「比較対象労働者」を選定します（改正派遣法26条８項及び改正派遣則24条の５）。

① 「職務の内容」と「職務の内容及び配置の変更範囲」が同じ通常の労働者
② 「職務の内容」が同じ通常の労働者
③ 「業務の内容」又は「責任の程度」が同じ通常の労働者
④ 「職務の内容及び配置の変更範囲」が同じ通常の労働者
⑤ ①～④に相当するパート・有期雇用労働者（短時間・有期雇用労働法等に基づき、派遣先の通常の労働者との間で均衡待遇が確保されていることが必要）
⑥ 派遣労働者と同一の職務に従事させるために新たな通常の労働者を雇い入れたと仮定した場合における当該労働者

（イ）派遣先が派遣元に提供する「待遇に関する情報」

a　派遣先均等・均衡方式の場合（改正派遣則24条の４第１号）

派遣先は、次の①～⑤の情報を派遣元に提供します。

① 比較対象労働者の職務の内容、職務の内容及び配置の変更の範囲並びに雇用形態
② 比較対象労働者を選定した理由
③ 比較対象労働者の待遇のそれぞれの内容（昇給、賞与その他の主な待遇がない場合には、その旨を含む）
④ 比較対象労働者の待遇のそれぞれの性質及び当該待遇を行う目的
⑤ 比較対象労働者の待遇のそれぞれを決定するに当たって考慮した事項

b　労使協定方式の場合（改正派遣則24条の４第２号）

① 派遣労働者と同種の業務に従事する派遣先の労働者に対して、業務の遂行に必要な能力を付与するために実施する教育訓練（改正派遣法40条2項）
② 福利厚生施設（給食施設、休憩室、更衣室　改正派遣法40条3項）

（ウ）待遇情報の提供方法と保存

派遣先による情報提供は、書面の交付、ファクシミリ、電子メール等により行う必要があります。また、派遣元は提供を受けた書面等を、派遣先は当該書面等の写しを、労働者派遣が終了した日から３年を経過する日まで保存しなければなりません（改正派遣則24条の３）。

（エ）待遇情報の取扱に関する留意点

派遣先から派遣元に提供された情報の取扱については、次の事項に留意する必要があります。

①当該情報のうち個人情報に該当するものの保管及び使用
派遣先の通常の労働者との均等・均衡待遇の確保等の目的の範囲に限られること

②当該情報のうち個人情報に該当しないものの保管及び使用
派遣先の通常の労働者との均等・均衡待遇の確保等の目的の範囲に限定する等適切な対応が必要であること

③提供を受けた待遇情報は派遣法24条の４の秘密を守る義務の対象となること

オ　労使協定方式の場合の必要事項

（ア）派遣元における過半数代表者の選出

過半数労働組合がある場合には、当該労働組合と労使協定を締結することになりますが、過半数労働組合がない場合には、過半数代表者を選出する必要があります（改正派遣法30条の４第１項本文）。

この過半数代表者は、①労働基準法41条2号に規定する管理監督者でないこと、②労使協定を締結する者を選出することを明らかにして実施される投票、挙手等の民主的な方法による手続により選出された者であって、派遣元の意向に基づき選出されたものでないこと、が求められます（改正派遣則25条の6第1項）。

適切な手続を経て選出された過半数代表者と締結された労使協定でなければ、労使協定方式は適用することはできず、この場合、派遣先均等・均衡方式が適用されることになります。

（イ）労使協定に定める事項

派遣元は、労使協定においては、次の①から⑥の全ての事項を定める必要があります（改正派遣法30条の4第1項1号ないし6号及び改正派遣則25条の7ないし25条の10）。そして、②から⑤として労使協定に定めた事項を遵守していない場合には、労使協定方式は適用されず、派遣先均等・均衡方式となります。

①	労使協定の対象となる派遣労働者の範囲
②	賃金の決定方法（次の2要件を充足） ・派遣労働者が従事する業務と同種の業務に従事する一般労働者の平均的な賃金の額と同等以上の賃金額となるもの（職種ごとの賃金、能力・経験、地域別の賃金差をもとに決定され、毎年6〜7月に通知で示される予定） ・派遣労働者の職務の内容、成果、意欲、能力又は経験等の向上があった場合に賃金が改善されるもの（職務の内容に密接に関連して支払われる賃金以外の賃金（通勤手当、家族手当、住宅手当、別居手当、子女教育手当等）を除く）
③	派遣労働者の職務の内容、成果、意欲、能力又は経験等を公正に評価して賃金を決定すること
④	労使協定の対象とならない待遇（教育訓練・福利厚生施設）及び賃金を除く待遇の決定方法（派遣元に雇用される通常の労働者（派遣労働者を除く）との間で不合理な相違がないものに限る。）
⑤	派遣労働者に対して段階的・計画的な教育訓練を実施すること
⑥	その他の事項 ・有効期間（2年以内が望ましい） ・労使協定の対象となる派遣労働者の範囲を派遣労働者の一部に限定する場合は、その理由 ・特段の事情がない限り、一の労働契約の期間中に派遣先の変更を理由として、協定の対象となる派遣労働者であるか否かを変えようとしないこと

（ウ）労使協定の内容の周知

派遣元は、労使協定を締結したときは、次の①から③のいずれかの方法により、その内容を雇用する労働者に周知する必要があります（改正派遣法30条の４第２項及び改正派遣則25条の11）。

① 書面の交付等（書面の交付、労働者が希望した場合のファクシミリ・電子メール（プリントアウトできるものに限る）等） ② パソコンに備えられたファイル、磁気ディスクその他これらに準ずる物に記録し、かつ、労働者が当該記録の内容を常時確認できるようにすること（社内イントラネット等） ③ 常時派遣元の各事業所の見やすい場所に掲示し、又は備え付けること（協定の概要について、書面の交付等によりあわせて周知する場合に限る）

（エ）労働局への報告

労使協定を締結した派遣元は、毎年度6月30日までに労働局に提出する事業報告書に労使協定を添付しなければなりません。また、労使協定方式の対象となる派遣労働者の職種ごとの人数、職種ごとの賃金額の平均額を報告しなければなりません（派遣法23条5項並びに改正派遣則18条の2第3項）。

（オ）労使協定の保存

派遣元は、労使協定に係る書面を、その有効期間が終了した日から３年を経過する日まで保存しなければなりません（改正派遣則25条の12）。

カ　その他の留意点

（ア）派遣元及び派遣先が講ずべき措置

派遣元と派遣先の間で締結する労働者派遣契約に記載する事項に、次の内容が追加されます（法26条1項10号並びに改正派遣則22条1号及び6号）。

① 派遣先労働者が従事する業務に伴う責任の程度 ② 労使協定方式の対象となる派遣労働者に限るか否か

これにより、派遣元による就業条件等の明示事項についても、上記①の事項が追加されます。

（イ）派遣元が講ずべき措置

a　派遣元は、派遣労働者に係る事項について、就業規則を作成又は変更しようとするときは、あらかじめ、事業所において雇用する派遣労働者の過半数を代表すると認められるものの意見を聴くように努めなければなりません（改正派遣法30条の6）。

b　派遣元が労働者派遣をするときに、派遣先に通知する事項に、次の内容が追加されます（改正派遣法35条1項2号）。

・協定対象派遣労働者であるか否かの別

c　雇用する派遣労働者ごとに派遣元管理台帳に記載すべき事項に、次の内容が追加されます（改正派遣法37条1項1号）。

・協定対象派遣労働者であるか否かの別 ・派遣労働者が従事する業務に伴う責任の程度

（ウ）派遣先が講ずべき措置

a 派遣料金の交渉における配慮

派遣先は、派遣料金について、派遣先均等・均衡方式、又は労使協定方式による待遇改善が行われるよう配慮しなければなりません（改正派遣法26条11項）。

この配慮は、労働者派遣契約の締結又は更新のときだけではなく、締結又は更新がされた後にも求められるものです。

b　教育訓練

派遣先は、派遣先の労働者に対して業務の遂行に必要な能力を付与するための教育訓練を実施する場合には、派遣元の求めがあったときは、派遣労働者に対しても、これを実施する等必要な措置を講じなければなりません（ただし、派遣元が既に実施した場合又は実施可能な場合を除く。改正派遣法40条２項及び派遣則32条の２）。

c　福利厚生

派遣先は、派遣先の労働者が利用する福利厚生施設（給食施設、休憩室、更衣室）については、派遣労働者に対しても利用の機会を与えなければなりません（改正派遣法40条３項及び派遣則32条の３）。

また、派遣先が設置・運営し、派遣先の労働者が通常利用している物品販売所、病院、診療所、浴場、理髪室、保育所、図書館、講堂、娯楽室、運動場、体育館、保養施設等の施設の利用に関する便宜の供与の措置を講ずるよう配慮しなければなりません（改正派遣法40条４項）。

d　情報提供

派遣先は、派遣元の求めがあったときは、派遣先に雇用される労働者に関する情報、派遣労働者の業務の遂行の状況その他の情報であって必要なものを提供する等必要な協力をするよう配慮しなければなりません（改正派遣法40条５項）。

e　派遣先管理台帳の記載事項

派遣先管理台帳に記載すべ事項に次の事項が追加されます（改正派遣法42条1項1号及び11号並びに改正派遣則36条２号）。

・協定対象派遣労働者であるか否かの別
・派遣労働者が従事する業務に伴う責任の程度

2　派遣労働者に対する説明義務の新設

派遣労働者が不合理な待遇差を感じることがないように、雇入れ時、派遣時、雇入れ後に求めがあった場合に派遣労働者に対する待遇に関する説明義務が新設されました。

ア　雇入れ時の説明

（ア）労働条件に関する事項の明示

派遣元は、派遣労働者の雇入れ時に、あらかじめ労働条件に関する次の事項を明示しなければなりません（改正派遣法31条の２第２項1号及び改正派遣則25条の16。この他に労働基準法15条に基づく労働条件の明示も必要です）。

①　昇給の有無 ②　退職手当の有無 ③　賞与の有無 ④　労使協定の対象となる派遣労働者であるか否か ⑤　派遣労働者から申し出を受けた苦情の処理に関する事項

明示の方法は、文書の交付か、派遣労働者が希望した場合にはファクシミリ又は電子メールの送信等によることができます（改正派遣則25条の15）。

（イ）不合理な待遇差を解消するために講ずる措置の内容

派遣元は、派遣労働者の雇入れ時に、あらかじめ次の事項を説明しなければなりません（改正派遣法31条の２第２項２号）。

①　派遣先均等・均衡方式によりどのような措置を講ずるか ②　労使協定方式によりどのような措置を講ずるか ③　職務の内容、職務の成果、意欲、能力又は経験その他の就業の実態に関する事項を勘案してどのように賃金決定するか（ただし、職務内容に密接に関連して支払われる賃金以外の賃金、例えば、通勤手当、家族手当、住居手当、別居手当、子女教育手当は除く）

この説明は、書面の活用その他の適切な方法により行わなければなりません（改正派遣則25条の18）。

イ　派遣時の説明

（ア）労働条件に関する事項の明示

派遣元は、派遣労働者の派遣時、あらかじめ労働条件に関する次の事項を明示しなければなりません（改正派遣法31条の２第３項１号及び改正派遣則25条の20)。あわせて、派遣法34条１項に基づく明示も必要です。

①　賃金（退職手当及び臨時に支払われる賃金を除く。）の決定等に関する事項 ②　休暇に関する事項 ③　昇給の有無 ④　退職手当の有無 ⑤　賞与の有無 ⑥　労使協定の対象となる派遣働者であるか否か（対象である場合には、労使協定の有効期間の終期、労使協定方式の場合は⑥のみ明示）

派遣時の明示は、文書の交付か、派遣労働者が希望した場合にはファクシミリ又は電子メールの送信等によることができます（改正派遣則25条の15)。

（イ）不合理な待遇差を解消するために講ずる措置の説明

派遣元は、派遣時にあらかじめ次の事項を説明しなければなりません（改正派遣法31条の２第３項２号)。

①　派遣先均等・均衡方式によりどのような措置を講ずるか ②　労使協定方式によりどのような措置を講ずるか ③　職務の内容、職務の成果、意欲、能力又は経験その他の就業の実態に関する事項を勘案してどのように賃金決定するか（ただし、職務内容に密接に関連して支払われる賃金以外の賃金、例えば、通勤手当、家族手当、住居手当、別居手当、子女教育手当は除く）

この説明は、書面の活用その他の適切な方法により行わなければなりません（改正派遣則25条の18)。

ウ　派遣労働者から求めがあった場合の説明

派遣元は、提供を受けた比較対象労働者の待遇等に関する情報に基づき、派遣労働者と比較対象労働者との間の待遇の相違の内容及び理由等について説明しなければなりません（改正派遣法31条の２第４項）。この説明義務は、待遇についての派遣先均等・均衡方式と労使協定方式のいずれの場合であっても課されるものです。

（ア）説明する必要がある事項

ａ派遣先均等・均衡方式の場合

> ①　待遇の相違の内容として次の事項
> 　・派遣労働者及び比較対象労働者の待遇のそれぞれを決定するに当たって考慮した事項の相違の有無
> 　・「派遣労働者及び比較対象労働者の待遇の個別具体的な内容」又は「派遣労働者及び比較対象労働者の待遇の実施基準」
> ②　待遇の相違の理由
> 職務の内容、職務の内容及び配置の変更の範囲、その他の事情のうち、待遇の性質及び待遇を行う目的に照らして適切と認められるものに基づき、待遇の相違の理由を説明しなければなりません。

ｂ労使協定方式の場合

> ①　協定対象派遣労働者の賃金が、次の内容に基づき決定されていることについて説明しなければなりません。
> 　・派遣労働者が従事する業務と同種の業務に従事する一般労働者の平均的な賃金の額と同等以上であるものとして労使協定に定めたもの
> 　・労使協定に定めた公正な評価
> ②　協定対象派遣労働者の待遇が、派遣元に雇用される通常の労働者との間で不合理な相違がなく決定されていること等について、派遣先均等・均衡方式の場合の説明の内容に準じて説明しなければなりません。

(イ) 不利益取り扱いの禁止

派遣元は、派遣労働者が説明を求めたことを理由として解雇その他不利益取り扱いをしてはなりません（改正派遣法31条の２第５項）。

(ウ) 派遣労働者から求めがない場合における対応

派遣労働者から求めがない場合でも、次の事項に変更があった場合には、派遣元は派遣労働者に対し、その内容を情報提供することが望ましいとされています（改正派遣元指針第2の9の（4））。

① 比較対象労働者との間の待遇の相違の内容及び理由
② 派遣先均等・均衡方式又は労使協定方式により派遣労働者の待遇を決定するにあたって考慮した事項
③ 均衡待遇の対象となる派遣労働者の賃金を決定するにあたって考慮した派遣労働者の職務の内容、職務の成果、意欲、能力又は経験その他の就業の実態に関する事項

3　裁判外紛争解決手続（行政ADR）の規定の新設

派遣労働者に関するトラブルの早期解決を図るため、事業主と労働者との間の紛争について裁判をせずに解決する手続として、行政による裁判外紛争解決手続（行政ADR）が整備されます。

その概要は、次のとおりであり、一定事項について自主的解決（改正派遣法47条の4）ができない場合において、改正派遣法による紛争解決援助の対象となる紛争については、当事者の希望に応じて、都道府県労働局長による助言・指導・勧告または調停会議による調停の手続があります（改正派遣法47条の5ないし47条の9）。

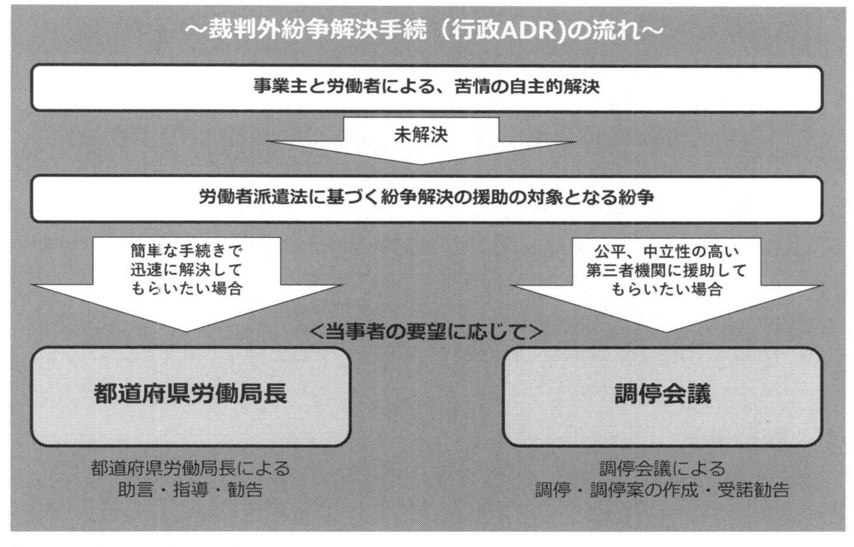

（厚生労働省資料より）

援助等の対象となる自主的解決が求められる事項は次のとおりです。

①　派遣元は次の事項について、派遣労働者から苦情の申出を受けたとき又は派遣先にした苦情内容が派遣先から通知された時は、自主的解決を図るよう努めなければなりません（改正派遣法47条の４第1項）。 ・改正派遣法30条の３（派遣先均等・均衡方式） ・改正派遣法30条の４（労使協定方式） ・改正派遣法31条の２第２項（雇入れ時の説明） ・改正派遣法31条の２第３項（派遣時の説明） ・改正派遣法31条の２第４項（派遣労働者から求めがあった場合の説明） ・改正派遣法31条の２第５項（不利益取り扱いの禁止）
②　派遣先は次の事項に関し、派遣労働者から苦情の申出を受けたときは、自主的解決を図るよう努めなければなりません（改正派遣法47条の４第２項）。 ・改正派遣法40条２項（業務遂行に必要な能力を付与するための教育訓練の実施） ・改正派遣法40条3項（給食施設、休憩室及び更衣室の利用の機会の付与）

派遣元及び派遣先は、派遣労働者が、援助や調停の申出をしたことを理由として派遣労働者に対して不利益な取扱いをしてはなりません。

4　施行時期

改正派遣法の施行時期は、企業規模を問わず2020年４月です。

3.　実務上の留意点

1　改正派遣法には猶予措置がないこと

改正派遣法の施行は一律令和2年４月であり、改正パート・有期法及び改正労基法のように中小企業についての1年の猶予措置はありません。派遣社員を受け入れている中小企業規模の派遣先企業は、自社の直接雇用社員の同一労働同一賃金対応よりも、1年早く改正派遣法が適用されることから、派遣元との調整等を適切に行うことが求められます。

2　情報提供と説明義務に備えた準備

派遣先においては、比較対象労働者の待遇情報の提供が求められますので、その準備を進める必要があります。

また、派遣元においても、派遣労働者に対し、雇入れ時、派遣時の待遇の明示・説明義務、求めがあった場合の説明義務が新設されていますので、その準備を進める必要があります。

3　実務上の準備のための厚労省マニュアル

改正派遣法においては、派遣先均等・均衡方式と派遣元における労使協定方式のいずれかによる義務が創設されました。いずれの方式によるかの決定は、もっぱら派遣元が行うものとなります。いずれの方式であっても、派遣先、派遣元のそれぞれに多くの義務を課す改正内容となっていることから、早目の準備が求められます。

この準備の具体的手順に関し、厚生労働省は2019年3月に「不合理な待遇差解消のための点検・検討マニュアル～改正労働者派遣法への対応～」(https://www.mhlw.go.jp/content/11909000/000494513.pdf) を公表しています。

この中において、派遣先均等・均衡方式における派遣先からの情報提供の書式例や、労使協定方式の場合の労使協定書式例のほか、実務上の点検・検討手順等が示されています。本書では、誌面の都合上詳細に触れることはできませんが、参考にして下さい。ただし、マニュアルはあくまで厚生労働省としての解説や例を示す参考資料です。全面的に依拠するのではなく、改正法の文言に照らし、各企業の労使自治によって改正対応を進めて頂きたいと思います。

(増田陳彦)

特別解説１

労働者側から見た働き方改革関係法について

奥川貴弥

1　働き方改革（働き方改革を推進するための関係法律）で実現した改革内容のうち、労働者側にとって重要な①時間外労働の上限規制と、②同一企業内における正規・非正規労働者の不合理な待遇の禁止、③「不合理と認められる」の解釈について論じます。

2　時間外労働の上限規制

(1)　時間外労働規制の必要性

(ア)　時間外労働規制は、過重労働が脳心臓疾患・精神障害などの発症原因となることがあるため、時間外労働規制が必要となります。

この点について、国が法律で労働時間を過度に規制することは使用者の経済活動の自由（契約自由の原則）を制限することになり妥当ではないとの主張があります[1]。

しかし、所定外労働の発生原因について平成27年12月から同28年1月に実施された企業アンケート調査（厚労省平成28年度過労死防止対策白書）によると、上位は「顧客（消費者）からの不規則な要望に対応する必要があるため」（44.5%）、「業務量が多いため」（43.3%）、「仕事の繁閑の差が大きいため」（39.6%）、「人員が不足しているため」（30.6%）で、一方「労働生産低いため」はわずか4.4%に過ぎず、結局従業員数が足りないことが過重労働の原因と思われます。[2]

1)　パンなどの製造所労働者に対する法律による労働時間規制を巡り、合衆国憲法第14条修正第1節の合憲性が問題なったロックナー事件をとりあげ詳しく論述したものとして亀本洋　法哲学・2011年217頁がある。

2)　長時間労働の原因は労働者側が「わが社の繁栄」に自己を同一化するような会社の共同体的性格によるところが大きい。………サービス残業、つきあい残業などを拒否するつまり、過重労働の原因は使用者にあり、しかも過重労働が及ぼす労働者の健康・生命に対する影響を考えると、過重労働を防ぐために、国は使用者に対し労働時間規制を行う責務があります。

⑵ 改正法の内容

36協定を締結することによる時間外労働（労基法で定められた法定労働時間である1週40時間1日8時間を超えた労働時間）が、従来大臣告示によって時間外労働の上限が月45時間、年360時間であったのですが、労基法によって規制されることになりました。

さらに、臨時的な特別な事情がある場合の特別条項付36協定が締結されますと、時間外労働の上限はありませんでしたが、今回①年720時間、②休日労働を含めて複数月平均80時間以内、③休日労働を含めて月100時間未満、④月45時間を超えることができるのは、年間6ケ月までとされました（改正法36条5項6項）。

労働者側は、今回の改正によって使用者は労働者に月100時間未満までは労働を命じることが正当化されたことになるという危惧を持っています。

また、上記のとおり、時間外労働の上限規制が複雑すぎて、使用者や労働者がその規制を理解し実務に生かせるのでしょうか。その原因は、時間外労働月100時間未満の制限が過重労働対策では不十分であるためそれ以外の規制をせざるを得なかったからと思われます。

⑶ 時間外労働の上限月100時間未満の立法の妥当性について

㋐ 労基法36条1項の協定で定める労働時間の延長及び休日労働について留意すべき事項（平成30年9月7日厚労省告示第323号）が

「利己的な人間」は、職場八分やいじめに………あうおそれもある。………過労死、時には自殺までしてしまう………このような共同体的圧力に抵抗する………労働者に、日本の司法は救済の手を差し延べない（井上達夫　法という企て　東京大学出版会・2003年283頁）。

指摘する、「脳血管疾患及び虚血性心疾患等（負傷に起因するものを除く）の発症の認定基準について」（平成13年12月12日基発第1063号）は、発症前1箇月間おおむね100時間は業務と脳・心臓疾患との関連性が強いと評価できるとされています。つまり、時間外労働100時間は危険ラインとされています。

(イ) また事業者は時間外労働１月当たり100時間を越え、かつ、疲労の蓄積が認められる者については、医師の面接指導を行わなければならない（労安法66条の８第１項　同規則52条の２第１項）とされており、法も時間外労働100時間が危険ラインであることを認めています。

(ウ) さらに前記の認定基準では労働時間だけではなく、具体的負荷要因として不規則な勤務、拘束時間の長い勤務、深夜勤務などがあげられています。したがって、長時間労働とこれらの負荷要因が併存しうることを考慮するなら、労働時間を脳・心臓疾患の認定基準の100時間未満を時間外労働の上限とすることは危険と思います。

(エ) 精神障害の認定基準は（平成23年12月26日基発1226第１号）は、業務による心理的負荷を、弱、中、強に分類し、負荷が強になった場合労災認定要件に該当するとされています。

まず、発病直前の連続した３か月間に、１か月当りおおむね100時間以上の時間外労働を行った場合心理的負荷は強とされ、労災認定の要件に該当します。つまり、１か月当り100時間未満はそもそも過重労働の危険ラインなのです。

次に、１か月に80時間以上の時間外労働を行った場合、心理的負荷の強度は中であって、その出来事のみでは精神障害の労災認定要件に該当しません。しかし単独で強にならない場合も、中とされる負荷が二つ以上重なると強とされる場合があります。そして、同基準の定める心理的負荷が中とされる例として、時間外労働以外の12日間以上にわたって連続勤務を行なったこと、ノルマを課せられたこと、顧客からのクレーム、転勤、上司や部下とのトラブルなど多岐に渡り、時間外労働と上記の心理的負荷が併存することはままあります。そうしますと、心理的負荷が中（80時間以上の時間外労働）+中（上記の例）の場合は強と評価されることがあるので、精神障害の労災認定要件を満たすことがあります。

このような例として、東芝事件（最判第２小平成26年３月24日　労判1094号22頁）があります。この事件では、原告はプロジェクトのリーダーに就任し、プロジェクト立上げ後、うつ病発症が疑われる５か月の間に１か月最大84時間21分の時間外労働しかなかったのに、休日勤務、深夜労働に従事することがあったこと、業務の期限に追われていたこと、初めてのプロジェクトのリーダーとなったこと、上司の厳しい督促や指示などの負荷要因が重なってうつ病を発症したとして使用者に損害賠償責任が認められました。

また、時間外労働以外にたいした負荷要因がないのにもかかわらず発症前１か月間の時間外労働が85時間48分のケースで虚血性心疾患による死亡を労災と認めた例もあります（テーエス・シー事件　名古屋高裁平成29年３月23日　労判1160号45頁）。

以上のことから時間外労働の上限は月80時間にすべきであり、かつ「時間外労働の上限が月45時間とされ、脳・心臓疾患の労災認定基準が発症前１か月間ないし６か月間にわたって、１か月当りおおむね45時間を超える時間外労働が認められない場合は、業務と発症との関連性が弱いが、おおむね45時間を超える時間外労働時間が長くなるほど、業務と発症との関連性が徐々に強まる」とされていることを考慮しますと、月80時間を超えることができるのはせいぜい年間３か月とするのが妥当だったと思います。

⑷特別条項について

36協定の特別条項については、改正前は労働省告示（平成10年12月28日第154号）は「限度時間を超えて労働時間を延長しなければならない特別の事情（臨時的なものに限る。）ある場合」としていました。今回の改正で、法律でより具体的に「当該事業場における通常予見することができない業務量の大幅な増加等に伴い臨時的に必要な場合」とされました（36条５項６項）。

ところで、特別条項が使用者に乱用されている実態を踏まえ、労政審が「働きすぎ防止の観点からこの特別事情とは臨時的なものに限る必要がある」との建議が出されたいきさつがあります（平成15年10月22日基発第1022003号）。今回の改正によって当別条項の時間外制限が法律によってなされたとはいえ、使用者が繁忙期に特別条項を乱用する恐れは依然あります。

3　非正規労働者の不合理な待遇の禁止

⑴正規労働者と非正規労働者の待遇の違い

㈠　正社員・正職員（常用労働者のうち短時間労働者以外の者）と正社員・正職員以外の労働者（短時間労働者を除く）の年収は、25～29歳が407万円、278万円、同30～34歳が473万円、292万円、同35～39歳が522万円、292万円、同40～44歳が569万円、289万円、同45～49歳が619万円、285万円、同50～54歳が657万円、284万円です（厚労省　平成29年賃金構造基本統計調査）。

退職金の支給の有無を考慮すると、その差はさらに広がると思われます。

㈡　非正規労働者（派遣を含む）の割合は、平成元年が19.1%でその後増加し、ここ数年おおむね37%で増減はありませんが、人数は平成25年1,910万人、平成29年2,036万人と増え続けています。

㈢　不本意非正規労働者（正社員として働く機会がなく、非正規雇用で働いている者）は、全体で273万人（14.3%）ですが、25～34歳で57万人、35～44歳51万人、45～54歳60万人（15.4%）、おおむね前年比2%の増加です（以上　総務省労働力調査　平成29年）。なお、用語は統計資料をそのまま引用しました。

以上のことから、多数の不本意非正規労働がいること、その賃金が正

規労働者に比べるとかなり低いことが明らかであり、社会問題として解決すべき事柄と思われます。[3) 4) 5)]

⑵改正法の内容

今回の改正で労契法20条を削除し、短時間労働者の雇用管理の改善等に関する法律8条に統合し、新たに、短時間労働者及び有期雇用労働者の雇用管理の改善に関する法律8条（以下「改正法8条」とする。）を定めました。

改正法8条はパートタイム労働者、有期雇用労働者と通常の労働者の待遇が不合理と認められる相違を設けてはならないとされ、その判断要素として①業務の内容及び当該業務に伴う責任の程度（以下「職務の内容」という。）、②当該職務の内容及び配置の変更の範囲（以下「変更範囲」とする。）、③その他の事情が規定されました（①～③を「職務の内容等」とする。）。

⑶同一労働同一賃金と賃金体系の職務給化について

今回の改正法（改正前も）は、職務の内容の同一性を重視しつつ、それ以外の2つの要素を総合考慮したうえで、正規社員と非正規社員の不合理な待遇を禁止したもので、同一労働同一賃金を実現しようとしたも

---

3)　分配的正義の立場からは、職務内容が同一ないし近似している場合、分配的正義すなわち「行為主体A（agent）は、本人がP（performance）をしたがゆえに、B（benefit）に値する（deserve）。」との命題の適用が問題となります。この場合のdeserveに該当するのは、賃金ということになります（前掲亀本洋「法哲学」成文堂・2011年498頁）。

4)　有期労働契約が使用者の望む都合のよい制度であることを指摘する論文として、緒方桂子　季刊労働法・2013年 241号　17頁が詳しい。

5)　貧富の差が著しい社会の弊害はいろいろ挙げられますが、サンデルは民主的な市民生活のよりどころである連帯とコミュニティ意識を育てるのが難しくなると主張します（「これからの正義の話をしよう」早川書房・2013年414頁）。富裕層と貧困層の相互の不信はコミュニケーションの成立を困難にし、対話による解決が困難になるのではないでしょうか。後述フランスの初期雇用契約が撤廃された例のように、雇用の流動化の意図が失業者の対策も目的の一つと主張しても、労働者は対話を拒否することになります。

のではありません。

しかし、不合理性の判断要素に職務の内容を重視していることは明らかです（菅野和夫「労働法」〔第11版補正版〕弘文堂・2017年・341頁）。その結果これを推し進めると賃金体系の職務給化を推進させ、同一労働同一賃金の実現の第一歩となる可能性があります（水町勇一郎「同一労働同一賃金のすべて」有斐閣・2018年53頁は、今回の改正を同一労働同一賃金に関する改革と主張します。）[6]そこで、職務給や同一労働同一賃金が企業の人事制度、給与制度にどのような影響を及ぼすか検討してみます。

労働者側（例えば労働組合）は、賃金の不公正是正の点からおおむね同一労働同一賃金に賛成しています。

しかし同じ労働者側は、賃金体系を、職能給（職能資格制度）を同一労働同一賃金と親和性のある職務給（職務等給制度）に変更するのに反対する人が多いと思われます。その理由は、職能給は年功によって賃金が上がることを前提としていることから[7]、生活給の要素があり、また、年功制は長期間の雇用を前提としているので終身雇用制度と結びつきます。従って、職能資格制度は労働者に生活の安定をもたらすからです[8]。

---

6)　当該職務（価値）に着目したものを職務給といい（荒木尚志「労働法」第8版　有斐閣・2016年118頁）

職務等級制は企業内の職務を職責の内容・重さに応じて等級（グレード）に分類・序列化する職務を細分類し個々の職務（JOB）に賃金レートをつける純粋の職務給と異なるとされています（前掲菅野417頁）。

7)　人事考課によって昇給金額は異なるものの、ほぼ全員が何らかの昇給を得ることがあげられる。………通常の日本の企業等において最低評価になるというのは極めて例外的なことである（三輪卓巳　人的資源管理　放送大学教育振興会・2015年120頁）。

8)　日本企業と従業員の関係の特徴として、会社を資本家のものから従業員共同体のものに転換した会社主義………会社への運命共同体的帰属意識が主張され（井上達夫　現代の貧困　岩波書店・2011年174頁）、会社への忠誠・従業員の個人より集団的行動の重視は、職能資格制度と親和性が高い。また、職能資格制度と近代軍政下の階級制度との類似性が指摘されています（平野光俊・江夏幾太郎　人事管理　有斐閣・2018年79頁）。日本企業の特徴として、労働者が集団（チーム）で仕事をすることが重視され、軍隊が忠誠・集団行動が重視されるのと同様、企業も職能資格制度が適しているということでしょうか。また、職務等給、役割等給制度を採用している企業でも実際は年功的運用がなされているようです。

一方で職務給（同一労働同一賃金）は賃金が年功によって上昇するとの前提がないばかりか[9]、配転によって異なる職務に就いた場合賃金が下がることもあり、また終身雇用制度の維持と関連性が希薄であり、労働者の生活を不安定にすることから、職務給に反対する人が多いと思います。

要するに、非正規労働者の待遇是正のため、同一労働同一賃金に賛成しつつ正規労働者の職能給は維持したいという両立しない主張をどう調整するのか検討を迫られています。

ところで、八代尚宏氏（当時経済財政諮問会議委員）は、終身雇用制、年功序列賃金が正社員と非正規社員の身分差を生み相互の雇用の流動化を阻害しているとして、同一労働同一賃金に賛成しています（ダイヤモンド2008年３月８日　36頁）。雇用の流動化が労働者間の不公正を失くすためとしても、労働者が賛成するかというと、そう簡単ではありません。フランス政府は2006年26歳未満の雇用について、２年間の試用期間を設け、使用者は理由なしに解雇をできるようにし、企業の採用意欲を高めようとするための法律（初期雇用契約=CPE）を採用しましたが、労働団体や学生組織は「より簡単に解雇される制度」などの理由で反対し、結局撤廃されました（武田晴人「仕事と日本人」筑摩書房・2008年　12頁）。雇用の流動化のための同一労働同一賃金を、非正規労働者を含む労働者が賛成するか否かは疑問があります。

いずれにしても、職務給さらに同一労働同一賃金は、労働者側にも日本の雇用制度にかかわる大きな問題を提起しています。

⑷基本給・賞与を巡る問題解釈上の問題[10]

---

9)　職務等級制度とは職務を必要なスキル、責任、難度等をもとに評価して職務価値を決め、いくつかの等級を設定し、昇進や賃金設定などの基準とするシステムで、………職務それ自体を等級の決定基準とする職務等級制度の長所は年功的処遇が避けられる（前掲　人的資源管理　平野光利　82頁）。

10)　短時間・有期労働者及び派遣労働者に対する不合理な待遇の禁止等に関する指針（厚生労働省告示第430号）

改正法8条はそれぞれの待遇ごとにその目的に照らして適切な要素を考慮して不合理性を個別に判断することを明らかにしたとされます（前掲水町勇一郎「同一労働同一賃金のすべて」60頁）。しかし、ハマキョウレックス事件（最判平30年6月1日　労判1179号20頁）、長澤運輸事件（最判平30年6月1日　労判1179号34頁）の各最高裁判決が解釈上同様の趣旨を採用し、学説もそれを支持していますから、この点は改正の影響は余りないと思います。

むしろ基本給、賞与を待遇の中に明文化したことの方がより重要と思われます。

基本給の額は、正規労働者と非正規労働者で異なる場合、その額を均衡させることは基本給の額が中核的人材確保と密接に結びつく企業の人事制度の根幹であって、基本給額を非正規労働者の賃金額に反映するのは困難が予想されます。例えば有期労働契約では契約上契約期間が合意されているので、期間満了により原則として雇用契約が終了します。したがって、正規労働者に適用される1年単位で昇給する年功給は有期雇用労働者には制度上想定されていないことや、中核的人材確保の要請から、基本給額を年功によって正規労働者と同じように昇給させるのは難しいのではないでしょうか。

しかし法が基本給を待遇の中に明文化した以上、職務内容等の③要素を考慮したうえで、例えば、正規・非正規労働者の勤務年数が同じ場合など、年功給の割合的認定をせざるを得ないと思われます。また、もし非正規労働者の基本給の是正ができないとすると、企業が正規労働者の賃金のうち手当を廃止し、基本給に一本化し、非正規労働者の待遇の是正を逃れる場合があるからです。

次に、企業が同一労働同一賃金の導入を目的とした賃金体系の改定が、正規労働者の意向に反した不利益な賃金体系への変更がなされる恐れがあります。A社は非正社員の賃金を引き上げ、正社員の水準に合わせるため正社員の賃金体系（年功給を変更するようです。）を変更するケースについて、「将来的に正社員にとっての不利益変更にならないように、人件費の総額源資の増減を確認するなど労使協議でしっかりチェックしていく必要がある」との見解があります（水町勇一郎　朝日新聞平成31年１月８日朝刊　用語は新聞記事によりました。）が、この場合、仮に非正社員の賃金水準を正社員に合わせるため、正社員の賃金を下げるとすると、就業規則の変更が不利益（労契法10条）をもたらすのは正社員についてですから、正社員・非正社員者全体の賃金の配分源資の増減ではなく、正社員全体の配分源資の減額の有無が問題となり、減額は許されないと考えます。短時間・有期雇用労働者に対する不合理な待遇の禁止等に関する指針（平成30年厚労省告示430号）でも、労使で合意することなく通常の労働者の待遇を引き下げることは、望ましい対応とはいえないとされています。なお、正規労働者の賃金制度を職能資格制度から成果主義に変更した事案について「従業員に対して支給する賃金源資総額を減少させるものではなく」とし、不利益変更に当たらないとした判例（ノイズ研究所事件　東京高判平成18年６月22日　労判920号５頁）は、正規労働者のみの賃金制度の変更であることに注意すべきです。

賞与は、職務の内容等の3要素を考慮したうえで労働者の能力、業績、勤続年数、企業の利益などを総合考慮して割合的認定をすべきだと思います。

⑸中核的人材確保の問題

不合理な待遇の禁止と企業の人事制度上の施策との調整をどのようにするかは、労働者のみならず企業にとって重要な問題です。

学説では不合理性の判断の仕方は、労働条件の相違が職務の内容等の要素を考察して、当該企業の経営・人事制度の施策として不合理なものと評価せざるを得ないことを意味するとし………法が変更範囲を第２の考慮要素に挙げていることから………事業の中核的人材として育成していく過程にある無期契約社員については………中核的人材として（その過程にある者）正社員の職能等級の中で処遇されるのは不合理とはいえないことになるとの見解（前掲菅野341頁）と一方「『…有為な人材の確保・定着を図るなどの目的』や、『長期的な勤務に対する動機付け』といった理由・事情は使用者側の主観的・抽象的な説明・事情にすぎず」それを考慮することに否定的な（前掲水町勇一郎　「同一労働同一賃金のすべて」71頁）見解があります。

最高裁はハマキョウレックス事件で、4度に渡って中核的人材確保について判示していることから、中核的人材確保論を採用しています。また、「正社員については、公正に評価された職務遂行能力に見合う等級役職への格付けを通じて、従業員の適正な処遇と配置を行うとともに、教育訓練の実施による能力の開発と人材の育成、活用に資することを目的として、等級役職制度が設けられているが、契約社員についてはこのような制度は設けられていない。」、また「職務の内容及び配置の変更の範囲に関しては正社員は………職務遂行能力に見合う等級役職への格付けを通じて、将来、上告人の中核を担う人材として登用される可能性があるのに対し、契約社員はそれがない。」と判示していることから、中核的人材確保は職務の内容及び配置変更の範囲の考慮要素としています。

ところで、上述のように非正規労働者の不合理に低い賃金が是正されなければなりませんが、一方で、不合理な待遇禁は、企業経営にとって最も重要な人事制度に対する不当な介入という意見もあると思います。

過重労働による脳・心臓疾患、精神障害の発症は労働者の健康・生命にかかわるため、法によって企業に対する労働時間規制はすべきということになりますが、労働者の生命・健康に直接的には関係しない人事制度への介入は労働時間規制と同レベルでは扱えないと思われます。

したがって、不合理性の判断にあたって、企業の人事上の施策を無視することは出来ないと思われます。

中核的人材確保をどの考慮要素とするかですが、次の3つの説が考えられます。①中核的人材確保を3つの要素である職務の内容等の上位概念とする。②変更範囲での考慮要素とする。③その他の事情の考慮要素とする。上記2つの要請を調和するには次のように考えます。なお、職務の内容及び配置の変更の範囲は、人材育成の仕組み（前掲菅野　343頁）

とか人材活用の仕組みのこととされています（前掲緒方桂子 25頁）。[11]

人事制策の要である中核的人材確保は人材活用の仕組みとしての変更範囲に関連しており、中核的人材確保が変更範囲に含まれるとすることも充分理由があると思います。しかし、中核的人材確保を変更範囲の考慮要素とすることは、同要素の具体性を抽象化させ、曖昧にする恐れがあり、また正規労働者と非正規労働者の変更範囲が同じなのに、中核的人材確保の違いから変更範囲に該当しないとする結論が導かれる可能性があり、変更範囲を要素とする法の趣旨を形骸化し、企業の非正規社員の賃金格差を是認することになりかねないと思います。また、中核的人材確保を職務の内容等の上位概念とすることは、職務の内容、変更範囲の2つの要素をより一層形骸するものであり、賛成できません。職務の内容・変更範囲は不合理性の判断の具体的要素であって、その吟味を経たうえで中核的人材確保はその他の事情の考慮要素とすべきと思います。

4　不合理と認められる相違（改正前「不合理と認められるもの」）の解釈

最高裁はハマキョウレックス事件で「（原告）の所論は、同条にいう『不合理と認められるもの』とは合理的でないものと同義であると解すべき旨をいう。しかしながら、同条が『不合理と認められるものであってはならない』と規定していることに照らせば、同条は飽くまでも労働条件の相違が不合理と評価されるか否かを問題とするものと解することが文理に沿うものといえる。」としました。

刑事事件（チャタレー裁判）ではありますが、社会通念について最高裁大法廷は「個々人の認識の集合又はその平均値ではなく…　社会通念が如何なるものであるかの判断は、現制度の下においては裁判官に委ねられて

11)　人材活用の仕組みと人材育成の仕組みの用語使用についてですが、短時間労働者の雇用管理の改善等に関する法律の一部を改正する法律の施行について、平成19年10月1日基発1001016号では、「人材活用の仕組み、運用等………これを法律上の要件としては『職務の内容及び配置の変更の範囲』と規定したものであること。」とされています。前掲菅野（343頁）は、人材育成の仕組みは職務内容と配置の変更範囲と同義とされています。

いる。」（昭和32年２月23日　判時105号210頁）とされています。最高裁は日立メディコ事件では、有期労働契約の雇止めについて「ある程度の継続が期待されていること」を要件として解雇に関する法理が類推されるとし（昭和61年12月4日　判時1221号76頁）、この法理を多数の下級審判例が踏襲し、労契法19条２号に立法化されましたが、前記最高裁判決の「ある程度」は省略されています。

また、解雇権濫用の法理を確立した最高裁判決（高知放送事件昭和52年１月31日　労判268号17頁）は、「解雇に処することが著しく不合理であること」を解雇権濫用の法理の要件とし、現在労契法16条に客観的に合理的理由を欠くことという要件として規定されていますが、「著しく」も省略されています。「ある程度」「著しく」は、立法上の文言として不適当ということであったかもしれませんが（労基法40条1項に著しくという用語の使用例がある。）、立法化される以前の下級審判例で「ある程度」「著しく」を問題とした例もあまり見当たりません。「不合理と認められるもの」と「合理的でない」はいずれも規範的要件で、その判断は裁判官の裁量的な判断に依拠するものであって、この二つを区分することに有意性がないと思います。

「不合理と認められる」「合理的でない」どちらの表現を使用しても差異がないし、国語上の用語として不合理の対義語は合理的とされているので、「不合理と認められる」とは「合理的でない」と同義であると解して差し支えないので（野川忍　季刊労働法262号2頁）、行為規範として「不合理と認められる」より「合理的でない」の方がなじみ易いことを考えると、「合理的でない」とする方がベターではないでしょうか。

特別解説２

「働き方改革」のインパクトとその正当性に関する検証
使用者側代理人の立場から

第一東京弁護士会　労働法制委員会
労働時間法制部会長　峰隆之

◆平成30年（2018年）5月、働き方改革関連法が成立し、6月には、「働き方改革」に関する政府の閣議決定が行われた（以下、「6月閣議」という）。

働き方改革関連法は、同時に複数の法律を改定するものであり、その中には労働基準法、労働安全衛生法という、刑罰法規としての性格をもつ法律の改定を含んでいる。したがって、法違反により使用者（事業場の管理責任者並びに法人の代表者）が処罰される可能性がある。本書がそのような悲劇にならない実務対応（処罰されず、かつ、円滑な企業運営を維持するための実務指南）を志向し、その検討結果を著していることは言うまでもない。

◆しかしながら、筆者個人はこの「働き方改革」を含めた、この6月閣議で示された方針に対して懸念を有している。その理由は次のとおりである。

まず、今回法制化された「働き方改革」の実質、ないし、この法律の施行により予想される経営実務への影響を俯瞰するに、これは「残業規制」法という一言に集約される。「改革」という言葉が使われているが、むしろ、企業の人材活用の在り方に対する「規制強化」というほうが、その実体を的確に表していると言えよう。

しかも、同法が施行される平成31年（御代変わりの年）は、現時点での政府方針として、10月に消費税率の引き上げが予定されているとともに、東京オリンピックで喚起された建設関連需要がピークを過ぎることも確実視されている。すなわち、消費・景気が落ち込むことが予想される時期である。その時期に、何故、労働者の懐を寒くするような「残業規制」を法律で強制しなければならないのかという視点も必要であろう。

企業運営のサポートをする一人の法曹として、筆者は、なぜ、このような法律が国会を通過する事態となったのかを改めて検証することを思い立ち、課題と思われる点を後に残すことを目的として、筆を執った次第である。

◆そもそも、「働き方改革」とは、平成28年9月26日に設置された総理の私的諮問機関である「働き方実現会議」が審議し、翌29年3月28日に策定した「働き方改革実行計画」に基づく政策推進の一環であるが、総理の肝煎りで招集された「働き方改革実現会議」とは、そもそも「1億総活躍社会」の実現を図ろうとするものであった。すなわち、少子高齢化社会の到来により、我が国の働き手・労働力が決定的に不足するという問題意識を背景に、そのことへの対処として、一度は職に就いたものの、妊娠・出産を契機に離職し、そのまま就労再開せずに社会に埋もれたままとなっている女性労働力などの再活用を図ることを主軸に据え、その妨げとなる「就労負荷」の軽減（例えば、恒常的に長時間労働を求められる職場を減らすことや、年休取得ができないような就労環境の是正等）や、テレワークの推進等の多様な働き方メニューを増やすことにより、女性をはじめとする多様な労働力を受け入れる場を増やそうとする施策であった。

ところが、平成28年12月26日、厚労省が「過労死ゼロ等緊急対策」を打ち出した頃からその様相に変化が生じた。我が国の労働時間法制では、労働基準法の制定以来、労働時間の延長にどのような規制をかけるかについては労使自治に委ねるものとされ、同法36条の定める労使協定（いわゆる36協定）を結ぶ際、労使で協定する延長時間の上限に対する法規制はなされてこなかった。ところが、上記「緊急対策」の発出以降、政府はにわかに36協定における延長時間の上限規制として法による介入を行う姿勢を打ち出すようになったのである。具体的には、労働者災害補償保険法による労災補償の認定実務で用いられている過重労働とされる基準（平成13年12月12日基発第1063号）を軸に政労使で調整が行われ、平成29年3月13日、経団連と連合が、単月における労働時間の延長上限を100時間未満とすることに合意する旨を記した「時間外労働の上限規制に関する労使合意」を総理に提出し、政労使合意が成立した。なんと「緊急対策」発出からわずか3か月で、事実上、過去70年以上にわたって運用されてきた我が国の労働時間法制が抜本的に見直されることになったのである。その結果、平成30年４月に国会提出された「働き方改革法案」では、女性活躍推進や多様な労働力の呼び入れを図るという観点はほとんど姿を消し、労働時間法制の見直しについては、たんに、「長時間労働の是正、多様で柔軟な働き方の実現等」という表題に書き換えられた。

裁量労働制の対象業務拡大や高度プロフェッショナル制度の導入について「残業代ゼロ」法案であるとして声高に反対してきた野党が、この上限規制の考え方に反対するわけもなく、さまざまな付帯決議とともに、この法律は可決され成立したのである。

「多様で柔軟な働き方の実現」という言葉からは、若干、女性労働力の再活用というニュアンスを受け取れなくもないが、この関連で実際に成立した法の内容を見るに、フレックスタイム制における清算期間の上限伸長（最大3ヶ月とすることを可能とする）、労働時間規制の適用除外となる新たな制度（いわゆる高度プロフェッショナル制度）の創設、勤務間インターバル制度の普及促進を図るものであって、いずれも、女性労働者をはじめとする多様な労働力を労働市場に呼び戻すための直接的な施策ではない。

◆改めて、これまでの経過を振り返ってみると、企業の創意工夫や多様な労働時間法制のメニューを用意することにより「働き方」の改革を行い、女性労働者をはじめとする、多様な労働者を呼び込みやすい環境を整えると称しておきながら、出来上がったものは、例外的な業種を除き、労働時間の延長について、全企業一律に、罰則を伴う上限規制をかけるという法制度の抜本的な見直しであった。その結果、「働き方」のメニュー・選択肢は、事実上却って狭まったのであり、正直、その変貌ぶりは予想を超えるものであった。現在、平成31年４月１日の法施行に向けて、企業ではその対応に追われているが、労働時間延長規制が実務に与える影響は想像もつかないものがあり、いわば「社会実験」というべき状況である。このようなラディカルな労働時間法制の変更が、その制度変更による実証的な効果の有無、それに伴う副作用の有無に関するさしたる検証もなしに法案として提出され、その後、ほぼ無批判の状態で国会を通過したことは衝撃的である。しかも、これから述べるように、今回の立法については、そもそもその前提となる立法事実が本当に正しいのかも疑わしいのである。

◆例えば、現在、多くの職場で問題となっている「うつ病」の問題にしても、その増減要因は労働環境とどれだけ関連しているかは明確でない。厚生労働省が3年毎に実施する「患者調査」(下図参照) によると、平成８年に43.3万人だったうつ病等の総患者数は、平成20年に104.1万人となり、当時、これに関して同省は「12年間で2.4倍に増加」とコメントしている(因みに平成23年は95.8万人と微減し、平成26年は111.6万人と過去最高となっている)。

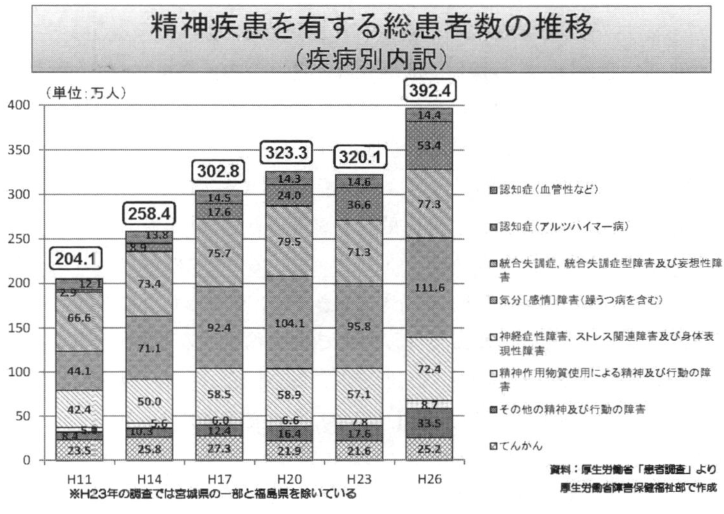

おそらく、医療機関からの報告と、その結果集計自体には誤りはないのであろう。しかし、その背後に、うつ病等の「診断方法」「診断基準」に関するトレンドの変化があったことを併せて報じていないのはいかがなものか。この事実を伏せたまま「●倍に増加」というコメントを出すことは、フェイクニュースの発信行為と同類だと言われてもやむを得ないであろう。

うつ病等の精神疾患については、従来、精神科の専門医が、ある程度の時間をかけて患者と向き合い、専門的技法を用いながら、患者本人の家庭環境、生育歴、過去に経験した出来事等を聞き出して、精神障害の原因を特定し、病名と治療法を確定する手法が用いられていた（伝統的診断法といわれる）。その過程で本人による脚色、修飾、誇張などは可能なかぎり排除されていた。これに対し近年は、「操作的診断法」という手法がこれにとって代わった。ごく簡単に言えば、来院した患者に対し、DSMなどの診断基準で定められた項目に従って順次質問を行い、該当する項目数をチェックすることにより、機械的に病気か否かを判定するという手法である。

この診断法のメリットは、前述したような精神科専門医の職人的技法を要せず、ある程度医学や心理学の知識があれば（精神科以外の医師でも）診断可能であり、診断に要する時間や労力が大幅に節約できる点にあると言われる。しかし、この操作的診断法は、性善説の前提に立って、患者の「自己申告」に相当程度依拠するものである。すなわち、患者の正直さによって結果が大きく異なってくることは自明の理であろう。

医療の門外漢である筆者としては、診断法についてのコメントはこの程度に留めておくが、なお、この操作的診断法というものの「使いやすさ」故に、訴訟の現場にもこの基準が持ち込まれていることに医療界から疑問が提示されていることはぜひとも紹介しておきたい。すなわち、日本精神神経学会理事のある医師は、「裁判官も診断できるDSM-Ⅳなどの操作的診断」という皮肉を込めた表題の下、裁判官が、「DSM-Ⅳの診断基準等の医学的知見をあわせて検討すれば、本件（自殺）事故当日までの5年間、うつ状態が継続・反復していたことが認められる」とか、「そればかりでなく、うつ病と診断され得る症状をも呈していたことが認められる」などといった事実認定を行っていることを紹介した上で、「個々の症状項目（筆者注・DSMなどの診断基準の記載項目）だけからうつ病が診断できるとしてしまうことは、客観的なしゃべるスピード、語彙数、表情や立ち居振る舞い、性格傾向など全体をみて判断すべきであるのに、『木を見て森を見ない』の愚を犯す」といった「重大な欠陥」があると警鐘を鳴らしているのである（精神神経学会雑誌　第112巻第10号2010年）。

こうした診断法がいつまで用いられるのかは不明であるが、所詮、患者の自己申告に大きく依存するシステムである。そして、統計上、日本における年間総労働時間数が1970年代以降逓減しているにもかかわらず、うつ病の患者数は増加しているという事実（ただし、診断基準の変更により、厳密な比較はもはや不可能である）を直視するならば、労働時間数に着目することもさることながら、それ以外の、たとえば患者側のモラル、意識と患者数との間の相関関係にも当然注目しておかなければならないと思われる。なお、参考までに紹介すれば、日本における自殺者の推移は、バブル経済

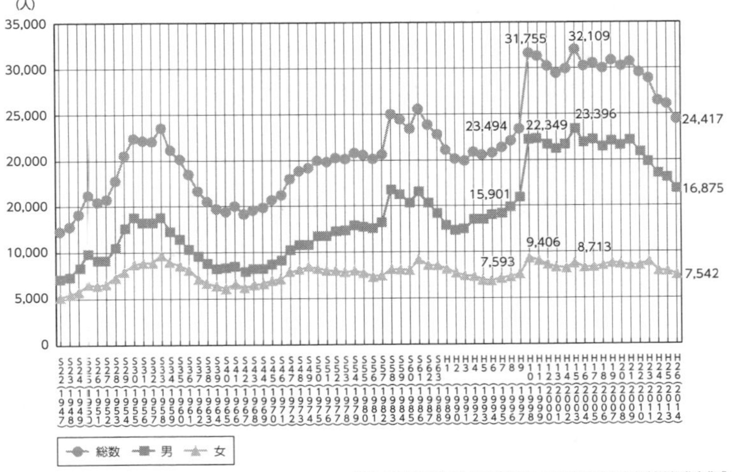

資料：厚生労働省「人口動態統計」より厚生労働省自殺対策推進室作成

期に大きく減少し２万4000人台となったものの、平成９年に起きた大手金融機関の破綻から民主党政権末期の平成23年までの間３万人台を記録し続けた。ところが、平成24年の政権交代以降は３万人を大きく割り込み、バブル期と同程度に減少したのである（下図参照）。むしろ、自殺者数は、日本の景気・マクロ経済に連動していると考えるべきである。

同様の文脈において、今回の「働き方改革」整備法が定めた残業規制を行えば、健康障害や精神疾患の抑制が図られるとする単純な議論では本質を見誤るという視点を忘れてはならない。

あくまでも筆者の私見であるが、「自殺者数の減少」という目的達成の手段として、「残業規制」がどれだけ有効であるか、すなわちその有用性に疑問があるため、結果として、使用者において他の方策・アプローチ（例えば、ハラスメント予防のための社内教育や 相談窓口 を充実させるなどの方策）を引き続き強化・拡充すること、そのために少なからぬリソースを割く必要性があることに変わりはないということである。

他方、残業規制がわが国経済に悪影響を及ぼすことはほぼ確実なところであるから、全体として見て、多大な国家予算をつけてまで政府がかかる政策を推進する意味がどれだけあるか疑問なのである。

◆実務への影響予想

このように、筆者個人としては、今回の法制度改変を安易に歓迎できるものではないが、以下、最後に、法律事務家として、新法が実務に与える影響について小職なりの予想を示すこととしたい。

（１）今回の立法により、５年間適用が猶予される業種（自動車運転の業務、建設事業、医師等の業務）を除き、36協定による労働時間延長に法律による上限規制がかかることとなった（ただし、新商品の開発等の業務は例外として規制の外となる）。この規制は、（以下すべて法定時間外労働の時間数）①年間720時間以内、②１か月単月で100時間未満（休日労働を含む）、③複数月平均で80時間以内（前同）、④45時間を超える延長は年間で6回以内、と多岐にわたるが、なかでも、③と④の規制はきわめて厳しく、特に大企業において、末端の職場までこの規制をクリアするための労働時間管理を行うことは至難の業と言えよう。そのため、多くの企業では、一律に、例えば残業時間の上限を45時間と定めるなど、安全マージンを取りつつ、全体として残業時間を抑制することが考えられる。労働者にとって、総労働時間の減少は、一面歓迎すべきことではあろうが、他方で残業代が減ることにもつながる。総労働時間が減少すれば、それを補うだけの生産性向上がない限り、企業のアウトプット（生産=売上）は減るのであるから、企業が労働者の収入減を補てんする方向に動くこともまったく期待できない。さらに、「人手不足」が叫ばれる昨今の世情において、人員補強を進めることは難しいかもしれないが、仮に、残業規制のあおりを受けて、人を増やして仕事を分かち合うワークシェアリングが起きれば、残業代どころか賃金本体への影響もあり得よう。前述した消費増税がもし実現すれば、家計消費の観点からは、自動的な２%減収に等しいのであり、労働者にとって、賃金は下落、日々の徴税額は増額と、家計はダブルパンチに見舞われることとなる。

しかも、事態はさらに動いている。入管法による新たな外国人労働者枠の新設である。政府は先の臨時国会で成立させた新たな入管法につき、いわゆる移民政策をとるものではないとの答弁を繰り返しているが（筆者個人はその答弁内容に懐疑的である）、移民政策かどうか以前の問題として、同法律によって入国してくる外国人労働者が、まさに広い意味でのワークシェアリングのための要員となり得るし、かなりの確率でそうなることが想定されるのである。

（２）これとは逆に、人員増強ができない企業では何が起こるか。それは、管理監督者（労働基準法第41条２号）への仕事の集中という事態であろう。今回、労基法41条の２という新たな条文が加わり、高度プロフェッショナル労働者に対する労働時間規制除外も設けられたが、現時点では1070万円程度と予想されている「年収要件」もさることながら、年間104日の「休日要件」が課されており、現実には機能し得ないものと予想する。なぜなら、年収をはるかに上回る成果を期待される労働者について、休日に、仕事や、対応しなければならない作業がまったく生じないという保証はどこにもなく、また、労働者が休日にどのような行動をとっているか、使用者は基本的に知り得ない立場にあるため、ある日突然、高度プロフェッショナル労働の対象者から、「実は休日にも仕事をしていた」、と主張されるリスクがあるからである。これに対し、管理監督者については、休日付与日数や年収要件という制約なしに、深夜業、年次有給休暇以外の労基法上の労働時間規制が及ばず、36協定に基づく労働時間延長という概念自体が存在しないため、企業において「管理職」と位置付けられた者が、部下が一定時間内の労働で賄いきれない仕事を、所定時間外あるいは休日に消化するという事態が生じるものと予想される。もちろん、今回の立法による安衛法改正により、管理監督者についても、在社時間ベースで法定労働時間を超える労働が80時間に及んだ場合の医師による面接指導制度が導入されることとなり（改正安衛法66条の8、同規則32条の2）、また、企業に対し、労働時間の状況を把握する義務も課せられたが（同法66条の8の3）、面談で健康障害を確実に抑止できるとは到底解されないところである。顧客や消費者のニーズに誠実に応えようというマインドがあるからこそ、企業はそれに対応しようとするが、今回の労働時間法制の改変により、その負担を分かち合うはずの一般労働者層に対し、強烈かつ強制的な総労働時間規制をかけたのであるから、もし、「法改正」後のしわよせで管理職層に従来よりも健康障害が多発するようになれば、それこそ立法の弊害であることを認識すべきである。

（3）また、短時間労働者の雇用管理の改善等に関する法律に条文が新設され、有期契約労働者について、従来、労働契約法20条に謳われていた通常の労働者との処遇均衡の規定が設けられたが、いわゆる「ポリティカル・コレクトネス」に名を借りた、本来自由競争であるべき企業の処遇制度に対する法律の過干渉と言わざるを得ない。紙幅の関係でこれ以上の言及はできないが、有期雇用を含めた正社員以外の雇用形態とその処遇問題の根底には、時宜にかなった事業計画や業務量に応じた人員規模調へ実施の障害となっている日本の労働慣行、すなわち、行き過ぎた解雇規制と、賃金の下方硬直性の問題があることを看過してはならない。

◆結語

話は逸れるが、「２大政党制実現のため」などと称して、単に英米の政治システムを真似て行われた政治改革、つまり国政選挙における小選挙区制の導入は、当初の目論見からまったく外れている。そもそも政党の近代化が進んでいないことに理由があるとも言えるが、この例は、いかに「改革」の名を冠せても、所詮我が国の政治風土、社会風土に合わなければ、制度として機能し得ないことを示している。

これを労働者の処遇改善という命題に置き換えてみると、高度成長時代を見れば分るように、労働者の処遇改善は、GDPの成長にリンクするものであり、政府・日銀は、GDPの増大を絶対命題と認識し、まず、デフレ脱却と景気の浮揚にこそ全力を投じるべきである。日本の経済が活力を損なえば、国内雇用が損なわれることもまた必定である。消費増税でそれに逆行する政策を強行するのみならず、為政者・立法府が、法律によって企業活動の自由を奪い、さらに労働者の処遇問題に直接介入することにより、労働者の処遇改善を図れると、もし本気で信じているならば、日本の経済システムは、もはや自由主義経済などではなく、規制だらけの社会主義経済と化し、それが手かせ足かせとなって、日本企業の活力、ひいては国力そのものもさらに衰退の一途をたどるのではないかと危惧する。その状況において「労働者の処遇改善」を期待することなど、所詮「画にかいた餅」であり、無理ではないか。「処遇均衡」にしても、経済が縮小していく中での正社員と非正社員のパイの奪い合いとなるに過ぎない。一見、労働者にメリットをもたらすように語られる桃源郷的な「理念」や「理屈」を追い求めた結果の行き過ぎた規制こそ、労働者の処遇改善の阻害要因となることをきちんと認識・指摘し、その見直しを図ることこそ必要だと考える。

特別解説３

同一労働同一賃金に関する法改正 ～労契法20条関連の裁判例の検討

近衛 大

１．はじめに

正規雇用労働者と非正規雇用労働者との格差の問題については、期間の定めのある雇用契約という性質上生ずる雇用の不安定さの問題という「雇用」の問題と、待遇について正規雇用労働者の方が非正規雇用労働者よりも優遇されているという「処遇」の問題の２点があります。

そして、前者の「雇用」の問題については、平成25年４月に施行された改正労契法により、契約社員については要件を満たした場合に無期転換権の行使が認められることとなり（同法18条）、派遣労働者についても平成27年の派遣法改正により派遣元会社に雇用安定措置が義務づけられたため、一定の対処がなされました。また、「処遇」の問題についても、改正労契法20条が「期間の定めがあることによる不合理な労働条件」を禁ずることとし、やはり一定の対処がなされました。

この改正労契法施行後、正規雇用労働者と非正規雇用労働者との格差をめぐる訴訟が頻発し、地裁や高裁でさまざまな判断がなされましたが[1)]、平成30年６月１日、ハマキョウレックス事件及び長澤運輸事件において労契法20条について最高裁が初めて判断を下しました。

また、上記最高裁判決以後も様々な高裁判決が出されており、同一労働同一賃金問題については正に時代が動いている渦中にあると言えます。

そこで、本稿では、働き方改革関連法がさらに踏み込んで「同一労働同

1)　M社事件・東京地判平成29年３月23日・東京高判平成31年２月20日、ヤマト運輸事件・仙台地判平成29年３月23日、日本郵便事件（佐賀）・佐賀地判平成29年６月30日・福岡高判平成30年５月24日、日本郵政事件（東京）・東京地判平成29年９月14日・東京高判平成30年12月13日、日本郵政事件（大阪）・大阪地判平成30年２月21日・大阪高判平成31年１月24日、九水運輸商事事件・福岡地裁小倉支判平成30年２月21日等。

一賃金」に関する法整備を進めている中で、上記の最高裁判決及びその後の高裁判決などがどのような先例的意味を持つのか、どのような未解決論点があるのか、そして新法にどのような影響を与えるかについて、検討していきます。

2．法改正について

1　法改正の趣旨

今回の働き方改革のポイントの一つとして、「雇用形態に関わらない公正な待遇の確保」という考え方が挙げられ、その内容として「同一企業内における正規雇用と非正規雇用の間にある不合理な待遇の差をなくし、どのような雇用形態を選択しても『納得』できるようにします。」[2)]との趣旨を明らかにしています。

その考え方を実現するため、正規雇用労働者と非正規雇用労働者（有期雇用労働者・パートタイム労働者・派遣労働者）との間で待遇差が存在する場合に、その待遇差が不合理である場合（一定の場合には差別禁止）にこれを是正する規定の整備と指針を設けることとしています。

そして、不合理な待遇差を是正するための規定としては、従来、有期雇用労働者については労働契約法（以下、「労契法」といいます）20条、パートタイム労働者については短時間労働者の雇用管理の改善等に関する法律（以下、「パート法」といいます）８条と９条、があり、派遣労働者については労働者派遣事業の適正な運営の確保及び派遣労働者の保護等に関する法律（以下、「派遣法」といいます）30条の３がありましたが、この点については全面的な法改正がなされました。新法が具体的にどのように改正されたのかについては、各章を参照ください。

2　法改正の指針について

このように、非正規雇用労働者について、不合理な待遇差を是正するための法整備がなされたのですが、具体的にどのような場合に均等待遇・均

2)　厚生労働省　リーフレット「働き方改革～一億総活躍社会の実現に向けて」

衡待遇に反するのかの判断は容易ではありません。

そこで、ガイドラインの策定などによって規定の解釈を明確に示すという方針が示されていました。

これを受けて、平成30年12月28日、厚生労働省より、「短時間・有期雇用労働者及び派遣労働者に対する不合理な待遇の禁止等に関する指針」が告示されました（平成30年厚生労働省告示第430号）。

この指針は、「通常の労働者と短時間・有期雇用労働者及び派遣労働者との間に待遇の相違が存在する場合に、いかなる待遇の相違が不合理と認められるものであり、いかなる待遇の相違が不合理と認められるものでないのか等の原則となる考え方及び具体例を示したものである」とし、待遇ごとに、「問題となる例」「問題とならない例」などを具体的に示しています。

しかし、日本の企業は「基本給をはじめ、賃金制度の決まり方には様々な要素が組み合わされている場合も多いため、まずは、各事業主において、職務の内容や職務に必要な能力等の内容を明確化するとともに、その職務の内容や職務に必要な能力等の内容と賃金等の待遇との関係を含めた待遇の体系全体を、短時間・有期雇用労働者及び派遣労働者を含む労使の話合いによって確認し、短時間・有期雇用労働者及び派遣労働者を含む労使で共有することが肝要である。また、派遣労働者については、雇用関係にある派遣元事業主と指揮命令関係にある派遣先とが存在するという特殊性があり、これらの関係者が不合理と認められる待遇の相違の解消等に向けて認識を共有することが求められる。」と同指針にあるとおり、企業によって制度も含めた賃金決定のプロセスはケースバイケースとなり、不透明な点が今なお数多く残っています。

そのため、同指針も一義的に明確な回答を示しているものではなく、今後の法解釈、判例の集積に委ねられており、これからの人事実務は極めて不安定な状態に置かれていると言わざるを得ません。

ここで、ガイドラインにおける最重要記載事項は、基本給に関する部分で脚注として記載されている以下の箇所です。

「(注) 1 通常の労働者と短時間･有期雇用労働者との間に賃金の決定基準･ルールの相違がある場合の取扱い」

「通常の労働者と短時間・有期雇用労働者との間に基本給、賞与、各種手当等の賃金に相違がある場合において、その要因として通常の労働者と短時間･有期雇用労働者の賃金の決定基準･ルールの相違があるときは、「通常の労働者と短時間・有期雇用労働者との間で将来の役割期待が異なるため、賃金の決定基準・ルールが異なる」等の主観的又は抽象的な説明では足りず、賃金の決定基準・ルールの相違は、通常の労働者と短時間・有期雇用労働者の職務の内容、当該職務の内容及び配置の変更の範囲その他の事情のうち、当該待遇の性質及び当該待遇を行う目的に照らして適切と認められるものの客観的及び具体的な実態に照らして、不合理と認められるものであってはならない。」

実は、日本の雇用システムにおいて、殆ど(99%の企業がそうであるとも言えます)の賃金規定は、ガイドラインに定めるような区分けができるものではなく、本脚注にあるように例えば正社員は職能資格制度、非正規は職務給で時給の場合など「通常の労働者と短時間・有期雇用労働者の賃金の決定基準・ルールの相違があるとき」に該当します。この点こそがガイドラインで最も重要な記載であり、この点をどう読み解くかにより、その後の実務対応も自ずから見えてくることになるのです。

ここで重要なのは、

①正社員と非正規雇用の違いは将来の役割期待が異なるという主観的・抽象的説明では足りず、均衡処遇の4要素に従い具体的に検討する必要があるということ

②具体的に検討する対象が何であるか

という点です。

①の具体的に検討するというのは当然として、②が特に重要になります。つまり、何の違いについて正社員と非正規雇用の違いを検討するのかとい

うと、「賃金の決定基準・ルールの違い」についてということになります。具体的に言えば、なぜ正社員は職能資格で、なぜパートは職務給なのか、あるいは役割に対して払うのかという点です。要するに「なぜその賃金体系なのか」という点を説明する必要があり、賃金体系の相違やこれに基づく具体的人事評価指標の違いが役割の違いに直結するのです。

なお、今回の改正によるパート有期法も労働契約法20条を取り込んだものであるため、労契法20条が廃止された後であっても、同法の解釈を示した前記最高裁判決は、パート有期法８条の解釈としての先例的な意義は変わりません。

3.「同一労働同一賃金」とは

1　定義付けができるのか

実は、「同一労働同一賃金」には、正確な定義がありません。前述した指針においては、「我が国が目指す同一労働同一賃金は、同一の事業主に雇用される通常の労働者と短時間・有期雇用労働者との間の不合理と認められる待遇の相違及び差別的取り扱いの解消並びに派遣先に雇用される労働者と派遣労働者との間の不合理と認められる待遇の相違及び差別的取り扱いの解消」を目指すもの、とされていますが、これは法の趣旨であって、概念の定義とはいえません。

何をもって「同一」なのかについては一般的な定義が不可能ですので、結局は抽象的に「正規雇用労働者と非正規雇用労働者との間の処遇について、均等待遇及び均衡待遇を図るもの」などと考えることになりますが、「均等待遇」と「均等待遇」は前述の通り全く別の概念です。また、日本の同一労働同一賃金は法人単位ですので、もはや「日本版」同一労働同一賃金とも言うべき独特の規定になっています。

このように、法律、政府のリーフレット、指針などでも明確な定義を行っていないのは、その実質について解釈に委ねられていることが大きな理由であると思われます。

2　リーディングケースとしての丸子警報器事件

「同一労働同一賃金」の議論は労契法20条の解釈から始まったものではなく、古くから問題となっていました。この点についてリーディングケースといえる裁判例が、丸子警報器事件[3)]です。

これは、正社員と同じラインで働いていた臨時社員が、「長期にわたって勤務し、勤務内容も正社員と同一」と認定された事案において、裁判所は「同一（価値）労働同一賃金の原則について、これを定めた法律は存在しない」としつつ、労基法３条や４条を参照として、「労働者は等しく報われなければならないという均等待遇の理念が存在している」とし、この理念を「賃金格差の違法性の判断において、重要な判断要素として考慮されるべきである」と述べました。

その上で、「その理念に反する賃金格差は、会社の裁量の範囲を逸脱したものとして、公序良俗に違反する場合がある」という法的構成を示し、結論として、臨時社員について「正社員の賃金の８割との差額」を損害賠償として認めました。

3　丸子警報器事件の評価

同事件は、臨時社員（契約社員）と正社員が全く同じ業務を行っていた事案です。しかし、そのような「同一労働」であるからといっても「同一賃金」を認めたものではなく、裁判所の裁量で「８割」を超えない場合には公序良俗違反になるという判断であり、その理解は容易ではありません。

企業の業績は景気に左右され、その存続のためには人員削減も必要となる場合があり、有期雇用労働者はそのバッファーとしての要素があることは否定できず、それは会社の制度設計となります。本判決は、会社の制度設計を前提に、臨時社員と正社員との労働に「価値」の相違があることを見いだし、その限界について線引きしたものと考えることができるでしょう。同判決が「同一労働同一賃金」とはいわず、「同一（価値）労働同一賃金」

3)　長野地裁上田支判平成８年３月15日　労判690号32頁。

という表現を再三用いたことも、その文脈で理解することができます。

同事件当時は、同判決も触れているとおり、根拠となる法律は存在しませんでした。しかし、労契法20条が同一労働同一賃金について一定の根拠条文となり、これを巡る紛争が頻発したことは前述のとおりです。

4．労契法20条と同条の争点

1　労契法20条の構造

このように、労契法20条が同一労働同一賃金の根拠条文となり、本件最高裁判決はこの点について一定の解釈を初めて示しました。そこで、判例を理解する前提として、同条の構造を分析します。

> 労働契約法第二十条
>
> 有期労働契約を締結している労働者の労働契約の内容である労働条件が、期間の定めがあることにより同一の使用者と期間の定めのない労働契約を締結している労働者の労働契約の内容である労働条件と相違する場合においては、当該労働条件の相違は、労働者の業務の内容及び当該業務に伴う責任の程度（以下この条において「職務の内容」という。）、当該職務の内容及び配置の変更の範囲その他の事情を考慮して、不合理と認められるものであってはならない。

2　労契法20条の文言解釈

この条文を文言解釈すると次のようになります。

まず、同条は、①有期契約労働者が、②同一の使用者に雇用されている正社員との③労働条件の相違があり、④この相違が「期間の定めのあること」による場合には、⑤「職務の内容」と「変更範囲」及び「その他の事情」を考慮して、⑥不合理と認められるものであってはならない、とさらに整理できます。

①の有期契約労働者については、その名称がアルバイトであろうと嘱託

であろうと、有期雇用労働者であればこれに該当します。

②は、比較対象となる正社員の意味をどう考えるかという問題ですが、文言解釈としては、18条、19条と同様に「同一の使用者」に雇用されている正社員であり、また期間の定めがあることによる労働条件の相違があった場合に初めて「職務の内容」や「その他の事情」を考慮するので、どのような業務に従事しているのか（つまり、有期契約労働者と同じ仕事をしているのか）を問わず、正社員全般と考えられます。この論点を「比較対照論」（あるいは「比較対象論」）といいますが、この点の解釈は裁判例によっても異なるため、現在未解決の論点です。

③の「労働条件」は、労働基準法５条１項の「労働条件」と同義と解され、具体的には労働基準法施行規則第５条第1項に記されているとおり、賃金以外の労働条件を広く含みます。

④は、労働条件の相違を設けた会社の制度設計が、期間の定めによるものかどうかというものです。

⑤は、①有期契約労働者と②正社員との③労働条件の相違が④期間の定めがあることを理由とする場合に、業務の内容と責任の程度、配置変更範囲、その他の事情を考慮要素として、いわゆる「同一労働」（同一価値労働）といえるかどうかを検討することを示したものです。

⑥は、⑤の検討の結果「不合理であってはならない」とするものですので、相違の不合理性を主張する側が不合理性の主張立証責任を負うことを明らかにしたものです（「合理的」との記載とは意味が異なります）。もっとも、その効果については文言上明らかではありませんが、判例上、同法違反により無効となった労働条件を直接変更する効力（直律効）は存在せず、労働条件の差異相当額について、不法行為による損害賠償が認められるのみとなっています。

3　労働契約法20条の争点

二つの最高裁判決で争点となったのは、次の点です。

(1)　労契法20条の解釈について

まず、同条の制度趣旨が、正社員と有期雇用労働者との間の均等待遇（両者の待遇について差異が許されないもの）を示したものか、均衡待遇（両者の待遇についてバランスが取れていれば一定の差異を許容するもの）を示したものかが問題となります。本判決は、この点について均衡処遇の規定であることを明らかにしました。

次に条文の文言解釈として、「期間の定めがあることにより」の意義が問題となります。本判決は、有期契約労働者と無期契約労働者との比較は「期間の定め」の有無のみで行うことを明らかにしています。

同じく「不合理と認められるもの」の解釈、つまり、労働者側が待遇差を不合理であることの立証責任を負うのか、使用者側が合理的であることの立証責任を負うのかが問題となります。本判決は、後述のとおりこの点について明確に判断をしました。

さらに、不合理性の判断を行うにあたり、「労働者の業務の内容及び当該業務に伴う責任の程度」の意義、⑤「当該業務の内容及び配置の変更の範囲」の意義、⑥「その他の事情」の意義（これを併せて「職務の内容等」としています）の文言解釈が問題となります。この点について、本判決は、会社の制度設計や手当の趣旨等から個別具体的に判断を行っています。

(2) 個別考察（手当ごと）か総合考察（処遇全般）かについて

これは、個々の手当ごとに待遇差の不合理性を検討すべきか、労働者に対する処遇全般を評価した上で不合理性を検討すべきか、という問題です。この点について本判決は、個別考察(各手当の趣旨から遡って検討する考察)を採用することを明らかにするとともに、処遇全般の評価については「その他の事情」の入る余地を認めたもの、といえます。

(3) 効果としての直律効の有無について

労契法20条違反の効果の問題です。本判決は、同条に反する処遇は無効となるという私法的効力を認めましたが、その結果差別を受けた非正規雇用労働者が正規雇用労働者と同じ扱いとなるのか、例えば正規雇用労働者の就業規則が適用されるなどの扱いを受けるという直律効を認めるかについては、これを明確に否定しました。

(4) 民法709条の要件該当性について

同じく労契法20条の効果について、民事上の不法行為となるかという問題ですが、本判決は、民法709条の違法性や故意・過失、因果関係などの各要件に該当するか否かについては、明確に示しませんでした。本稿でも明らかなように、同一労働同一賃金の問題は判断が極めて困難かつ不安定であるため、企業側の「過失」を認めるのは妥当では無いケースも多いはずなのですが、過失認定について裁判所は極めてラフな判断を示しているのが現状です。

(5) 損害論について

これは、正規雇用労働者との待遇差があり、これが労契法20条に違反し、不法行為となると認められた場合に、その差額がすべて損害となるか、という問題です。

日本郵政の東京地裁においては、民訴法248条を用いてその一部（6割ないし8割）を減額したという判断もありましたが、本判決は差額がすべて損害となる、という判断を示しました。

5. 最高裁判決の具体的検討

1 判決

両事件は、いずれも有期雇用契約に基づき一般貨物自動車の運転手（トラック運転手）として勤務する契約社員が、会社に対して、正社員と同一の権利を有する地位にあるとして、労契法20条に基づき、正社員に対して支給される各処遇の差額の請求を行った事件です。但し、長澤運輸事件の場合には、有期雇用契約に基づく契約社員といっても、定年後再雇用の社員であったことに違いがあり、自己の定年前の処遇と同一の処遇を求めたという事件です。

最高裁は、ハマキョウレックス事件については皆勤手当に係る損害賠償請求を認め、その部分につき大阪高等裁判所に差し戻し、長澤運輸事件について精勤手当に係る損害賠償請求を認めて、超勤手当の損害の計算につき東京高等裁判所に差し戻しました。

2　争点についての判断

両事件は大きく、労契法20条の趣旨や解釈の検討と、個々の手当についての検討に分けられます。前者については、両事件は同一の判断をしていますので、まずこの点を検討します。

(1) 労契法20条の趣旨や解釈について

ア　労働契約法20条の趣旨

最高裁は、同条の趣旨を「有期契約労働者の公正な処遇を図るため、その労働条件につき、期間の定めがあることにより不合理なものとすることを禁止したものである」と捉え、「職務の内容等の違いに応じた均衡のとれた処遇を求める規定であると解される」と判示しました。

つまり、処遇の相違が生じうることを前提として、同法が「均等待遇」ではなく、「均衡待遇」の原則を定めた規定であることを明らかにした判断といえます。

イ　労契法20条の効果

最高裁は、条文の文言を根拠に、「同条の規定は私法上の効力を有するものと解するのが相当であり、有期労働契約のうち同条に違反する労働条件の相違を設ける部分は無効となるものと解される」として、あくまでも私法、つまり契約の効力が無効になると判示し、その上で、「有期契約労働者と無期契約労働者との労働条件の相違が同条に違反する場合であっても、同条の効力により当該有期契約労働者の労働条件が比較の対象である無期契約労働者の労働条件と同一のものとなるものではないと解するのが相当である」として、直律効を否定しました。

つまり、正規雇用労働者と非正規雇用労働者との条件の相違が同条に反した場合には、その契約部分が無効になるが、正規雇用労働者の就業規則などに定められいる労働条件が、そのまま非正規雇用労働者の労働条件になるものではない、ということを明らかにしたのです。

ウ 「期間に定めがあること」の意義

この部分の最高裁の判示は非常にわかりにくいものです。有期雇用労働者と正規雇用労働者と比べ、労働条件の相違について「期間の定め」があることは前提なので、どのような場合に同条に反するかを考えるかは非常に困難な問題といえます。

この点、最高裁は、期間の定めの相違は前提なので、それだけでは同条の適用はできないとし、「一方、期間の定めがあることと労働条件が相違していることとの関連性の程度は、労働条件の相違が不合理と認められるものに当たるか否かの判断に当たって考慮すれば足りるものということができる」と判示しました。

この部分は、有期雇用労働者と比較対象となる正規雇用労働者が一般的な正社員全員であることを端的に示しています。なぜなら、労働条件の相違を検討するまでもなく、有期雇用労働者と正規雇用労働者を比較して、「期間の定め」のみをもって、同条の適用の有無を判断すると明言しているからです。

その上で、「そうすると、同条にいう『期間の定めがあることにより』とは、有期契約労働者と無期契約労働者との労働条件の相違が期間の定めの有無に関連して生じたものであることをいうものと解するのが相当である」という文言解釈を示し、結論として、「本件諸手当に係る労働条件の相違は、契約社員と正社員とでそれぞれ異なる就業規則が適用されることにより生じているものであることに鑑みれば、当該相違は期間の定めの有無に関連して生じたものであるということができる。したがって、契約社員と正社員の本件諸手当に係る労働条件は、同条にいう期間の定めがあることにより相違している場合に当たるということができる」と判示しました。

一見、トートロジーのようにも読めますが、比較対象者が正社員一般であるからこそ、それぞれに適用される就業規則の相違から労働条件の相違が生じると述べているのですから、比較対象者は期間の定めの有無だけをもって判断することを示した重要な判示部分といえます。

エ 「不合理と認められるもの」の意義

この争点は、立証責任を労働者側と使用者側いずれが負うのか、すなわち、労働者側が労働条件の相違が「不合理であること」の立証責任を負うのか、使用者側が「合理的であること」の立証責任を負うのかの問題です。

この点裁判所は、同条の文理解釈と、「両者の労働条件が均衡のとれたものであるか否かの判断に当たっては、労使間の交渉や使用者の経営判断を尊重すべき面があることも否定し難い」として制度設計を行う使用者側の立場を前提に、「労働条件の相違が不合理であるか否かの判断は規範的評価を伴うものであるから、当該相違が不合理であることの評価を基礎付ける事実については当該相違が同条に違反することを主張する者が、当該相違が不合理であるとの評価を妨げる事実については当該相違が同条に違反することを争う者が、それぞれ主張立証責任を負うものと解される」として、労働者側が「不合理であること」の立証責任を負うことを明らかにしました。

(2) 個々の手当についての判断～ハマキョウレックス事件

最高裁は、以上を前提に、個々の手当について、これが同条に反するかどうかを検討しています。つまり、前述した争点との関係では、個別考察の立場を取ることを明らかにしました。これを一つ一つ見ていきます。

基本的な考えとして、当該手当の制度趣旨を明らかにし、これを職務内容や責任の範囲の相違、配置変更範囲（人材活用の仕組み）及びその他の事情を検討した上で、不合理な待遇差といえるかどうかを検討する、という構成となっています。

ア　住宅手当について

最高裁は、「職務の内容及び配置の変更の範囲に関しては、正社員は、出向を含む全国規模の広域異動の可能性があるほか、等級役職制度が設けられており、職務遂行能力に見合う等級役職への格付けを通じて、将来、上告人の中核を担う人材として登用される可能性があるのに対し、契約社員は、就業場所の変更や出向は予定されておらず、将来、そのような人材として登用されることも予定されていないという違いがある」とし、その上で「この住宅手当は、従業員の住宅に要する費用を補助する趣旨で支給されるものと解されるところ、契約社員については就業場所の変更が予定されていないのに対し、正社員については、転居を伴う配転が予定されているため、契約社員と比較して住宅に要する費用が多額となり得る」と判示し、これを契約社員に認めないことは不合理と認められるものに当たらない、としました。

考慮されているのは、制度の趣旨を住宅費用補助と捉えた上で、正社員には転勤に伴う転居の可能性があるのに対し、非正規雇用労働者にはこれがないこと、正社員は将来会社の中核を担う人材として登用される可能性があるという制度設計です。

原判決では、いわゆる「有為な人材確保論」という立場を取っていましたが、最高裁はこれを「将来会社の中核を担う人材として登用される可能性がある」という形で言い換えています。しかし、決して最高裁が「有為な人材確保論」を否定したものとは解されません。現に、本最高裁後に出された日本郵政事件大阪高裁の判断でも、「有為な人材確保論」は用いられています。

イ　皆勤手当について

最高裁は、「皆勤手当は、上告人が運送業務を円滑に進めるには実際に出勤するトラック運転手を一定数確保する必要があることから、皆勤を奨励する趣旨で支給されるものである」と制度趣旨を捉え、その上で「乗務員については、契約社員と正社員の職務の内容は異ならないから、出勤する者を確保することの必要性については、職務の内容によって両者の間に差異が生ずるものではない。また、上記の必要性は、当該労働者が将来転勤や出向をする可能性や、上告人の中核を担う人材として登用される可能性の有無といった事情により異なるとはいえない」として、不合理と判示しました。

これは、正社員と非正規社員との制度設計の相違があっても、手当の趣旨が正規・非正規で共通する場合には不合理となる可能性を認めたものといえます。

ウ　無事故手当について

最高裁は、「この無事故手当は、優良ドライバーの育成や安全な輸送による顧客の信頼の獲得を目的として支給されるものである」と制度趣旨を捉え、「上告人の乗務員については、契約社員と正社員の職務の内容は異ならないから、安全運転及び事故防止の必要性については、職務の内容によって両者の間に差異が生ずるものではない。また、上記の必要性は、当該労働者が将来転勤や出向をする可能性や、上告人の中核を担う人材として登用される可能性の有無といった事情により異なるものではない。加えて、無事故手当に相違を設けることが不合理であるとの評価を妨げるその他の事情もうかがわれない」として、不合理と認められるものに当たると判示しました。

これは、上記の皆勤手当と同じ枠組みで判断したものといえます。

エ　作業手当について

最高裁は、「上記の作業手当は、特定の作業を行った対価として支給されるものであり、作業そのものを金銭的に評価して支給される性質の賃金である」と制度趣旨を捉え、その上で「上告人の乗務員については、契約社員と正社員の職務の内容は異ならない。また、職務の内容及び配置の変更の範囲が異なることによって、行った作業に対する金銭的評価が異なることになるものではない。加えて、作業手当に相違を設けることが不合理であるとの評価を妨げるその他の事情もうかがわれない」として、不合理と認められるものに当たると判示しました。

これも、上記の皆勤手当、無事故手当と同じ枠組みで判断したものといえます。

オ　給食手当について

最高裁は、「この給食手当は、従業員の食事に係る補助として支給されるもの」と制度趣旨を捉え、「勤務時間中に食事を取ることを要する労働者に対して支給することがその趣旨にかなうもの」として、特に「職務の内容及び配置の変更の範囲が異なることは、勤務時間中に食事を取ることの必要性やその程度とは関係がない。」と述べて、他の事情もなく、不合理と認められるものに当たると判示しました。

これも、上記の皆勤手当、無事故手当等と同じ枠組みで判断したものといえます

カ　通勤手当について

最高裁は、「この通勤手当は、通勤に要する交通費を補填する趣旨で支給されるものである」と制度趣旨を捉え、「労働契約に期間の定めがあるか否かによって通勤に要する費用が異なるものではない」こと、「職務の内容及び配置の変更の範囲が異なることは、通勤に要する費用の多寡とは直接関連するものではない」こと、さらに「通勤手当に差違を設けることが不合理であるとの評価を妨げるその他

の事情もうかがわれない」として、不合理と認められるものに当たると判示しました。

これも、上記の皆勤手当、無事故手当等と同じ枠組みで判断したものといえます

(3) 個々の手当についての判断～長澤運輸事件

長澤運輸事件については、非正規雇用労働者といっても、高年齢者雇用安定法に基づいて、会社に定年後再雇用された労働者について、正規雇用労働者、特に自分の定年前の処遇との相違が問題とされた事案です。

定年後再雇用の処遇については、そもそも国の年金の支給開始年齢の変更に伴い法律が改正されたという政策的な背景もあり、定年前の処遇よりも低額になるのが通常ですし、高年法もそのような制度設計を認めていたといえます。

この点について、最高裁は手当についての各論に入る前に、定年後再雇用の特殊性について「その他の事情」として、重要な判示をしています。

ア　定年後再雇用制度の特殊性について

最高裁は、定年前後で、業務の内容や責任の程度に相違はないという事実認定を前提に、「しかしながら、労働者の賃金に関する労働条件は、労働者の職務内容及び変更範囲により一義的に定まるものではなく、使用者は、雇用及び人事に関する経営判断の観点から、労働者の職務内容及び変更範囲にとどまらない様々な事情を考慮して、労働者の賃金に関する労働条件を検討するものということができる。また、労働者の賃金に関する労働条件の在り方については、基本的には、団体交渉等による労使自治に委ねられるべき部分が大きいということもできる。そして、労働契約法20条は、有期契約労働者と無期契約労働者との労働条件の相違が不合理と認められるものであるか否かを判断する際に考慮する事情として、『その他の事情』を挙げているところ、その内容を職務内容及び変更範囲に関連する事情に限定すべき理由は見当たらない」

として、会社の制度設計のあり方について細かく言及してます。その上で、「有期契約労働者と無期契約労働者との労働条件の相違が不合理と認められるものであるか否かを判断する際に考慮されることとなる事情は、労働者の職務内容及び変更範囲並びにこれらに関連する事情に限定されるものではないというべきである」とし、制度設計に至るさまざまな事情の考慮可能性を指摘しています。

そして、定年後再雇用の特殊性について、「定年制は、使用者が、その雇用する労働者の長期雇用や年功的処遇を前提としながら、人事の刷新等により組織運営の適正化を図るとともに、賃金コストを一定限度に抑制するための制度ということができるところ、定年制の下における無期契約労働者の賃金体系は、当該労働者を定年退職するまで長期間雇用することを前提に定められたものであることが少なくないと解される。これに対し、使用者が定年退職者を有期労働契約により再雇用する場合、当該者を長期間雇用することは通常予定されていない。また、定年退職後に再雇用される有期契約労働者は、定年退職するまでの間、無期契約労働者として賃金の支給を受けてきた者であり、一定の要件を満たせば老齢厚生年金の支給を受けることも予定されている。そして、このような事情は、定年退職後に再雇用される有期契約労働者の賃金体系の在り方を検討するに当たって、その基礎になるものであるということができる」と述べて、高年齢者雇用安定法の国の政策的要素を事情として考慮しています。

その上で、「有期契約労働者が定年退職後に再雇用された者であることは、当該有期契約労働者と無期契約労働者との労働条件の相違が不合理と認められるものであるか否かの判断において、労働契約法20条にいう『その他の事情』として考慮されることとなる事情に当たると解するのが相当である」として、条文上の「その他の事情」としてさまざまな要素が考慮されることを明らかにしました。

長い引用となりましたが、最高裁が労契法20条の文言解釈をここまで詳細に述べたことは今後の参考となるところです。

イ　手当ごとの個別考察の当否について

ハマキョウレックス事件では触れられなかった、手当ごとに個別考察するか、手当の制度全体を総合考察するかについて、長澤運輸事件は次のように具体的に判示しています。

「本件においては、被上告人における嘱託乗務員と正社員との本件各賃金項目に係る労働条件の相違が問題となるところ、労働者の賃金が複数の賃金項目から構成されている場合、個々の賃金項目に係る賃金は、通常、賃金項目ごとに、その趣旨を異にするものであるということができる」として、「有期契約労働者と無期契約労働者との賃金項目に係る労働条件の相違が不合理と認められるものであるか否かを判断するに当たっては、当該賃金項目の趣旨により、その考慮すべき事情や考慮の仕方も異なり得る」ため、「有期契約労働者と無期契約労働者との個々の賃金項目に係る労働条件の相違が不合理と認められるものであるか否かを判断するに当たっては、両者の賃金の総額を比較することのみによるのではなく、当該賃金項目の趣旨を個別に考慮すべきものと解するのが相当である」

このように、最高裁は、個別考察の立場を採用することを明らかにした上で、「なお、ある賃金項目の有無及び内容が、他の賃金項目の有無及び内容を踏まえて決定される場合もあり得るところ、そのような事情も、有期契約労働者と無期契約労働者との個々の賃金項目に係る労働条件の相違が不合理と認められるものであるか否かを判断するに当たり考慮されることになるものと解される。」として、各手当の関係についても、やはり「その他の事情」として考慮されうることを判示しています。

ウ　能率給、職務給について

最高裁は、まず、労働者の定年後再雇用後の処遇の決定方法について、正社員と異なる賃金体系を設けているかわりに、「基本賃金の額を定年退職時の基本給の水準以上とすることによって収入の安定に配慮するとともに、歩合給に係る係数を能率給よりも高く設定することによって労務の成果が賃金に反映されやすくなるように工夫している」と評価した上で、不合理性の判断に当たっては「嘱託乗務員の基本賃金及び歩合給が、正社員の基本給、能率給及び職務給に対応するものであることを考慮する必要があるというべきである」と判示し、定年後再雇用という特殊な事情を考慮しています。

その上で、調整給を別に付与しているなどの事情をさらに考慮した上で、「嘱託乗務員に対して能率給及び職務給を支給せずに歩合給を支給するという労働条件の相違は、不合理であると評価することができるものとはいえない」として、不合理性を否定しました。

職務内容などの同一性を認めた上で、処遇の相違を不合理ではないと認めている場合の、参考となる判示といえます。

エ　精勤手当について

最高裁は、この手当の趣旨を「その支給要件及び内容に照らせば、従業員に対して休日以外は1日も欠かさずに出勤することを奨励する趣旨で支給されるものである」と捉えた上で、職務の内容が同一であれば「両者の間で、その皆勤を奨励する必要性に相違はないというべきである」と判示し、「精勤手当は、従業員の皆勤という事実に基づいて支給されるものである」、から、不合理と認められるものに当たるものとしました。

手当の制度趣旨が、正社員の乗務員にも定年後再雇用後の嘱託乗務員にも等しく共通する、という制度の把握が根底にあると考えてよいでしょう。

オ　住宅手当、家族手当について

前述したハマキョウレックス事件では、住宅手当を転勤可能性のある正社員に対する家賃補助の趣旨を重視しましたが、長澤運輸事件ではそのような事情はありません。

この点最高裁は、制度の趣旨として、「住宅手当及び家族手当は、その支給要件及び内容に照らせば、前者は従業員の住宅費の負担に対する補助として、後者は従業員の家族を扶養するための生活費に対する補助として、それぞれ支給されるものである」とし、「従業員に対する福利厚生及び生活保障の趣旨で支給されるものである」と認定しました。

その上で、定年後再雇用の特殊性として、「被上告人における正社員には、嘱託乗務員と異なり、幅広い世代の労働者が存在し得るところ、そのような正社員について住宅費及び家族を扶養するための生活費を補助することには相応の理由があるということができる。他方において、嘱託乗務員は、正社員として勤続した後に定年退職した者であり、老齢厚生年金の支給を受けることが予定され、その報酬比例部分の支給が開始されるまでは被上告人から調整給を支給されることとなっているものである」という特別な事情を考慮した上で、不合理と認められるものに当たらないと判じました。高年齢者については福利厚生や生活保障の必要性が相当程度異なるという判断であり、「その他の事情」の当てはめの考え方の参考となる判示といえるでしょう。

カ　役付手当について

最高裁は、制度の趣旨として「役付手当は、その支給要件及び内容に照らせば、正社員の中から指定された役付者であることに対して支給されるものである」とし、年功的・勤続給的性質ではないという認定を行い、その上で不合理と認められるものに当たらない、と判示しました。

特に定年後再雇用との関係は触れられていませんが、そのような本件の特殊性を考慮しているものといえるでしょう。

キ　超勤手当について

この点は、上記のように最高裁は精勤手当を認めているところ、これが基準内賃金であるため、時間外手当の再計算が必要となるという趣旨で、認めたものであり、同一労働同一賃金の問題とは直接関係がありません。

ク　賞与について

最高裁は、賞与の趣旨を「賞与は、月例賃金とは別に支給される一時金であり、労務の対価の後払い、功労報償、生活費の補助、労働者の意欲向上等といった多様な趣旨を含み得る」とした上で、本件の事情として、嘱託乗務員はすでに退職金を支給され、老齢厚生年金の支給を受けることが予定され、その報酬比例部分の支給が開始されるまでの間は被上告人から調整給の支給を受けることも予定されていることや、定年後再雇用の賃金が退職前の79%程度となることが想定されている、という認定をし、会社の制度設計について「嘱託乗務員の収入の安定に配慮しながら、労務の成果が賃金に反映されやすくなるように工夫した内容になっている」と評価しました。

その上で、賃金の不支給は不合理と認められるものに当たらないと判示しました。

これは、手当の個別考察の形式を取りながら、実質的には全体の年収を考慮したものといえ、「その他の事情」（本件においては定年後再雇用）の内容によっては、総合的に判断する場合の考え方として参考となるものです。

6．最高裁判決の問題点

(1)最高裁の位置づけ

すでに述べたように、労契法20条の制度趣旨が正規社員と非正規社員の均衡待遇を図ることにあること、同条の「期間の定めがあること」の意義として比較対象者とする正社員は就業規則の適用される正社員全般であること、不合理性の立証責任が不合理性を主張する労働者側にあること、本則として不合理性を手当等の処遇ごとに検討すること、そして同上違反の効果について直律効はなく不法行為責任が成立しうるにとどまること、については最高裁判決で明らかとなったといえます。

しかし、会社の制度設計や設ける制度の趣旨、これに関連して「職務の内容」や「その他の事情」がケースバイケースとなるため、具体的適用については事案ごとの判断にいまなお委ねられています。

(2) 不合理性の具体的判断の構造

最高裁判所の具体的な不合理性の判断は、次のようになされています。

＜前提＞

有期契約労働者と無期契約労働者との処遇の相違は、適用される就業規則の相違に基づくことから、制度の内容を検討する。

＜具体的検討＞

① 正社員に支給される個々の手当の制度趣旨の検討

↓

② 正社員と非正規社員の「職務の内容」、配置変更範囲の相違の検討

↓

③ 「その他の事情」の検討

↓

④ 不合理性の当てはめ

ここで、手当ごとに検討するにあたり、裁判所は企業が設けた手当の制度趣旨を企業の意図を離れて裁判所自ら判断するため、予測可能性が非常に困難となっています。

その意味で、最高裁判決がでてもなお、個別企業ごとに異なる判断となる可能性があるため、一義的な判断は困難であり、明確な先例としての価

値を見出すことができません。そのため、最高裁判決が出されてもなお、労契法20条を巡る実務は混乱している状況といえます。

7. 最高裁判決後の裁判例について

それでは、最高裁判例後に出された労契法20条違反が問題となった裁判例を検討します。

(1) 日本ビューホテル事件（東京地裁H30.11.21）

<事案の概要>

ホテルに正社員として勤務し、60歳の定年後に契約期間1年の嘱託社員（更新上限は65歳）として再雇用された従業員が、退職後、自己の定年前の正社員の時の処遇との差額分について損害賠償等を請求した事案です。本判決は、原告の請求をすべて棄却しました。

<本事件の特徴>

本事件は、長澤運輸事件の考え方に沿って、高年齢者雇用安定法の雇用確保措置に伴う定年後再雇用者の処遇の差異については、「その他の事情」を考慮の上、処遇の差異は不合理なものではないとしたものですが、比較対照者の考え方として、「原告が指定する」ことを本則とし、会社側が主張する比較対照者の正社員の処遇等については「その他の事情」として考慮するとして、結論として当該労働者の定年前の正社員としたところに特徴があります。

<本事件の検討>

本事件は、定年前の当該労働者が役職者であったことから比較対照者の検討に混乱が見られますが、裁判所は「事業所において役職定年により営業課支配人の地位を離れた定年退職前のものとなるが、定年退職前の原告自身のほかに上記のような正社員の例は証拠上見当たらないことから、労働条件の具体的相違やその不合理性の判断における職務の具体的内容については定年退職前後の原告の職務内容を比較することになる」と判断し、定年退職前の当該労働者を比較対象としています。

そのうえで、「その他の事情」の考え方については長澤事件の最高裁の判断に沿ったもので、結論として概ね首肯できるものといえるでしょう。定年後再雇用の事案については、「その他の事情」の検討を通じて、会社の制度設計に基づく裁量を広く認める傾向にあるということができます。

（2）産業医科大学事件（福岡高裁H30.11.29）

<事案の概要>

学校法人の経営する病院において30年以上事務的業務を行ってきた臨時職員（フルタイム）が、正社員との処遇との差額分について、損害賠償等を請求した事案です。

原審（福岡地裁小倉支部H29.10.30）は、原告の請求をすべて棄却しましたが、本判決は、当該職員が30年以上勤務し、業務に習熟しているのに、同時期に採用された正規職員の基本給との間に約２倍の格差が生じていることを前提に、労契法20条が改正され、非正規労働者との不合理な労働条件が禁じられた2013年４月から15年７月までの間の基本給について、「正規職員であれば支給を受けることができた月額賃金の差額」と、賞与（夏季1.9ヶ月、冬季2.05ヶ月）の額を損害として支払うよう命じました。

<本事件の特徴>

本事件は、比較対照とする正社員について個別のAさん、Bさん、Cさん、Dさんなどと設定して細かく検討しているほか、なんといっても「基本給」と「賞与」について、勤続年数との関係で正社員としてどの程度の処遇を受けていたはずという地位を仮定して、当該地位についての処遇の差額を認めた点に特徴があります。現時点において、不合理性の判断についてもっとも踏み込んだ裁判例だといえるでしょう。

<本事件の検討>

本事件は、比較対照者について、学歴や勤続年数の点で比較可能な複数の正社員について、専門的・技術的業務を担ってきたか、管理業務に携わったか等を個別具体的に検討したうえで、「基本給」につき「同学歴の正規職員の主任昇格前の賃金水準を下回る３万円の限度において不合理であると評価できる」と判示しています。

これは一見緻密な検討にも見えますが、比較対照者を労働条件の相違を検討する前提の争点ではなく、「職務の内容」の相違を考慮するにあたって検討されており、争点の把握に混乱が見られます。特に、比較対照者が個別の正社員を前提とする判断は他の裁判例には見られない特徴です。比較対照が個別の正社員ということになると、正社員全体に適用される「制度」は検討されないこととなってしまい、会社の制度設計についての裁量を著しく狭く解釈するものであって、首肯できるものではありません。

もっとも、本件の労働者は会社のもうけた登用制度に自ら乗らなかったという経緯はあるにせよ、勤続30年を超えた有期雇用労働者である点に着目した事例判断というべきでしょう。

(3) 日本郵便事件(大阪高裁H31.1.24)

＜事案の概要＞

日本郵便株式会社との間で有期労働契約を締結し郵便局で郵便外務業務(配達業務等)に従事する契約社員らが、正社員と比較して各種手当の支給や特別休暇の有無に相違があることは労働契約法20条に違反するとして、会社に対して、同労働条件が適用される労約上の地位にあることの確認、同労働条件が適用された場合との差額賃金等を請求した事案です。

原判決は(大阪地裁H31.2.21)は、住居手当、年末年始勤務手当、扶養手当について処遇の差異についての不合理性を認め、それ以外を棄却しましたが、本判決は、住居手当の支給の有無は不合理であり、また契約更新が繰り返され契約通算期間が長期間(5年)に及んだ場合については年末年始勤務手当、夏季・冬季休暇、有給の病気休暇、祝日給の算定の差額について、不法行為に基づく損害賠償として相当額の支払を命じました。

＜本事件の特徴＞

本事件は、一連の日本郵便事件の考え方に沿ったものであり、補助的業務に従事する「新一般職」を比較対照としていますが、従業員について無期転換権(労契法18条)を参考に、「契約通算期間が長期間(5年)に及んだ場合」について、正社員に認められている有給休暇等を損害として算定した所に特色があります。

＜本事件の検討＞

本事件は、他の日本郵便事件と同様、有期雇用労働者と比較する正社員の比較対照者を「新一般職」（職種限定正社員）としていますが、複数の正社員制度がある中で「新一般職」という職群（制度）の正社員全般を比較しているのですから、最高裁の判断に矛盾するものではありません。

もっとも、「職務の内容」が異ならない有期雇用労働者を５年の勤続期間で場合分けをする構成は技巧的といわざるを得ず、解釈上の疑問が残ります。

（4）大阪医科大学事件（大阪高裁H31.2.15）

＜事案の概要＞

学校法人事務職として契約期間1年間のアルバイト職員（時給制）として雇用され、約3年（うち最後のほぼ1年間は病気により欠勤）勤務した従業員が、主位的に正職員と同じ地位にあることの確認、予備的に正職員との賃金の差額分について損害賠償等を請求した事案です。

原審（大阪地裁H30.1.24）は原告の請求をすべて棄却しましたが、本判決は、①賞与について正職員の支給基準の6割を下回る支給しかしない限度、②夏期特別有給休暇（年間5日）を支給しない限度、③私傷病による欠勤中の賃金につき1か月分及び休職給（２割）につき2か月分を下回る支給しかしない限度で労働条件の相違が不合理であるとして、これに相当する賞与等相当額の損害賠償を認めました。

＜本事件の特徴＞

本事件は、比較対照者として「正職員全体」であるとしたうえで、「賞与」について、一定の額ではありますが、不合理性を認めたことにあります。

＜本事件の検討＞

本事件は、比較対照者についてメトロコマース事件の地裁判決と同様、法人の「全職員全体」であるとし、そのうえで労契法20条が「『同一の使用者と期間の定めのない労働契約を締結している労働者』と規定しているのであるから、有期契約労働者の比較対象となる無期契約労働者は、むしろ同一の使用者と同一の労働条件の下で期間の定めのない労働契約を締結している労働者全体と解すべきである」として、正社員全体が比較対象とすべきであると判示しています。

これは、条文の文言解釈としては、最高裁の判断に即したものと言えるでしょう。もっとも、結論としての賞与の一部認定についてその根拠は明白とはいえません。本法人での賞与の払い方は法人業績や個人成績などを加味しない一律型であったため、「在籍手当」のように判断された可能性がありますが、これが「合理的」かどうかはともかく、「不合理」といえるかについては疑問です。

(5) メトロコマース事件（東京高裁H31.2.20）

＜事案の概要＞

地下鉄の駅構内に固定売店を展開するＹ社にて固定売店従業員として就業する契約社員４名（Ｘ１～Ｘ４）が、Ｙ社の固定売店に就業する正社員との処遇の差異が不合理であるとして、公序良俗違反及び労契法20条違反を理由として、その処遇の差額分について損害賠償等を請求した事案です。

原審（東京地判H29.3.23）は、比較対照者として正社員全体とした上で、時間外手当の割増率について、正社員と異なる制度を設けた点（正社員が27%、契約社員が25%）が不合理であるとし、その差額である合計3609円の損害賠償を認めました。

これに対して本判決は、比較対照者は固定売店に従事する正社員であるとした上で、原審で不合理性を認めた割増率の点に加えて、住宅手当、褒賞、そして退職金の一部について契約社員に支給されないのは不合理であるとしました（退職金については正社員の４分の1）。

＜本事件の特徴＞

本判決の特色は、住宅手当と一定の勤続年数を勤務した従業員に付与される褒賞について不合理性を認めたほか、正社員の係数の４分の1とはいえ、契約社員に退職金を認めた点にあります。

＜本事件の検討＞

本事件は、上記④や原審判決に対して、労働者側が設定した非正規労働者と同じ業務を行っている正社員を比較対照としており、最高裁の判断に即したものとはいえず、それ自体に強い疑問があります。

特に比較対照とすべき正社員について「正社員全体に設定した場合、契約社員Bは売店業務のみに従事しているため、それに限られない業務に従事している正社員とは職務の内容が大幅に異なることから、それだけで不合理性の判断が極めて困難となる」としている記載は、職務内容の相違を考慮しないと述べるに等しく、条文の要素を全く無にするものです。企業としては、職務内容の相違が同一労働同一賃金の実務対策であることからこれを丁寧に検討しているにも関わらず、「不合理性の判断が極めて困難」という理由で職務内容の相違を一切検討しないことは労契法20条の文言から明確に乖離しているため許されません。

さらに、個別の手当てについての判断も、「職務の内容」や「その他の事情」について、不合理性を認めない基本給や賞与部分と、不合理性と認めた住宅手当や退職金とで全く統一的にとらえておらず、結論としても首肯できるものとは言えません。

特に賞与については賞与原資論や有為人材確保論を用いて不合理性を否定しているにもかかわらず、会計上、毎年の引き当てが必要であるためより一層原資が問題となり、平成30年度指針においても触れられていない退職金について、原資論や有為人材確保論を一切検討せずに不合理性を判断するのは妥当ではありません。そして、正社員の「4分の1」の退職金という損害額についても、その根拠が全く不明であり、完全にブラックボックスとなっているため、結論を含めて大いに疑問です。

8．最高裁判決の分析と今後の実務対応

1　新法との関係

前述したように、今回の改正によるパート有期法も労働契約法20条を取り込み、条文上の要件も大きく変わりませんので、労契法20条の解釈を示

した最高裁判決は、パート有期法８条の解釈としての先例的な意義が残ることになるといえます。

しかし、個々の条文の要件や、解釈については、予測可能性が明確になるような判決ではなく、比較対象正社員の問題など、未解決論点がなお多く残っています。会社によって制度設計や手当の趣旨は異なるのであり、制度設計を考慮する以上、仮に同じ名称の手当（例えば家族手当など）であったとしても、その制度趣旨は異なりうるため、一義的明確に結論は出ないからです。また、「その他の事情」の考慮要素は、今後も全く不明であるといわざるを得ません。

この点、前述した平成30年指針は、解釈についての方向性を示していることには間違いありませんし、当該指針の前身である同一労働同一賃金ガイドライン案を最高裁も考慮している面もあると思われますので、同指針によって前述の最高裁判決が大きく修正されることはないと考えられます。

もっとも、同指針も読み方が相当に難しいものです。

企業は、制度設計を行うにあたり、正規雇用労働者と非正規雇用労働者との間には賃金の決定基準やルールは別に定めているのが通常です。そして、同指針は、この点について基本給について、前述のとおり、「注」の部分で、重要な指摘をしています。

「通常の労働者と短時間・有期雇用労働者との間に基本給、賞与、各種手当等の賃金に相違がある場合において、その要因として通常の労働者と短時間・有期雇用労働者の賃金の決定基準・ルールの相違があるときは、『通常の労働者と短時間・有期雇用労働者との間で将来の役割期待が異なるため、賃金の決定基準・ルールが異なる』等の主観的又は抽象的な説明では足りず、賃金の決定基準・ルールの相違は、通常の労働者と短時間・有期雇用労働者の職務の内容、当該職務の内容及び配置の変更の範囲その他の事情のうち、当該待遇の性質及び当該待遇を行う目的に照らして適切と認められるものの客観的及び具体的な実態に照らして、不合理と認められるものであってはならない。」

この記載は、働き方改革関連法において議論された同一労働同一賃金の考え方を前提すれば、特に奇異な指摘ではありませんが、要は指針は基本給の不合理性についてはほぼ何もいっておらず、「不合理」か否かの解釈は司法に全て委ねられているということです。

問題は、これが「注」に記載されているという点です。前述のように、ほとんどの企業は制度設計を行うにあたり、正規雇用労働者と非正規雇用労働者との間には、例えば正社員は職能資格給の月給制、非正規は職務給の時給制など、賃金の決定基準やルールは別に定めているのであり、このように「注」で書かれるような例外的なものではなく、むしろ数多くみられるところです。

このことからすれば、ほとんどの企業は、この指針の「問題となる例」「問題とならない例」などに直ちに当てはまらないのです。

企業側は、同指針を参照するに当たり、単純に指針で上げられている例を形式的に当てはめるのではなく、会社がどのような制度設計、役割の差に基づいて処遇の差を設けているのか、という根底に遡って、適切に判断を行う必要があります。

2　手当論の再構成

今回の最高裁判決によって、企業のこれまでの制度設計がその変更を迫られることになることは否定できません。

現に、日本郵政事件後、日本郵政は正社員に対する手当制度を廃止するなどの変更を行うという判断を示したことはニュースにもなりましたが、本最高裁判決を前提とする限り、今後各企業において諸手当の統合問題が生じるものと推察されます。

その際の考慮要素として、①賃金原資全体の計算と新制度の構築（不利益変更との関係）、②新制度の制度趣旨の明確化、③従業員への説明と理解と協力を求めること、④手続としての労働協約の締結、同意書の締結が必要となるでしょう。

さらに、日本郵便は今後10年ほどかけて正社員の住宅手当をなくすという制度変更を最大労組と合意の上で行うとの報道がありましたが、このように正社員の制度を変更する場合について、手当統合の方策には①基本給組み込み型、②廃止及び他の手当への統合による±ゼロ型、③純廃止型などが考えられるところ、特に純廃止型については④激変緩和措置の取り方をどう策定するかは困難な問題があります。また、⑤賞与組み込み型という考え方もあるでしょう。

もっとも、手当には企業の裁量が比較的制限される生活給的なものと、裁量の余地が大きい福利厚生的なものがあるところ、今後の制度設計については、会社の考える制度趣旨と裁判所が認定する制度趣旨とは齟齬が生じることもあります。最高裁判決後、未だに裁判例が混乱していることを考えれば、拙速な規定の改正を伴う判断はむしろ危険ともいえます。

9．最後に

今回の最高裁を踏まえ、今後、非正規・正規両者を抱える多くの企業の、手当を含めた賃金制度、人事制度の見直しが加速していくと考えられます。例えば、長澤事件の地裁判決後、定年後再雇用の従業員について、業務内容を定年前とは減らす形で変更する企業もあります。となりますと、正規雇用労働者と非正規雇用労働者との格差を是正するための労契法20条とこれに対する判断が、法案の建議で強調された不本意非正規の処遇の改善に結びついているのか、疑問は禁じ得ません。

今後の課題は、法改正や今回の最高裁判決を踏まえて、どのような賃金制度や人事制度を構築していくか、というものです。もちろん、企業ごとの事情はあるので、完全解がある問題ではないですが、抽象的には、「職務の内容や責任を可視化し、客観的な評価制度」を設けることが必要でしょう。

しかし、職務の内容や責任が可視化できて、従業員の業務遂行を客観的に評価できるような業務に従事させられる企業であれば、そもそも同一労働同一賃金の紛争は起こりにくく、起きたとしても、企業としては特に慌てる必要もないでしょう。それは、長期雇用のインセンティブの趣旨が、会社の制度設計の上で明確だからです。

また、シンプルな年功制を取っている企業であっても、必ずしも問題となるものではありません。年功制が、「経験に伴ってスキルアップをすることによってキャリアアップを処遇の形で反映する」という一定のフィクションに基づくものであっても、それはそれで経験則に基づく立派な人事制度であり、運用の課題はあるにせよ、直ちに問題となるものではありません。

しかし、長澤事件、ハマキョウレックス事件をはじめ、労契法20条の適用が問題となった事件における非正規労働者の業務は、ある程度定型的な作業を中心とする業務で、職務の内容や責任の可視化、業務の成果等に対する客観的な評価に必ずしも馴染まないものばかりなのです。

例えば、長澤事件やハマキョウレックス事件は配送の運転業務であって、速度制限や積載量制限がある以上、個々の従業員がどれだけスキルアップしたところで業務成果に消長をきたしません。日本郵政事件の場合は郵便物の仕分けと配送という中心業務に限れば、その業務成果について個々の従業員の成果にそれほどの相違が生じるわけではありません。メトロコマース事件における固定売店の従業員については、店舗の売上げは乗降客の多い駅の店なのかどうかに左右されることが多く、従業員のスキルの向上が売上の向上に直ちに結びつくわけではありません。

そして、定型的な業務について非正規労働者に就業させる場合、会社は従業員の入れ替わりを前提とするので、長期的な雇用を前提としていないことが多く、長期雇用のインセンティブの趣旨で制度を設けること、典型的には非正規労働者への退職金制度など、通常は設けることはないでしょう。

しかし、結果的に人が入れ替わらず、非正規労働者でも雇用期間が長期にわたることもあります。結果的に長期になったというだけの事実の評価が、裁判などで会社に対して厳しい判断となり得るケースも考えられます。

このように企業ごとに多様な業務がある以上、新法に遺漏なく対応する新たな人事制度の構築は容易ではないということです。非正規・正規の業務実態、その業務の性質や内容、現在支給されている各手当の趣旨や由来、労働組合も含めた協定、協約の見直し、等といった諸要素を緻密に精査し、これを企業の賃金原資を横目に見つつ、不利益変更の厳格な要件をクリアしながら、将来にわたって遺漏のない制度の構築の要請は、簡単に考えられるものではありません。

不本意非正規の処遇の改善自体は、今後の日本の将来を考えれば重要な施策ですが、労契法20条や新パート有期法に限らず、働き方改革関連法全体がこれを企業に丸投げするかのごとき内容となっています。その結果、企業の人事制度は「同一労働同一賃金違反で無効になるかもしれない」という極めて不安定な状況におかれ、突然、裁判において退職金の支払を命じられたとすれば、毎年の積立て、引き当てのない企業の賃金原資を圧迫し、企業の成長を阻害する結果、最終的には労働者の雇用が脅かされ、生活改善には結びつかないことを政府も労使双方も認識する必要があります。

今後、最高裁をはじめ、裁判所が、同一労働同一賃金の問題について、現場の人事が混乱することのないような明確な方向性を示すことが求められるといえるでしょう。

労契法20条関連 裁判例

No.	事件名・判決年月日	労働契約の種類	比較対象者	①職務の内容 ②人材活用の仕組み ③その他の事情	不合理性を認めた部分	事案の概要及び判断の要旨
1	**メトロコマース事件 H31.2.20 東京高裁**	契約社員（契約社員B）	固定売店に従事する正社員	①同じ固定売店従事者でも、正社員はエリアマネージャー、代務業務等に従事する可能性及び他の業務への配転可能性という契約社員にはない相違がある ②職務内容の違いのほか、契約社員には正社員への登用可能性がある ③固定売店のみに従事する正社員は、登用者と、過去の会社の再編成に伴って旧会社において固定売店に従事していた正社員を配置転換させることなくそのまま定年まで従事させていた場合であり、会社の措置としてやむを得ない	時間外手当割増率、住宅手当、褒賞手当、退職金	地下鉄の固定売店販売員として従事する契約社員B（フルタイム）4名が、固定売店に従事する正社員との処遇の差額等について損害賠償を求めた事案。 【時間外手当割増率】 時間外労働抑制の趣旨に照らせば、正社員か契約社員かを問わず、等しく割増賃金を支払うべきで、割増率の差は不合理（正社員の27%と契約社員25%との差額3年分相当の2万1449円。住居手当を算定基礎に含めたために、原審より増額）。 【住宅手当】 転居を伴う配置転換は正社員にも想定されておらず、生活費補助の趣旨と解され、よって契約社員Bにも支給すべき（9200円×3年分相当） 【退職金】 一審原告らは10年前後の長期間にわたり勤務しており、職種限定社員（契約社員Aが名称変更とともに、無期化したもの）には退職金制度があることからすれば、少なくとも長年の勤務に対する功労報償の性質を有する部分すら一切支給しないことは不合理（正社員と同一基準の算定額の4分の1相当）。 【褒賞】 業務の内容にかかわらず一定期間勤続した従業員への褒賞であり、契約社員Bも原則更新され長期間勤続することが少なくないから、一切支給しないのは不合理（勤続10年経過時の3万円及び定年退職時の記念品相当額5万円）。
	上記原審 H29.3.23 東京地裁	契約社員	正社員全体	①正社員全体と原告らは業務内容がそもそも異なる。 ②正社員は配置転換が予定されている	時間外手当割増率（正社員27%、2時間超だと35%であるのに対し、契約社員25%であること。差額3609円）	

2	**大阪医科薬科大学事件 H31.2.15 大阪高裁**	アルバイト職員	正職員 全体	①正職員は法人全体のあらゆる業務(総務・学務・病院事務・事業計画の立案作成・経営計画の管理・遂行など)に携わり、業務に伴う責任も大きいのに対し、アルバイト職員は、定型的な事務・雑務が大半。 ②正職員は、あらゆる部署への異動の可能性があったが、アルバイト職員は、配置転換は例外的。 ③正職員は、将来にわたってどの部署にも適応し得る能力を有する者を選抜して採用しているのに対し、アルバイト職員は、定型的かつ簡便な作業を行う能力のあるものを採用していた。	賞与、夏季特別休暇、私傷病欠勤中の賃金等	教室事務員として就労していたアルバイト職員が正職員との労働条件の相違が不合理であるとして損害賠償請求等をした事案。 【賞与】 賞与算定期間における就労に対する対価と一律の功労の趣旨も含まれる。同様に在籍していたアルバイト職員に対し全く賞与を支給しないことは不合理であるが、賞与には、功労や長期就労への誘因という趣旨も含まれることなどから、60%を下回る支給しかしない場合は不合理な相違に至る。損害額は703,750円 【夏期特別有給休暇】 夏期に職務従事することに対する体力的な負担から心身のリフレッシュを図ること、帰省や家族旅行のために付与されるもの。したがって、年間を通してフルタイムで勤務しているアルバイト職員に対し正職員と同様の夏期特別休暇を付与しないことは不合理。損害額は、51,011円(平均日額賃金×休暇日数) 【私傷病欠勤中の賃金等】 長期継続就労に対する評価ないし期待から、生活保障を図るもの。したがって、フルタイム勤務で契約期間を更新しているアルバイト職員に対し、一切支給しないことは不合理であるが、正職員とは長期間継続就労の可能性や期待が違うから、3か月分(契約期間1年の4分の1)を下回る支給しかしないときは、不合理。損害額は、217,947円。
	上記原審 H30.1.24 大阪地裁	同上	正職員 全体		請求棄却	

3	**日本郵便事件（大阪）H31.1.24 大阪高裁**	契約社員	旧一般職全体（旧人事制度下）、及び、新一般職全体（新人事制度移行後）	旧一般職及び新一般職との比較対象において、程度の差はあるものの、職務の内容並びに当該職務の内容及び配置の変更の範囲の各要素において相違があり、各種の処遇格差があることは避けられない しかし、問題は、職務内容等の相違と現に生じている労働条件の相違が均衡を失する不合理なものであるかであるとして、各労働条件の相違について不合理性を判断	年末年始勤務手当（4～5000円/日） 夏季、冬季休暇（1～3日(有給)/年） 有給の病気休暇（契約社員は最大10日かつ無給） 祝日給 （実質は休日割増）	簡易な手続きで採用された契約社員（郵便配達業務等に従事）による提訴事案。 【年末年始手当】【年始の祝日給・祝日割増】 同時期に業務従事する労苦に報いる趣旨であり、正社員厚遇による人材確保や労使協議を経た事実等を考慮しても、勤続5年超の者に対する不支給は不合理 【住居手当】 主に配転に伴う住宅関連費用負担を軽減する手当であり、転居転勤がない新一般職との関係で不支給は不合理 【夏季、冬季休暇】【有給の病気休暇】 勤続5年超の者に対する不支給は不合理 【扶養手当】 長期雇用を前提に家族増減に応じた生活手当（基本給の補完）である（契約社員は転職等による収入増での対応を想定）ため、不支給は不合理でない（一審判決取消し）
	上記原審 H30.2.21 大阪地裁	同上			年末年始勤務手当 扶養手当 住居手当	

4	**ハマキョウレックス事件 H30.12.21 大阪高裁 差戻審**	同下	同下	①乗務員の主な業務は，配車担当者の指示に基づいて配送業務を行うもので，業務と責任の程度は異ならないが，新人教育担当，班長業務，目標管理制度の有無の相違あり ②は正社員は等級・役職制度配転出向の可能性があり相違あり ③契約社員には，時給増減評価のための評価表作成基準及びそれに基づく支給基準あるが，賃金に反映するか不確実	同下	トラック乗務員の契約社員が，正社員乗務員に支給されている各種手当が支給されないことが不合理として差額支払等を求めた事案 【皆勤手当】 実際に出勤する乗務員を確保する必要性からの皆勤奨励の趣旨は異ならず，不支給は不合理（１万円×３２か月分＝３２万円） 【無事故手当】優良なドライバーの育成や安全な輸送による顧客の信頼の獲得を目的とするところ，この必要性に差異なく不支給は不合理（１万円×３２か月分＝３２万円） 【作業手当】 特定の作業を行った対価として支給されるものであり，作業そのものを金銭的に評価して支払うものであり，職務内容は契約社員でも異ならず不支給は不合理（１万円×３２か月分＝３２万円）。 【給食手当】 従業員の食事の補助でり，勤務時間中に食事をとる労働者に対して支給する趣旨であり，不支給は不合理（３５００円×３２か月分＝１１万２０００円） 【通勤手当】 通勤に要する交通費を補填する趣旨であり，期間の定めによって通勤に要する費用が異なるものではなく不支給は不合理（２０００円×９か月＝１万８０００円） 【住宅手当】 正社員は転居を伴う配転予定があり住宅コストが増大が見込まれる，住宅手当による有能な人材獲得・定着を図る目的は相応の合理性があり，不合理でない。
	ハマキョウレックス事件 H30.6.1 最高裁	契約社員	正社員乗務員		皆勤手当（1万円/月）、無事故手当（1万円/月）、作業手当（1万円/月）、給食手当（3500円/月）、通勤手当（差額2000円）	
	上記原審 H28.7.26 大阪高裁	同上	同上		無事故手当、作業手当、通勤手当	
	上記原審 H27.9.16 大津地裁 彦根支部	同上	同上		通勤手当	

5	**日本郵便事件（東京）H30.12.13 東京高裁**	契約社員	旧一般職全体（旧人事制度下）、及び、新一般職（新人事制度移行後）	①②時間給契約社員は、特定の定型業務にのみ従事する、人事異動がない等、程度の差はあるものの、職務の内容並びに職務の内容及び配置の変更の範囲において、旧一般職及び新一般職と相違がある。	住居手当、年末年始勤務手当（4～5000円/日）、有給の病気休暇（契約社員は最大10日かつ無給）	有期雇用契約の時給制契約社員の原告らが、同業務に従事する正社員との処遇の差異等について損害賠償等を求めた事案。 【年末年始手当】 全く支払わないことに合理的な理由があるとはいえず不合理 【住居手当】 配転に伴う勤務地変更による住居費の負担軽減の趣旨であり、転居を伴う人事異動がない新一般職との関係で不支給は不合理。正社員に制度上支給される金額相当額を損害と認めた（原審の割合的認定を否定。71万0500円、75万6000円）。 【夏期冬期休暇】 夏期冬期休暇は官公庁や大多数の民間企業で広く一般的に採用されており、職務の内容等により、制度としての有無について差異を設けるべき特段の事情は本件にはなく、全く付与しないことは不合理（ただし、現実の損害は認められない）。 【有給の病気休暇】 病気休暇は私傷病で勤務できなくなった場合に療養に専念させる趣旨と認められるところ、日数の差は不合理ではないが、無給としている点は不合理（病気休暇が無給のために有休を使用し消滅したことによる損害額として、有休取得で得られる賃金相当額1万4280円）。 なお、原審は、民訴法248条に従い、正社員に支給される金額に対する割合での損害額を、年末年始勤務手当及び住居手当について、認容。
	上記原審 H29.9.14 東京地裁	同上			住居手当（6割）、年末年始勤務手当(8割)	

6	**産業医科大学事件 H30.11.29 福岡高裁**	臨時職員(契約社員)	A氏・B氏・C氏など個別の正規職員(課長代理、主任の役職にある者)	・控訴人と同様に教務職員(大学の各課に配置される事務職系職員)の業務をしていた時期における業務内容にはある程度の類似性が認められるが、責任の程度は異なっていた ・臨時職員には配置の変更は予定されておらず、実際に原告が配置変更されたことはない一方、正規職員は実際に配置転換を命じられていた。 ・長期雇用を予定しない臨時職員を30年超の長きにわたり雇用継続した	基本給・賞与	医科大等を運営する学校法人に入職後、講座の経費管理や物品管理等の庶務的業務に従事した臨時職員による損害賠償請求事案。 同臨時職員制度は、大学病院開院時の人員不足を補うための施策であり、長期雇用を予定していなかったにもかかわらず、その予定に反し控訴人を30年以上も臨時職員として雇用継続した事実は「その他の事情」として考慮すべきであり、その間の業務習熟を考慮せず、人事院勧告ベースの賃上げのみで、現時点で同時期に採用された正規職員との基本給の額に約2倍の格差が生じさせたことは、同学歴の正規職員の主任昇格前の賃金水準を下回る3万円の限度において不合理であると判断。(月額差額3万円×28か月分+賞与3.95か月分)
	上記原審 H29.10.30 福岡地裁小倉支部	同上			請求棄却	
7	**日ビューホテル事件 H30.11.21 東京地裁**	定年後再雇用(嘱託社員及び臨時社員)	定年退職前の原告	①定年退職前は営業活動業務に加え、非ライン職の管理職としてクレーム対応など相応の責任を伴う業務を行っていたが、定年退職後は営業活動業務に限定され、売上目標未達成時の人事考課への影響も定年退職前より軽減された。 ②正社員には配転が実施されていたが、嘱託社員や臨時社員についてはほぼ配転の実績はなかった。 ③定年退職後の年俸額は職務内容に照らすと高額に設定されていたほか、正社員の賃金制度は長期雇用を前提に設計されている一方で、嘱託社員・臨時社員については長期雇用を前提としておらず制度の前提が全く異なっていた。	請求棄却	ホテル経営等を目的とする被告会社において、定年退職した後に有期雇用の嘱託社員ないし臨時社員となった原告が、定年退職後の賃金額の相違につき損害賠償を求めた事案。 定年前後の職務の内容は大きく異なるうえ、職務の内容及び配置の変更の範囲にも差異があり、さらに定年退職後の年俸額は職務内容に照らすと高額に設定されていることなどのその他の事情も併せ考慮すれば、定年前後の賃金額の相違が労働契約法20条に違反すると認めることはできない。

8	**長澤運輸事件 H30.6.1 最高裁**	嘱託乗務員（定年後再雇用としての有期雇用）	正社員（定年退職前の一審原告ら）	①及び②は相違なし（定年前後で変更なし）。 ③について、定年退職者は長期間雇用することは通常予定されていないこと、定年後再雇用される者は、定年退職までの間、無期契約労働者として賃金の支給を受けており、一定の要件を満たせば老齢厚生年金を受給することが予定されていること	精勤手当、超過手当（精勤手当を算定基礎に含めていない点）	自動車運送事業を営む会社に無期雇用でドライバーとして勤務し、定年退職後、嘱託乗務員として再雇用（有期雇用）された者らが、定年前後での賃金の差額について損害賠償請求等をした事案。 【精勤手当】 嘱託乗務員と正社員間で職務の内容が同一である以上、両者の間で皆勤を奨励する必要性に相違がなく、不支給は不合理（5万円～9万円） 【超過手当】 計算方法を正社員と嘱託乗務員とで区別していることはうかがわれないが、正社員についての当該計算では精勤手当を算定基礎に含めており、精勤手当の不支給が不合理であるので、含めないことは不合理（精勤手当を算定基礎に含めて計算した時間外手当の不支給による損害の有無等につき、原審に差戻し）
	上記原審 H28.11.2 東京高裁	同上	同上		会社側の控訴認容	
	上記原審 H28.5.13 東京地裁	同上	同上		賃金の格差全般	
9	**日本郵便事件（佐賀） H30.5.24 福岡高裁**	時給制契約社員	郵便業務を担当する組織に属する、一般職に分類される正社員	①期間雇用社員は郵便集配業務に継続して従事する一方で正社員は多様な業務に従事するという違いがあるほか、ミーティングへの出欠の有無や評価方法など多くの相違があった。 ②採用にかかる面接回数が異なるほか、受講すべき研修の内容や人事異動の範囲にも相違があった。	夏季・冬季休暇	郵便集配業務に従事していた有期雇用労働者である１審原告が、契約社員の労働条件が不合理であるとして損害賠償等を求めた事案。 正社員と契約社員の間には職務の内容や人材活用の仕組みに相違があるものの、夏期および冬期休暇が主としてお盆や年末年始の慣習を背景にしたものであることに照らすと、同休暇をそのような時期に同様に就労している契約社員に全く付与しないことについて、職務内容等の違いを理由に説明することはできず、正社員と同程度の勤務日数・時間で勤務していた原告に特別休暇が全く付与されなかったことは不合理な相違である。損害額は5万5200円（時給1150円×8時間×6日（１審原告が取得する機会を失った休暇日数））
	上記原審 H29.6.30 佐賀地裁	同上	正社員		労働契約法20条違反部分は棄却	

10	**井関松山製造所事件 H30.4.24 松山地裁**	契約社員	原告らと同一の製造ラインに配属された無期契約労働者	①業務の内容に大きな差異はないが、業務に伴う責任の程度が一定程度異なる。 ②職務の内容及び配置の変更の範囲に相違がある。 ③その他の事情として、中途採用がほぼ毎年実施される等、両者の地位が必ずしも固定的でないことは、本件相違の不合理性を判断する際に考慮すべき事情といえる。	家族手当、住居手当、精勤手当	製造ラインで勤務している有期契約雇用労働者による提訴事案。 【家族手当】扶養家族の有無、属性及び人数に着目して支給されており、不支給は不合理 【住宅手当】 住宅費用の負担の度合いに応じて費用の負担を補助する趣旨であり、無期契約労働者は勤務地の変更を伴う異動は想定されていない等から、不支給は不合理 【精勤手当】 支給の趣旨は、無期契約労働者の月給日給者が欠勤日数の関係で収入が不安定な状態を軽減する点にあり、これは時間給である有期契約労働者においても変わりないから、不支給は不合理。
11	**井関松山ファクトリー事件 H30.4.24 松山地裁**	契約社員	原告らと同じ製造ラインに配属された無期労働契約者	①業務内容に大きな相違があるとはいえない。 ②過去に有期契約労働者が作業ミスの第一次対応を行っていたこともあるから、現在、無期労働契約労働者のみがミスの第一次対応をしていることをもって、業務に伴う責任の程度が相違しているとは認められない。無期契約労働者は、将来、組長に就任し部下を指揮する立場となる等して会社における重要な役割を担うことが期待されており、キャリア教育のカリキュラムを受講することが義務付けられるなど、一定の教育訓練と勤務経験を積みながら育成される（相違がある。）。 ③中途採用制度があるため、無期と有期の地位はある程度流動的。賞与はないが寸志を支給。	物価手当	農業機械を製造するライン業務に従事している社員らによる提訴事案。被告は井関松山製造所のグループ会社である。 【物価手当】 物価手当の趣旨を年齢に応じて増大する生活費を補助するため、支給基準を職務内容等とは無関係に年齢に応じて支給する（40歳以上）ものとした上で、手当が職務内容等に対応しているとは認められず、年齢上昇に応じた生活費の増大は有期であっても無期であっても変わらないことを理由に不合理と認めた（1万5000円×54か月分＝81万円）。

12	**五島育英会事件 H30.4.11 東京地裁**	定年後再雇用	退職年度の専任教諭	①職務の内容に差異なし(争いなし)。 ②専任教諭就業規則には所属や職種変更の規定はあるが、実際に変更されることは５０年で4件程度と極めて稀。 ③退職年度の専任教諭は、それ以外の専任教諭と比べて、職務の内容が軽減(原則、学級担任や職務担当時間数が2時間以上の職務は担当しない)されながらも基本給等の水準がそれと連動して引下げられない。専任教諭の賃金制度は年功性が強い。再雇用規定は組合との合意により導入。	請求棄却	学校法人を定年退職後、嘱託教諭として契約した労働者による提訴事案。 年功的要素を含む賃金体系では就労開始から定年退職までの全期間を通じて賃金の均衡が図られていることとの関係上、定年退職後に新たに締結された労働契約における賃金が定年退職直前の賃金と比較して低額となることは当該労働者の貢献と賃金との均衡という観点からは見やすい道理であり、それ自体が不合理であるということはできない。賃金に関して労使間の交渉及び合意を経て導入されたことは労使間の利害調整を経た結果としてその内容の合理性を相当程度裏付けるべきものとして考慮するのが相当であるなどと判示して請求棄却。
13	**医療法人A会事件 H30.3.15 新潟地裁(控訴)**	非正規職員(契約社員)	正規職員(無期雇用)全般	①控訴人は介護保険請求業務において入門レベルと位置付けるレセプト請求業務と経理業務等を行なっていた。 ②正規職員は異動を命じられることがある一方、非正規職員のうち雇用期間が1年未満であるものは勤務地が限定されている。また、正規職員には相応の役割を果たすことのできる者を登用し、立場に応じた役割を果たすよう配置している。 ③正規職員には将来にわたる勤務の継続が期待されるが、非正規職員はそのような期待がなされていない。	法人側の控訴認容	病院や介護保険事業を運営する医療法人で事務職として雇用されていた非正規職員(雇用期間1年未満)が、冬季賞与について正社員との差額請求をした事案。 賞与に功労報償及び将来の労働への意欲向上策としての意味があり、将来にわたる勤務継続が期待される正規職員にモチベーションやインセンティブ要素を付与することに一定の人事施策上の合理性が認められ、そのような期待がされていない非正規職員との間で差を設けるのは不合理ではない。 また、非正規職員にも賞与が支給されているが正規職員との差は基本給の約1か月分であり、非正規職員には控訴人の業績によらずに一定額が支給される。 加えて職務の内容や人材活用の仕組みが制度として定型的に異なっている。　以上を指摘し、不合理性を否定。
	上記原審 新潟簡裁 H29(少コ)第1号	同上	公刊物未掲載のため、不明		賞与(正規職員に支給されたものとの差額17万5000円(1か月分の給与相当額))	

14	**九水運輸商事件 H30.2.1 福岡地裁小倉支部**	パート社員	正社員	①市場での荷役作業を中核としているが，配送作業に差異あり ②差異はない ③通勤の必要性，通勤形態として多くが自家用者通勤の点で差異は無く，パート社員が通勤時間・経路が短いとの事情はない	通勤手当差額（5000円/月）	有期パートの通勤手当が正社員（1万円）の半額5000円である点について，差額分の支払等を求めた事案（正社員数２０名程度の規模の会社） 【通勤手当】 通勤費用の補填という性質があり，一部配送作業の担当の有無，労働時間の違いなどの職務内容の差異等を踏まえても，相違は不合理（5000円×19か月分＝９万5000円）
15	**学究社事件 H30.1.29 東京地裁立川支部**	定年後再雇用	定年退職前の正社員	①定年前は、専任講師として、授業以外の生徒・保護者対応や研修会出席等が義務付けられるのに対し、定年後再雇用では、事務給（時給換算）の下、上司の指示がない限り授業のみを担当するため、両者の職務の内容及び責任の程度には差がある。 ②定年前は1年単位の変形労働時間制が適用されるが、定年後再雇用では同制度の適用がない。 ③定年後再雇用者の賃金を定年退職前より引き下げることは一般的に不合理であるとはいえない。	同法違反部分は棄却	中学受験指導に従事する有期契約社員（定年後再雇用者）である原告が、未払賃金として定年前の賃金との差額を請求する等した事案。 定年前の正社員には、専任講師として変形労働時間制が適用され、授業以外の生徒・保護者対応や研修会等への出席義務があるのに対し、定年後再雇用者には、時間講師として同制度が適用されず、上司の指示がない限り生徒・保護者対応を行うことはなく、割り当てられた授業のみを担当し、時給換算の給与が支給される等、両者の職務内容及び責任の程度に差がある。 また、定年後再雇用者の賃金を定年退職前より引き下げることは一般的に不合理であるとはいえない。 よって、両者の契約の相違は不合理であるとはいえない。

16	九州惣菜事件 H29.9.7 福岡高裁	定年後再雇用			同法違反部分は棄却	各店舗の決算業務等を担当していた社員に対し、高年法の継続雇用制度に基づき、パートタイム従業員として退職前に比し大幅に賃金が減額する（時給半額以下、月額賃金の25%）労働条件での再雇用を提案（本件提案）した事案。 同社員（定年退職者）は、本件提案に応じず、再雇用契約（有期労働契約）が締結されなかったため、労契法20条の直接適用はなく、またパートタイム従業員とそれ以外の従業員との間で、契約期間の定めの有無が原因となって構造的に賃金に相違が生ずる賃金体系となっていないため、定年前の賃金と本件提案における賃金格差が、「期間の定めがあることより」生じたとはいえないから、労契法20条違反しない。
	上記原審 H28.10.27 福岡地裁	同上			棄却	
17	ヤマト運輸事件 H29.3.30 仙台地裁	契約社員	運行乗務業務に従事する正社員	①正社員（マネージ社員）と契約社員（キャリア社員）は、ともに運行乗務業務に従事する場合の職務の内容及び責任の程度は同一である。 ②正社員は他の社員の管理が期待されており、転勤、職務内容の変更、役職者への昇進があり得るのに対し、契約社員は与えられた役割（支店等）における能力の発揮が期待されており、勤務地、職務内容が限定され、役職者への昇進はない。両者の職務の内容及び配置の変更の範囲には小さくない違いがある。 ③賞与の支給方法は、労働組合との協議の上定められている。	請求棄却（賞与）	運行乗務業務に従事する契約社員である原告が、同業務に従事する正社員との賞与の差額等について損害賠償を求める等した事案。 運行乗務業務に係る職務の内容及び責任の程度は同一であるが、職務の内容及び配置の変更の範囲には小さくない違いがあること、正社員には成果加算をすることで賞与に将来に向けての動機づけの意味を持たせ、契約社員については査定の裁量の幅を広くすることで個人の成果に応じた評価をしやすくした査定方法の違いが不合理とはいえないこと、賞与の支給方法が労働組合との協議の上定められていること等から、賞与の支給方法の差異は不合理ではない。

巻末資料1● ガイドライン（同一労働同一賃金）

○厚生労働省告示第430号

労働者派遣事業の適正な運営の確保及び派遣労働者の保護等に関する法律（昭和60年法律第88号）第47条の11及び短時間労働者及び有期雇用労働者の雇用管理の改善等に関する法律（平成５年法律第76号）第15条第１項の規定に基づき、短時間・有期雇用労働者及び派遣労働者に対する不合理な待遇の禁止等に関する指針を次のように定め、平成32年４月１日から適用する。ただし、働き方改革を推進するための関係法律の整備に関する法律（平成30年法律第71号）附則第３条第１項に規定する中小事業主については、短時間・有期雇用労働者に係る規定は、平成33年４月１日から適用する。

平成30年12月28日

厚生労働大臣　　根本　匠

短時間・有期雇用労働者及び派遣労働者に対する不合理な待遇の禁止等に関する指針

目次

第１　目的

この指針は、短時間労働者及び有期雇用労働者の雇用管理の改善等に関する法律（平成５年法律第76号。以下「短時間・有期雇用労働法」という。）第８条及び第９条並びに労働者派遣事業の適正な運営の確保及び派遣労働者の保護等に関する法律（昭和60年法律第88号。以下「労働者派遣法」という。）

第30条の３及び第30条の４に定める事項に関し、雇用形態又は就業形態に関わらない公正な待遇を確保し、我が国が目指す同一労働同一賃金の実現に向けて定めるものである。

我が国が目指す同一労働同一賃金は、同一の事業主に雇用される通常の労働者と短時間・有期雇用労働者との間の不合理と認められる待遇の相違及び差別的取扱いの解消並びに派遣先に雇用される通常の労働者と派遣労働者との間の不合理と認められる待遇の相違及び差別的取扱いの解消（協定対象派遣労働者にあっては、当該協定対象派遣労働者の待遇が労働者派遣法第30条の４第１項の協定により決定された事項に沿った運用がなされていること）を目指すものである。

もとより賃金等の待遇は労使の話合いによって決定されることが基本である。しかし、我が国においては、通常の労働者と短時間・有期雇用労働者及び派遣労働者との間には、欧州と比較して大きな待遇の相違がある。政府としては、この問題への対処に当たり、同一労働同一賃金の考え方が広く普及しているといわれる欧州の制度の実態も参考としながら政策の方向性等を検証した結果、それぞれの国の労働市場全体の構造に応じた政策とすることが重要であるとの示唆を得た。

我が国においては、基本給をはじめ、賃金制度の決まり方には様々な要素が組み合わされている場合も多いため、まずは、各事業主において、職務の内容や職務に必要な能力等の内容を明確化するとともに、その職務の内容や職務に必要な能力等の内容と賃金等の待遇との関係を含めた待遇の体系全体を、短時間・有期雇用労働者及び派遣労働者を含む労使の話合いによって確認し、短時間・有期雇用労働者及び派遣労働者を含む労使で共有することが肝要である。また、派遣労働者については、雇用関係にある派遣元事業主と指揮命令関係にある派遣先とが存在するという特殊性があり、これらの関係者が不合理と認められる待遇の相違の解消等に向けて認識を共有することが求められる。

今後、各事業主が職務の内容や職務に必要な能力等の内容の明確化及びその公正な評価を実施し、それに基づく待遇の体系を、労使の話合いにより、可能な限り速やかに、かつ、計画的に構築していくことが望ましい。

通常の労働者と短時間・有期雇用労働者及び派遣労働者との間の不合理と認められる待遇の相違の解消等に向けては、賃金のみならず、福利厚生、キャリア形成、職業能力の開発及び向上等を含めた取組が必要であり、特に、職業能力の開発及び向上の機会の拡大は、短時間・有期雇用労働者及び派遣労働者の職業に必要な技能及び知識の蓄積により、それに対応した職務の高度化や通常の労働者への転換を見据えたキャリアパスの構築等と併せて、生産性の向上と短時間・有期雇用労働者及び派遣労働者の待遇の改善につながるため、重要であることに留意すべきである。

このような通常の労働者と短時間・有期雇用労働者及び派遣労働者との間の不合理と認められる待遇の相違の解消等の取組を通じて、労働者がどのような雇用形態及び就業形態を選択しても納得できる待遇を受けられ、多様な働き方を自由に選択できるようにし、我が国から「非正規」という言葉を一掃することを目指す。

第２　基本的な考え方

この指針は、通常の労働者と短時間・有期雇用労働者及び派遣労働者との間に待遇の相違が存在する場合に、いかなる待遇の相違が不合理と認められるものであり、いかなる待遇の相違が不合理と認められるものでないのか等の原則となる考え方及び具体例を示したものである。事業主が、第３から第５までに記載された原則となる考え方等に反した場合、当該待遇の相違が不合理と認められる等の可能性がある。なお、この指針に原則となる考え方が示されていない退職手当、住宅手当、家族手当等の待遇や、具体例に該当しない場合についても、不合理と認められる待遇の相違の解消等が求められる。このため、各事業主において、労使により、個別具体の事情に応じて待遇の体系について議論していくことが望まれる。

なお、短時間・有期雇用労働法第８条及び第９条並びに労働者派遣法第30条の３及び第30条の４の規定は、雇用管理区分が複数ある場合であっても、通常の労働者のそれぞれと短時間・有期雇用労働者及び派遣労働者との間の不合理と認められる待遇の相違の解消等を求めるものである。このため、事業主が、雇用管理区分を新たに設け、当該雇用管理区分に属する通常の労働者の待遇の水準を他の通常の労働者よりも低く設定したとしても、当該他の通常の労働者と短時間・有期雇用労働者及び派遣労働者との間でも不合理と認められる待遇の相違の解消等を行う必要がある。また、事業主は、通常の労働者と短時間・有期雇用労働者及び派遣労働者との間で職務の内容等を分離した場合であっても、当該通常の労働者と短時間・有期雇用労働者及び派遣労働者との間の不合理と認められる待遇の相違の解消等を行う必要がある。

さらに、短時間・有期雇用労働法及び労働者派遣法に基づく通常の労働者と短時間・有期雇用労働者及び派遣労働者との間の不合理と認められる待遇の相違の解消等の目的は、短時間・有期雇用労働者及び派遣労働者の待遇の改善である。事業主が、通常の労働者と短時間・有期雇用労働者及び派遣労働者との間の不合理と認められる待遇の相違の解消等に対応するため、就業規則を変更することにより、その雇用する労働者の労働条件を不利益に変更する場合、労働契約法（平成19年法律第128号）第９条の規定に基づき、原則として、労働者と合意する必要がある。また、労働者と合意することなく、就業規則の変更により労働条件を労働者の不利益に変更する場合、当該変更は、同法第10条の規定に基づき、当該変更に係る事情に照らして合理的なものである必要がある。ただし、短時間・有期雇用労働法及び労働者派遣法に基づく通常の労働者と短時間・有期雇用労働者及び派遣労働者との間の不合理と認められる待遇の相違の解消等の目的に鑑みれば、事業主が通常の労働者と短時間・有期雇用労働者及び派遣労働者との間の不合理と認められる待遇の相違の解消等を行うに当たっては、基本的に、労使で合意することなく通常の労働者の待遇を引き下げることは、望ましい対応とはいえないことに留意すべきである。

加えて、短時間・有期雇用労働法第８条及び第９条並びに労働者派遣法第30条の３及び第30条の４の規定は、通常の労働者と短時間・有期雇用労働者及び派遣労働者との間の不合理と認められる待遇の相違等を対象とするものであり、この指針は、当該通常の労働者と短時間・有期雇用労働者及び派遣労働者との間に実際に待遇の相違が存在する場合に参照されることを目的としている。このため、そもそも客観的にみて待遇の相違が存在しない場合については、この指針の対象ではない。

第３　短時間・有期雇用労働者

短時間・有期雇用労働法第８条において、事業主は、短時間・有期雇用労働者の待遇のそれぞれについて、当該待遇に対応する通常の労働者の待遇との間において、業務の内容及び当該業務に伴う責任の程度（以下「職務の内容」という。）、当該職務の内容及び配置の変更の範囲その他の事情のうち、当該待遇の性質及び当該待遇を行う目的に照らして適切と認められるものを考慮して、不合理と認められる相違を設けてはならないこととされている。

また、短時間・有期雇用労働法第９条において、事業主は、職務の内容が通常の労働者と同一の短時間・有期雇用労働者であって、当該事業所における慣行その他の事情からみて、当該事業主との雇用関係が終了するまでの全期間において、その職務の内容及び配置が当該通常の労働者の職務の内容及び配置の変更の範囲と同一の範囲で変更されることが見込まれるものについては、短時間・有期雇用労働者であることを理由として、待遇のそれぞれについて、差別的取扱いをしてはならないこととされている。

短時間・有期雇用労働者の待遇に関して、原則となる考え方及び具体例は次のとおりである。

１　基本給

（１）基本給であって、労働者の能力又は経験に応じて支給するもの

基本給であって、労働者の能力又は経験に応じて支給するものについて、通常

の労働者と同一の能力又は経験を有する短時間・有期雇用労働者には、能力又は経験に応じた部分につき、通常の労働者と同一の基本給を支給しなければならない。また、能力又は経験に一定の相違がある場合においては、その相違に応じた基本給を支給しなければならない。

（問題とならない例）

イ　基本給について、労働者の能力又は経験に応じて支給しているＡ社において、ある能力の向上のための特殊なキャリアコースを設定している。通常の労働者であるＸは、このキャリアコースを選択し、その結果としてその能力を習得した。短時間労働者であるＹは、その能力を習得していない。Ａ社は、その能力に応じた基本給をＸには支給し、Ｙには支給していない。

ロ　Ａ社においては、定期的に職務の内容及び勤務地の変更がある通常の労働者の総合職であるＸは、管理職となるためのキャリアコースの一環として、新卒採用後の数年間、店舗等において、職務の内容及び配置に変更のない短時間労働者であるＹの助言を受けながら、Ｙと同様の定型的な業務に従事している。Ａ社はＸに対し、キャリアコースの一環として従事させている定型的な業務における能力又は経験に応じることなく、Ｙに比べ基本給を高く支給している。

ハ　Ａ社においては、同一の職場で同一の業務に従事している有期雇用労働者であるＸとＹのうち、能力又は経験が一定の水準を満たしたＹを定期的に職務の内容及び勤務地に変更がある通常の労働者として登用し、その後、職務の内容や勤務地に変更があることを理由に、Ｘに比べ基本給を高く支給している。

ニ　Ａ社においては、同一の能力又は経験を有する通常の労働者であるＸと短時間労働者であるＹがいるが、ＸとＹに共通して適用される基準を設定し、就業の時間帯や就業日が日曜日、土曜日又は国民の祝日に関する法律（昭和23年法律第178号）に規定する休日（以下「土日祝日」という。）か否か等の違いにより、時間当たりの基本給に差を設けている。

（問題となる例）

基本給について、労働者の能力又は経験に応じて支給しているＡ社において、通常の労働者であるＸが有期雇用労働者であるＹに比べて多くの経験を有することを理由として、Ｘに対し、Ｙよりも基本給を高く支給しているが、Ｘのこれまでの経験はＸの現在の業務に関連性を持たない。

(2)基本給であって、労働者の業績又は成果に応じて支給するもの

基本給であって、労働者の業績又は成果に応じて支給するものについて、通常の労働者と同一の業績又は成果を有する短時間・有期雇用労働者には、業績又は成果に応じた部分につき、通常の労働者と同一の基本給を支給しなければならない。また、業績又は成果に一定の相違がある場合においては、その相違に応じた基本給を支給しなければならない。

なお、基本給とは別に、労働者の業績又は成果に応じた手当を支給する場合も同様である。

(問題とならない例)

イ　基本給の一部について、労働者の業績又は成果に応じて支給しているA社において、所定労働時間が通常の労働者の半分の短時間労働者であるXに対し、その販売実績が通常の労働者に設定されている販売目標の半分の数値に達した場合には、通常の労働者が販売目標を達成した場合の半分を支給している。

ロ　A社においては、通常の労働者であるXは、短時間労働者であるYと同様の業務に従事しているが、Xは生産効率及び品質の目標値に対する責任を負っており、当該目標値を達成していない場合、待遇上の不利益を課されている。その一方で、Yは、生産効率及び品質の目標値に対する責任を負っておらず、当該目標値を達成していない場合にも、待遇上の不利益を課されていない。A社は、待遇上の不利益を課していることとの見合いに応じて、XにYに比べ基本給を高く支給している。

(問題となる例)

基本給の一部について、労働者の業績又は成果に応じて支給しているA社において、通常の労働者が販売目標を達成した場合に行っている支給を、短時間労働者であるXについて通常の労働者と同一の販売目標を設定し、それを達成しない場合には行っていない。

(3)基本給であって、労働者の勤続年数に応じて支給するもの

基本給であって、労働者の勤続年数に応じて支給するものについて、通常の労働者と同一の勤続年数である短時間・有期雇用労働者には、勤続年数に応じた部分につき、通常の労働者と同一の基本給を支給しなければならない。また、勤続年数に一定の相違がある場合においては、その相違に応じた基本給を支給しなければならない。

（問題とならない例）

基本給について、労働者の勤続年数に応じて支給しているA社において、期間の定めのある労働契約を更新している有期雇用労働者であるXに対し、当初の労働契約の開始時から通算して勤続年数を評価した上で支給している。

（問題となる例）

基本給について、労働者の勤続年数に応じて支給しているA社において、期間の定めのある労働契約を更新している有期雇用労働者であるXに対し、当初の労働契約の開始時から通算して勤続年数を評価せず、その時点の労働契約の期間のみにより勤続年数を評価した上で支給している。

（4）昇給であって、労働者の勤続による能力の向上に応じて行うもの

昇給であって、労働者の勤続による能力の向上に応じて行うものについて、通常の労働者と同様に勤続により能力が向上した短時間・有期雇用労働者には、勤続による能力の向上に応じた部分につき、通常の労働者と同一の昇給を行わなければならない。また、勤続による能力の向上に一定の相違がある場合においては、その相違に応じた昇給を行わなければならない。

（注）

1　通常の労働者と短時間・有期雇用労働者との間に賃金の決定基準・ルールの相違がある場合の取扱い

通常の労働者と短時間・有期雇用労働者との間に基本給、賞与、各種手当等の賃金に相違がある場合において、その要因として通常の労働者と短時間・有期雇用労働者の賃金の決定基準・ルールの相違があるときは、「通常の労働者と短時間・有期雇用労働者との間で将来の役割期待が異なるため、賃金の決定基準・ルールが異なる」等の主観的又は抽象的な説明では足りず、賃金の決定基準・ルールの相違は、通常の労働者と短時間・有期雇用労働者の職務の内容、当該職務の内容及び配置の変更の範囲その他の事情のうち、当該待遇の性質及び当該待遇を行う目的に照らして適切と認められるものの客観的及び具体的な実態に照らして、不合理と認められるものであってはならない。

2　定年に達した後に継続雇用された有期雇用労働者の取扱い

定年に達した後に継続雇用された有期雇用労働者についても、短時間・有期雇用労働法の適用を受けるものである。このため、通常の労働者と定年に達した後

に継続雇用された有期雇用労働者との間の賃金の相違については、実際に両者の間に職務の内容、職務の内容及び配置の変更の範囲その他の事情の相違がある場合は、その相違に応じた賃金の相違は許容される。

さらに、有期雇用労働者が定年に達した後に継続雇用された者であることは、通常の労働者と当該有期雇用労働者との間の待遇の相違が不合理と認められるか否かを判断するに当たり、短時間・有期雇用労働法第８条のその他の事情として考慮される事情に当たりうる。定年に達した後に有期雇用労働者として継続雇用する場合の待遇について、様々な事情が総合的に考慮されて、通常の労働者と当該有期雇用労働者との間の待遇の相違が不合理と認められるか否かが判断されるものと考えられる。したがって、当該有期雇用労働者が定年に達した後に継続雇用された者であることのみをもって、直ちに通常の労働者と当該有期雇用労働者との間の待遇の相違が不合理ではないと認められるものではない。

２　賞与

賞与であって、会社の業績等への労働者の貢献に応じて支給するものについて、通常の労働者と同一の貢献である短時間・有期雇用労働者には、貢献に応じた部分につき、通常の労働者と同一の賞与を支給しなければならない。また、貢献に一定の相違がある場合においては、その相違に応じた賞与を支給しなければならない。

（問題とならない例）

イ　賞与について、会社の業績等への労働者の貢献に応じて支給しているＡ社において、通常の労働者であるＸと同一の会社の業績等への貢献がある有期雇用労働者であるＹに対し、Ｘと同一の賞与を支給している。

ロ　Ａ社においては、通常の労働者であるＸは、生産効率及び品質の目標値に対する責任を負っており、当該目標値を達成していない場合、待遇上の不利益を課されている。その一方で、通常の労働者であるＹや、有期雇用労働者であるＺは、生産効率及び品質の目標値に対する責任を負っておらず、当該目標値を達成していない場合にも、待遇上の不利益を課されていない。Ａ社は、Ｘに対しては、賞与を支給しているが、ＹやＺに対しては、待遇上の不利益を課していないこととの見合いの範囲内で、賞与を支給していない。

（問題となる例）

イ　賞与について、会社の業績等への労働者の貢献に応じて支給しているＡ社において、通常の労働者であるＸと同一の会社の業績等への貢献がある有期雇用労働者であるＹに対し、Ｘと同一の賞与を支給していない。

ロ　賞与について、会社の業績等への労働者の貢献に応じて支給しているＡ社においては、通常の労働者には職務の内容や会社の業績等への貢献等にかかわらず全員に何らかの賞与を支給しているが、短時間・有期雇用労働者には支給していない。

3　手当

(1)役職手当であって、役職の内容に対して支給するもの

役職手当であって、役職の内容に対して支給するものについて、通常の労働者と同一の内容の役職に就く短時間・有期雇用労働者には、通常の労働者と同一の役職手当を支給しなければならない。また、役職の内容に一定の相違がある場合においては、その相違に応じた役職手当を支給しなければならない。

(問題とならない例)

イ　役職手当について、役職の内容に対して支給しているＡ社において、通常の労働者であるＸの役職と同一の役職名（例えば、店長）であって同一の内容（例えば、営業時間中の店舗の適切な運営）の役職に就く有期雇用労働者であるＹに対し、同一の役職手当を支給している。

ロ　役職手当について、役職の内容に対して支給しているＡ社において、通常の労働者であるＸの役職と同一の役職名であって同一の内容の役職に就く短時間労働者であるＹに、所定労働時間に比例した役職手当（例えば、所定労働時間が通常の労働者の半分の短時間労働者にあっては、通常の労働者の半分の役職手当)を支給している。

(問題となる例)

役職手当について、役職の内容に対して支給しているＡ社において、通常の労働者であるＸの役職と同一の役職名であって同一の内容の役職に就く有期雇用労働者であるＹに、Ｘに比べ役職手当を低く支給している。

(2)業務の危険度又は作業環境に応じて支給される特殊作業手当

通常の労働者と同一の危険度又は作業環境の業務に従事する短時間・有期雇用労働者には、通常の労働者と同一の特殊作業手当を支給しなければならない。

（3）交替制勤務等の勤務形態に応じて支給される特殊勤務手当

通常の労働者と同一の勤務形態で業務に従事する短時間・有期雇用労働者には、通常の労働者と同一の特殊勤務手当を支給しなければならない。

（問題とならない例）

イ　A社においては、通常の労働者か短時間・有期雇用労働者かの別を問わず、就業する時間帯又は曜日を特定して就業する労働者には労働者の採用が難しい早朝若しくは深夜又は土日祝日に就業する場合に時給に上乗せして特殊勤務手当を支給するが、それ以外の労働者には時給に上乗せして特殊勤務手当を支給していない。

ロ　A社においては、通常の労働者であるXについては、入社に当たり、交替制勤務に従事することは必ずしも確定しておらず、業務の繁閑等生産の都合に応じて通常勤務又は交替制勤務のいずれにも従事する可能性があり、交替制勤務に従事した場合に限り特殊勤務手当が支給されている。短時間労働者であるYについては、採用に当たり、交替制勤務に従事することを明確にし、かつ、基本給に、通常の労働者に支給される特殊勤務手当と同一の交替制勤務の負荷分を盛り込み、通常勤務のみに従事する短時間労働者に比べ基本給を高く支給している。A社はXには特殊勤務手当を支給しているが、Yには支給していない。

（4）精皆勤手当

通常の労働者と業務の内容が同一の短時間・有期雇用労働者には、通常の労働者と同一の精皆勤手当を支給しなければならない。

（問題とならない例）

A社においては、考課上、欠勤についてマイナス査定を行い、かつ、そのことを待遇に反映する通常の労働者であるXには、一定の日数以上出勤した場合に精皆勤手当を支給しているが、考課上、欠勤についてマイナス査定を行っていない有期雇用労働者であるYには、マイナス査定を行っていないこととの見合いの範囲内で、精皆勤手当を支給していない。

（5）時間外労働に対して支給される手当

通常の労働者の所定労働時間を超えて、通常の労働者と同一の時間外労働を行った短時間・有期雇用労働者には、通常の労働者の所定労働時間を超えた時間につき、通常の労働者と同一の割増率等で、時間外労働に対して支給される手当を支給しなければならない。

(6)深夜労働又は休日労働に対して支給される手当

通常の労働者と同一の深夜労働又は休日労働を行った短時間・有期雇用労働者には、通常の労働者と同一の割増率等で、深夜労働又は休日労働に対して支給される手当を支給しなければならない。

(問題とならない例)
A社においては、通常の労働者であるXと時間数及び職務の内容が同一の深夜労働又は休日労働を行った短時間労働者であるYに、同一の深夜労働又は休日労働に対して支給される手当を支給している。

(問題となる例)
A社においては、通常の労働者であるXと時間数及び職務の内容が同一の深夜労働又は休日労働を行った短時間労働者であるYに、深夜労働又は休日労働以外の労働時間が短いことから、深夜労働又は休日労働に対して支給される手当の単価を通常の労働者より低く設定している。

(7)通勤手当及び出張旅費

短時間・有期雇用労働者にも、通常の労働者と同一の通勤手当及び出張旅費を支給しなければならない。

(問題とならない例)
イ　A社においては、本社の採用である労働者に対しては、交通費実費の全額に相当する通勤手当を支給しているが、それぞれの店舗の採用である労働者に対しては、当該店舗の近隣から通うことができる交通費に相当する額に通勤手当の上限を設定して当該上限の額の範囲内で通勤手当を支給しているところ、店舗採用の短時間労働者であるXが、その後、本人の都合で通勤手当の上限の額では通うことができないところへ転居してなお通い続けている場合には、当該上限の額の範囲内で通勤手当を支給している。

ロ　A社においては、通勤手当について、所定労働日数が多い(例えば、週4日以上)通常の労働者及び短時間・有期雇用労働者には、月額の定期券の金額に相当する額を支給しているが、所定労働日数が少ない（例えば、週３日以下）又は出勤日数が変動する短時間・有期雇用労働者には、日額の交通費に相当する額を支給している。

（８）労働時間の途中に食事のための休憩時間がある労働者に対する食費の負担補助として支給される食事手当

短時間・有期雇用労働者にも、通常の労働者と同一の食事手当を支給しなければならない。

（問題とならない例）
Ａ社においては、その労働時間の途中に昼食のための休憩時間がある通常の労働者であるＸに支給している食事手当を、その労働時間の途中に昼食のための休憩時間がない（例えば、午後２時から午後５時までの勤務）短時間労働者であるＹには支給していない。

（問題となる例）
Ａ社においては、通常の労働者であるＸには、有期雇用労働者であるＹに比べ、食事手当を高く支給している。

（９）単身赴任手当

通常の労働者と同一の支給要件を満たす短時間・有期雇用労働者には、通常の労働者と同一の単身赴任手当を支給しなければならない。

（10）特定の地域で働く労働者に対する補償として支給される地域手当

通常の労働者と同一の地域で働く短時間・有期雇用労働者には、通常の労働者と同一の地域手当を支給しなければならない。

（問題とならない例）
Ａ社においては、通常の労働者であるＸについては、全国一律の基本給の体系を適用し、転勤があることから、地域の物価等を勘案した地域手当を支給しているが、一方で、有期雇用労働者であるＹと短時間労働者であるＺについては、それぞれの地域で採用し、それぞれの地域で基本給を設定しており、その中で地域の物価が基本給に盛り込まれているため、地域手当を支給していない。

（問題となる例）
A社においては、通常の労働者であるXと有期雇用労働者であるYにはいずれも全国一律の基本給の体系を適用しており、かつ、いずれも転勤があるにもかかわらず、Yには地域手当を支給していない。

4　福利厚生

（1）福利厚生施設（給食施設、休憩室及び更衣室をいう。以下この（1）において同じ。

通常の労働者と同一の事業所で働く短時間・有期雇用労働者には、通常の労働者と同一の福利厚生施設の利用を認めなければならない。

（2）転勤者用社宅

通常の労働者と同一の支給要件（例えば、転勤の有無、扶養家族の有無、住宅の賃貸又は収入の額）を満たす短時間・有期雇用労働者には、通常の労働者と同一の転勤者用社宅の利用を認めなければならない。

（3）慶弔休暇並びに健康診断に伴う勤務免除及び当該健康診断を

勤務時間中に受診する場合の当該受診時間に係る給与の保障（以下この（3）、第4の4（3）及び第5の2（3）において「有給の保障」という。）
短時間・有期雇用労働者にも、通常の労働者と同一の慶弔休暇の付与並びに健康診断に伴う勤務免除及び有給の保障を行わなければならない。

（問題とならない例）
A社においては、通常の労働者であるXと同様の出勤日が設定されている短時間労働者であるYに対しては、通常の労働者と同様に慶弔休暇を付与しているが、週2日の勤務の短時間労働者であるZに対しては、勤務日の振替での対応を基本としつつ、振替が困難な場合のみ慶弔休暇を付与している。

（4）病気休職

短時間労働者（有期雇用労働者である場合を除く。）には、通常の労働者と同一の病気休職の取得を認めなければならない。また、有期雇用労働者にも、労働契約が終了するまでの期間を踏まえて、病気休職の取得を認めなければならない。

（問題とならない例）
Ａ社においては、労働契約の期間が１年である有期雇用労働者であるＸについて、病気休職の期間は労働契約の期間が終了する日までとしている。

（５）法定外の有給の休暇その他の法定外の休暇（慶弔休暇を除く。）であって、勤続期間に応じて取得を認めているもの

法定外の有給の休暇その他の法定外の休暇（慶弔休暇を除く。）であって、勤続期間に応じて取得を認めているものについて、通常の労働者と同一の勤続期間である短時間・有期雇用労働者には、通常の労働者と同一の法定外の有給の休暇その他の法定外の休暇（慶弔休暇を除く。）を付与しなければならない。なお、期間の定めのある労働契約を更新している場合には、当初の労働契約の開始時から通算して勤続期間を評価することを要する。

（問題とならない例）
Ａ社においては、長期勤続者を対象とするリフレッシュ休暇について、業務に従事した時間全体を通じた貢献に対する報償という趣旨で付与していることから、通常の労働者であるＸに対しては、勤続10年で３日、20年で５日、30年で７日の休暇を付与しており、短時間労働者であるＹに対しては、所定労働時間に比例した日数を付与している。

５　その他

（１）教育訓練であって、現在の職務の遂行に必要な技能又は知識を習得するために実施するもの

教育訓練であって、現在の職務の遂行に必要な技能又は知識を習得するために実施するものについて、通常の労働者と職務の内容が同一である短時間・有期雇用労働者には、通常の労働者と同一の教育訓練を実施しなければならない。また、職務の内容に一定の相違がある場合においては、その相違に応じた教育訓練を実施しなければならない。

（２）安全管理に関する措置及び給付

通常の労働者と同一の業務環境に置かれている短時間・有期雇用労働者には、

通常の労働者と同一の安全管理に関する措置及び給付をしなければならない。

第４　派遣労働者

労働者派遣法第30条の３第１項において、派遣元事業主は、派遣労働者の待遇のそれぞれについて、当該待遇に対応する派遣先に雇用される通常の労働者の待遇との間において、職務の内容、当該職務の内容及び配置の変更の範囲その他の事情のうち、当該待遇の性質及び当該待遇を行う目的に照らして適切と認められるものを考慮して、不合理と認められる相違を設けてはならないこととされている。

また、同条第２項において、派遣元事業主は、職務の内容が派遣先に雇用される通常の労働者と同一の派遣労働者であって、当該労働者派遣契約及び当該派遣先における慣行その他の事情からみて、当該派遣先における派遣就業が終了するまでの全期間において、その職務の内容及び配置が当該派遣先との雇用関係が終了するまでの全期間における当該通常の労働者の職務の内容及び配置の変更の範囲と同一の範囲で変更されることが見込まれるものについては、正当な理由がなく、待遇のそれぞれについて、当該待遇に対応する当該通常の労働者の待遇に比して不利なものとしてはならないこととされている。

他方、労働者派遣法第30条の４第１項において、労働者の過半数で組織する労働組合等との協定により、同項各号に規定する事項を定めたときは、当該協定で定めた範囲に属する派遣労働者の待遇について、労働者派遣法第30条の３の規定は、一部の待遇を除き、適用しないこととされている。ただし、同項第２号、第４号若しくは第５号に掲げる事項であって当該協定で定めたものを遵守していない場合又は同項第３号に関する当該協定の定めによる公正な評価に取り組んでいない場合は、この限りでないこととされている。

派遣労働者（協定対象派遣労働者を除く。以下この第4において同じ。）の待遇に関して、原則となる考え方及び具体例は次のとおりである。

１　基本給

（1）基本給であって、労働者の能力又は経験に応じて支給するもの

基本給であって、派遣先及び派遣元事業主が、労働者の能力又は経験に応じて支給するものについて、派遣元事業主は、派遣先に雇用される通常の労働者と同一の能力又は経験を有する派遣労働者には、能力又は経験に応じた部分につき、派遣先に雇用される通常の労働者と同一の基本給を支給しなければならない。また、能力又は経験に一定の相違がある場合においては、その相違に応じた基本給を支給しなければならない。

（問題とならない例）

イ　基本給について、労働者の能力又は経験に応じて支給している派遣先であるA社において、ある能力の向上のための特殊なキャリアコースを設定している。A社の通常の労働者であるXは、このキャリアコースを選択し、その結果としてその能力を習得したため、その能力に応じた基本給をXに支給している。これに対し、派遣元事業主であるB社からA社に派遣されている派遣労働者であるYは、その能力を習得していないため、B社はその能力に応じた基本給をYには支給していない。

ロ　派遣先であるA社においては、定期的に職務の内容及び勤務地の変更がある通常の労働者の総合職であるXは、管理職となるためのキャリアコースの一環として、新卒採用後の数年間、店舗等において、派遣元事業主であるB社からA社に派遣されている派遣労働者であってA社で就業する間は職務の内容及び配置に変更のないYの助言を受けながら、Yと同様の定型的な業務に従事している。A社がXにキャリアコースの一環として当該定型的な業務に従事させていることを踏まえ、B社はYに対し、当該定型的な業務における能力又は経験はXを上回っているものの、Xほど基本給を高く支給していない。

ハ　派遣先であるA社においては、かつては有期雇用労働者であったが、能力又は経験が一定の水準を満たしたため定期的に職務の内容及び勤務地に変更がある通常の労働者として登用されたXと、派遣元事業主であるB社からA社に派遣されている派遣労働者であるYとが同一の職場で同一の業務に従事している。B社は、A社で就業する間は職務の内容及び勤務地に変更がないことを理由に、Yに対して、Xほど基本給を高く支給していない。

ニ　派遣先であるA社に雇用される通常の労働者であるXと、派遣元事業主であるB社からA社に派遣されている派遣労働者であるYとが同一の能力又は経験を有しているところ、B社は、A社がXに適用するのと同じ基準をYに適用し、就業の時間帯や就業日が土日祝日か否か等の違いにより、A社がXに支給する時間当たりの基本給との間に差を設けている。

（問題となる例）

派遣先であるA社及び派遣元事業主であるB社においては、基本給について、労働者の能力又は経験に応じて支給しているところ、B社は、A社に派遣されている派遣労働者であるYに対し、A社に雇用される通常の労働者であるXに比べて経験が少ないことを理由として、A社がXに支給するほど基本給を高く支給していないが、Xのこれまでの経験はXの現在の業務に関連性を持たない。

（2）基本給であって、労働者の業績又は成果に応じて支給するもの

基本給であって、派遣先及び派遣元事業主が、労働者の業績又は成果に応じて支給するものについて、派遣元事業主は、派遣先に雇用される通常の労働者と同一の業績又は成果を有する派遣労働者には、業績又は成果に応じた部分につき、派遣先に雇用される通常の労働者と同一の基本給を支給しなければならない。また、業績又は成果に一定の相違がある場合においては、その相違に応じた基本給を支給しなければならない。

なお、基本給とは別に、労働者の業績又は成果に応じた手当を支給する場合も同様である。

（問題とならない例）

イ　派遣先であるＡ社及び派遣元事業主であるＢ社においては、基本給の一部について、労働者の業績又は成果に応じて支給しているところ、Ｂ社は、Ａ社に派遣されている派遣労働者であって、所定労働時間がＡ社に雇用される通常の労働者の半分であるＹに対し、その販売実績がＡ社に雇用される通常の労働者に設定されている販売目標の半分の数値に達した場合には、Ａ社に雇用される通常の労働者が販売目標を達成した場合の半分を支給している。

ロ　派遣先であるＡ社においては、通常の労働者であるＸは、派遣元事業主であるＢ社からＡ社に派遣されている派遣労働者であるＹと同様の業務に従事しているが、ＸはＡ社における生産効率及び品質の目標値に対する責任を負っており、当該目標値を達成していない場合、待遇上の不利益を課されている。その一方で、Ｙは、Ａ社における生産効率及び品質の目標値に対する責任を負っておらず、当該目標値を達成していない場合にも、待遇上の不利益を課されていない。Ｂ社はＹに対し、待遇上の不利益を課していないこととの見合いに応じて、Ａ社がＸに支給するほど基本給を高く支給していない。

（問題となる例）

派遣先であるＡ社及び派遣元事業主であるＢ社においては、基本給の一部について、労働者の業績又は成果に応じて支給しているところ、Ｂ社は、Ａ社に派遣されている派遣労働者であって、所定労働時間がＡ社に雇用される通常の労働者の半分であるＹに対し、当該通常の労働者が販売目標を達成した場合にＡ社が行っている支給を、Ｙについて当該通常の労働者と同一の販売目標を設定し、それを達成しない場合には行っていない。

（3）基本給であって、労働者の勤続年数（派遣労働者にあっては、当該派遣先における就業期間。以下この（3）において同じ。）に応じて支給するもの

基本給であって、派遣先及び派遣元事業主が、労働者の勤続年数に応じて支給するものについて、派遣元事業主は、派遣先に雇用される通常の労働者と同一の勤続年数である派遣労働者には、勤続年数に応じた部分につき、派遣先に雇用される通常の労働者と同一の基本給を支給しなければならない。また、勤続年数に一定の相違がある場合においては、その相違に応じた基本給を支給しなければならない。

（問題とならない例）

派遣先であるＡ社及び派遣元事業主であるＢ社は、基本給について、労働者の勤続年数に応じて支給しているところ、Ｂ社は、Ａ社に派遣している期間の定めのある労働者派遣契約を更新している派遣労働者であるＹに対し、Ａ社への労働者派遣の開始時から通算して就業期間を評価した上で基本給を支給している。

（問題となる例）

派遣先であるＡ社及び派遣元事業主であるＢ社は、基本給について、労働者の勤続年数に応じて支給しているところ、Ｂ社は、Ａ社に派遣している期間の定めのある労働者派遣契約を更新している派遣労働者であるＹに対し、ＹのＡ社への労働者派遣の開始時から通算して就業期間を評価せず、その時点の労働者派遣契約に基づく派遣就業の期間のみにより就業期間を評価した上で基本給を支給している。

（4）昇給であって、労働者の勤続（派遣労働者にあっては、当該派遣先における派遣就業の継続。以下この（4）において同じ。）による能力の向上に応じて行うもの

昇給であって、派遣先及び派遣元事業主が、労働者の勤続による能力の向上に応じて行うものについて、派遣元事業主は、派遣先に雇用される通常の労働者と同様に勤続により能力が向上した派遣労働者には、勤続による能力の向上に応じた部分につき、派遣先に雇用される通常の労働者と同一の昇給を行わなければならない。また、勤続による能力の向上に一定の相違がある場合においては、その相違に応じた昇給を行わなければならない。

（注）派遣先に雇用される通常の労働者と派遣労働者との間に賃金の決定基準・ルールの相違がある場合の取扱い

派遣先に雇用される通常の労働者と派遣労働者の間に基本給、賞与、各種手当等の賃金に相違がある場合において、その要因として当該通常の労働者と派遣労働者の賃金の決定基準・ルールの相違があるときは、「派遣労働者に対する派遣元事業主の将来の役割期待は派遣先に雇用される通常の労働者に対する派遣先の将来の役割期待と異なるため、賃金の決定基準・ルールが異なる」等の主観的又は抽象的な説明では足りず、賃金の決定基準・ルールの相違は、当該通常の労働者と派遣労働者の職務の内容、当該職務の内容及び配置の変更の範囲その他の事情のうち、当該待遇の性質及び当該待遇を行う目的に照らして適切と認められるものの客観的及び具体的な実態に照らして、不合理と認められるものであってはならない。

2　賞与

賞与であって、派遣先及び派遣元事業主が、会社（派遣労働者にあっては、派遣先。以下この２において同じ。）の業績等への労働者の貢献に応じて支給するものについて、派遣元事業主は、派遣先に雇用される通常の労働者と同一の貢献である派遣労働者には、貢献に応じた部分につき、派遣先に雇用される通常の労働者と同一の賞与を支給しなければならない。また、貢献に一定の相違がある場合においては、その相違に応じた賞与を支給しなければならない。

（問題とならない例）

イ　派遣先であるＡ社及び派遣元事業主であるＢ社においては、賞与について、会社の業績等への労働者の貢献に応じて支給しているところ、Ｂ社は、Ａ社に派遣されている派遣労働者であって、Ａ社に雇用される通常の労働者であるＸと同一のＡ社の業績等への貢献があるＹに対して、Ａ社がＸに支給するのと同一の賞与を支給している。

ロ　派遣先であるＡ社においては、通常の労働者であるＸは、Ａ社における生産効率及び品質の目標値に対する責任を負っており、当該目標値を達成していない場合、待遇上の不利益を課されている。その一方で、Ａ社に雇用される通常の労働者であるＺや、派遣元事業主であるＢ社からＡ社に派遣されている派遣労働者であるＹは、Ａ社における生産効率及び品質の目標値に対する責任を負っておらず、当該目標値を達成していない場合にも、待遇上の不利益を課されていない。Ａ社はＸに対して賞与を支給しているが、Ｚに対しては、待遇上の不利益を課していないこととの見合いの範囲内で賞与を支給していないところ、Ｂ社はＹに対して、待遇上の不利益を課していないこととの見合いの範囲内で賞与を支給していない。

（問題となる例）

イ　派遣先であるＡ社及び派遣元事業主であるＢ社においては、賞与について、会社の業績等への労働者の貢献に応じて支給しているところ、Ｂ社は、Ａ社に派遣されている派遣労働者であって、Ａ社に雇用される通常の労働者であるＸと同一のＡ社の業績等への貢献があるＹに対して、Ａ社がＸに支給するのと同一の賞与を支給していない。

ロ　賞与について、会社の業績等への労働者の貢献に応じて支給している派遣先であるＡ社においては、通常の労働者の全員に職務の内容や会社の業績等への貢献等にかかわらず何らかの賞与を支給しているが、派遣元事業主であるＢ社においては、Ａ社に派遣されている派遣労働者であるＹに賞与を支給していない。

３　手当

（１）役職手当であって、役職の内容に対して支給するもの

役職手当であって、派遣先及び派遣元事業主が、役職の内容に対して支給するものについて、派遣元事業主は、派遣先に雇用される通常の労働者と同一の内容の役職に就く派遣労働者には、派遣先に雇用される通常の労働者と同一の役職手当を支給しなければならない。また、役職の内容に一定の相違がある場合においては、その相違に応じた役職手当を支給しなければならない。

（問題とならない例）

イ　派遣先であるＡ社及び派遣元事業主であるＢ社においては、役職手当について、役職の内容に対して支給しているところ、Ｂ社は、Ａ社に派遣されている派遣労働者であって、Ａ社に雇用される通常の労働者であるＸの役職と同一の役職名（例えば、店長）であって同一の内容（例えば、営業時間中の店舗の適切な運営）の役職に就くＹに対し、Ａ社がＸに支給するのと同一の役職手当を支給している。

ロ　派遣先であるＡ社及び派遣元事業主であるＢ社においては、役職手当について、役職の内容に対して支給しているところ、Ｂ社は、Ａ社に派遣されている

派遣労働者であって、A社に雇用される通常の労働者であるXの役職と同一の役職名であって同一の内容の役職に就くYに、所定労働時間に比例した役職手当（例えば、所定労働時間がA社に雇用される通常の労働者の半分の派遣労働者にあっては、当該通常の労働者の半分の役職手当）を支給している。

（問題となる例）

派遣先であるA社及び派遣元事業主であるB社においては、役職手当について、役職の内容に対して支給しているところ、B社は、A社に派遣されている派遣労働者であって、A社に雇用される通常の労働者であるXの役職と同一の役職名であって同一の内容の役職に就くYに対し、A社がXに支給するのに比べ役職手当を低く支給している。

（2）業務の危険度又は作業環境に応じて支給される特殊作業手当

派遣元事業主は、派遣先に雇用される通常の労働者と同一の危険度又は作業環境の業務に従事する派遣労働者には、派遣先に雇用される通常の労働者と同一の特殊作業手当を支給しなければならない。

（3）交替制勤務等の勤務形態に応じて支給される特殊勤務手当

派遣元事業主は、派遣先に雇用される通常の労働者と同一の勤務形態で業務に従事する派遣労働者には、派遣先に雇用される通常の労働者と同一の特殊勤務手当を支給しなければならない。

（問題とならない例）

イ　派遣先であるA社においては、就業する時間帯又は曜日を特定して就業する通常の労働者には労働者の採用が難しい早朝若しくは深夜又は土日祝日に就業する場合に時給に上乗せして特殊勤務手当を支給するが、就業する時間帯及び曜日を特定していない通常の労働者には労働者の採用が難しい時間帯又は曜日に勤務する場合であっても時給に上乗せして特殊勤務手当を支給していない。派遣元事業主であるB社は、A社に派遣されている派遣労働者であって、就業する時間帯及び曜日を特定して就業していないYに対し、採用が難しい時間帯や曜日に勤務する場合であっても時給に上乗せして特殊勤務手当を支給していない。

ロ　派遣先であるA社においては、通常の労働者であるXについては、入社に当たり、交替制勤務に従事することは必ずしも確定しておらず、業務の繁閑等生産の都合に応じて通常勤務又は交替制勤務のいずれにも従事する可能性があり、交替制勤務に従事した場合に限り特殊勤務手当が支給されている。派遣元事業主であるＢ社からＡ社に派遣されている派遣労働者であるＹについては、Ａ社への労働者派遣に当たり、派遣先で交替制勤務に従事することを明確にし、かつ、基本給にＡ社において通常の労働者に支給される特殊勤務手当と同一の交替制勤務の負荷分が盛り込まれている。Ａ社には、職務の内容がＹと同一であり通常勤務のみに従事することが予定され、実際に通常勤務のみに従事する労働者であるＺがいるところ、Ｂ社はＹに対し、Ａ社がＺに対して支給するのに比べ基本給を高く支給している。Ａ社はＸに対して特殊勤務手当を支給しているが、Ｂ社はＹに対して特殊勤務手当を支給していない。

（4）精皆勤手当

派遣元事業主は、派遣先に雇用される通常の労働者と業務の内容が同一の派遣労働者には、派遣先に雇用される通常の労働者と同一の精皆勤手当を支給しなければならない。

（問題とならない例）
派遣先であるＡ社においては、考課上、欠勤についてマイナス査定を行い、かつ、それが待遇に反映される通常の労働者であるＸには、一定の日数以上出勤した場合に精皆勤手当を支給しているが、派遣元事業主であるＢ社は、Ｂ社からＡ社に派遣されている派遣労働者であって、考課上、欠勤についてマイナス査定を行っていないＹには、マイナス査定を行っていないこととの見合いの範囲内で、精皆勤手当を支給していない。

（5）時間外労働に対して支給される手当

派遣元事業主は、派遣先に雇用される通常の労働者の所定労働時間を超えて、当該通常の労働者と同一の時間外労働を行った派遣労働者には、当該通常の労働者の所定労働時間を超えた時間につき、派遣先に雇用される通常の労働者と同一の割増率等で、時間外労働に対して支給される手当を支給しなければならない。

（6）深夜労働又は休日労働に対して支給される手当

派遣元事業主は、派遣先に雇用される通常の労働者と同一の深夜労働又は休日労働を行った派遣労働者には、派遣先に雇用される通常の労働者と同一の割増率等で、深夜労働又は休日労働に対して支給される手当を支給しなければならない。

（問題とならない例）

派遣元事業主であるＢ社においては、派遣先であるＡ社に派遣されている派遣労働者であって、Ａ社に雇用される通常の労働者であるＸと時間数及び職務の内容が同一の深夜労働又は休日労働を行ったＹに対し、Ａ社がＸに支給するのと同一の深夜労働又は休日労働に対して支給される手当を支給している。

（問題となる例）

派遣元事業主であるＢ社においては、派遣先であるＡ社に派遣されている派遣労働者であって、Ａ社に雇用される通常の労働者であるＸと時間数及び職務の内容が同一の深夜労働又は休日労働を行ったＹに対し、

Ｙが派遣労働者であることから、深夜労働又は休日労働に対して支給される手当の単価を当該通常の労働者より低く設定している。

（7）通勤手当及び出張旅費

派遣元事業主は、派遣労働者にも、派遣先に雇用される通常の労働者と同一の通勤手当及び出張旅費を支給しなければならない。

（問題とならない例）

イ 派遣先であるＡ社においては、本社の採用である労働者に対し、交通費実費の全額に相当する通勤手当を支給しているが、派遣元事業主であるＢ社は、それぞれの店舗の採用である労働者については、当該店舗の近隣から通うことができる交通費に相当する額に通勤手当の上限を設定して当該上限の額の範囲内で通勤手当を支給しているところ、Ｂ社の店舗採用であってＡ社に派遣される派遣労働者であるＹが、Ａ社への労働者派遣の開始後、本人の都合で通勤手当の上限の額では通うことができないところへ転居してなお通い続けている場合には、当該上限の額の範囲内で通勤手当を支給している。

ロ 派遣先であるＡ社においては、通勤手当について、所定労働日数が多い（例えば、週４日以上）通常の労働者に、月額の定期券の金額に相当する額を支給しているが、派遣元事業主であるＢ社においては、Ａ社に派遣されている派遣労働者であって、所定労働日数が少ない（例えば、週３日以下）又は出勤日数が変動する派遣労働者に、日額の交通費に相当する額を支給している。

（8）労働時間の途中に食事のための休憩時間がある労働者に対する食費の負担補助として支給される食事手当

派遣元事業主は、派遣労働者にも、派遣先に雇用される通常の労働者と同一の食事手当を支給しなければならない。

（問題とならない例）

派遣先であるA社においては、その労働時間の途中に昼食のための休憩時間がある通常の労働者であるXに食事手当を支給している。その一方で、派遣元事業主であるB社においては、A社に派遣されている派遣労働者であって、その労働時間の途中に昼食のための休憩時間がない（例えば、午後2時から午後5時までの勤務）派遣労働者であるYに支給していない。

（問題となる例）

派遣先であるA社においては、通常の労働者であるXに食事手当を支給している。派遣元事業主であるB社においては、A社に派遣されている派遣労働者であるYにA社がXに支給するのに比べ食事手当を低く支給している。

（9）単身赴任手当

派遣元事業主は、派遣先に雇用される通常の労働者と同一の支給要件を満たす派遣労働者には、派遣先に雇用される通常の労働者と同一の単身赴任手当を支給しなければならない。

（10）特定の地域で働く労働者に対する補償として支給される地域手当

派遣元事業主は、派遣先に雇用される通常の労働者と同一の地域で働く派遣労働者には、派遣先に雇用される通常の労働者と同一の地域手当を支給しなければならない。

（問題とならない例）

派遣先であるA社においては、通常の労働者であるXについて、全国一律の基本給の体系を適用し、転勤があることから、地域の物価等を勘案した地域手当を支給している。一方で、派遣元事業主であるB社においては、A社に派遣されている派遣労働者であるYについては、A社に派遣されている間は勤務地の変更がなく、その派遣先の所在する地域で基本給を設定しており、その中で地域の物価が基本給に盛り込まれているため、地域手当を支給していない。

（問題となる例）

派遣先であるA社に雇用される通常の労働者であるXは、その地域で採用され転勤はないにもかかわらず、A社はXに対し地域手当を支給している。一方、派遣元事業主であるB社からA社に派遣されている派遣労働者であるYは、A社に派遣されている間転勤はなく、B社はYに対し地域手当を支給していない。

4　福利厚生

（1）福利厚生施設（給食施設、休憩室及び更衣室をいう。以下この（1）において同じ。）

派遣先は、派遣先に雇用される通常の労働者と同一の事業所で働く派遣労働者には、派遣先に雇用される通常の労働者と同一の福利厚生施設の利用を認めなければならない。

なお、派遣元事業主についても、労働者派遣法第30条の3の規定に基づく義務を免れるものではない。

（2）転勤者用社宅

派遣元事業主は、派遣先に雇用される通常の労働者と同一の支給要件（例えば、転勤の有無、扶養家族の有無、住宅の賃貸又は収入の額）を満たす派遣労働者には、派遣先に雇用される通常の労働者と同一の転勤者用社宅の利用を認めなければならない。

（3）慶弔休暇並びに健康診断に伴う勤務免除及び有給の保障

派遣元事業主は、派遣労働者にも、派遣先に雇用される通常の労働者と同一の慶弔休暇の付与並びに健康診断に伴う勤務免除及び有給の保障を行わなければならない。

（問題とならない例）

派遣元事業主であるB社においては、派遣先であるA社に派遣されている派遣労働者であって、A社に雇用される通常の労働者であるXと同様の出勤日が設定されているYに対しては、A社がXに付与するのと同様に慶弔休暇を付与しているが、A社に派遣されている派遣労働者であって、週2日の勤務であるWに対しては、勤務日の振替での対応を基本としつつ、振替が困難な場合のみ慶弔休暇を付与している。

（4）病気休職

派遣元事業主は、派遣労働者（期間の定めのある労働者派遣に係る派遣労働者である場合を除く。）には、派遣先に雇用される通常の労働者と同一の病気休職の取得を認めなければならない。また、期間の定めのある労働者派遣に係る派遣労働者にも、当該派遣先における派遣就業が終了するまでの期間を踏まえて、病気休職の取得を認めなければならない。

（問題とならない例）

派遣元事業主であるＢ社においては、当該派遣先における派遣就業期間が１年である派遣労働者であるＹについて、病気休職の期間は当該派遣就業の期間が終了する日までとしている。

（5）法定外の有給の休暇その他の法定外の休暇（慶弔休暇を除く。）であって、勤続期間（派遣労働者にあっては、当該派遣先における就業期間。以下この（5）において同じ。）に応じて取得を認めているもの

法定外の有給の休暇その他の法定外の休暇（慶弔休暇を除く。）であって、派遣先及び派遣元事業主が、勤続期間に応じて取得を認めているものについて、派遣元事業主は、当該派遣先に雇用される通常の労働者と同一の勤続期間である派遣労働者には、派遣先に雇用される通常の労働者と同一の法定外の有給の休暇その他の法定外の休暇（慶弔休暇を除く。）を付与しなければならない。なお、当該派遣先において期間の定めのある労働者派遣契約を更新している場合には、当初の派遣就業の開始時から通算して就業期間を評価することを要する。

（問題とならない例）

派遣先であるＡ社においては、長期勤続者を対象とするリフレッシュ休暇について、業務に従事した時間全体を通じた貢献に対する報償という趣旨で付与していることから、通常の労働者であるＸに対し、勤続10年で３日、20年で５日、30年で７日の休暇を付与している。派遣元事業主であるＢ社は、Ａ社に派遣されている派遣労働者であるＹに対し、所定労働時間に比例した日数を付与している。

5　その他

（1）教育訓練であって、現在の職務の遂行に必要な技能又は知識を習得するために実施するもの

教育訓練であって、派遣先が、現在の業務の遂行に必要な能力を付与するために実施するものについて、派遣先は、派遣元事業主からの求めに応じ、その雇用する通常の労働者と業務の内容が同一である派遣労働者には、派遣先に雇用される通常の労働者と同一の教育訓練を実施する等必要な措置を講じなければならない。なお、派遣元事業主についても、労働者派遣法第30条の３の規定に基づく義務を免れるものではない。

また、派遣労働者と派遣先に雇用される通常の労働者との間で業務の内容に一定の相違がある場合においては、派遣元事業主は、派遣労働者と派遣先に雇用される通常の労働者との間の職務の内容、職務の内容及び配置の変更の範囲その他の事情の相違に応じた教育訓練を実施しなければならない。

なお、労働者派遣法第30条の２第１項の規定に基づき、派遣元事業主は、派遣労働者に対し、段階的かつ体系的な教育訓練を実施しなければならない。

（2）安全管理に関する措置又は給付

派遣元事業主は、派遣先に雇用される通常の労働者と同一の業務環境に置かれている派遣労働者には、派遣先に雇用される通常の労働者と同一の安全管理に関する措置及び給付をしなければならない。

なお、派遣先及び派遣元事業主は、労働者派遣法第45条等の規定に基づき、派遣労働者の安全と健康を確保するための義務を履行しなければならない。

第５　協定対象派遣労働者

協定対象派遣労働者の待遇に関して、原則となる考え方及び具体例は次のとおりである。

１　賃金

労働者派遣法第30条の４第１項第２号イにおいて、協定対象派遣労働者の賃金の決定の方法については、同種の業務に従事する一般の労働者の平均的な賃金の額と

して厚生労働省令で定めるものと同等以上の賃金の額となるものでなければならないこととされている。

また、同号ロにおいて、その賃金の決定の方法は、協定対象派遣労働者の職務の内容、職務の成果、意欲、能力又は経験その他の就業の実態に関する事項の向上があった場合に賃金が改善されるものでなければならないこととされている。

さらに、同項第３号において、派遣元事業主は、この方法により賃金を決定するに当たっては、協定対象派遣労働者の職務の内容、職務の成果、意欲、能力又は経験その他の就業の実態に関する事項を公正に評価し、その賃金を決定しなければならないこととされている。

２　福利厚生

（１）福利厚生施設（給食施設、休憩室及び更衣室をいう。以下この（１）において同じ。）

派遣先は、派遣先に雇用される通常の労働者と同一の事業所で働く協定対象派遣労働者には、派遣先に雇用される通常の労働者と同一の福利厚生施設の利用を認めなければならない。

なお、派遣元事業主についても、労働者派遣法第30条の３の規定に基づく義務を免れるものではない。

（２）転勤者用社宅

派遣元事業主は、派遣元事業主の雇用する通常の労働者と同一の支給要件（例えば、転勤の有無、扶養家族の有無、住宅の賃貸又は収入の額）を満たす協定対象派遣労働者には、派遣元事業主の雇用する通常の労働者と同一の転勤者用社宅の利用を認めなければならない。

（３）慶弔休暇並びに健康診断に伴う勤務免除及び有給の保障

派遣元事業主は、協定対象派遣労働者にも、派遣元事業主の雇用する通常の労働者と同一の慶弔休暇の付与並びに健康診断に伴う勤務免除及び有給の保障を行わなければならない。

（問題とならない例）

派遣元事業主であるＢ社においては、慶弔休暇について、Ｂ社の雇用する通常の労働者であるＸと同様の出勤日が設定されている協定対象派遣労働者であるＹに対しては、通常の労働者と同様に慶弔休暇を付与しているが、週２日の勤務の協定対象派遣労働者であるＷに対しては、勤務日の振替での対応を基本としつつ、振替が困難な場合のみ慶弔休暇を付与している。

（４）病気休職

派遣元事業主は、協定対象派遣労働者（有期雇用労働者である場合を除く。）には、派遣元事業主の雇用する通常の労働者と同一の病気休職の取得を認めなければならない。また、有期雇用労働者である協定対象派遣労働者にも、労働契約が終了するまでの期間を踏まえて、病気休職の取得を認めなければならない。

（問題とならない例）

派遣元事業主であるＢ社においては、労働契約の期間が１年である有期雇用労働者であり、かつ、協定対象派遣労働者であるＹについて、病気休職の期間は労働契約の期間が終了する日までとしている。

（５）法定外の有給の休暇その他の法定外の休暇（慶弔休暇を除く。）であって、勤続期間に応じて取得を認めているもの

法定外の有給の休暇その他の法定外の休暇（慶弔休暇を除く。）であって、勤続期間に応じて取得を認めているものについて、派遣元事業主は、派遣元事業主の雇用する通常の労働者と同一の勤続期間である協定対象派遣労働者には、派遣元事業主の雇用する通常の労働者と同一の法定外の有給の休暇その他の法定外の休暇（慶弔休暇を除く。）を付与しなければならない。なお、期間の定めのある労働契約を更新している場合には、当初の労働契約の開始時から通算して勤続期間を評価することを要する。

（問題とならない例）

派遣元事業主であるＢ社においては、長期勤続者を対象とするリフレッシュ休暇について、業務に従事した時間全体を通じた貢献に対する報償という趣旨で付与していることから、Ｂ社に雇用される通常の労働者であるＸに対し、勤続10年で３日、20年で５日、30年で７日の休暇を付与しており、協定対象派遣労働者であるＹに対し、所定労働時間に比例した日数を付与している。

3　その他

(1)教育訓練であって、現在の職務の遂行に必要な技能又は知識を習得するために実施するもの

教育訓練であって、派遣先が、現在の業務の遂行に必要な能力を付与するために実施するものについて、派遣先は、派遣元事業主からの求めに応じ、派遣先に雇用される通常の労働者と業務の内容が同一である協定対象派遣労働者には、派遣先に雇用される通常の労働者と同一の教育訓練を実施する等必要な措置を講じなければならない。なお、派遣元事業主についても、労働者派遣法第30条の3の規定に基づく義務を免れるものではない。

また、協定対象派遣労働者と派遣元事業主が雇用する通常の労働者との間で業務の内容に一定の相違がある場合においては、派遣元事業主は、協定対象派遣労働者と派遣元事業主の雇用する通常の労働者との間の職務の内容、職務の内容及び配置の変更の範囲その他の事情の相違に応じた教育訓練を実施しなければならない。

なお、労働者派遣法第30条の2第1項の規定に基づき、派遣元事業主は、協定対象派遣労働者に対し、段階的かつ体系的な教育訓練を実施しなければならない。

(2)安全管理に関する措置及び給付

派遣元事業主は、派遣元事業主の雇用する通常の労働者と同一の業務環境に置かれている協定対象派遣労働者には、派遣元事業主の雇用する通常の労働者と同一の安全管理に関する措置及び給付をしなければならない。

なお、派遣先及び派遣元事業主は、労働者派遣法第45条等の規定に基づき、協定対象派遣労働者の安全と健康を確保するための義務を履行しなければならない。

巻末資料2● 労基法解釈通達

基発 1228 第 15 号
平成 30 年 12 月 28 日

都道府県労働局長　殿

厚生労働省労働基準局長
（　公　印　省　略　）

働き方改革を推進するための関係法律の整備に関する法律による改正後の労働基準法関係の解釈について

働き方改革を推進するための関係法律の整備に関する法律（平成 30 年法律第 71 号。以下「整備法」という。）による改正後の労働基準法（昭和 22 年法律第 49 号。以下「法」という。）、働き方改革を推進するための関係法律の整備に関する法律の施行に伴う厚生労働省関係省令の整備等に関する省令（平成 30 年厚生労働省令第 112 号）による改正後の労働基準法施行規則（昭和 22 年厚生省令第 23 号。以下「則」という。）及び労働基準法第三十六条第一項の協定で定める労働時間の延長及び休日の労働について留意すべき事項等に関する指針（平成 30 年厚生労働省告示第 323 号。以下「指針」という。）の内容等については、平成 30 年 9 月 7 日付け基発 0907 第 1 号「働き方改革を推進するための関係法律の整備に関する法律による改正後の労働基準法の施行について」により通知したところであるが、これらの解釈については下記によることとするので、了知の上、取扱いに遺漏なきを期されたい。

記

第１　フレックスタイム制（法第32条の３関係）

＜時間外・休日労働協定及び割増賃金との関係＞	
問１	清算期間が１箇月を超える場合において、清算期間を１箇月ごとに区分した各期間を平均して１週間当たり50時間を超えて労働させた場合、法第36条第１項の協定（以下「時間外・休日労働協定」という。）の締結と割増賃金の支払は必要か。
答１	清算期間が１箇月を超える場合において、清算期間を１箇月ごとに区分した各期間を平均して１週間当たり50時間を超えて労働させた場合は時間外労働に該当するものであり、時間外・休日労働協定の締結及び届出を要し、清算期間の途中であっても、当該各期間に対応した賃金支払日に割増賃金を支払わなければならない。
＜時間外・休日労働協定における協定事項＞	
問２	フレックスタイム制において時間外・休日労働協定を締結する際、現行の取扱いでは１日について延長することができる時間を協定する必要はなく、清算期間を通算して時間外労働をすることができる時間を協定すれば足りるとしているが、今回の法改正後における取扱い如何。
答２	１日について延長することができる時間を協定する必要はなく、１箇月及び１年について協定すれば足りる。
＜月60時間超の時間外労働に対する割増賃金率の適用＞	
問３	法第37条第１項ただし書により、月60時間を超える時間外労働に対しては５割以上の率で計算した割増賃金を支払う必要があるが、清算期間が１箇月を超えるフレックスタイム制に対してはどのように適用するのか。
答３	清算期間を１箇月ごとに区分した各期間を平均して１週間当たり50時間を超えて労働させた時間については、清算期間の途中であっても、時間外労働としてその都度割増賃金を支払わなければならず、当該時間が月60時間を超える場合は法第37条第１項ただし書により５割以上の率で計算した割増賃金を支払わなければならない。 また、清算期間を１箇月ごとに区分した各期間の最終の期間においては、当該最終の期間を平均して１週間当たり50時間を超えて労働させた時間に加えて、当該清算期間における総実労働時間から、①当該清算期間の法定労働時間の総枠及び②当該清算期間中のその他の期間において時間外労働として取り扱った時間を控除した時間が時間外労働時間として算定されるものであり、この時間が60時間を超える場合には法第37条第１項ただし書により５割以上の率で計算した割増賃金を支払わなければならない。
＜法第36条第６項第２号及び第３号の適用＞	
問４	法第36条第６項第２号及び第３号は、清算期間が１箇月を超えるフレックスタイム制に対してはどのように適用するのか。
答４	清算期間が１箇月を超える場合のフレックスタイム制においては、法第36条第６項第２号及び第３号は、清算期間を１箇月ごとに区分した各期間について、当該各期間（最終の期間を除く。）を平均して１週間当たり50時間を超えて労働させた時間に対して適用される。 また、清算期間を１箇月ごとに区分した各期間の最終の期間においては、当該最終の期間を平均して１週間当たり50時間を超えて労働させた時間に加えて、当該清算期間における総実労働時間から、①当該清算期間の法定労働時間の総枠及び②当該清算期間中のその他の期間において時間外労働として取り扱った時間を控除した時間が時間外労働時間として算定されるものであり、この時間について法第36条第６項第２号及び第３号が適用される。 なお、フレックスタイム制は、労働者があらかじめ定められた総労働時間の範囲内で始業及び終業の時刻を選択し、仕事と生活の調和を図りながら働くための制度であり、長時間の時間外労働を行わせることは、フレックスタイム制の趣旨に合致しないことに留意すること。

第２　時間外労働の上限規制（法第36条及び第139条から第142条まで関係）

＜時間外・休日労働協定の対象期間と有効期間＞	
問１	時間外・休日労働協定の対象期間と有効期間の違い如何。
答１	時間外・休日労働協定における対象期間とは、法第36条の規定により労働時間を延長し、又は休日に労働させることができる期間をいい、１年間に限るものであり、時間外・休日労働協定においてその起算日を定めることによって期間が特定される。 これに対して、時間外・休日労働協定の有効期間とは、当該協定が効力を有する期間をいうものであり、対象期間が１年間に限られることから、有効期間は最も短い場合でも原則として１年間となる。また、時間外・休日労働協定について定期的に見直しを行う必要があると考えられることから、有効期間は１年間とすることが望ましい。 なお、時間外・休日労働協定において１年間を超える有効期間を定めた場合の対象期間は、当該有効期間の範囲内において、当該時間外・休日労働協定で定める対象期間の起算日から１年ごとに区分した各期間となる。
＜１日、１箇月及び１年以外の期間についての協定＞	
問２	時間外・休日労働協定において、１日、１箇月及び１年以外の期間について延長時間を定めることはできるか。定めることができる場合、当該延長時間を超えて労働させた場合は法違反となるか。
答２	１日、１箇月及び１年に加えて、これ以外の期間について延長時間を定めることも可能である。この場合において、当該期間に係る延長時間を超えて労働させた場合は、法第32条違反となる。
＜１年単位の変形労働時間制の対象期間の一部が含まれる場合＞	
問３	対象期間とする１年間の中に、対象期間が３箇月を超える１年単位の変形労働時間制の対象期間の一部が含まれている場合の限度時間は、月42時間かつ年320時間か。
答３	時間外・休日労働協定で対象期間として定められた１年間の中に、対象期間が３箇月を超える１年単位の変形労働時間制の対象期間が３箇月を超えて含まれている場合には、限度時間は月42時間及び年320時間となる。
＜限度時間等を超える協定の効力＞	
問４	法第36条第４項に規定する限度時間又は同条第５項に規定する1箇月及び１年についての延長時間の上限（１箇月について休日労働を含んで100時間未満、1年について720時間)若しくは月数の上限（６箇月)を超えている時間外・休日労働協定の効力如何。
答４	設問の事項は、いずれも法律において定められた要件であり、これらの要件を満たしていない時間外・休日労働協定は全体として無効である。
＜対象期間の途中における破棄・再締結＞	
問５	対象期間の途中で時間外・休日労働協定を破棄・再締結し、対象期間の起算日を当初の時間外・休日労働協定から変更することはできるか。
答５	時間外労働の上限規制の実効性を確保する観点から、法第36条第４項の１年についての限度時間及び同条第５項の月数は厳格に適用すべきものであり、設問のように対象期間の起算日を変更することは原則として認められない。 なお、複数の事業場を有する企業において、対象期間を全社的に統一する場合のように、やむを得ず対象期間の起算日を変更する場合は、時間外・休日労働協定を再締結した後の期間においても、再締結後の時間外・休日労働協定を遵守することに加えて、当初の時間外・休日労働協定の対象期間における１年の延長時間及び限度時間を超えて労働させることができる月数を引き続き遵守しなければならない。

＜限度時間を超えて労働させる必要がある場合＞	
問６	法第36条第５項に規定する「通常予見することのできない業務量の大幅な増加等に伴い臨時的に第三項の限度時間を超えて労働させる必要がある場合」とは具体的にどのような状態をいうのか。
答６	「通常予見することのできない業務量の大幅な増加等に伴い臨時的に第三項の限度時間を超えて労働させる必要がある場合」とは、全体として１年の半分を超えない一定の限られた時期において一時的・突発的に業務量が増える状況等により限度時間を超えて労働させる必要がある場合をいうものであり、「通常予見することのできない業務量の増加」とは、こうした状況の一つの例として規定されたものである。 その上で、具体的にどのような場合を協定するかについては、労使当事者が事業又は業務の態様等に即して自主的に協議し、可能な限り具体的に定める必要があること。 なお、法第33条の非常災害時等の時間外労働に該当する場合はこれに含まれないこと。
＜転勤の場合＞	
問７	同一企業内のＡ事業場からＢ事業場へ転勤した労働者について、①法第36条第４項に規定する限度時間、②同条第５項に規定する１年についての延長時間の上限、③同条第６項第２号及び第３号の時間数の上限は、両事業場における当該労働者の時間外労働時間数を通算して適用するのか。
答７	①法第36条第４項に規定する限度時間及び②同条第５項に規定する１年についての延長時間の上限は、事業場における時間外・休日労働協定の内容を規制するものであり、特定の労働者が転勤した場合は通算されない。 これに対して、③同条第６項第２号及び第３号の時間数の上限は、労働者個人の実労働時間を規制するものであり、特定の労働者が転勤した場合は法第38条第１項の規定により通算して適用される。
＜法第36条第６項第３号の適用範囲＞	
問８	法第36条第６項第３号に規定する要件は、改正法施行前の期間や経過措置の期間も含めて満たす必要があるのか。 また、複数の時間外・休日労働協定の対象期間をまたぐ場合にも適用されるものであるか。
答８	法第36条第６項第３号の要件については、同号の適用がない期間（整備法の施行前の期間、整備法附則第２条の規定によりなお従前の例によることとされている期間及び法第139条から第142条までの規定により法第36条第６項の規定が適用されない期間）の労働時間は算定対象とならない。 また、法第36第６項第３号の規定は、複数の時間外・休日労働協定の対象期間をまたぐ場合にも適用されるものである。
＜指針に適合しない時間外・休日労働協定の効力＞	
問９	指針に適合しない時間外・休日労働協定の効力如何。
答９	指針は、時間外・休日労働を適正なものとするために留意すべき事項等を定めたものであり、法定要件を満たしているが、指針に適合しない時間外・休日労働協定は直ちには無効とはならない。 なお、指針に適合しない時間外・休日労働協定は、法第36条第９項の規定に基づく助言及び指導の対象となるものである。
＜適用猶予・除外業務等に係る届出様式の取扱い＞	
問10	適用猶予・除外業務等について上限規制の枠内の時間外・休日労働協定を届け出る場合に、則様式第９号又は第９号の２を使用することは差し支えないか。
答10	法第36条の適用が猶予・除外される対象であっても、同条に適合した時間外・休日労働協定を締結することが望ましい。 この場合において、則様式第９号又は第９号の２を使用することも差し支えない。

＜中小事業主に係る届出様式の取扱い＞	
問11	改正前の労働基準法施行規則様式第９号（以下「旧様式」という。）により届け出るべき時間外・休日労働協定を則様式第９号（以下「新様式」という。）により届け出ることは可能か。 また、その際、チェックボックスへのチェックを要するか。
答11	新様式の記載項目は、旧様式における記載項目を包含しており、旧様式により届け出るべき時間外・休日労働協定を新様式により届け出ることは差し支えない。 旧様式により届け出るべき時間外・休日労働協定が新様式で届け出られた際は、改正前の法及び則並びに労働基準法第三十六条第一項の協定で定める労働時間の延長の限度等に関する基準（平成10年労働省告示第154号）に適合していれば足り、法第36条第６項第２号及び第３号に定める要件を満たすことについて協定しない場合には、チェックボックスへのチェックは要しない。
＜指針第８条第２号の深夜業の回数制限＞	
問12	指針第８条第２号に規定する健康確保措置の対象には、所定労働時間内の深夜業の回数も含まれるのか。 また、目安となる回数はあるか。
答12	指針第８条第２号に規定する健康確保措置の対象には、所定労働時間内の深夜業の回数制限も含まれるものである。なお、交替制勤務など所定労働時間に深夜業を含んでいる場合には、事業場の実情に合わせ、その他の健康確保措置を講ずることが考えられる。 また、指針は、限度時間を超えて労働させる労働者に対する健康及び福祉を確保するための措置として望ましい内容を規定しているものであり、深夜業を制限する回数の設定を含め、その具体的な取扱いについては、労働者の健康及び福祉を確保するため、各事業場の業務の実態等を踏まえて、必要な内容を労使間で協定すべきものである。例えば、労働安全衛生法（昭和47年法律第57号）第66条の２の規定に基づく自発的健康診断の要件として、１月当たり４回以上深夜業に従事したこととされていることを参考として協定することも考えられる。
＜指針第８条第３号の休息時間＞	
問13	指針第８条第３号の「休息時間」とはどのような時間か。目安となる時間数はあるか。
答13	指針第８条第３号の「休息時間」は、使用者の拘束を受けない時間をいうものであるが、限度時間を超えて労働させる労働者に対する健康及び福祉を確保するための措置として望ましい内容を規定しているものであり、休息時間の時間数を含め、その具体的な取扱いについては、労働者の健康及び福祉を確保するため、各事業場の業務の実態等を踏まえて、必要な内容を労使間で協定すべきものである。
＜法第36条第11項に規定する業務の範囲＞	
問14	法第36条第11項に規定する「新たな技術、商品又は役務の研究開発に係る業務」の具体的な範囲如何。
答14	法第36条第11項に規定する「新たな技術、商品又は役務の研究開発に係る業務」は、専門的、科学的な知識、技術を有する者が従事する新技術、新商品等の研究開発の業務をいい、既存の商品やサービスにとどまるものや、商品を専ら製造する業務などはここに含まれないこと。
＜則第69条第１項第３号の対象となる範囲＞	
問15	則第69条第１項第３号の対象となる範囲如何。
答15	建設現場における交通誘導警備の業務を主たる業務とする労働者を指すものである。

＜自動車の運転の業務の範囲＞	
問16	法第140条及び則第69条第２項に規定する自動車の運転の業務の範囲如何。
答16	法第140条及び則第69条第２項に規定する「自動車の運転の業務」に従事する者は、自動車運転者の労働時間等の改善のための基準（平成元年労働省告示第７号。以下「改善基準告示」という。）第１条の自動車運転者と範囲を同じくするものである。 すなわち、改善基準告示第１条の「自動車の運転に主として従事する者」が対象となるものであり、物品又は人を運搬するために自動車を運転することが労働契約上の主として従事する業務となっている者は原則として該当する（ただし、物品又は人を運搬するために自動車を運転することが労働契約上の主として従事する業務となっていない者についても、実態として物品又は人を運搬するために自動車を運転する時間が現に労働時間の半分を超えており、かつ、当該業務に従事する時間が年間総労働時間の半分を超えることが見込まれる場合には、「自動車の運転に主として従事する者」として取り扱うこと。）そのため、自動車の運転が労働契約上の主として従事する業務でない者、例えば、事業場外において物品等の販売や役務の提供、取引契約の締結・勧誘等を行うための手段として自動車を運転する者は原則として該当しない。 なお、労働契約上、主として自動車の運転に従事することとなっている者であっても、実態として、主として自動車の運転に従事することがなければ該当しないものである。
＜「医業に従事する医師」の範囲＞	
問17	法第141条に規定する「医業に従事する医師」の範囲如何。
答17	労働者として使用され、医行為を行う医師をいう。なお、医行為とは、当該行為を行うに当たり、医師の医学的判断及び技術をもってするのでなければ人体に危害を及ぼし、又は危害を及ぼすおそれのある行為をいうものである。
＜労働者派遣事業の場合＞	
問18	労働者派遣事業を営む事業主が、法第139条から第142条までに規定する事業又は業務に労働者を派遣する場合、これらの規定は適用されるのか。 また、事業場の規模により法第36条の適用が開始される日が異なるが、派遣元又は派遣先のいずれの事業場の規模について判断すればよいか。
答18	労働者派遣事業の適正な運営の確保及び派遣労働者の保護等に関する法律（昭和60年法律第88号。以下「労働者派遣法」という。）第44条第２項前段の規定により、派遣中の労働者の派遣就業に係る法第36条の規定は派遣先の使用者について適用され、同項後段の規定により、時間外・休日労働協定の締結・届出は派遣元の使用者が行うこととなる。 このため、法第139条から第142条までの規定は派遣先の事業又は業務について適用されることとなり、派遣元の使用者においては、派遣先における事業・業務の内容を踏まえて時間外・休日労働協定を締結する必要がある。 また、事業場の規模についても、労働者派遣法第44条第２項前段の規定により、派遣先の事業場の規模によって判断することとなる。 時間外・休日労働協定の届出様式については、派遣先の企業規模や事業内容、業務内容に応じて適切なものを使用することとなる。

＜一般則適用業務と適用除外・猶予業務等との間で転換した場合＞	
問19	法第36条の規定が全面的に適用される業務（以下「一般則適用業務」という。）と法第36条の適用除外・猶予業務等との間で業務転換した場合や出向した場合の取扱い如何。
答19	**【業務転換の場合】** 同一の時間外・休日労働協定によって時間外労働を行わせる場合は、対象期間の途中で業務を転換した場合においても、対象期間の起算日からの当該労働者の時間外労働の総計を当該時間外・休日労働協定で定める延長時間の範囲内としなければならない。したがって、例えば法第36条の適用除外・猶予業務から一般則適用業務に転換した場合、当該協定における一般則適用業務の延長時間（最大１年720時間）から、適用除外・猶予業務において行った時間外労働時間数を差し引いた時間数まで時間外労働を行わせることができ、適用除外・猶予業務において既に年720時間を超える時間外労働を行っていた場合は、一般則適用業務への転換後に時間外労働を行わせることはできない。 なお、法第36条第６項第２号及び第３号の規定は、時間外・休日労働協定の内容にかかわらず、一般則適用業務に従事する期間における実労働時間についてのみ適用されるものである。 **【出向の場合】** 出向先において出向元とは別の時間外・休日労働協定の適用を受けることとなる場合は、出向元と出向先との間において特段の取決めがない限り、出向元における時間外労働の実績にかかわらず、出向先の時間外・休日労働協定で定める範囲内で時間外・休日労働を行わせることができる。 ただし、一般則適用業務の実労働時間については、法第36条第６項第２号及び第３号の要件を満たす必要があり、法第38条第１項により出向の前後で通算される。

第３　年５日以上の年次有給休暇の確実な取得（法第39条第７項及び第８項関係）

＜使用者による時季指定＞	
問１	法第39条第７項に規定する使用者による時季指定は、いつ行うのか。
答１	法第39条第７項に規定する使用者による時季指定は、必ずしも基準日からの１年間の期首に限られず、当該期間の途中に行うことも可能である。
＜使用者による時季指定の対象となる労働者＞	
問２	法第39条第７項に規定する「有給休暇の日数が十労働日以上である労働者」には、同条第３項の比例付与の対象となる労働者であって、前年度繰越分の有給休暇と当年度付与分の有給休暇とを合算して初めて10労働日以上となる者も含まれるのか。
答２	法第39条第７項の「有給休暇の日数が十労働日以上である労働者」は、基準日に付与される年次有給休暇の日数が10労働日以上である労働者を規定したものであり、同条第３項の比例付与の対象となる労働者であって、今年度の基準日に付与される年次有給休暇の日数が10労働日未満であるものについては、仮に、前年度繰越分の年次有給休暇も合算すれば10労働日以上となったとしても、「有給休暇の日数が十労働日以上である労働者」には含まれない。
＜半日単位・時間単位による時季指定の可否＞	
問３	法第39条第７項の規定による時季指定を半日単位や時間単位で行うことはできるか。
答３	則第24条の６第１項の規定により労働者の意見を聴いた際に半日単位の年次有給休暇の取得の希望があった場合においては、使用者が法第39条第７項の年次有給休暇の時季指定を半日単位で行うことは差し支えない。この場合において、半日の年次有給休暇の日数は0.5日として取り扱うこと。 また、法第39条第７項の規定による時季指定を時間単位年休で行うことは認められない。
＜前年度から繰り越された年次有給休暇の取扱い＞	
問４	前年度からの繰越分の年次有給休暇を取得した場合は、その日数分を法第39条第７項の規定により使用者が時季指定すべき５日の年次有給休暇から控除することができるか。
答４	前年度からの繰越分の年次有給休暇を取得した場合は、その日数分を法第39条第７項の規定により使用者が時季指定すべき５日の年次有給休暇から控除することとなる。 なお、法第39条第７項及び第８項は、労働者が実際に取得した年次有給休暇が、前年度からの繰越分の年次有給休暇であるか当年度の基準日に付与された年次有給休暇であるかについては問わないものである。
＜事後における時季変更の可否＞	
問５	労働基準法第39条第７項の規定により指定した時季を、使用者又は労働者が事後に変更することはできるか。
答５	法第39条第７項の規定により指定した時季について、使用者が則第24条の６に基づく意見聴取の手続を再度行い、その意見を尊重することによって変更することは可能である。 また、使用者が指定した時季について、労働者が変更することはできないが、使用者が指定した後に労働者に変更の希望があれば、使用者は再度意見を聴取し、その意見を尊重することが望ましい。
＜義務の履行が不可能な場合＞	
問６	基準日から１年間の期間（以下「付与期間」という。）の途中に育児休業が終了した労働者等についても、５日の年次有給休暇を確実に取得させなければならないか。
答６	付与期間の途中に育児休業から復帰した労働者等についても、法第39条第７項の規定により５日間の年次有給休暇を取得させなければならない。 ただし、残りの期間における労働日が、使用者が時季指定すべき年次有給休暇の残日数より少なく、５日の年次有給休暇を取得させることが不可能な場合には、その限りではない。

＜年５日を超える時季指定の可否＞	
問７	使用者は、５日を超える日数について法第39条第７項による時季指定を行うことができるか。
答７	労働者の個人的事由による取得のために労働者の指定した時季に与えられるものとして一定の日数を留保する観点から、法第39条第７項の規定による時季指定として５日を超える日数を指定することはできない。 また、使用者が時季指定を行うよりも前に、労働者自ら請求し、又は計画的付与により具体的な年次有給休暇日が特定されている場合には、当該特定されている日数について使用者が時季指定することはできない（法第39条第８項）。
＜時季指定後に労働者が自ら年次有給休暇を取得した場合＞	
問８	法第39条第７項の規定によりあらかじめ使用者が時季指定した年次有給休暇日が到来するより前に、労働者が自ら年次有給休暇を取得した場合は、当初使用者が時季指定した日に労働者が年次有給休暇を取得しなくても、法第39条第７項違反とはならないか。
答８	設問の場合は労働者が自ら年次有給休暇を５日取得しており、法第39条第７項違反とはならない。なお、この場合において、当初使用者が行った時季指定は、使用者と労働者との間において特段の取決めがない限り、当然に無効とはならない。
＜端数の取扱い＞	
問９	則第24条の５第２項においては、基準日又は第一基準日を始期として、第二基準日から１年を経過する日を終期とする期間の月数を12で除した数に５を乗じた日数について時季指定する旨が規定されているが、この「月数」に端数が生じた場合の取扱い如何。また、同規定により算定した日数に１日未満の端数が生じた場合の取扱い如何。
答９	則第24条の５第２項を適用するに当たっての端数については原則として下記のとおり取り扱うこととするが、この方法によらず、月数について１箇月未満の端数をすべて１箇月に切り上げ、かつ、使用者が時季指定すべき日数について１日未満の端数をすべて１日に切り上げることでも差し支えない。 **【端数処理の方法】** ①　基準日から翌月の応答日の前日までを１箇月と考え、月数及び端数となる日数を算出する。ただし、基準日の翌月に応答日がない場合は、翌月の末日をもって１箇月とする。 ②　当該端数となる日数を、最終月の暦日数で除し、上記①で算出した月数を加える。 ③　上記②で算出した月数を12で除した数に５を乗じた日数について時季指定する。なお、当該日数に１日未満の端数が生じている場合は、これを１日に切り上げる。 **（例）**第一基準日が10月22日、第二基準日が翌年４月１日の場合 ①　10月22日から11月21日までを１箇月とすると、翌々年３月31日までの月数及び端数は17箇月と10日（翌々年３月22日から３月31日まで）と算出される。 ②　上記①の端数10日について、最終月（翌々年３月22日から４月21日まで）の暦日数31日で除し、17箇月を加えると、17.32…箇月となる。 ③　17.32…箇月を12で除し、５を乗じると、時季指定すべき年次有給休暇の日数は、7.21…日となり、労働者に意見聴取した結果、半日単位の取得を希望した場合には7.5日、希望しない場合には８日について時季指定を行う。
＜意見聴取の具体的な内容＞	
問10	則第24条の６の意見聴取やその尊重の具体的な内容如何。
答10	則第24条の６第１項の意見聴取の内容としては、法第39条第７項の基準日から１年を経過する日までの間の適時に、労働者から年次有給休暇の取得を希望する時季を申告させることが考えられる。 また、則第24条の６第２項の尊重の内容としては、できる限り労働者の希望に沿った時季を指定するよう努めることが求められるものである。

＜労働者自ら取得した半日年休・時間単位年休の取扱い＞	
問11	労働者自らが半日単位又は時間単位で取得した年次有給休暇の日数分については、法第39条第8項が適用されるか。
答11	労働者が半日単位で年次有給休暇を取得した日数分については、0.5日として法第39条第8項の「日数」に含まれ、当該日数分について使用者は時季指定を要しない。なお、労働者が時間単位で年次有給休暇を取得した日数分については、法第39条第8項の「日数」には含まれない。
＜事業場が独自に設けている特別休暇の取扱い＞	
問12	事業場が独自に設けている法定の年次有給休暇と異なる特別休暇を労働者が取得した日数分については、法第39条第8項が適用されるか。
答12	法定の年次有給休暇とは別に設けられた特別休暇（たとえば、法第115条の時効が経過した後においても、取得の事由及び時季を限定せず、法定の年次有給休暇を引き続き取得可能としている場合のように、法定の年次有給休暇日数を上乗せするものとして付与されるものを除く。以下同じ。）を取得した日数分については、法第39条第8項の「日数」には含まれない。 なお、法定の年次有給休暇とは別に設けられた特別休暇について、今回の改正を契機に廃止し、年次有給休暇に振り替えることは法改正の趣旨に沿わないものであるとともに、労働者と合意をすることなく就業規則を変更することにより特別休暇を年次有給休暇に振り替えた後の要件・効果が労働者にとって不利益と認められる場合は、就業規則の不利益変更法理に照らして合理的なものである必要がある。
＜年次有給休暇管理簿の作成＞	
問13	年次有給休暇管理簿に記載すべき「日数」とは何を記載すべきか。また、電子機器を用いて磁気ディスク、磁気テープ、光ディスク等により年次有給休暇管理簿を調整することはできるか。
答13	年次有給休暇管理簿に記載すべき「日数」としては、労働者が自ら請求し取得したもの、使用者が時季を指定し取得したもの又は計画的付与により取得したものにかかわらず、実際に労働者が年次有給休暇を取得した日数（半日単位で取得した回数及び時間単位で取得した時間数を含む。）を記載する必要がある。 また、労働者名簿、賃金台帳と同様の要件を満たした上で、電子機器を用いて磁気ディスク、磁気テープ、光ディスク等により調整することは差し支えない。
＜就業規則への記載＞	
問14	法第39条第7項の規定による時季指定について、就業規則に記載する必要はあるか。
答14	休暇に関する事項は就業規則の絶対的必要記載事項であるため、使用者が法第39条第7項による時季指定を実施する場合は、時季指定の対象となる労働者の範囲及び時季指定の方法等について、就業規則に記載する必要がある。

第４　労働条件の明示の方法（則第５条第４項関係）

<労働者が希望した場合>

則第５条第４項の「労働者が（中略）希望した場合」とは、労働者が使用者に対し、口頭で希望する旨を伝達した場合を含むと解されるが、法第15条の規定による労働条件の明示の趣旨は、労働条件が不明確なことによる紛争を未然に防止することであることに鑑みると、紛争の未然防止の観点からは、労使双方において、労働者が希望したか否かについて個別に、かつ、明示的に確認することが望ましい。

<「電子メール等」の具体的内容>

「電子メール」とは、特定電子メールの送信の適正化等に関する法律（平成14年法律第26号）第２条第１号の電子メールと同様であり、特定の者に対し通信文その他の情報をその使用する通信端末機器（入出力装置を含む。）の影像面に表示させるようにすることにより伝達するための電気通信（有線、無線その他の電磁的方式により、符号、音響又は影像を送り、伝え、又は受けることをいう（電気通信事業法第２条第１号）。）であって、①その全部若しくは一部においてSMTP（シンプル・メール・トランスファー・プロトコル）が用いられる通信方式を用いるもの、又は②携帯して使用する通信端末機器に、電話番号を送受信のために用いて通信文その他の情報を伝達する通信方式を用いるものをいうと解される。

①にはパソコン・携帯電話端末によるEメールのほか、Yahoo！メールやGmailといったウェブメールサービスを利用したものが含まれ、②にはRCS(リッチ・コミュニケーション・サービス。＋メッセージ（プラス・メッセージ）等、携帯電話同士で文字メッセージ等を送信できるサービスをいう。)や、SMS（ショート・メッセージ・サービス。携帯電話同士で短い文字メッセージを電話番号宛てに送信できるサービスをいう。）が含まれる。

「その受信する者を特定して情報を伝達するために用いられる電気通信」とは、具体的には、LINEやFacebook等のSNS（ソーシャル・ネットワーク・サービス）メッセージ機能等を利用した電気通信がこれに該当する。

なお、上記②の例えばRCSやSMSについては、PDF等の添付ファイルを送付することができないこと、送信できる文字メッセージ数に制限等があり、また、原則である書面作成が念頭に置かれていないサービスであるため、労働条件明示の手段としては例外的なものであり、原則として上記①の方法やSNSメッセージ機能等による送信の方法とすることが望ましい。労働者が開設しているブログ、ホームページ等への書き込みや、SNSの労働者のマイページにコメントを書き込む行為等、特定の個人がその入力する情報を電気通信を利用して第三者に閲覧させることに付随して、第三者が特定個人に対し情報を伝達することができる機能が提供されるものについては、「その受信する者を特定して情報を伝達するために用いられる電気通信」には含まれないことに留意する必要がある。

上記のサービスによっては、情報の保存期間が一定期間に限られている場合があることから、労働者が内容を確認しようと考えた際に情報の閲覧ができない可能性があるため、使用者が労働者に対して、労働者自身で出力による書面の作成等により情報を保存するように伝えることが望ましい。

<電子メール等の「送信」の考え方>

電子メール等の「送信」については、労働者が受信拒否設定をしていたり、電子メール等の着信音が鳴らない設定にしたりしているなどのために、個々の電子メール等の着信の時点で、相手方である受信者がそのことを認識し得ない状態であっても、受信履歴等から電子メール等の送信が行われたことを受信者が認識しうるのであれば、「電子メール等の送信」に該当するものと解される。

ただし、労働条件の明示を巡る紛争の未然防止の観点を踏まえると、使用者があらかじめ労働者に対し、当該労働者の端末等が上記の設定となっていないか等を確認した上で送信することが望ましい。

<記録の出力及び書面の作成>

労働条件の明示の趣旨を鑑みると、使用者が労働者に対し確実に労働条件を明示するとともに、その明示された事項を労働者がいつでも確認することができるよう、当該労働者が保管することのできる方法により明示する必要があることから、労働者が書面の交付による明示以外の方法を望んだ場合であっても、電子メール等の記録を出力することにより書面を作成することができるものに限る。

この場合において「出力することにより書面を作成することができる」とは、当該電子メール等の本文又は当該電子メール等に添付されたファイルについて、紙による出力が可能であることを指すが、労働条件の明示を巡る紛争の未然防止及び書類管理の徹底の観点から、労働条件通知書に記入し、電子メール等に添付し送信する等、可能な限り紛争を防止しつつ、書類の管理がしやすい方法とすることが望ましい。

＜その他の留意事項＞
【明示しなければならない労働条件の範囲】 今回の改正省令については、労働条件の明示方法について改正を行うものであることから、明示しなければならない労働条件の範囲について変更を加えるものではない。 **【電子メール等による送信の方法による明示の場合の署名等】** 電子メール等による送信の方法による明示を行う場合においても、書面による交付と同様、明示する際の様式は自由であるが、紛争の未然防止の観点から、明示しなければならない事項に加え、明示を行った日付や、当該電子メール等を送信した担当者の個人名だけでなく労働条件を明示した主体である事業場や法人等の名称、使用者の氏名等を記入することが望ましい。

第５　過半数代表者（則第６条の２関係）

＜「必要な配慮」の内容＞	
問１	則第６条第４項の「必要な配慮」にはどのようなものが含まれるのか。
答１	則第６条第４項の「必要な配慮」には、例えば、過半数代表者が労働者の意見集約等を行うに当たって必要となる事務機器（イントラネットや社内メールを含む。）や事務スペースの提供を行うことが含まれるものである。

基発 0329 第 2 号
平成 31 年 3 月 29 日

都道府県労働局長　殿

厚生労働省労働基準局長
（ 公 印 省 略 ）

「働き方改革を推進するための関係法律の整備に関する法律による改正後の労働安全衛生法及びじん肺法関係の解釈等について」の一部改正について

働き方改革を推進するための関係法律の整備に関する法律（平成 30 年法律第 71 号。以下「整備法」という。）による改正後の労働安全衛生法（昭和 47 年法律第 57 号。以下「新安衛法」という。）及び整備法による改正後のじん肺法（昭和 35 年法律第 30 号）、働き方改革を推進するための関係法律の整備に関する法律の施行に伴う関係政令の整備及び経過措置に関する政令（平成 30 年政令第 253 号）、働き方改革を推進するための関係法律の整備に関する法律の施行に伴う厚生労働省関係省令の整備等に関する省令（平成 30 年厚生労働省令第 112 号）による改正後の労働安全衛生規則（昭和 47 年労働省令第 32 号）及び整備則による改正後のじん肺法施行規則（昭和 35 年労働省令第６号）並びに「労働者の心身の状態に関する情報の適正な取扱いのために事業者が講ずべき措置に関する指針」（平成 30 年９月７日労働者の心身の状態に関する情報の適正な取扱い指針公示第１号）の解釈等については、平成 30 年 12 月 28 日付け基発 1228 第 16 号「働き方改革を推進するための関係法律の整備に関する法律による改正後の労働安全衛生法及びじん肺法関係の解釈等について」（以下「解釈通達」という。）により通知したところである。

今般、新安衛法第 66 条の８の４に規定する高度プロフェッショナル制度対象労働者に対する面接指導等について、労働基準法施行規則及び労働安全衛生規則の一部を改正する省令（平成 31 年厚生労働省令第 29 号）が平成 31 年４月１日から施行されることに伴い、解釈通達を別添のとおり改正するので、了知の上、これらの取扱いについて遺漏なきを期されたい。

別添

基発1228第16号
平成30年12月28日
改正 基発0329第2号
平成31年3月29日

都道府県労働局長 殿

厚生労働省労働基準局長
（公印省略）

働き方改革を推進するための関係法律の整備に関する法律による改正後の労働安全衛生法及びじん肺法関係の解釈等について

働き方改革を推進するための関係法律の整備に関する法律（平成30年法律第71号。以下「整備法」という。）による改正後の労働安全衛生法（昭和47年法律第57号。以下「新安衛法」という。）及び整備法による改正後のじん肺法（昭和35年法律第30号。以下「新じん肺法」という。）、働き方改革を推進するための関係法律の整備に関する法律の施行に伴う関係政令の整備及び経過措置に関する政令（平成30年政令第253号）、働き方改革を推進するための関係法律の整備に関する法律の施行に伴う厚生労働省関係省令の整備等に関する省令（平成30年厚生労働省令第112号。以下「整備則」という。）による改正後の労働安全衛生規則（昭和47年労働省令第32号。以下「新安衛則」という。）及び整備則による改正後のじん肺法施行規則（昭和35年労働省令第6号。以下「新じん肺則」という。）並びに「労働者の心身の状態に関する情報の適正な取扱いのために事業者が講ずべき措置に関する指針」（平成30年9月7日労働者の心身の状態に関する情報の適正な取扱い指針公示第1号。以下「心身の状態の情報指針」という。）の内容等については、平成30年9月7日付け基発0907第2号「働き方改革を推進するための関係法律の整備に関する法律による改正後の労働安全衛生法及びじん肺法の施行等について」及び平成31年3月25日付け基発0325第1号「働き方改革を推進するための関係法律の整備に関する法律による改正後の労働基準法及び労働安全衛生法の施行について（新労基法第41条の2及び新安衛法第66条の8の4関係）」により通知したところであるが、これらの解釈等は、下記のとおりであるので、了知の上、これらの取扱いについて遺漏なきを期されたい。

記

第１　産業医・産業保健機能の強化（労働安全衛生法令及びじん肺法令関係）

<table>
<tr><td colspan="2">＜産業医の権限の具体化（新安衛則第14条の４第１項及び第２項関係）＞</td></tr>
<tr><td>問１</td><td>産業医が労働者の健康管理等を行うために必要な情報を労働者から収集する方法として、どのようなものがあるか。</td></tr>
<tr><td>答１</td><td>産業医が労働者の健康管理等を行うために必要な情報を労働者から収集する方法としては、作業場等を巡視する際などに、対面により労働者から必要な情報を収集する方法のほか、事業者から提供された労働時間に関する情報、労働者の業務に関する情報等を勘案して選定した労働者を対象に、職場や業務の状況に関するアンケート調査を実施するなど、文書により労働者から必要な情報を収集する方法等がある。</td></tr>
<tr><td>問２</td><td>産業医は、労働者の健康管理等を行うために必要な情報を労働者から収集する際に、どのようなことに配慮する必要があるか。また、事業者としても、その際に、どのようなことに配慮する必要があるか。</td></tr>
<tr><td>答２</td><td>労働者が産業医に提供した情報の内容等が当該労働者の同意なしに、事業者、人事担当者、上司等に伝達されることは、適正な情報の取扱い等が阻害されることとなる。
そのため、産業医は、労働者の健康管理等を行うために必要な情報を収集しようとする際には、当該情報の収集対象となった労働者に人事上の評価・処遇等において、事業者が不利益を生じさせないようにしなければならない。
また、事業者は、産業医が当該情報を収集する際の当該情報の具体的な取扱い（当該情報の収集対象となる労働者の選定方法、情報の収集方法、情報を取り扱う者の範囲、提供された情報の取扱い等）について、あらかじめ、衛生委員会又は安全衛生委員会（以下「衛生委員会等」という。）において審議し、決定しておくことが望ましい。</td></tr>
<tr><td>問３</td><td>「労働者の健康を確保するため緊急の必要がある場合において、労働者に対して必要な措置をとるべきことを指示すること」とあるが、緊急の必要がある場合とは、どのようなものが含まれるか。</td></tr>
<tr><td>答３</td><td>「労働者の健康を確保するため緊急の必要がある場合」とは、保護具等を使用せずに、有害な化学物質を取り扱うことにより、労働災害が発生する危険のある場合のほか、熱中症等の徴候があり、健康を確保するため緊急の措置が必要と考えられる場合などが含まれる。</td></tr>
<tr><td colspan="2">＜産業医の辞任又は解任時の衛生委員会等への報告（新安衛則第13条第４項関係）＞</td></tr>
<tr><td>問４</td><td>事業者は、産業医から一身上の都合により辞任したい旨の申出があった場合には、衛生委員会等にこのとおり報告すればよいか。</td></tr>
<tr><td>答４</td><td>産業医の身分の安定性を担保し、その職務の遂行の独立性・中立性を高める観点から、事業者は、産業医が辞任したとき又は産業医を解任したときは、その旨及びその理由を衛生委員会等に報告しなければならないこととされている。
その際には、産業医の辞任又は解任の理由が産業医自身の健康上の問題であるなど、当該産業医にとって機微な内容のものである場合には、産業医の意向を確認した上で、「一身上の都合により」、「契約期間満了により」などと報告しても差し支えない。</td></tr>
</table>

＜産業医等に対する健康管理等に必要な情報の提供（新安衛法第13条第４項及び第13条の２第２項並びに新安衛則第14条の２第１項及び第２項並びに第15条の２第３項関係）＞	
問５	事業者が産業医等に提供する労働者の健康管理等を行うために必要な情報のうち、「休憩時間を除き１週間当たり40時間を超えて労働させた場合におけるその超えた時間（以下「時間外・休日労働時間」という。）（整備法による改正後の労働基準法（昭和22年法律第49号。以下「新労基法」という。）第41条の２第１項に規定する労働者（以下「高度プロフェッショナル制度対象労働者」という。）については、１週間当たりの健康管理時間が40時間を超えた場合におけるその超えた時間（以下「健康管理時間の超過時間」という。）が１月当たり80時間を超えた労働者の氏名、当該労働者に係る当該超えた時間に関する情報」とあるが、該当する労働者がいない場合においても、産業医に情報を提供しなければならないか。
答５	時間外・休日労働時間（高度プロフェッショナル制度対象労働者については、健康管理時間の超過時間）が１月当たり80時間を超えた労働者がいない場合においては、該当者がいないという情報を産業医に情報提供する必要がある。
問６	事業者が産業医等に提供する労働者の健康管理等を行うために必要な情報のうち、「労働者の業務に関する情報であって産業医が労働者の健康管理等を適切に行うために必要と認めるもの」には、どのようなものが含まれるか。
答６	「労働者の業務に関する情報であって産業医が労働者の健康管理等を適切に行うために必要と認めるもの」には、①労働者の作業環境、②労働時間、③作業態様、④作業負荷の状況、⑤深夜業等の回数・時間数などのうち、産業医が労働者の健康管理等を適切に行うために必要と認めるものが含まれる。 なお、必要と認めるものについては、事業場ごとに、あらかじめ、事業者と産業医とで相談しておくことが望ましい。 また、健康管理との関連性が不明なものについて、産業医等から求めがあった場合には、産業医等に説明を求め、個別に確認することが望ましい。
問７	事業者は、産業医等に労働者の健康管理等に必要な情報を書面により提供する必要があるか。また、事業者が産業医等に提供した情報については、保存しておく必要があるか。
答７	事業者が産業医等に情報を提供する方法としては、書面による交付のほか、磁気テープ、磁気ディスクその他これらに準ずる物に記録して提供する方法や電子メールにより提供する方法等がある。 また、産業医等に提供した情報については、記録・保存しておくことが望ましい。
＜労働者からの健康相談に適切に対応するために必要な体制の整備等（新安衛法第13条の３関係）＞	
問８	事業者は、労働者が産業医等による健康相談を安心して受けられる体制を整備するためには、どのようなことを行えばよいか。
答８	事業者は、産業医による健康相談の申出の方法（健康相談の日時・場所等を含む。）、産業医の業務の具体的な内容、事業場における労働者の心身の状態に関する情報の取扱方法を、労働者に周知させる必要がある。 また、労働者数50人未満の事業場については、新安衛法第101条第３項に基づき、労働者の健康管理等を行うのに必要な医学に関する知識を有する医師又は保健師（以下「医師等」という。）を選任した事業者は、労働者に周知させるように努めなければならない。 周知方法としては、各作業場の見やすい場所に掲示等するほか、書面により労働者に通知すること、イントラネット等により労働者が当該事項の内容に電子的にアクセスできるようにすることなどが適当である。 なお、保健指導、面接指導、健康相談等は、プライバシーを確保できる場所で実施できるように、配慮するとともに、その結果については、心身の状態の情報指針に基づき事業場ごとに策定された取扱規程により、適切に取り扱う必要がある。

<table>
<tr><td colspan="2">＜産業医等の業務の具体的な内容の周知
（新安衛法第101条第２項及び第３項並びに新安衛則第98条の２第１項及び第２項関係）＞</td></tr>
<tr><td>問９</td><td>「事業場における産業医の業務の具体的な内容」とは、どのようなものか。</td></tr>
<tr><td>答９</td><td>「事業場における産業医の業務の具体的な内容」とは、産業医が事業場において遂行している業務を指す。
なお、当該業務の内容については、新安衛則第14条第１項に規定する職務と対比できるようにしておくと分かりやすいので、そのようにしておくことが適当である。</td></tr>
<tr><td colspan="2">＜労働者の心身の状態に関する情報の取扱い（新じん肺法第35条の３第１項から第４項まで及び新安衛法第104条第１項から第４項まで、新じん肺則第33条及び新安衛則第98条の３並びに心身の状態の情報指針関係）＞</td></tr>
<tr><td>問10</td><td>労働者の心身の状態に関する情報について、事前に労働者本人の同意なしに事業者が取り扱うことができる場合や新安衛法第104条第１項及び新じん肺法第35条の３第１項に規定する「その他正当な事由がある場合」とは、どのようなものが含まれるか。</td></tr>
<tr><td>答10</td><td>「その他正当な事由がある場合」とは、メンタルヘルス不調により自殺企図の徴候が見られる場合など、人の生命、身体又は財産の保護のために必要がある場合であって、本人の同意を得ることが困難であるときなど、個人情報の保護に関する法律（平成15年法律第57号）第16条第３項各号に該当する以下の場合が含まれる。一法令に基づく場合二人の生命、身体又は財産の保護のために必要がある場合であって、本人の同意を得ることが困難であるとき。
三公衆衛生の向上又は児童の健全な育成の推進のために特に必要がある場合であって、本人の同意を得ることが困難であるとき。
四国の機関若しくは地方公共団体又はその委託を受けた者が法令の定める事務を遂行することに対して協力する必要がある場合であって、本人の同意を得ることにより当該事務の遂行に支障を及ぼすおそれがあるとき。</td></tr>
<tr><td>問11</td><td>事業者は、心身の状態の情報指針に基づき、具体的に、どのように労働者の心身の状態に関する情報の取扱規定を策定すればよいか。</td></tr>
<tr><td>答11</td><td>事業者は、心身の状態の情報指針に基づき、平成31年３月28日に作成された「事業場における労働者の健康情報等の取扱規程を策定するための手引き」を参考として、労働者の心身の状態に関する情報の取扱規程を策定することが適当である。</td></tr>
<tr><td colspan="2">＜安全委員会、衛生委員会等の意見等の記録・保存（新安衛則第23条第４項関係）＞</td></tr>
<tr><td>問12</td><td>安全委員会、衛生委員会等の意見及び当該意見を踏まえて講じた措置の内容等の記録・保存について、議事録を保存することでもよいか。</td></tr>
<tr><td>答12</td><td>安全委員会、衛生委員会等の意見及び当該意見を踏まえて講じた措置の内容等が具体的に記載された議事録であれば、当該議事録を保存することでも構わない。</td></tr>
<tr><td colspan="2">＜産業医による衛生委員会等に対する調査審議の求め（新安衛則第23条第５項関係）＞</td></tr>
<tr><td>問13</td><td>産業医が衛生委員会等に対して調査審議を発議するときは、当該産業医が当該委員会等に出席する必要はあるか。</td></tr>
<tr><td>答13</td><td>産業医が衛生委員会等に対して調査審議を発議するときは、当該発議の趣旨等を当該産業医から他の委員に説明する必要があることから、当該産業医は、衛生委員会等に出席する必要がある。</td></tr>
</table>

第２　面接指導等（労働安全衛生法令関係）

＜医師による面接指導の対象となる労働者の要件 （新安衛法第66条の８第１項及び新安衛則第52条の２第１項関係）＞	
問１	新安衛則第52条の２第１項の規定においては、時間外・休日労働時間が１月当たり80時間を超えた場合（かつ、当該労働者が疲労の蓄積の認められる者である場合）に面接指導の対象となるが、所定労働時間が１週間当たり40時間に満たない事業場においては、１週間当たり40時間（法定労働時間）と所定労働時間のどちらを基準として算定すればよいか。
答１	時間外・休日労働時間が１月当たり80時間を超えた時間については、１週間当たり40時間（法定労働時間）を基準として、新安衛法第66条の８の３に基づき把握した労働時間の状況により、当該超えた時間を算定すればよい。
問２	海外派遣された労働者（短期の海外出張などであって、新労基法が適用される場合に限る。）について、時間外・休日労働時間（高度プロフェッショナル制度対象労働者については、健康管理時間の超過時間）の算定後（労働者からの申出が必要な場合は申出後）、遅滞なく、面接指導を実施することが困難な場合には、面接指導の実施方法・時期はどのようにすればよいか。
答２	海外派遣された労働者が面接指導の対象となった場合には、平成27年９月15日付け基発0915第５号「情報通信機器を用いた労働安全衛生法第66条の８第１項及び第66条の10第３項の規定に基づく医師による面接指導の実施について」に基づき、情報通信機器を用いた面接指導を実施することが適当である。 また、上記の対応が困難な場合には、書面や電子メール等により当該労働者の健康状態を可能な限り確認し、必要な措置を講じることが適当であり、この場合には、帰国後、面接指導の実施が可能な状況となり次第、速やかに実施する必要がある。
＜労働者への労働時間に関する情報の通知（新安衛則第52条の２第３項関係）＞	
問３	労働者に通知する「当該超えた時間に関する情報」（以下「労働時間に関する情報」という。）とは、どのようなものか。
答３	「労働時間に関する情報」とは、時間外・休日労働時間数を指すものであり、通知対象は、当該超えた時間が１月当たり80時間を超えた労働者である。 当該通知は、疲労の蓄積が認められる労働者の面接指導の申出を促すものであり、労働時間に関する情報のほか、面接指導の実施方法・時期等の案内を併せて行うことが望ましい。 また、新労基法第36条第11項に規定する業務に従事する労働者（以下「研究開発業務従事者」という。）については、時間外・休日労働時間が１月当たり100時間を超えたものに対して、申出なしに面接指導を行わなければならないため、事業者は、当該面接指導の対象となる労働者に対して、労働時間に関する情報を、面接指導の案内と併せて通知する必要がある。
問４	労働者への労働時間に関する情報の通知は、どのような方法で行えばよいか。
答４	事業者は、新安衛則第52条の２第２項の規定により、１月当たりの時間外・休日労働時間の算定を毎月1回以上、一定の期日を定めて行う必要があり、当該時間が１月当たり80時間を超えた労働者に対して、当該超えた時間を書面や電子メール等により通知する方法が適当である。 なお、給与明細に時間外・休日労働時間数が記載されている場合には、これをもって労働時間に関する情報の通知としても差し支えない。
問５	労働者に対する労働時間に関する情報の通知は、どのような時期に行えばよいか。
答５	事業者は、新安衛則第52条の２第３項の規定により、時間外・休日労働時間が１月当たり80時間を超えた労働者に対して、当該超えた時間の算定後、速やかに（おおむね２週間以内をいう。）通知する必要がある。
問６	時間外・休日労働時間が１月当たり80時間を超えない労働者から、労働時間に関する情報について開示を求められた場合には、応じる必要はあるか。
答６	労働者が自らの労働時間に関する情報を把握し、健康管理を行う動機付けとする観点から、時間外・休日労働時間が１月当たり80時間を超えない労働者から、労働時間に関する情報について開示を求められた場合には、これに応じることが望ましい。

＜研究開発業務従事者に対する医師による面接指導（新安衛法第66条の８の２第１項及び第２項並びに新安衛則第52条の７の２第１項及び第２項関係）＞	
問７	研究開発業務従事者に対する面接指導について、時間外・休日労働時間が１月当たり100時間を超える労働者のみが対象か。
答７	研究開発業務従事者の面接指導については、新安衛法第66条の８の２第１項の規定により、時間外・休日労働時間が１月当たり100時間を超えた場合には、当該労働者からの面接指導の申出なしに、事業者は、面接指導を行わなければならない。 また、時間外・休日労働時間が１月当たり100時間を超えない場合であっても、当該超えた時間が80時間を超え、かつ、疲労の蓄積が認められた場合には、新安衛法第66条の８第１項の規定により、面接指導の対象となるため、当該労働者から面接指導の申出があれば、事業者は、面接指導を行わなければならない。
問８	時間外・休日労働時間が１月当たり100時間を超えた研究開発業務従事者に対する面接指導について、面接指導の費用を事業者が負担する必要があるか。また、面接指導を受けるのに要した時間に係る賃金を事業者が支払う必要があるか。
答８	時間外・休日労働時間が１月当たり100時間を超えた研究開発業務従事者に対する面接指導について、面接指導の費用は、新安衛法において、事業者に当該面接指導の実施の義務を課している以上、当然、事業者が負担する必要がある。 また、当該面接指導については、事業者がその事業の遂行に当たり、当然実施されなければならない性格のものであり、所定労働時間内に行われる必要がある。 さらに、当該面接指導を受けるのに要した時間に係る賃金の支払いについては、面接指導の実施に要する時間は労働時間と解されるので、当該面接指導が時間外に行われた場合には、当然、割増賃金を支払う必要がある。
＜労働時間の状況の把握 （新安衛法第66条の８の３並びに新安衛則第52条の７の３第１項及び第２項関係）＞	
問９	「労働時間の状況」として、事業者は、どのようなことを把握すればよいか。
答９	新安衛法第66条の８の３に規定する労働時間の状況の把握とは、労働者の健康確保措置を適切に実施する観点から、労働者がいかなる時間帯にどの程度の時間、労務を提供し得る状態にあったかを把握するものである。 事業者が労働時間の状況を把握する方法としては、原則として、タイムカード、パーソナルコンピュータ等の電子計算機の使用時間（ログインからログアウトまでの時間）の記録、事業者（事業者から労働時間の状況を管理する権限を委譲された者を含む。）の現認等の客観的な記録により、労働者の労働日ごとの出退勤時刻や入退室時刻の記録等を把握しなければならない。 なお、労働時間の状況の把握は、労働基準法施行規則（昭和22年厚生省令第23号）第54条第１項第５号に掲げる賃金台帳に記入した労働時間数をもって、それに代えることができるものである。 ただし、労基法第41条各号に掲げる者（以下「管理監督者等」という。）並びに労基法第38条の２に規定する事業場外労働のみなし労働時間制が適用される労働者（以下「事業場外労働のみなし労働時間制の適用者」という。）並びに労基法第38条の３第１項及び第38条の４第１項に規定する業務に従事する労働者（以下「裁量労働制の適用者」という。）については、この限りではない。
問10	面接指導の要否については、休憩時間を除き１週間当たり40時間を超えて労働させた場合におけるその超えた時間（時間外・休日労働時間）により、判断することとされているが、個々の事業場の事情により、休憩時間や食事時間（以下「休憩時間等」という。）を含めた時間により、労働時間の状況を把握した場合には、当該時間をもって、面接指導の要否を判断することとしてよいか。
答10	面接指導の要否については、休憩時間を除き１週間当たり40時間を超えて労働させた場合におけるその超えた時間（時間外・休日労働時間）により、判断することとなる。 なお、個々の事業場の事情により、休憩時間等を除くことができず、休憩時間等を含めた時間により、労働時間の状況を把握した労働者については、当該時間をもって、判断することとなる。

問11	労働時間の状況を把握しなければならない労働者には、裁量労働制の適用者や管理監督者も含まれるか。
答11	労働時間の状況の把握は、労働者の健康確保措置を適切に実施するためのものであり、その対象となる労働者は、高度プロフェッショナル制度対象労働者を除き、①研究開発業務従事者、②事業場外労働のみなし労働時間制の適用者、③裁量労働制の適用者、④管理監督者等、⑤労働者派遣事業の適正な運営の確保及び派遣労働者の保護等に関する法律（昭和60年法律第88号）第２条第２号に規定する労働者（派遣労働者）、⑥短時間労働者の雇用管理の改善等に関する法律（平成５年法律第76号）第２条に規定する労働者（短時間労働者）、⑦労働契約法（平成19年法律第128号）第17条第１項に規定する労働契約を締結した労働者（有期契約労働者）を含めた全ての労働者である。
問12	労働時間の状況の把握方法について、新安衛則第52条の７の３第１項に規定する「その他の適切な方法」とは、どのようなものか。
答12	「その他の適切な方法」としては、やむを得ず客観的な方法により把握し難い場合において、労働者の自己申告による把握が考えられるが、その場合には、事業者は、以下のアからオまでの措置を全て講じる必要がある。 ア自己申告制の対象となる労働者に対して、労働時間の状況の実態を正しく記録し、適正に自己申告を行うことなどについて十分な説明を行うこと。 イ実際に労働時間の状況を管理する者に対して、自己申告制の適正な運用を含め、講ずべき措置について十分な説明を行うこと。 ウ自己申告により把握した労働時間の状況が実際の労働時間の状況と合致しているか否かについて、必要に応じて実態調査を実施し、所要の労働時間の状況の補正をすること。 エ自己申告した労働時間の状況を超えて事業場内にいる時間又は事業場外において労務を提供し得る状態であった時間について、その理由等を労働者に報告させる場合には、当該報告が適正に行われているかについて確認すること。 その際に、休憩や自主的な研修、教育訓練、学習等であるため労働時間の状況ではないと報告されていても、実際には、事業者の指示により業務に従事しているなど、事業者の指揮命令下に置かれていたと認められる時間については、労働時間の状況として扱わなければならないこと。 オ自己申告制は、労働者による適正な申告を前提として成り立つものである。このため、事業者は、労働者が自己申告できる労働時間の状況に上限を設け、上限を超える申告を認めないなど、労働者による労働時間の状況の適正な申告を阻害する措置を講じてはならないこと。 また、時間外労働時間の削減のための社内通達や時間外労働手当の定額払等労働時間に係る事業場の措置が、労働者の労働時間の状況の適正な申告を阻害する要因となっていないかについて確認するとともに、当該阻害要因となっている場合においては、改善のための措置を講ずること。 さらに、新労基法の定める法定労働時間や時間外労働に関する労使協定（いわゆる36協定）により延長することができる時間数を遵守することは当然であるが、実際には延長することができる時間数を超えて労働しているにもかかわらず、記録上これを守っているようにすることが、実際に労働時間の状況を管理する者や労働者等において、慣習的に行われていないかについても確認すること。
問13	労働時間の状況の把握方法について、「やむを得ず客観的な方法により把握し難い場合」とは、どのようなものか。
答13	「やむを得ず客観的な方法により把握し難い場合」としては、例えば、労働者が事業場外において行う業務に直行又は直帰する場合など、事業者の現認を含め、労働時間の状況を客観的に把握する手段がない場合があり、この場合に該当するかは、当該労働者の働き方の実態や法の趣旨を踏まえ、適切な方法を個別に判断すること。 ただし、労働者が事業場外において行う業務に直行又は直帰する場合などにおいても、例えば、事業場外から社内システムにアクセスすることが可能であり、客観的な方法による労働時間の状況を把握できる場合もあるため、直行又は直帰であることのみを理由として、自己申告により労働時間の状況を把握することは、認められない。 また、タイムカードによる出退勤時刻や入退室時刻の記録やパーソナルコンピュータの使用時間の記録などのデータを有する場合や事業者の現認により当該労働者の労働時間を把握できる場合にもかかわらず、自己申告による把握のみにより労働時間の状況を把握することは、認められない。

問14	労働時間の状況を自己申告により把握する場合に、日々の把握が必要になるか。
答14	労働時間の状況を自己申告により把握する場合には、その日の労働時間の状況を翌労働日までに自己申告させる方法が適当である。 なお、労働者が宿泊を伴う出張を行っているなど、労働時間の状況を労働日ごとに自己申告により把握することが困難な場合には、後日一括して、それぞれの日の労働時間の状況を自己申告させることとしても差し支えない。 ただし、このような場合であっても、事業者は、新安衛則第52条の２第２項及び第３項の規定により、時間外・休日労働時間の算定を毎月１回以上、一定の期日を定めて行う必要があるので、これを遵守できるように、労働者が出張の途中であっても、当該労働時間の状況について自己申告を求めなければならない場合があることには、留意する必要がある。
問15	平成30年９月７日付け基発0907第２号の記の第２の２（4）で「また、事業者はこれらの方法により把握した労働時間の状況の記録を作成し、…」となっているが、パーソナルコンピュータ等の電子計算機の使用時間（ログインからログアウトまでの時間）の記録を紙媒体で毎月出力して記録するという趣旨か。
答15	労働時間の状況の記録・保存の方法については、紙媒体で出力することによる記録のほか、磁気テープ、磁気ディスクその他これに準ずるものに記録・保存することでも差し支えない。
＜高度プロフェッショナル制度対象労働者に対する医師による面接指導（新安衛法第66条の８の４及び新安衛則第52条の７の４関係）＞	
問16	健康管理時間の算定期間中に、高度プロフェッショナル制度対象労働者ではなくなり、一般の労働者となった場合には、どのように面接指導を行う必要があるか。また、労働時間の状況の算定期間中に、一般の労働者が高度プロフェッショナル制度対象労働者となった場合には、どのように面接指導を行う必要があるか。
答16	健康管理時間の算定期間中に、高度プロフェッショナル制度対象労働者ではなくなり、一般の労働者となった場合には、当該労働者が、①高度プロフェッショナル制度対象労働者ではなくなる日までに算定した健康管理時間に基づき、新安衛法第66条の８の４第１項に規定する面接指導又は新安衛法第66条の９に基づく必要な措置を、②当該労働者が高度プロフェッショナル制度対象労働者でなくなった日から算定した労働時間の状況に基づき、新安衛法第66条の８第１項若しくは第66条の８の２第１項に規定する面接指導又は新安衛法第66条の９に基づく必要な措置をそれぞれ行う必要がある。 さらに、①又は②に該当しない場合においても、それぞれの時間を通算した時間に基づき、新安衛法第66条の８第１項若しくは第66条の８の２第１項に規定する面接指導又は新安衛法第66条の９に基づく必要な措置に準じた措置を講じることが適当である。 また、労働時間の状況の算定期間中に、一般の労働者が高度プロフェッショナル制度対象労働者となった場合には、①当該労働者が高度プロフェッショナル制度対象労働者となる日までに算定した労働時間の状況に基づき、新安衛法第66条の８第１項若しくは第66条の８の２第１項に規定する面接指導又は新安衛法第66条の９に基づく必要な措置を、②当該労働者が高度プロフェッショナル制度対象労働者となった日から算定した健康管理時間に基づき、新安衛法第66条の８の４第１項に規定する面接指導又は新安衛法第66条の９に基づく必要な措置をそれぞれ行う必要がある。 さらに、①又は②に該当しない場合においても、それぞれの時間を通算した時間に基づき、新安衛法第66条の８の４第１項に規定する面接指導又は新安衛法第66条の９に基づく必要な措置に準じた措置を講じることが適当である。

問17	健康管理時間の超過時間が１月当たり100時間を超えた高度プロフェッショナル制度対象労働者に対する面接指導について、面接指導の費用を事業者が負担する必要があるか。また、面接指導の実施に要する時間は健康管理時間に含まれるか。
答17	健康管理時間の超過時間が１月当たり100時間を超えた高度プロフェッショナル制度対象労働者に対する面接指導について、当該面接指導の費用は、新安衛法において、事業者に面接指導の実施の義務を課している以上、当然、事業者が負担する必要がある。 なお、新安衛法第66条の９に基づく必要な措置として行う面接指導の費用についても、同様に、事業者が負担する必要がある。 また、当該面接指導は、事業の遂行に当たり、当然実施されなければならない性格のものであり、その実施に要する時間は健康管理時間に含まれる。 なお、新安衛法第66条の９に基づく必要な措置として行う面接指導についても、同様に、その実施に要する時間は健康管理時間に含まれる。
＜新安衛法第66条の８第１項、第66条の８の２第１項又は第66条の８の４第１項の規定により面接指導を行う労働者以外の労働者に対する必要な措置（新安衛法第66条の９及び新安衛則第52条の８関係）＞	
問18	新安衛則第52条の８第１項の「面接指導に準ずる措置」には、どのようなものが含まれるか。
答18	新安衛則第52条の８第１項の「面接指導に準ずる措置」には、労働者に対して保健師等による保健指導を行うこと、チェックリストを用いて、産業医等が疲労蓄積度を把握の上で、必要な者に対して面接指導を行うこと、事業場の健康管理について事業者が産業医等から助言指導を受けること等が含まれる。
問19	新安衛則第52条の８第２項の「必要な措置の実施に関する基準」を定めるに当たって、どのように定めればよいか。
答19	新安衛則第52条の８第２項の「必要な措置の実施に関する基準」を事業場において定めるに当たっては、衛生委員会等で調査審議の上、定めるものとする。 この際には、事業者は衛生委員会等における調査審議の内容を踏まえて決定するとともに、長時間労働による健康障害に係る医学的知見を考慮し、時間外・休日労働時間が１月当たり45時間を超える労働者については、健康への配慮の必要な者の範囲と措置について検討し、それらの者が措置の対象となるように「必要な措置の実施に関する基準」を設定することが望ましい。 また、この措置としては、時間外・休日労働時間が１月当たり45時間を超える労働者について作業環境、労働時間等の情報を産業医等に提供し、事業場における健康管理について事業者が助言指導を受けることも考えられることに十分留意すること。 なお、常時50人以上の労働者を使用する事業場以外の事業場においては、衛生委員会等の調査審議に代えて、新安衛則第23条の２の関係労働者の意見を聴くための機会を利用して、上記の「必要な措置の実施に関する基準」の設定について労働者の意見を聴取するように努め、その意見を踏まえつつ、必要な取組を行う必要がある。 さらに、面接指導又は面接指導に準ずる措置を実施した場合には、事業者は、その結果に基づき事後措置を実施するよう努めなければならない。
問20	健康管理時間の超過時間が１月当たり100時間を超えない高度プロフェッショナル制度対象労働者について、事業者は、当該高度プロフェッショナル制度対象労働者本人の申出により面接指導を行うことが努力義務とされているが、当該超えた時間について１月当たり数時間又はそれ以下の対象労働者も当該面接指導の対象となるか。
答20	健康管理時間の超過時間が１月当たり100時間を超えない高度プロフェッショナル制度対象労働者については、当該高度プロフェッショナル制度対象労働者の申出があった場合には、当該超えた時間によらず、新安衛法第66条の９に基づく必要な措置として、新安衛法第66条の８の４第１項に規定する面接指導を行うように努めなければならない。

巻末資料4● パート・有期法施行通達（抜粋）

基発０１３０第１号
職発０１３０第６号
雇均発０１３０第１号
開発０１３０第１号
平成３１年１月３０日

都道府県労働局長　殿

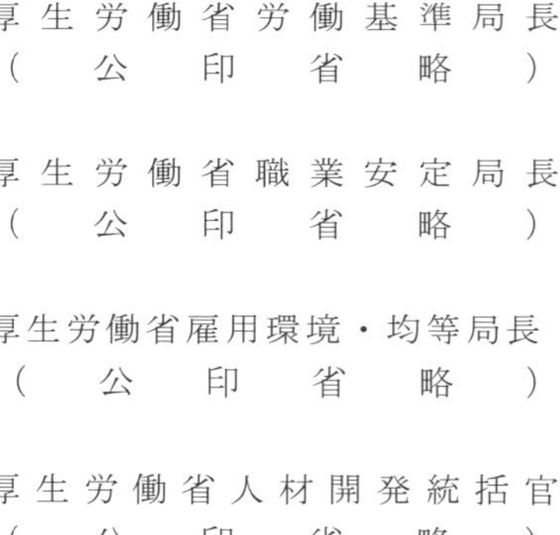
厚生労働省労働基準局長
（　公　印　省　略　）

厚生労働省職業安定局長
（　公　印　省　略　）

厚生労働省雇用環境・均等局長
（　公　印　省　略　）

厚生労働省人材開発統括官
（　公　印　省　略　）

短時間労働者及び有期雇用労働者の雇用管理の改善等に関する法律の施行について

働き方改革を推進するための関係法律の整備に関する法律（平成30年法律第71号。以下「整備法」という。）については、平成30年７月６日に公布され、同日付け基発0706第１号、職発0706第２号、雇均発0706第１号により、労働基準局長、職業安定局長及び雇用環境・均等局長より貴職あてその趣旨及び内容を通達したところである。

また、整備法の一部の施行に関して、「働き方改革を推進するための関係法律の整備に関する法律の一部の施行に伴う厚生労働省関係省令の整備及び経過措置に関する省令」（平成30年厚生労働省令第153号。以下「整備省令」という。）、「事業主が講ずべき短時間労働者の雇用管理の改善等に関する措置等についての指針の一部を改正する件」（平成30年厚生労働省告示第429号。以下「改正告示」という。）及び「短時間・有期雇用労働者及び派遣労働者に対する不合理な待遇の禁止等に関する指針」（平成30年厚生労働省告示第430号。以下「ガイドライン」という。）が、平成30年12月28日に公布され、同日付け職発1228第４号、雇均発1228第１号により、職業安定局長及び雇用環境・均等局長より貴職あてその趣旨及び内容を通達したところである。

整備法による改正後の「短時間労働者及び有期雇用労働者の雇用管理の改善等に関する法律」（平成５年法律第76号。以下「法」という。）、整備省令による改正後の「短時間労働者及び有期雇用労働者の雇用管理の改善等に関する法律施行規則」（平成５年労働省令第34号。以下「則」という。）、改正告示による改正後の「事業主が講ずべき短時間労働者及び有期雇用労働者の雇用管理の改善等に関する措置等についての指針」（平成19年厚生労働省告示第326号。以下「短時間・有期雇用労働指針」という。）及びガイドラインの主たる内容及び取扱いは下記のとおりであるので、その円滑な施行に遺漏なきを期されたい。

記

第１　総則（法第１章）

法第１章は、法の目的、短時間・有期雇用労働者の定義、事業主等の責務、国及び地方公共団体の責務等、法第２章の短時間・有期雇用労働者対策基本方針や法第３章及び第４章に規定する具体的措置に共通する基本的考え方を明らかにしたものであること。

（中略）

２　定義（法第２条関係）

（１）　法第２条は、法の対象となる短時間労働者及び有期雇用労働者の定義を定めたものであること。

（２）　短時間労働者であるか否かの判定は、（３）から（７）までを踏まえ行うものであること。その際、パートタイマー、アルバイト、契約社員など名称の如何は問わないものであること。したがって、名称が「パートタイマー」であっても、当該事業主に雇用される通常の労働者と同一の所定労働時間である場合には、法の対象となる短時間労働者には該当しないものであること。ただし、このような者であっても、有期雇用労働者に該当する場合には、法の対象となるものであること。

なお、派遣労働者については、派遣先において法が適用されることはないものの、法とは別途、労働者派遣事業の適正な運営の確保及び派遣労働者の保護等に関する法律（昭和60年法律第88号。以下「労働者派遣法」という。）により、就業に関する条件の整備を図っているものであること。

（３）　法第２条の「通常の労働者」とは、社会通念に従い、比較の時点で当該事業主において「通常」と判断される労働者をいうこと。当該「通常」の概念については、就業形態が多様化している中で、いわゆる「正規型」の労働者が事業所や特定の業務には存在しない場合も出てきており、ケースに応じて個別に判断をすべきものである。具体的には、「通常の労働者」とは、いわゆる正規型の労働者及び事業主と期間の定めのない労働契約を締結しているフルタイム労働者（以下「無期雇用フルタイム労働者」という。）をいうものであること。

また、法が業務の種類ごとに短時間労働者を定義していることから、「通常」の判断についても業務の種類ごとに行うものであること（「業務の種類」については後出（６）を参照。）。

この場合において、いわゆる正規型の労働者とは、労働契約の期間の定めがないことを前提として、社会通念に従い、当該労働者の雇用形態、賃金体系等（例えば、長期雇用を前提とした待遇を受けるものであるか、賃金の主たる部分の支給形態、賞与、退職金、定期的な昇給又は昇格の有無）を総合的に勘案して判断するものであること。また、無期雇用フルタイム労働者は、その業務に従事する無期雇用労働者（事業主と期間の定めのない労働契約を締結している労働者をいう。以下同じ。）のうち、1週間の所定労働時間が最長の労働者のことをいうこと。このため、いわゆる正規型の労働者の全部又は一部が、無期雇用フルタイム労働者にも該当する場合があること。

（4）「所定労働時間が短い」とは、わずかでも短ければ該当するものであり、例えば通常の労働者の所定労働時間と比べて1割以上短くなければならないといった基準があるものではないこと。

（5）短時間労働者であるか否かの判定は、具体的には以下に従い行うこと。

イ　同一の事業主における業務の種類が1つの場合

当該事業主における1週間の所定労働時間が最長である通常の労働者と比較し、1週間の所定労働時間が短い通常の労働者以外の者が短時間労働者となること（法第2条第1項括弧書以外の部分。図の1－（1）から1－（3）まで）。

ロ　同一の事業主における業務の種類が2以上あり、同種の業務に従事する通常の労働者がいる場合

原則として、同種の業務に従事する1週間の所定労働時間が最長の通常の労働者と比較して1週間の所定労働時間が短い通常の労働者以外の者が短時間労働者となること（法第2条第1項括弧書。図の2－（1））。

ハ　同一の事業主における業務の種類が2以上あり、同種の業務に従事する通常の労働者がいない場合

当該事業主における1週間の所定労働時間が最長である通常の労働者と比較し、1週間の所定労働時間が短い通常の労働者以外の者が短時間労働者となること（法第2条第1項括弧書以外の部分。図2-（2）のC業務）。

ニ　同一の事業主における業務の種類が2以上あり、同種の業務に従事する通常の労働者がいる場合であって、同種の業務に従事する通常の労働者以外の者が当該業務に従事する通常の労働者に比べて著しく多い場合（当該業務に従事する通常の労働者の1週間の所定労働時間が他の業務に従事する通常の労働者の1週間の所定労働時間のいずれよりも長い場合を除く。）

当該事業主における1週間の所定労働時間が最長の通常の労働者と比較して1週間の所定労働時間が短い当該業務に従事する者が短時間労働者となること（法第2条第1項括弧書中厚生労働省令で定める場合（則第1条）。図の2－（3）のB業務）。

これは、たまたま同種の業務に従事する通常の労働者がごく少数いるために、そのような事情がなければ一般には短時間労働者に該当するような

者までもが短時間労働者とならないことを避ける趣旨であるから、適用に当たって同種の業務に従事する通常の労働者と、当該事業主における１週間の所定労働時間が最長の通常の労働者の数を比較する際には、同種の業務において少数の通常の労働者を配置する必然性等から、事業主に短時間労働者としての法の適用を逃れる意図がないかどうかを考慮すべきものであること。

（6） 上記（5）は、労働者の管理については、その従事する業務によって異なっていることが通常と考えられることから、短時間労働者であるか否かを判断しようとする者が従事する業務と同種の業務に従事する通常の労働者がいる場合は、その労働者と比較して判断することとしたものであること。

なお、同種の業務の範囲を判断するに当たっては、『厚生労働省編職業分類』の細分類の区分等を参考にし、個々の実態に即して判断すること。

（7） 短時間労働者の定義に係る用語の意義はそれぞれ次のとおりであること。

イ 「１週間の所定労働時間」を用いるのは、短時間労働者の定義が、雇用保険法（昭和49年法律第116号）等労働関係法令の用例を見ると１週間を単位としていることにならったものであること。

この場合の１週間とは、就業規則その他に別段の定めがない限り原則として日曜日から土曜日までの暦週をいうこと。

ただし、変形労働時間制が適用されている場合や所定労働時間が１月、数箇月又は１年単位で定められている場合などには、次の式によって当該期間における１週間の所定労働時間として算出すること。

（当該期間における総労働時間）÷（（当該期間の暦日数）／７）

なお、日雇労働者のように１週間の所定労働時間が算出できないような者は、短時間労働者としては法の対象とならないが、有期雇用労働者として法の対象となる。ただし、日雇契約の形式をとっていても、明示又は黙示に同一人を引き続き使用し少なくとも１週間以上にわたる定形化した就業パターンが確立し、上記の方法により１週間の所定労働時間を算出することができる場合には、短時間労働者として法の対象となること。

ロ 「事業主」を単位として比較することとしているのは、法第８条に統合された整備法による改正前の労働契約法（平成19年法律第128号）第20条において、事業主を単位として、期間の定めのある労働契約を締結している労働者と期間の定めのない労働契約を締結している労働者との間の不合理と認められる労働条件の相違を禁止していたこと、及び同一の事業所には待遇を比較すべき通常の労働者が存在しない場合があるなど、事業所を単位とすると、十分に労働者の保護を図ることができない場合が生じていると考えられることによるものであること。

（8）「有期雇用労働者」とは、事業主と期間の定めのある労働契約を締結している労働者をいうものであること（法第２条第２項）。
（9）「短時間・有期雇用労働者」とは、短時間労働者及び有期雇用労働者をいうものであること（法第２条第３項）。

3　基本的理念（法第２条の２関係）

短時間・有期雇用労働者としての就業は、労働者の多様な事情を踏まえた柔軟な就業のあり方として重要な意義を有しているが、短時間・有期雇用労働者の職務の内容が意欲や能力に見合ったものでない場合、待遇に対する納得感や、意欲及び能力の有効な発揮が阻害されるほか、短時間・有期雇用労働者としての就業を実質的に選択することができないこととなりかねない。

そこで、本条は、短時間・有期雇用労働者としての就業が、柔軟な就業のあり方という特長を保ちつつ、労働者の意欲及び能力が有効に発揮できるものとなるべきであるとの考え方のもと、短時間・有期雇用労働者及び短時間・有期雇用労働者になろうとする者が、生活との調和を保ちつつその意欲や能力に応じて就業することができる機会が確保されるべきことを基本的理念として明らかにしたものであること。あわせて、短時間・有期雇用労働者が充実した職業生活を送れるようにすることが、社会の活力を維持し発展させていくための基礎となるとともに、短時間・有期雇用労働者の福祉の増進を図る上でも不可欠であることに鑑み、その職業生活の充実が図られるような社会を目指すべきであることから、その旨についても基本的理念として明らかにしたものであること。

本条の基本的理念は、次条の事業主等の責務やこれらを踏まえた法第３章第１節の各種措置等とあいまって、短時間・有期雇用労働者という就業のあり方を選択しても納得が得られる待遇が受けられ、多様な働き方を自由に選択できる社会の実現を図るものであること。

4　事業主等の責務（法第３条関係）

（1）事業主の責務（法第３条第１項関係）

イ　基本的考え方

労働者の待遇をどのように設定するかについては、基本的には契約自由の原則にのっとり、個々の契約関係において当事者の合意により決すべきものであるが、現状では、短時間・有期雇用労働者の待遇は必ずしもその働きや貢献に見合ったものとなっていないほか、他の雇用形態への移動が困難であるといった状況も見られる。このような中では、短時間・有期雇用労働者の待遇の決定を当事者間の合意のみに委ねていたのでは短時間・有期雇用労働者は「低廉な労働力」という位置付けから脱することができないと考えられるところ、それでは、少子高齢化、労働力人口減少社会において期待されている短時間・有期雇用労働者の意欲や能力の有効な発揮がもたらされるような公正な就業環境を実現することは難しい。

そこで、法は、第1条に定める法の目的である「通常の労働者との均衡のとれた待遇の確保等を図ることを通じて短時間・有期雇用労働者がその有する能力を有効に発揮することができる」ことを実現するために、短時間・有期雇用労働者の適正な労働条件の確保、教育訓練の実施、福利厚生の充実その他の雇用管理の改善及び通常の労働者への転換の推進(以下「雇用管理の改善等」という。)について、事業主が適切に措置を講じていく必要があることを明らかにするため、法第3条において、短時間・有期雇用労働者について、その就業の実態等を考慮して雇用管理の改善等に関する措置等を講ずることにより、通常の労働者との均衡のとれた待遇の確保等を図り、当該短時間・有期雇用労働者がその有する能力を有効に発揮することができるように努めるものとすることを事業主の責務としたものであること。

法第3章以下の事業主の講ずべき措置等に関する規定は、この法第3条の事業主の責務の内容として、法の目的を達成するために特に重要なものを明確化したものであること。また、法第15条に基づき定める短時間・有期雇用労働指針及びガイドラインについては、当該責務に関し、その適切かつ有効な実施を図るために必要なものを具体的に記述したものであること。

ロ　短時間・有期雇用労働者の就業の実態等

法第3条において考慮することとされている「その就業の実態等」の具体的な内容としては、短時間・有期雇用労働者の「職務の内容」、「職務の内容及び配置の変更の範囲(有無を含む。)」、経験、能力、成果、意欲等をいうものであること。

ハ　雇用管理の改善等に関する措置等

「雇用管理の改善等に関する措置等」とは、法第3章第1節に規定する「雇用管理の改善等に関する措置」と、法第22条に規定する苦情の自主的解決に努める措置をいうものであること。

ニ　通常の労働者との均衡のとれた待遇の確保等

法は、短時間・有期雇用労働者について、就業の実態等を考慮して雇用管理の改善等に関する措置等を講ずることにより、通常の労働者との均衡のとれた待遇を確保することを目指しているが、これは、一般に短時間・有期雇用労働者の待遇が通常の労働者と比較して働きや貢献に見合ったものとなっておらず低くなりがちであるという状況を前提として、通常の労働者との均衡(バランス)をとることを目指した雇用管理の改善を進めていくという考え方であること。

通常の労働者と短時間・有期雇用労働者の「均衡のとれた待遇」は、就業の実態に応じたものとなるが、その就業の実態が同じ場合には、「均等な待遇」

を意味する。

他方、通常の労働者と短時間・有期雇用労働者との間で、就業の実態が異なる場合、その「均衡のとれた待遇」とはどのようなものであるかについては、一義的に決まりにくい上、待遇と言ってもその種類（賃金、教育訓練、福利厚生施設等）や性質・目的（職務の内容との関連性等）は一様ではない。

そのような中で、事業主が雇用管理の改善等に関する措置等を講ずることにより通常の労働者との均衡のとれた待遇の確保等を図っていくため、法第３章第１節においては、講ずべき措置を定めたものであること。

具体的には、法第８条において、全ての短時間・有期雇用労働者の全ての待遇（労働時間及び労働契約の期間を除く。）を対象に、その待遇のそれぞれについて、当該待遇に対応する通常の労働者の待遇との間で、「職務の内容」、「職務の内容及び配置の変更の範囲（有無を含む。）」及び「その他の事情」のうち、待遇のそれぞれの性質及び当該待遇を行う目的に照らして適切と認められるものを考慮して、不合理と認められる相違を設けてはならないとするいわゆる均衡待遇規定を設けている。また、法第９条において、通常の労働者と職務の内容並びに職務の内容及び配置の変更の範囲が同一である短時間・有期雇用労働者について、その全ての待遇（労働時間及び労働契約の期間を除く。）を対象に、短時間・有期雇用労働者であることを理由として差別的取扱いをしてはならないとするいわゆる均等待遇規定を設けている。その上で、法第10条から第12条までにおいては、短時間・有期雇用労働者の就業の実態を踏まえつつ、賃金、教育訓練及び福利厚生施設の３つについて、それぞれ講ずべき措置を明らかにしているものであること。法第11条第１項は、職務の内容が通常の労働者と同一であるという就業の実態や、職務との関連性が高い待遇であるといった事情を踏まえて具体的な措置の内容を明らかにしたものであり、法第12条は、全ての通常の労働者との関係で普遍的に講ずべき措置の内容について明らかにしたものであること。他方、法第10条及び第11条第２項については、就業の実態が多様な短時間・有期雇用労働者全体にかかる措置として、具体的に勘案すべき就業の実態の内容（職務の内容、職務の成果、意欲、能力、経験等）を明記したものであること。これらの勘案すべき就業の実態の内容を明記しているのは、これらの要素が通常の労働者の待遇の決定に当たって考慮される傾向にあるのとは対照的に、短時間・有期雇用労働者について十分に考慮されている現状にあるとは言い難く、短時間・有期雇用労働者についても、これらに基づく待遇の決定を進めていくことが公正であると考えられることによること。

「通常の労働者との均衡のとれた待遇の確保等」の「等」としては、

- 短時間・有期雇用労働者であることに起因して、待遇に係る透明性・納得性が欠如していることを解消すること（適正な労働条件の確保に関す

る措置及び事業主の説明責任により達成される)、

- 通常の労働者として就業することを希望する者について、その就業の可能性を全ての短時間・有期雇用労働者に与えること(通常の労働者への転換の推進に関する措置により達成される)、

等が含まれるものであること。

(2) 均衡のとれた待遇の確保の図り方について

イ 基本的考え方

短時間・有期雇用労働者についての、通常の労働者との均衡のとれた待遇の確保に当たっては、短時間・有期雇用労働者の就業の実態等を考慮して措置を講じていくこととなるが、「就業の実態」を表す要素のうちから「職務の内容」及び「職務の内容及び配置の変更の範囲(有無を含む。)」の2つを、法第8条において通常の労働者との待遇の相違の不合理性を判断する際の考慮要素として例示するとともに、法第9条等において適用要件としている。これは、現在の我が国の雇用システムにおいては、一般に、通常の労働者の賃金をはじめとする待遇の多くがこれらの要素に基づいて決定されることが合理的であると考えられている一方で、短時間・有期雇用労働者については、これらが通常の労働者と全く同じ、又は一部同じであっても、所定労働時間が短い労働者であるということ、あるいは期間の定めがある労働契約を締結している労働者であるということのみを理由として待遇が低く抑えられている場合があることから、通常の労働者との均衡のとれた待遇の確保を図る際に、短時間・有期雇用労働者の就業の実態をとらえるメルクマールとして、これらの要素を特に取り上げるものであること。

なお、法第8条においては、短時間・有期雇用労働者と通常の労働者の待遇の相違の不合理性を判断する際の考慮要素として、「職務の内容」、「職務の内容及び配置の変更の範囲(有無を含む。)」のほかに、「その他の事情」を規定しているが、「その他の事情」については、職務の内容並びに職務の内容及び配置の変更の範囲に関連する事情に限定されるものではなく、考慮すべきその他の事情があるときに考慮すべきものであること(第3の3(5)参照)。

ロ 「職務の内容」について

(イ) 定義

「職務の内容」とは、「業務の内容及び当該業務に伴う責任の程度」をいい、労働者の就業の実態を表す要素のうちの最も重要なものであること。

「業務」とは、職業上継続して行う仕事であること。

「責任の程度」とは、業務に伴って行使するものとして付与されている権限の範囲・程度等をいうこと。具体的には、授権されている権限の範囲(単独で契約締結可能な金額の範囲、管理する部下の数、決裁権限の範囲等)、

業務の成果について求められる役割、トラブル発生時や臨時・緊急時に求められる対応の程度、ノルマ等の成果への期待の程度等を指す。責任は、外形的にはとらえにくい概念であるが、実際に判断する際には、責任の違いを表象的に表す業務を特定して比較することが有効であること。

また、責任の程度を比較する際には、所定外労働も考慮すべき要素の一つであるが、これについては、例えば、通常の労働者には所定外労働を命ずる可能性があり、短時間・有期雇用労働者にはない、といった形式的な判断ではなく、実態として業務に伴う所定外労働が必要となっているかどうか等を見て、判断することとなること。例えば、トラブル発生時、臨時・緊急時の対応として、また、納期までに製品を完成させるなど成果を達成するために所定外労働が求められるのかどうかを実態として判断すること。なお、ワークライフバランスの観点からは、基本的に所定外労働のない働き方が望ましく、働き方の見直しにより通常の労働者も含めてそのような働き方が広まれば、待遇の決定要因として所定外労働の実態が考慮されること自体が少なくなっていくものと考えられるものであること。

(ロ)　職務の内容が同一であることの判断手順

「職務の内容」については、法第８条において考慮され得るとともに、法第９条等の適用に当たって、通常の労働者と短時間労働者との間で比較して同一性を検証しなければならないため、その判断のための手順が必要となる。職務の内容の同一性については、具体的には以下の手順で比較していくこととなるが、「職務の内容が同一である」とは、個々の作業まで完全に一致していることを求めるものではなく、それぞれの労働者の職務の内容が「実質的に同一」であることを意味するものであること。

したがって、具体的には、「業務の内容」が「実質的に同一」であるかどうかを判断し、次いで「責任の程度」が「著しく異なって」いないかを判断するものであること。

まず、第一に、業務の内容が「実質的に同一」であることの判断に先立って、「業務の種類」が同一であるかどうかをチェックする。これは、『厚生労働省編職業分類』の細分類を目安として比較し、この時点で異なっていれば、「職務内容が同一でない」と判断することとなること。

他方、業務の種類が同一であると判断された場合には、次に、比較対象となる通常の労働者及び短時間・有期雇用労働者の職務を業務分担表、職務記述書等により個々の業務に分割し、その中から「中核的業務」と言えるものをそれぞれ抽出すること。

「中核的業務」とは、ある労働者に与えられた職務に伴う個々の業務のうち、当該職務を代表する中核的なものを指し、以下の基準に従って総合的に判断すること。

① 与えられた職務に本質的又は不可欠な要素である業務
② その成果が事業に対して大きな影響を与える業務
③ 労働者本人の職務全体に占める時間的割合・頻度が大きい業務

通常の労働者と短時間・有期雇用労働者について、抽出した「中核的業務」を比較し、同じであれば、業務の内容は「実質的に同一」と判断し、明らかに異なっていれば、業務の内容は「異なる」と判断することとなること。なお、抽出した「中核的業務」が一見すると異なっている場合には、当該業務に必要とされる知識や技能の水準等も含めて比較した上で、「実質的に同一」と言えるかどうかを判断するものであること。

ここまで比較した上で業務の内容が「実質的に同一である」と判断された場合には、最後に、両者の職務に伴う責任の程度が「著しく異なって」いないかどうかをチェックすること。そのチェックに当たっては、「責任の程度」の内容に当たる以下のような事項について比較を行うこと。

① 授権されている権限の範囲（単独で契約締結可能な金額の範囲、管理する部下の数、決裁権限の範囲等）
② 業務の成果について求められる役割
③ トラブル発生時や臨時・緊急時に求められる対応の程度
④ ノルマ等の成果への期待の程度
⑤ 上記の事項の補助的指標として所定外労働の有無及び頻度

この比較においては、例えば管理する部下の数が一人でも違えば、責任の程度が異なる、といった判断をするのではなく、責任の程度の差異が「著しい」といえるものであるかどうかを見るものであること。

なお、いずれも役職名等外見的なものだけで判断せず、実態を見て比較することが必要である。

以上の判断手順を経て、「業務の内容」及び「責任の程度」の双方について、通常の労働者と短時間・有期雇用労働者とが同一であると判断された場合が、「職務の内容が同一である」こととなること。

ハ 「職務の内容及び配置が通常の労働者の職務の内容及び配置の変更の範囲と同一の範囲内で変更されることが見込まれる」ことについて

（イ） 定義

① 「職務の内容及び配置の変更の範囲」

現在の我が国の雇用システムにおいては、長期的な人材育成を前提として待遇に係る制度が構築されていることが多く、このような人材活用の仕組み、運用等に応じて待遇の違いが生じることも合理的であると考えられている。法は、このような実態を前提として、人材活用の仕組み、運用等を、均衡待遇を推進する上での考慮要素又は適用要件の一つとして位置付けている。人材活用の仕組み、運用等については、ある労働者が、ある事業主に雇用されている間にどのような職務経験を積むこととなっているかを見るものであり、転勤、昇進を含むいわゆる人事異動や本人の役割の変化等（以下「人事異動等」という。）の有無や範囲を総合判断するものであるが、これを法律上の考慮要素又は適用要件としては「職務の内容及び配置の変更の範囲」と規定したものであること。

「職務の内容の変更」と「配置の変更」は、現実にそれらが生じる際には重複が生じ得るものであること。つまり、「職務の内容の変更」とは、配置の変更によるものであるか、そうでなく業務命令によるものであるかを問わず、職務の内容が変更される場合を指すこと。他方、「配置の変更」とは、人事異動等によるポスト間の移動を指し、結果として職務の内容の変更を伴う場合もあれば、伴わない場合もあるものであること。

それらの変更の「範囲」とは、変更により経験する職務の内容又は配置の広がりを指すものであること。

② 同一の範囲

職務の内容及び配置の変更が「同一の範囲」であるとの判断に当たっては、一つ一つの職務の内容及び配置の変更の態様が同様であることを求めるものではなく、それらの変更が及び得ると予定されている範囲を画した上で、その同一性を判断するものであること。

例えば、ある事業所において、一部の部門に限っての人事異動等の可能性がある者と、全部門にわたっての人事異動等の可能性がある者とでは、「配置の変更の範囲」が異なることとなり、職務の内容及び配置の変更の範囲（人材活用の仕組み、運用等）が同一であるとは言えないこと。

ただし、この同一性の判断は、「範囲」が完全に一致することまでを求めるものではなく、「実質的に同一」と考えられるかどうかという観点から判断すること。

③ 「変更されることが見込まれる」

職務の内容及び配置の変更の範囲（人材活用の仕組み、運用等）の同一性を判断することについては、将来にわたる可能性についても見るものであるため、変更が「見込まれる」と規定したものであること。ただし、この見込みについては、事業主の主観によるものではなく、文書や慣行によって確立されているものなど客観的な事情によって判断されるものであること。また、例えば、通常の労働者の集団は定期的に転勤等があることが予定されているが、ある職務に従事している特定の短時間・有期雇用労働者についてはこれまで転勤等がなかったという場合にも、そのような形式的な判断だけでなく、例えば、同じ職務に従事している他の短時間・有期雇用労働者の集団には転勤等があるといった「可能性」についての実態を考慮して具体的な見込みがあるかどうかで判断するものであること。

なお、育児又は家族介護などの家族的責任を有する労働者については、その事情を配慮した結果として、その労働者の人事異動等の有無や範囲が他と異なることがあるが、「職務の内容及び配置の変更の範囲」を比較するに当たって、そのような事情を考慮すること。考慮の仕方としては、例えば、通常の労働者や短時間・有期雇用労働者のうち、人事異動等があり得る人材活用の仕組み、運用等である者が、育児又は家族介護に関する一定の事由（短時間・有期雇用労働者についても通常の労働者と同じ範囲）で配慮がなされ、その配慮によって異なる取扱いを受けた場合、「職務の内容及び配置の変更の範囲」を比較するに際しては、その取扱いについては除いて比較することが考えられること。

（ロ）「職務の内容及び配置が通常の労働者の職務の内容及び配置の変更の範囲と同一の範囲内で変更されることが見込まれる」ことの判断手順

「職務の内容及び配置が通常の労働者の職務の内容及び配置の変更の範囲と同一の範囲内で変更されることが見込まれる」ことについては、法第９条の適用に当たって、通常の労働者と短時間・有期雇用労働者との間で比較して同一性を検証しなければならないため、その判断のための手順が必要となる。法第９条に関しては、この検証は、（2）ロ（ロ）において示した手順により、職務の内容が同一であると判断された通常の労働者と短時間・有期雇用労働者について行うものであること。

まず、通常の労働者と短時間・有期雇用労働者について、配置の変更に関して、転勤の有無が同じかどうかを比較すること。この時点で異なっていれば、「職務の内容及び配置が通常の労働者の職務の内容及び配置の変更の範囲と同一の範囲内で変更されることが見込まれない」と判断することとなること。

次に、転勤が双方ともあると判断された場合には、全国転勤の可能性があるのか、エリア限定なのかといった転勤により移動が予定されている範囲を比較すること。この時点で異なっていれば、「職務の内容及び配置が通常の労働者の職務の内容及び配置の変更の範囲と同一の範囲内で変更されることが見込まれない」と判断することとなること。

転勤が双方ともない場合、及び双方ともあってその範囲が「実質的に」同一であると判断された場合には、事業所内における職務の内容の変更の態様について比較すること。まずは、職務の内容の変更（事業所内における配置の変更の有無を問わない。）の有無を比較し、この時点で異なっていれば、「職務の内容及び配置が通常の労働者の職務の内容及び配置の変更の範囲と同一の範囲内で変更されることが見込まれない」と判断することとなること。同じであれば、職務の内容の変更により経験する可能性のある範囲も比較し、異同を判断するものであること。

また、法第８条における「職務の内容及び配置の変更の範囲」の異同についても、上記の観点から判断されるものであること。

（３） 事業主の団体の責務（法第３条第２項関係）

短時間・有期雇用労働者の労働条件等については、事業主間の横並び意識が強い場合が多く、事業主の団体を構成している事業にあっては、事業主の団体の援助を得ながら構成員である複数の事業主が同一歩調で短時間・有期雇用労働者の雇用管理の改善等を進めることが効果的である。そこで、事業主の団体の責務として、その構成員である事業主の雇用する短時間・有期雇用労働者の雇用管理の改善等に関し必要な助言、協力その他の援助を行うように努めることを明らかにしたものであること。

（４） なお、これら事業主及び事業主の団体の責務を前提に、国は必要な指導援助を行うこととされ（法第４条）、短時間・有期雇用労働者を雇用する事業主、事業主の団体その他の関係者に対して、短時間・有期雇用労働者の雇用管理の改善等に関する事項についての相談及び助言その他の必要な援助を行うことができることとされている（法第19条）こと。

（中略）

第３　短時間・有期雇用労働者の雇用管理の改善等に関する措置等（法第３章）

法第３章は、短時間・有期雇用労働者の雇用管理の改善等に関する措置等として、第１節に事業主等が講ずべきものの具体的内容として雇用管理の改善等に関する措置を、第２節に事業主等に対する国の援助等を規定したものであること。

（中略）

３　不合理な待遇の禁止（法第８条関係）

（１） 有期雇用労働者については、平成25年の労働契約法の改正により、無期雇用労働者と比較して、雇止めの不安があることによって合理的な労働条件の決定が行われにくいことや、待遇に対する不満が多く指摘されていることを踏まえ、整備法による改正前の労働契約法第20条において、無期雇用労働者との間の労働条件の相違は、不合理と認められるものであってはならないこととされた。

また、短時間労働者については、短時間労働者の働き方が一層多様化してきている中で、依然として、その待遇が必ずしも働きや貢献に見合ったものとなっていない場合もあること、上記の労働契約法の改正により、いわゆる均衡待遇規定が設けられたこと等を踏まえ、整備法による改正前の労働契約法第20条の規定にならい、平成26年の改正により、整備法による改正前の短時間労働者の雇用管理の改善等に関する法律（平成５年法律第76号）第８条において、短時間労働者と通常の労働者との間の待遇の相違は、不合理と認められるものであってはならないこととされた。

こうして、いわゆる均衡待遇規定が整備されてきたが、待遇の相違が不合理と認められるか否かの解釈の幅が大きく、労使の当事者にとって予見可能性が高いとは言えない状況にあったことから、法第８条において、待遇差が不合理と認められるか否かの判断は、個々の待遇ごとに、当該待遇の性質及び当該待遇を行う目的に照らして適切と認められる考慮要素で判断されるべき旨を明確化したものであること。また、有期雇用労働者を法の対象とすることとしたことに伴い、労働契約法第20条を削除することとしたものであること。

（２） 法第８条は、事業主が、その雇用する短時間・有期雇用労働者の基本給、賞与その他の待遇のそれぞれについて、当該待遇に対応する通常の労働者の待遇との間において、当該短時間・有期雇用労働者及び通常の労働者の職務の内容、当該職務の内容及び配置の変更の範囲その他の事情のうち、当該待遇の性質及び当該待遇を行う目的に照らして適切と認められるものを考慮して、不合理と認められる相違を設けることを禁止したものであること。

したがって、短時間・有期雇用労働者と通常の労働者との間で待遇の相違があれば直ちに不合理とされるものではなく、当該待遇の相違が法第８条に列挙されている要素のうち、当該待遇の性質及び当該待遇を行う目的に照らして適切と認められる事情を考慮して、不合理と認められるかどうかが判断されるものであること。

また、法第８条の不合理性の判断の対象となるのは、待遇の「相違」であり、この待遇の相違は、「短時間・有期雇用労働者であることに関連して生じた待遇の相違」であるが、法は短時間・有期雇用労働者について通常の労働者との均衡のとれた待遇の確保等を図ろうとするものであり、法第８条の不合理性の判断の対象となる待遇の相違は、「短時間・有期雇用労働者であることに関連して生じた」待遇の相違であることが自明であることから、その旨が条文上は明記されていないことに留意すること。

（３） 法第８条は、事業主が、短時間・有期雇用労働者と同一の事業所に雇用される通常の労働者や職務の内容が同一の通常の労働者との間だけでなく、その雇用する全ての通常の労働者との間で、不合理と認められる待遇の相違を設けることを禁止したものであること。

（４） 短時間・有期雇用労働者と通常の労働者との「職務の内容」及び「職務の内容及び配置の変更の範囲」の異同の判断は、第１の４（２）ロ及びハに従い行うものであること。

（５） 「その他の事情」については、職務の内容並びに職務の内容及び配置の変更の範囲に関連する事情に限定されるものではないこと。

具体例としては、職務の成果、能力、経験、合理的な労使の慣行、事業主と労働組合との間の交渉といった労使交渉の経緯などの諸事情が「その他の事情」として想定されるものであり、考慮すべきその他の事情があるときに考慮すべきものであること。

また、ガイドラインにおいて「有期雇用労働者が定年に達した後に継続雇用された者であることは、通常の労働者と当該有期雇用労働者との間の待遇の相違が不合理と認められるか否かを判断するに当たり、短時間・有期雇用労働法第８条のその他の事情として考慮される事情に当たりうる。定年に達した後に有期雇用労働者として継続雇用する場合の待遇について、様々な事情が総合的に考慮されて、通常の労働者と当該有期雇用労働者との間の待遇の相違が不合理と認められるか否かが判断されるものと考えられる。したがって、当該有期雇用労働者が定年に達した後に継続雇用された者であることのみをもって、直ちに通常の労働者と当該有期雇用労働者との間の待遇の相違が不合理ではないと認められるものではない」とされていることに留意すること。

さらに、法第14条第２項に基づく待遇の相違の内容及びその理由に関する説明については労使交渉の前提となりうるものであり、事業主が十分な説明をせず、その後の労使交渉においても十分な話し合いがなされず、労使間で紛争となる場合があると考えられる。「その他の事情」に労使交渉の経緯が含まれると解されることを考えると、このように待遇の相違の内容等について十分な説明をしなかったと認められる場合には、その事実も「その他の事情」に含まれ、不合理性を基礎付ける事情として考慮されうると考えられるものであること。

（6）「待遇」には、基本的に、全ての賃金、教育訓練、福利厚生施設、休憩、休日、休暇、安全衛生、災害補償、解雇等の全ての待遇が含まれること。

一方、短時間・有期雇用労働者を定義付けるものである労働時間及び労働契約の期間については、ここにいう「待遇」に含まれないこと。

なお、事業主ではなく、労使が運営する共済会等が実施しているものは、対象とならないものであること。

（7） 法第８条は、（1）のとおり、整備法による改正前の労働契約法第20条を統合しつつ、その明確化を図った規定であること。法第８条については、私法上の効力を有する規定であり、短時間・有期雇用労働者に係る労働契約のうち、同条に違反する待遇の相違を設ける部分は無効となり、故意・過失による権利侵害、すなわち不法行為として損害賠償が認められ得ると解されるものであること。また、短時間・有期雇用労働者と通常の労働者との待遇の相違が法第８条に違反する場合であっても、同条の効力により、当該短時間・有期雇用労働者の待遇が比較の対象である通常の労働者の待遇と同一のものとなるものではないと解されるものであること。ただし、個々の事案に応じて、就業規則の合理的な解釈により、通常の労働者の待遇と同一の待遇が認められる場合もあり得ると考えられるものであること。

（8） 法第８条に基づき民事訴訟が提起された場合の裁判上の主張立証については、待遇の相違が不合理であるとの評価を基礎付ける事実については短時間・有期雇用労働者が、当該相違が不合理であるとの評価を妨げる事実については事業主が主張立証責任を負うものと解され、同条の司法上の判断は、短時間・有期雇用労働者及び事業主双方が主張立証を尽くした結果が総体としてなされるものであり、立証の負担が短時間・有期雇用労働者側に一方的に負わされることにはならないと解されるものであること。

（9） ガイドラインは、法第８条及び第９条等に定める事項に関し、雇用形態又は就業形態に関わらない公正な待遇を確保し、我が国が目指す同一労働同一賃金の実現に向けて定めるものであること。我が国が目指す同一労働同一賃金は、同一の事業主に雇用される通常の労働者と短時間・有期雇用労働者との間の不合理と認められる待遇の相違及び差別的取扱いの解消等を目指すものであること。

また、ガイドラインは、通常の労働者と短時間・有期雇用労働者との間に待遇の相違が存在する場合に、いかなる待遇の相違が不合理と認められるものであり、いかなる待遇の相違が不合理と認められるものでないのか等の原則となる考え方及び具体例を示したものであること。事業主が、この原則となる考え方等に反した場合、当該待遇の相違が不合理と認められる等の可能性があること。なお、ガイドラインに原則となる考え方が示されていない退職手当、住宅手当、家族手当等の待遇や、具体例に該当しない場合についても、不合理と認められる待遇の相違の解消等が求められること。このため、各事業主において、労使により、個別具体の事情に応じて待遇の体系について議論していくことが望まれること。

なお、ガイドライン第３の１（注）１において、通常の労働者と短時間・有期雇用労働者との間に賃金の決定基準・ルールの相違がある場合の考え方を記載しており、この考え方は基本給に限られたものではないが、賃金の決定基準・ルールが異なるのは、基本的に、基本給に関する場合が多いと考えられることから、ガイドライン第３の１において規定しているものであること。

（10） 短時間・有期雇用労働者である派遣労働者については、法及び労働者派遣法の両方が適用されるものであること。このため、基本的に、法において、派遣元事業主に雇用される通常の労働者との間の待遇の相違が問題になるとともに、労働者派遣法において、派遣先に雇用される通常の労働者との間の待遇の相違（協定対象派遣労働者（労働者派遣法第30条の５に規定する協定対象派遣労働者をいう。以下同じ。）にあっては、労働者派遣法第30条の４第１項の協定が同項に定められた要件を満たすものであること及び当該協定に沿った運用がなされていることの有無をいう。以下同じ。）が問題になるものであること。

このことから、短時間・有期雇用労働者である派遣労働者の待遇については、職務の内容に密接に関連する待遇を除き、短時間・有期雇用労働者である派遣労働者と派遣元事業主に雇用される通常の労働者及び派遣先に雇用される通常の労働者との間の待遇の相違が問題になると考えられるものであること。一般に、ガイドライン第３の３（７）及び第４の３（７）の通勤手当及び出張旅費、ガイドライン第３の３（８）及び第４の３（８）の食事手当、ガイドライン第３の３（９）及び第４の３（９）の単身赴任手当、ガイドライン第３の４及び第４の４並びに第５の２の福利厚生（ガイドライン第３の４（１）及び第４の４（１）並びに第５の２（１）の福利厚生施設を除く。）については、職務の内容に密接に関連するものに当たらないと考えられるものであること。

他方で、職務の内容に密接に関連する待遇については、派遣労働者が派遣先の指揮命令の下において派遣先の業務に従事するという労働者派遣の性質から、特段の事情がない限り、派遣元事業主に雇用される通常の労働者との待遇の相違は、実質的に問題にならないと考えられるものであること。職務の内容に密接に関連する待遇に当たるか否かは、個々の待遇の実態に応じて判断されるものであるが、例えば、ガイドライン第３の１及び第４の１の基本給、ガイドライン第３の２及び第４の２の賞与、ガイドライン第３の３（１）及び第４の３（１）の役職手当、ガイドライン第３の３（２）及び第４の３（２）の特殊作業手当、ガイドライン第３の３（４）及び第４の３（４）の精皆勤手当、ガイドライン第３の３（５）及び第４の３（５）の時間外労働手当、ガイドライン第３の３（６）及び第４の３（６）の深夜労働手当及び休日労働手当、ガイドライン第３の５（１）、第４の５（１）及び第５の３（１）の教育訓練、ガイドライン第３の５（２）、第４の５（２）及び第５の３（２）の安全管理に関する措置及び給付については、一般に、職務の内容に密接に関連するものと考えられるものであること。

なお、これらの点については、協定対象派遣労働者であるか否かによって異なるものではないと考えられるものであること。

ただし、職務の内容に密接に関連する待遇であっても、派遣先に雇用される通常の労働者との均等・均衡とは異なる観点から、短時間・有期雇用労働者ではない派遣労働者に対して、短時間・有期雇用労働者である派遣労働者よりも高い水準の待遇としている場合には、短時間・有期雇用労働者ではない派遣労働者と短時間・有期雇用労働者である派遣労働者との間の待遇の相違について、法において問題となることがあると考えられるものであること。

また、職務の内容に密接に関連する待遇以外の待遇であっても、短時間・有期雇用労働者である派遣労働者と短時間・有期雇用労働者でない派遣労働者が異なる派遣先に派遣されている場合において、待遇を比較すべき派遣先に雇用される通常の労働者が異なることにより待遇に相違がある場合には、当該待遇の相違は、法において問題になるものではないと考えられるものであること。

4　通常の労働者と同視すべき短時間・有期雇用労働者に対する差別的取扱いの禁止（法第９条関係）

（1）　短時間・有期雇用労働者の職務の内容や職務の内容及び配置の変更の範囲（人材活用の仕組み、運用等）といった就業の実態が通常の労働者と同様であるにもかかわらず賃金などの取扱いが異なるなど、短時間・有期雇用労働者の待遇は就業の実態に見合った公正なものとなっていない場合がある。就業の実態が通常の労働者と同じ短時間・有期雇用労働者については、全ての待遇について通常の労働者と同じ取扱いがなされるべきであり、法第９条において、そのような場合の差別的取扱いの禁止を規定したものであること。

（2）　法第９条は、職務の内容が通常の労働者と同一の短時間・有期雇用労働者であって、当該事業所における慣行その他の事情からみて、当該事業主との雇用関係が終了するまでの全期間において、その職務の内容及び配置が当該通常の労働者の職務の内容及び配置の変更の範囲と同一の範囲で変更されることが見込まれるもの（以下「通常の労働者と同視すべき短時間・有期雇用労働者」という。）については、短時間・有期雇用労働者であることを理由として、基本給、賞与その他の待遇のそれぞれについて、差別的取扱いをしてはならないものとしたものであること。

（3）　法第９条の判断に当たっては、具体的には、以下のイ及びロの事項について、（4）から（9）までにより行うこととなること。

イ　職務の内容が通常の労働者と同一であること。

ロ　職務の内容及び配置の変更の範囲（人材活用の仕組み、運用等）が、当該事業主との雇用関係が終了するまでの全期間において、通常の労働者と同一であること。

（4）　（3）イの「職務の内容が通常の労働者と同一であること」とは、その業務の内容や当該業務に伴う責任の程度が同一であるかを判断することとなる。その判断に当たっては、第１の４（2）ロに従い行うものであること。

（5）　（3）ロの「職務の内容及び配置の変更の範囲（人材活用の仕組み、運用等）」が、当該事業主との雇用関係が終了するまでの全期間において、通常の労働者と同一であること」とは、当該事業所における慣行その他の事情からみて、当該事業主との雇用関係が終了するまでの全期間において、その職務の内容及び配置が当該通常の労働者の職務の内容及び配置の変更の範囲と同一の範囲で変更されることが見込まれるものであることであり、職務の内容や配置が将来にわたって通常の労働者と同じように変化するかについて判断することとなるものであること。これは、我が国における雇用管理が長期的な人材育成を前提になされていることが多い現状に鑑み、差別的取扱いの禁止の規定の適用に当たっては、ある一時点において短時間・有期雇用労働者と通常の労働者が従事する職務が同じかどうかだけでなく、長期的な人材活用の仕組み、運用等についてもその同一性を判断する必要があるためであること。

具体的には、第1の4（2）ハで示したとおり同一であるかどうかを判断するものであること。

（6）「当該事業所における慣行」とは、当該事業所において繰り返し行われることによって定着している人事異動等の態様を指すものであり、「その他の事情」とは、例えば人事規程等により明文化されたものや当該企業において、当該事業所以外に複数事業所がある場合の他の事業所における慣行等が含まれるものであること。

なお、ここでいう「その他の事情」とは、職務の内容及び配置の変更の範囲（人材活用の仕組み、運用等）を判断するに当たって、当該事業所における「慣行」と同じと考えられるべきものを指すものであり、短時間・有期雇用労働者と通常の労働者の待遇の相違の不合理性を判断する考慮要素としての法第8条の「その他の事情」とは異なるものであること。

（7）「当該事業主との雇用関係が終了するまでの全期間」とは、当該短時間・有期雇用労働者が通常の労働者と職務の内容が同一となり、かつ、職務の内容及び配置の変更の範囲（人材活用の仕組み、運用等）が通常の労働者と同一となってから雇用関係が終了するまでの間であること。すなわち、事業主に雇い入れられた後、上記要件を満たすまでの間に通常の労働者と職務の内容が異なり、また、職務の内容及び配置の変更の範囲（人材活用の仕組み、運用等）が通常の労働者と異なっていた期間があっても、その期間まで「全期間」に含めるものではなく、同一となった時点から将来に向かって判断するものであること。

（8）「見込まれる」とは、将来の見込みも含めて判断されるものであること。したがって、有期雇用労働者の場合にあっては、労働契約が更新されることが未定の段階であっても、更新をした場合にはどのような扱いがされるかということを含めて判断されるものであること。

（9）法第9条の要件を満たした場合については、事業主は短時間・有期雇用労働者であることを理由として、全ての賃金、教育訓練、福利厚生施設、休憩、休日、休暇、安全衛生、災害補償、解雇等の全ての待遇（労働時間及び労働契約の期間を除く。）について差別的取扱いをしてはならないものであること。

この場合、待遇の取扱いが同じであっても、個々の労働者について査定や業績評価等を行うに当たり、意欲、能力、経験、成果等を勘案することにより個々の労働者の賃金水準が異なることは、通常の労働者間であっても生じうることであって問題とはならないが、当然、当該査定や業績評価は客観的かつ公正に行われるべきであること。また、労働時間が短いことに比例した取扱いの差異として、査定や業績評価が同じである場合であっても賃金が時間比例分少ないといった合理的な差異は許容されることは、言うまでもないこと。

なお、経営上の理由により解雇等の対象者の選定をする際は、通常の労働者と同視すべき短時間・有期雇用労働者については、労働時間が短いことのみをもって通常の労働者より先に短時間労働者の解雇等をすることや、労働契約に期間の定めのあることのみをもって通常の労働者よりも先に有期雇用労働者の解雇等をすることは、解雇等の対象者の選定基準において差別的取扱いがなされていることとなり、法第９条違反となるものであること。

（中略）

10　事業主が講ずる雇用管理の改善等の措置の内容等の説明（法第14条関係）

（1）　短時間・有期雇用労働者は、通常の労働者に比べ労働時間や職務の内容が多様であり、その労働条件が不明確になりやすいことなどから、通常の労働者の待遇との違いを生じさせている理由がわからず、不満を抱く場合も少なくない状況にある。また、そもそも事業主が短時間・有期雇用労働者についてどのような雇用管理の改善等の措置を講じているのかについて、短時間・有期雇用労働者が認識していない場合も多いと考えられ、こうしたことが、短時間・有期雇用労働者の不安や不満につながっていると考えられる。短時間・有期雇用労働者がその有する能力を十分に発揮するためには、このような状況を改善し、その納得性を高めることが有効である。さらには、短時間・有期雇用労働者が通常の労働者との間の待遇の相違について納得できない場合に、まずは労使間での対話を行い、不合理な待遇差の是正につなげていくとともに、事業主しか持っていない情報のために、労働者が訴えを起こすことができないといったことがないようにすることが重要である。このため、法第６条の文書の交付等による労働条件の明示と併せて、事業主に対し、短時間・有期雇用労働者の雇入れ時に当該事業主が講ずる雇用管理の改善等の措置の内容について説明しなければならないこととするとともに、短時間・有期雇用労働者から求めがあったときは、通常の労働者との間の待遇の相違の内容及び理由並びに待遇の決定に当たって考慮した事項について説明しなければならないこととしたものであること。

（2）　法第14条第１項は、事業主は、短時間・有期雇用労働者を雇い入れたときは、速やかに、法第８条から第13条までの規定により措置

を講ずべきこととされている事項（労働基準法第15条第１項に規定する厚生労働省令で定める事項及び特定事項を除く。）に関し講ずることとしている措置の内容について、当該短時間・有期雇用労働者に説明しなければならないことを定めたものであること。

労働基準法第15条第１項に規定する厚生労働省令で定める事項及び法第６条第１項の特定事項については、労働基準法又は法により、別途、文書等の交付等によ

る明示が義務付けられていることから、本項による説明義務の対象とはしていないこと。

なお、本項により事業主に説明義務が課されている事項には、法第10条及び第11条第２項の規定により努力義務が課されているものも当然に含むものであること。

（３） 法第14条第１項による説明については、事業主が短時間・有期雇用労働者を雇い入れたときに、個々の短時間・有期雇用労働者ごとに説明を行うほか、雇入れ時の説明会等において複数の短時間・有期雇用労働者に同時に説明を行う等の方法によっても、差し支えないこと。

また、本項による説明は、短時間・有期雇用労働者が、事業主が講ずる雇用管理の改善等の措置の内容を理解することができるよう、資料を活用し、口頭により行うことが基本であること。ただし、説明すべき事項を全て記載した短時間・有期雇用労働者が容易に理解できる内容の資料を用いる場合には、当該資料を交付する等の方法でも差し支えないこと。

資料を活用し、口頭により行う場合において、活用する資料としては、就業規則、賃金規程、通常の労働者の待遇の内容のみを記載した資料が考えられること。また、事業主が講ずる雇用管理の改善等の措置を短時間・有期雇用労働者が的確に理解することができるようにするという観点から、説明に活用した資料を短時間・有期雇用労働者に交付することが可能な場合には、当該資料を交付することは望ましい措置といえること。

説明すべき事項を全て記載した短時間・有期雇用労働者が容易に理解できる内容の資料を用いる場合において、当該資料には、待遇の内容の説明に関しては、就業規則の条項を記載し、その詳細は、別途就業規則を閲覧させるという方法も考えられること。ただし、事業主は、就業規則を閲覧する者からの質問に、誠実に対応する必要があること。

有期雇用労働者については、労働契約の更新をもって「雇い入れ」ることとなるため、その都度本項による説明が必要となるものであること。

（４） 本条第１項の説明内容としては、法に基づき事業主が実施している各種制度等について説明することが考えられること。法第８条については、雇い入れる短時間・有期雇用労働者の待遇について、通常の労働者の待遇との間で不合理な相違を設けていない旨を説明すること。法第９条については、雇い入れる短時間・有期雇用労働者が通常の労働者と同視すべき短時間・有期雇用労働者の要件に該当する場合、通常の労働者との差別的な取扱いをしない旨を説明すること。法第10条については、職務の内容、職務の成果等のうちどの要素を勘案した賃金制度となっているかを説明すること。法第11条については、短時間・有期雇用労働者に対してどのような教育訓練が実施されるかを説明すること。法第12条については、短時間・有期雇用労働者がどのような福利厚生施設を利用できるかを説明すること。法第13条については、どのような通常の労働者への転換推進措置を実施しているかを説明すること。

なお、本項による説明は、同項による説明義務に係る各条項の規定により求められている措置の範囲内で足りるものであること。このため、法第11条及び第12条に関し、通常の労働者についても実施していない又は利用させていない場合には講ずべき措置がないことから、本項により説明する内容は「ない」旨を説明しなくとも同項に違反するものではないこと。

（5） 法第14条第２項は、事業主は、雇い入れた後、その雇用する短時間・有期雇用労働者から求めがあったときは、当該短時間・有期雇用労働者と通常の労働者との間の待遇の相違の内容及び理由並びに法第６条から第13条までの規定により措置を講ずべきこととされている事項に関する決定をするに当たって考慮した事項について、当該短時間・有期雇用労働者に説明しなければならないことを定めたものであること。

なお、本項により事業主に説明義務が課されている事項には、法第６条第２項、第７条、第10条及び第11条第２項の規定により努力義務が課されているものも当然に含むものであること。

（6） 法第14条第２項の説明内容のうち、待遇の相違の内容及び理由に関する説明をする際に比較の対象となる通常の労働者は、職務の内容、職務の内容及び配置の変更の範囲等が、短時間・有期雇用労働者の職務の内容、職務の内容及び配置の変更の範囲等に最も近いと事業主が判断する通常の労働者であること（短時間・有期雇用労働指針第３の２（１））。

「職務の内容、職務の内容及び配置の変更の範囲等に最も近い」通常の労働者を選定するに当たっては、

- 「職務の内容」並びに「職務の内容及び配置の変更の範囲」が同一である通常の労働者
- 「職務の内容」は同一であるが、「職務の内容及び配置の変更の範囲」は同一でない通常の労働者
- 「職務の内容」のうち、「業務の内容」又は「責任の程度」が同一である通常の労働者
- 「職務の内容及び配置の変更の範囲」が同一である通常の労働者
- 「職務の内容」、「職務の内容及び配置の変更の範囲」のいずれも同一でない通常の労働者

の順に「近い」と判断することを基本とするものであること。その上で、同じ区分に複数の労働者が該当する場合には、事業主が更に絞り込むことが考えられるが、その場合には、

- 基本給の決定等において重要な要素（職能給であれば能力・経験、成果給であれば成果など）における実態

- 説明を求めた短時間・有期雇用労働者と同一の事業所に雇用されるかどうか
等の観点から判断することが考えられること。いずれの観点から絞り込むかは事業主の判断であるが、その選択した観点において、短時間・有期雇用労働者と最も近いと考える者を選定するものであること。

また、「通常の労働者」に関しては、例えば、

- 一人の通常の労働者
- 複数人の通常の労働者又は雇用管理区分
- 過去１年以内に雇用していた一人又は複数人の通常の労働者
- 通常の労働者の標準的なモデル（新入社員、勤続３年目の一般職など）

を比較対象として選定することが考えられること。

また、事業主は、待遇の相違の内容及び理由の説明に当たり、比較対象として選定した通常の労働者及びその選定の理由についても、説明を求めた短時間・有期雇用労働者に説明する必要があること。

なお、個人情報の保護の観点から、事業主は、説明を受けた短時間・有期雇用労働者において、比較対象となった通常の労働者が特定できることにならないように配慮する必要があること。

（7） 待遇の相違の内容の説明については、通常の労働者と短時間・有期雇用労働者との間の待遇に関する基準の相違の有無を説明するほか、通常の労働者及び短時間・有期雇用労働者の待遇の個別具体的な内容又は待遇に関する基準を説明すること（短時間・有期雇用労働指針第３の２（２））。

「待遇の個別具体的な内容」は、比較の対象となる通常の労働者の選び方に応じ、

- 比較対象として選定した通常の労働者が一人である場合には、例えば、賃金であれば、その金額
- 比較対象として選定した通常の労働者が複数人である場合には、例えば、賃金などの数量的な待遇については平均額又は上限・下限、教育訓練などの数量的でない待遇については標準的な内容又は最も高い水準・最も低い水準の内容

を説明すること。

「待遇に関する基準」を説明する場合、例えば賃金であれば、賃金規程や等級表等の支給基準の説明をすること。ただし、説明を求めた短時間・有期雇用労働者が、比較の対象となる通常の労働者の待遇の水準を把握できるものである必要があること。すなわち、「賃金は、各人の能力、経験等を考慮して総合的に決定する」等の説明では十分ではないこと。

待遇の相違の理由の説明については通常の労働者及び短時間労働者の職務の内容、職務の内容及び配置の変更の範囲その他の事情のうち、待遇の性質及び待遇を行う目的に照らして適切と認められるものに基づき説明する必要があること（短時間・有期雇用労働指針第３の２（３））。具体的には、

- 通常の労働者と短時間・有期雇用労働者との間で待遇に関する基準が同一である場合には、同一の基準のもとで違いが生じている理由（成果、能力、経験の違いなど）
- 通常の労働者と短時間・有期雇用労働者との間で待遇に関する基準が異なる場合には、待遇の性質・目的を踏まえ、待遇に関する基準に違いを設けている理由（職務の内容、職務の内容及び配置の変更の範囲の違い、労使交渉の経緯など）、及びそれぞれの基準を通常の労働者及び短時間・有期雇用労働者にどのように適用しているか

を説明すること。

また、待遇の相違の理由として複数の要因がある場合には、それぞれの要因について説明する必要があること。

（8） 法第14条第2項の説明内容のうち、通常の労働者との待遇の相違の内容及び理由以外の事項に関しては、法各条の観点から、事業主が実施している各種制度等がなぜそのような制度であるのか、又は事業主が実施している各種制度等について説明を求めた短時間・有期雇用労働者にどのような理由で適用され若しくは適用されていないかを説明すること。法第10条については、職務の内容、職務の成果等のうちどの要素を勘案しているか、なぜその要素を勘案しているか、また、当該説明を求めた短時間・有期雇用労働者について当該要素をどのように勘案しているかを説明すること。

なお、本項による説明は、同項による説明義務に係る各条項の規定により求められている措置の範囲内で足りるものであるが、法第11条及び第12条に関し、通常の労働者についても実施していない又は利用させていない場合には、講ずべき措置がないためであることを説明する必要があること。

（9） 法第14条第2項に基づく説明は、短時間・有期雇用労働者がその内容を理解することができるよう、資料を活用し、口頭により行うことが基本であること。ただし、説明すべき事項を全て記載した短時間・有期雇用労働者が容易に理解できる内容の資料を用いる場合には、当該資料を交付する等の方法でも差し支えないこと（短時間・有期雇用労働指針第3の2（4））。

資料を活用し、口頭により行う場合において、活用する資料としては、就業規則、賃金規程、通常の労働者の待遇の内容のみを記載した資料が考えられること。なお、説明の際に、活用した資料を併せて交付することは、事業主が講ずる雇用管理の改善等の措置を短時間・有期雇用労働者が的確に理解することができるようにするという観点から、望ましい措置といえること。

説明すべき事項を全て記載した短時間・有期雇用労働者が容易に理解できる内容の資料を用いる場合において、当該資料には、待遇の相違の内容の説明に関しては、就業規則の条項を記載し、その詳細は、別途就業規則を閲覧させるという方法も考えられること。ただし、事業主は、就業規則を閲覧する者からの質問に、誠

実に対応する必要があること。

(10) 本条の規定による説明により短時間・有期雇用労働者が納得することについては、本条の義務の履行とは関係がないものであること。

(11) 法第14条第３項は、事業主は、短時間・有期雇用労働者が同条第

２項の求めをしたことを理由として、当該短時間・有期雇用労働者に対して解雇その他不利益な取扱いをしてはならないことを定めたものであること。

さらに、法第16条に基づく相談のための体制の整備を適切に実施すること等により、短時間・有期雇用労働者が不利益な取扱いを受けることへの危惧を持つことなく説明を求めることができるような職場環境としていくことが望まれること。

なお、説明を求めた短時間・有期雇用労働者に対して事業主が法第14条第２項により求められる範囲の説明を行ったにもかかわらず、繰り返し説明を求めてくるような場合に、職務に戻るよう命じ、それに従わない場合に当該不就労部分について就業規則に従い賃金カットを行うようなこと等まで、不利益な取扱いとして禁止する趣旨ではないこと。

(12) 「理由として」とは、短時間・有期雇用労働者が待遇の相違の内容及び理由並びに法第６条から第13条までの措置に関する決定をするに当たって考慮した事項の説明を求めたことについて、事業主が当該短時間・有期雇用労働者に対して不利益な取扱いを行うことと因果関係があることをいうものであること。

「不利益な取扱い」とは、解雇、配置転換、降格、減給、昇給停止、出勤停止、労働契約の更新拒否等がこれに当たるものであること。なお、配置転換等が不利益な取扱いに該当するかについては、給与その他の労働条件、職務内容、職制上の地位、通勤事情、当人の将来に及ぼす影響等諸般の事情について、旧勤務と新勤務とを総合的に比較考慮の上、判断すべきものであること。

(中略)

14. 報告の徴収並びに助言、指導及び勧告等（法第18条関係）

(１) 報告の徴収並びに助言、指導及び勧告（法第18条第１項関係）

イ 法第18条第１項は、本法の目的を達成するため、厚生労働大臣

又は都道府県労働局長は、短時間・有期雇用労働者の雇用管理の改善等を図るために必要があると認めるときは、事業主に対し、報告を求め、又は助言、指導若しくは勧告を行うことができることとしたものであること。

ロ 本項の厚生労働大臣等の権限は、労働者からの申立て、第三者からの情報、職権等その端緒を問わず、必要に応じて行使し得るものであること。

ハ 「短時間・有期雇用労働者の雇用管理の改善等を図るため必要があると認めるとき」とは、法、短時間・有期雇用労働指針及びガイドラインによって事業主が

講ずべき措置について、事業主の実施状況を確認するときや、その措置が十分に講じられていないと考えられる場合において、その措置を講ずることが雇用管理の改善等を図るため必要であると認められるとき等をいうものであること。

なお、法第８条については、職務の内容、職務の内容及び配置の変更の範囲その他の事情の違いではなく、短時間・有期雇用労働者であることを理由とする不支給など、同条に違反することが明確な場合を除き、法第18条第１項に基づく助言、指導及び勧告の対象としないものであること。

ニ　報告の徴収並びに助言、指導及び勧告は、おおむね（イ）から（ニ）までのとおり実施するものであること。

（イ）　報告の徴収

報告の徴収は、法第18条第１項の助言、指導、勧告のために行う事実の調査として、文書の提出の要請、出頭を求めての事情聴取、事業所への現地実情調査等を行うことのほか、法の施行に関し必要な事項につき事業主から報告を求めることをいうものであること。

（ロ）　助言

法、短時間・有期雇用労働指針及びガイドラインの規定に違反する状況を解消するために、事業主に対して口頭又は文書により行うものであること。

（ハ）　指導

助言の対象となった事案のうち是正のためには強い要請が必要であると認められるものについて、事業主に対して文書の手交又は郵送の方法により行うものであること。

（ニ）　勧告

指導の対象となった事案のうち是正のためには更に強い要請が特に必要であると認められるものについて、事業主に対して文書の手交又は郵送の方法により行うものであること。

また、勧告を行う場合であって、事業主が当該勧告に係る必要な是正措置を講じるまでに一定の期間を要すると認められるときは、必要に応じて、当該事業主に対し、当該勧告において是正措置の実施に至るまでのスケジュール等を明記した措置計画の作成を求めるものであること。

なお、（ハ）の「是正のためには強い要請が必要であると認められるもの」とは、具体的には助言を行っても事業主に是正措置を講ずる意向が確認できないものを、また（ニ）の「是正のためには更に強い要請が特に必要であると認められるもの」とは、指導を行っても事業主に是正措置を講ずる意向が確認できないものをいうこと。

（２）公表（法第18条第２項関係）

短時間・有期雇用労働者について、通常の労働者との均衡のとれた待遇の確保等を図り、当該短時間・有期雇用労働者がその有する能力を有効に発揮することができるようにするための措置を推進するためには、通常の労働者と同視すべき短時間・有期雇用労働者に対する差別的取扱いを禁止する等、事業主に一定の措置を義務付けるとともに、法違反の速やかな是正を求める行政指導の効果を高め、法の実効性を確保することが必要である。

このような観点から、厚生労働大臣は、法第６条第１項、第９条第11条第１項、第12条から第14条まで及び第16条の規定に違反している事業主に対し自ら勧告をした場合において、その勧告を受けた者がこれに従わなかったときは、その旨を公表することができることとしたものであること。

（３） 権限の委任（法第18条第３項関係）

イ 法第18条第３項及び則第８条の規定に基づき、厚生労働大臣の権限の一部を都道府県労働局長に委任することができるものとされているが、委任することができる事案から除かれる「厚生労働大臣が全国的に重要であると認めた事案に係るもの」とは、おおむね以下のいずれかに該当する事案をいうものであること。

（イ） 広範囲な都道府県にまたがり、事案の処理に当たり各方面との調整が必要であると考えられる事案

（ロ） 事案の性質上広範な社会的影響力を持つと考えられる事案

（ハ） 都道府県労働局長が勧告を行っても是正の意向がみられず、悪質かつ重大な事案

なお、（ロ）については、企業の規模、事案に係る短時間・有期雇用労働者の数等を考慮すること。また、（ハ）における「悪質」とは、度重なる説得に応じない等遵法意識の見られない場合を、「重大」とは、事業主の措置により不利益を被る短時間・有期雇用労働者が多数いる場合や社会的影響が大きい場合をいうこと。

ロ 法第18条第２項の規定に基づく厚生労働大臣による公表については、則第８条において、都道府県労働局長に権限の委任がなされていないものであること。

（以下略）

編著者・執筆者一覧

【編著者】

安西 愈

安西法律事務所。弁護士。昭和33年香川労働基準局に採用。同37年中央大学卒業（通信教育）。同39年労働省労働基準局へ配置換え。同44年同省退職。同46年弁護士登録。第一東京弁護士会副会長、最高裁司法研修所教官、労働省科学顧問、日弁連研修委員長、中央大学法科大学院客員教授、東京最賃審議会会長等歴任。
＜著作等＞『採用から退職までの法律知識（第14訂版）』、『労働時間、休日・休暇の法律実務（第7訂版）』、『労働基準法のポイント』、『人事の法律常識』、『労災裁判例にみる労働者の過失相殺』など。

峰 隆之

第一協同法律事務所パートナー。昭和62年年東京大学法学部卒業、同年東京電力株式会社入社。平成４年弁護士登録。
第一東京弁護士会所属。同会労働法制委員会労働時間法制部会部会長。経営法曹会議常任幹事（会報委員長）。日本労働法学会会員。平成25 ～ 27年東京大学法科大学院客員教授。
＜著作等＞『ダラダラ残業防止のための就業規則と実務対応』（日本法令）、『震災に伴う人事労務上の諸問題』（労働開発研究会）など。

三上安雄

ひかり協同法律事務所。中央大学法学部卒、平成11年弁護士登録。
高井伸夫法律事務所を経て、平成16年４月、ひかり協同法律事務所設立。
経営者側での人事労務案件を専門とする。
第一東京弁護士会労働法制委員会時間法部会副部会長、経営法曹会議会員。
＜著作等＞『最高裁労働判例』Ⅱ期３巻～５巻（共著、日本経団連出版）、『地域ユニオン合同労組への対処法』、『懲戒処分の実務必携Ｑ＆Ａ』（民事法研究会、共著）など。

増田陳彦

ひかり協同法律事務所。平成11年中央大学法学部法律学科卒業、平成14年弁護士登録。
第一東京弁護士会所属。同会労働法制委員会労働時間法制部会副部会長。経営法曹会議会員。日本労働法学会会員。中山・男澤法律事務所パートナーを経て、平成28年に現事務所にパートナー参画。
＜著作等＞『人事労務相談に必要な民法の基礎知識』（労働調査会）、「「同一労働同一賃金ガイドライン案」から読む実務上の留意点」（労政時報3927号）、『懲戒処分の実務必携Q＆A』（民事法研究会）、「『働き方改革法』の概要と実務への影響」（ビジネス法務、平成30年９月号）など。

倉重公太朗

倉重・近衛・森田法律事務所代表弁護士。慶應義塾大学経済学部卒業。オリック東京法律事務所、安西法律事務所所属ののち、平成30年10月から倉重・近衛・森田法律事務所代表弁護士。第一東京弁護士会所属。

第一東京弁護士会労働法制委員会外国法部会副部会長、日本人材マネジメント協会（JSHRM）執行役員、日本CSR普及協会　雇用労働専門委員、経営法曹会議会員。

経営者側労働法専門弁護士。各種労務セミナーを多数開催。

＜著作等＞『企業労働法実務入門』（編集代表、日本リーダーズ協会）、『企業労働法実務入門【書式編】』（同上）、『なぜ景気が回復しても給料が上がらないのか』（著者代表、労働調査会）など。

荒川正嗣

倉重・近衛・森田法律事務所。一橋大学法学部、中央大学法科大学院卒、平成20年弁護士登録。

番町総合法律事務所、山﨑法律事務所を経て、平成30年10月より倉重・近衛・森田法律事務所所属。

経営者側での人事労務案件を専門とする。

第一東京弁護士会労働法制委員会時間法部会副部会長、経営法曹会議会員。

＜著作等＞『定額残業制と労働時間法制の実務』（労働調査会、共著）、『労働者派遣法の詳解』（労務行政・共著）、『懲戒処分の実務必携Q＆A』（民事法研究会、共著）など。

【執筆者】

奥川貴弥

奥川法律事務所。昭和46年明治大学法学部卒業。昭和48年弁護士登録（第一東京弁護士会）。

JR東海労組事件－不当労働行為者の範囲を拡大する最二小法廷平成18年12月８日（共著法学セミナー 639号平成20年）。

＜著作等＞「東芝柳町工場事件と日立メディコ事件を通じての判例分析」（月刊労委労協676号平成24年）。「セクハラ・パワハラ問題に関する実務」（日本弁護士連合会編『日弁連研修叢書　現代法律実務の諸問題〈平成27年度研修版〉』所収、第一法規、『平成28年過労をめぐる法律問題』（同上）平成29年研修版。

緒方彰人

加茂法律事務所・パートナー弁護士。慶應義塾法学部法律学科卒、平成12年弁護士登録。

経営者側での人事労務案件をはじめ、企業法務（社外役員等を含む）・倒産法務・交通事故訴訟等を取り扱う。

第一東京弁護士会労働法制委員会会員、経営法曹会議会員。

＜著作等＞『賃金・賞与・退職金の実務　Q&A』（三協法規、共著）、『現代　労務管理要覧』（新日本法規出版、共著）、『経営側弁護士による精選労働判例集』（労働新聞社、共著）など。

近衛 大

倉重・近衛・森田法律事務所。早稲田大学法学部卒。早稲田大学大学院修士課程修了（民事訴訟法専攻）。平成17年弁護士登録。

第一東京弁護士会労働法制委員会均等法部会・労使部会副部会長。

人事労務に関する諸問題や労働事件の各種手続での係争案件、組合問題等、企業側労働事件に関する事件を広く扱う。

＜著作等＞『管理職のための労働契約法・労働基準法の実務』（清文社、共著）、『個人請負の労働者性の問題』（労働調査会、共編）、『改正労働契約法の詳解』（労働調査会、共編）、『最新実務労働災害』（三協法規、共著）、『Ｑ＆Ａ　職場のメンタルヘルス』（三協法規、共著）、『統合人事管理』（経団連出版、共著）『メンタル疾患の労災認定と企業責任』（労働調査会、共編）など。

藤原宇基

岩田合同法律事務所。東京大学法学部卒、平成20年弁護士登録。

経営者側での人事労務案件をはじめ、企業法務全般を取り扱う。

第一東京弁護士会労働法制委員会会員、経営法曹会議会員。

＜著作等＞『時効・期間制限の理論と実務』（日本加除出版、共著）、『新・株主総会物語』（商事法務、共著）、『個人請負の労働者性の問題』（労働調査会、共著）など。

吉永大樹

牛嶋・和田・藤津法律事務所。東京大学法学部、東京大学法科大学院卒、平成25年弁護士登録。

経営者側の人事労務案件を中心に取り扱う。

第一東京弁護士会労働法制委員会委員、経営法曹会議会員。

＜著作等＞『企業労働法実務入門　書式編』（日本リーダーズ協会、共著）、『定額残業制と労働時間法制の実務』（労働調査会、共著）、『最新　労働者派遣法の詳解』（労務行政、共著）、『今日からはじめる無期転換ルールの実務対応』（第一法規、共著）、『懲戒処分の実務必携Ｑ＆Ａ』（民事法研究会、共著）など。

飯島 潤
多湖・岩田・田村法律事務所。早稲田大学法学部、中央大学法科大学院卒、平成28年弁護士登録。
弁護士法人四谷麹町法律事務所を経て、令和元年6月より多湖・岩田・田村法律事務所所属。
経営者側から労働審判・仮処分・労働訴訟の係争案件対応や人事労務案件を取り扱う。
第一東京弁護士会労働法制委員会委員。

山本光洋
飛松法律事務所。首都大学東京都市教養学部卒、東京大学法科大学院中退、平成27年弁護士登録。森・濱田松本法律事務所を経て、飛松法律事務所所属。
企業の人事労務案件、商取引・会社法関連紛争、M&A等、企業法務案件を幅広く取り扱う。
第一東京弁護士会労働法制委員会委員。
＜著作等＞『ドローン・ビジネスと法規制』（清文社、共著）

大野孟彬
第一芙蓉法律事務所。東京大学法学部、東京大学法科大学院卒、平成28年弁護士登録。
アンダーソン・毛利・友常法律事務所を経て、平成31年3月より第一芙蓉法律事務所所属。
経営者側での人事労務案件を中心に、渉外案件を含む企業法務案件を幅広く取り扱う。
第一東京弁護士会労働法制委員会委員、経営法曹会議会員。
＜著作等＞『Introduction to Japanese Business Law & Practice THIRD EDITION』（レクシスネクシス・ジャパン、共著）

熊谷博幸
飯野・八代・堀口法律事務所。法政大学法学部法律学科、明治大学法務研究科卒、平成29年1月弁護士登録。
山﨑法律事務所を経て、平成30年12月より飯野・八代・堀口法律事務所所属。
経営者側での人事労務案件を中心とする企業法務案件をはじめ、一般民事案件も幅広く取り扱う。
第一東京弁護士会労働法制委員会会員。

鈴木佑脩
Ｔ＆Ｋ法律事務所。明治大学法学部法律学科、慶應義塾大学大学院法務研究科卒、平成28年弁護士登録。
山﨑法律事務所を経て、平成31年1月よりＴ＆Ｋ法律事務所所属。
経営者側での人事労務案件を含む企業法務案件全般を幅広く取り扱う。
第一東京弁護士会労働法制委員会会員。

詳解　働き方改革関連法

2019年７月26日　第１版１刷発行

編著者　第一東京弁護士会
労働法制委員会
安西 愈
峰 隆之
三上安雄
増田陳彦
倉重公太朗
荒川正嗣

執筆者　奥川貴弥
緒方彰人
近衛 大
藤原宇基
吉永大樹
飯島 潤
山本光洋
大野孟彬
熊谷博幸
鈴木佑脩

発行者　江曽政英
発行所　株式会社労働開発研究会
〒162-0812　東京都新宿区西五軒町8-10
電話　03-3235-1861　FAX　03-3235-1865
https://www.roudou-kk.co.jp
info@roudou-kk.co.jp

ISBN　978-4-903613-23-9

2019 Printed in Japan
印刷・製本　モリモト印刷株式会社